# 不講理的共和國

國家暴力與帝國利益下的犧牲品，一部原住民族對抗美國西拓的血淚哀歌

# Unworthy Republic

The Dispossession of Native Americans and the Road to Indian Territory

Claudio Saunt
克勞迪奧·桑特——著
羅亞琪——譯

CONTENTS

導讀一　把人趕走了以後呢？美國南方殖民主義與種族主義的相互加持／陳毅峰　007
導讀二　透過歷史，才能得到正義／詹素娟　013
導　言　「文字會騙人」　019

# PART 1 白人至上主義和印地安領地

白人至上主義和印地安領地　031
1　原住民國度　032
2　喬治亞州的白人　061

PART 2 華盛頓市的觀點 089
3 辯論 090
4 「欺瞞的嘴與膚淺的心」 125
PART 3 籌備最好的計畫 159
5 行動計畫 160
6 霍亂來襲 192

CONTENTS


PART 4 資助驅逐計畫 225

7 金融家 226

8 「一群愛耍計謀的投機者」 257

PART 5 從驅離到殲滅 287

9 一八三六年：充滿戰火的南方世界 288

10 刺刀的刀尖下 320

11 這不是罪 347

**後記** 驅離的代價 **371**
**謝辭** **395**
**引用書目縮寫** **399**
**注釋** **486**

# 導讀一

# 把人趕走了以後呢？美國南方殖民主義與種族主義的相互加持

國立東華大學民族事務與發展學系副教授／陳毅峰

本書作者克勞迪奧．桑特與我近來的教學生涯有出乎意料的重疊。他在二〇一四年的作品《一七七六革命未竟之地》，被我當成二〇二二年初「世界原住民族通論」的教材。就在開學不久之後，我又接獲臺灣商務撰寫導讀的邀請，除了對巧合的驚訝之外也深覺機不可失，於是欣然答應，而且我非常高興閱讀了一本對多元史觀與原住民族權益的推進，有著重要學術貢獻的成熟著作。

展讀之際，除了對作者桑特所展現的駕馭龐大史料的能力感到不可思議，也對其所顯露的知識洞見，與精闢之外偶爾略帶嘲諷的分析，感受到知識力量的震撼。美國白人向西擴張的西部開拓史，就如同臺灣的「篳路藍縷、以啟山林」圖像一般，在多元史觀的刺激下，所呈現不再只是先人披荊斬棘與洪荒之地的搏鬥，而是逐漸認知到在頌揚這些開拓史背後，更需要看見被壓迫而付出慘痛代價的人群。類似的場景不會只發生在美國或臺灣，而會是在全世界各處有原住民族居住的土地上。

桑特提到一八三〇年代原住民的驅離政策，不同於前幾世紀的殖民征服、病毒引入、強迫改宗等方式，與美國開國之初所採行的「就地教化」也明顯有別。此回所採取的是正式的國家行政文件、藉由國會所通過的法律《印地安人遷移法案》，以及當代國家統治的工具如人口普查、財產清單、地籍圖、驅離登記等文件，逼迫原住民族就範。美國南方民間盛行的白人至上主義，也以自然的演進法則為由，聲稱白人無法與原住民在同一空間共處。

白種人的教化政策，說穿了實際上是家父長主義式的自私偽善心態，慣常的說法如指控印地安人是原始野蠻，而殖民者將其由荒野狀態拯救出來是「慈善又公正」的行動。日後由南方莊園主、政客，與北方投機者等利益共生集團，搭配當時右翼民粹取向的聯邦政府所配合推動之驅逐政策，就有更明顯的利潤導向：把原住民族驅離，就可以讓莊園主帶著奴隸勞動力進駐到新的土地開闢棉花田，以獲取更多利益。

儘管南方蓄奴的莊園主及其延續至今日美國的某些意識形態，很容易成為眾矢之的，但作者桑特另外點出一群較少被論及（至少在臺灣），但角色幾乎一樣吃重的華爾街金融家。

儘管身處北方反驅離原住民運動的中心，這批投機金融家卻無視即將被驅離到西部的原住民，以及取代原住民的黑奴，所要面臨的悲慘命運，並持續投資於將保留地轉變成棉花田的蒐購與奴隸的買賣。北方金融家與南方的莊園主為彼此的行為發表「迂迴複雜但堅定的辯護」，一方實行奴隸制，另一方則以投資為名，同時踐踏了原住民與非裔美國人的尊嚴。

本書中後段持續記錄投機者的惡行，從哄騙升級到不斷的騷擾、甚至公然的暴力，然後彷彿預言般的進入到與當今崇尚的新自由主義非常類似的方式：將驅逐行動本身從聯邦政府移轉、外包給私人公司，並從中大撈油水。但是原住民的抗拒與眾多遷移失敗的慘例，讓投機客、莊園主與政客們失去耐性，使得驅逐從一八八〇年代中開始逐漸演變成了殲滅戰。諷刺的是，奉命驅逐甚至殲滅原住民的南方各州義勇軍，在出發前還得到各式英雄般的送別與愛國主義的讚揚。白人莊園主與政客費盡心思的驅逐原住民，將其土地改成獲利豐厚的棉花田並引進更多的奴隸勞動力，到後來卻憂心於這兩個受壓迫族群會合作抵抗，然而這些憂慮依然敵不過獲利的誘惑，也為之後的美國南方帶來更多種族暴力，其影響延續至今。

南方白人慣以虔誠基督徒之姿，提及原住民或黑人奴隸時，總是使用無法治理自己、應該被當成小孩對待的家父長式口吻，並強調自己是慈愛的父親，莊園主是為了這些人的好而奴役或驅離他們。事實上的狀況是，原住民土地的入侵者、投機商人與政客彼此結合，已經將在地原住民壓榨到「極度貧窮困苦的狀態」，以此來逼迫他們放棄自己的家園。

這當中最著名的應該是契羅基人踏上「血淚之路」的歷程。當時喬治亞州眾議員強烈要求驅逐該州的契羅基人，甚至不惜威脅要脫離合眾國。堅守州權、以及毫不掩飾的白人至上主義，是南方白人政治立場的基礎（且至今仍是許多共和黨保守政客的典型意識形態），迎戰的對象則是起義的奴隸與驅離土地上最古老的居民。原住民族作為與白人競爭主權的實體，這些「莊園主政治家」因而不會讓任何一個原住民存留於美國南方，因為他們要白人成為南方每一吋土地的主人，驅離或殲滅契羅基人之後，莊園主就能安心統治奴隸而不受到主權或財產正當性的挑戰。類似的狀況也可在同時期的其他案例中看見。美國與佛羅里達州塞米諾爾人在一八三〇年代末的戰爭，徹底粉碎《印地安人遷移法案》中虛假的人道主義。美國白人真正覬覦的，除了土地之外，更是藏匿在原住民社區內的逃亡奴隸，驅動戰爭的則是從土地或奴隸買賣中的高額獲利。在一八四〇年參與塞米諾爾人戰役的軍官與士兵，有些繼續參與十年後對西部南北達科他州蘇族的征討，他們將白人至上主義擴及各處的驅離行動，協助創造了奴隸帝國。

一八三〇年代中期，《印地安人遷移法案》占據了聯邦政府高額的預算比例，但經費並未用於補償失土者或安置印地安難民，反而多數進入得標的各式私人企業，它們試圖以快速便宜方式完成驅逐計畫。驅離政策所創造出來的地理分隔，被作者形容為「把共和國對種族的偏執心理刻在土地上」，而且這條界線不斷的朝西向太平洋彼端推進，情況足以類比臺灣早期的土牛紅線或隘勇線。著名的黑人知識份子法雷迪・道格拉斯（Frederick Douglass）點出地理分布如何形塑了黑人與原住民的命運差異：如果作為黑奴的人群不是與奴隸主生活於同一空間，而是像印地安人一樣的獨立國族，並分布在白人文明的外緣地區，黑人肯定會像原住民一樣的被趕走。

作者在書末討論十九世紀原住民大驅離的原因與奴隸制的交織纏繞，很能夠顯示作者的洞見：美國公民太過貪婪；資本力量太過強大無情；聯邦政府力量太弱，無法遏止好鬥的南方州及其政客，這幾個因素都可以同時用來解釋兩者的原因。比較驅離行動與奴隸制，相似處多於差異處，但卻有著極為不同的結局：聯邦政府贊助的大規模驅離行動不會受到懲處，且南方莊園蓄奴主（連同北方的棉花紡織業者和投資銀行家）在驅離戰爭中獲得了勝利。

將原住民從原居地連根拔起，除了顯而易見的人道危機之外，還讓「種族資本主義」更肆無忌憚地橫行於南方各州，更深刻剝削了非裔美國人，同時也讓地貌起了明顯變化，舉例而言，原住民農夫保留了多元的地貌，白人種植者卻派奴隸整地、耕地、全部灑上棉花籽。單一作物的大規模種植，成就了熱帶栽培業與資本的奪取式積累，帶來環境上的深刻衝擊，並且使代代相傳的傳統生態智慧幾乎滅絕。這樣的危機在二十一世紀以不同的方式上演，無論是保留地上礦產的開採、輸油管的建立、保育政策的需求、或是區域不均衡發展帶來的原鄉人口流失，都讓原住民族成為新的離散人群，進一步切斷人與土地的關連。

大驅離時代契羅基族著名領袖約翰．羅斯，雖然悲觀的認為原住民「得到正義的唯一機會」就是「透過歷史」，但他仍然藉著高超的政治手腕在南北戰爭期間，維護契羅基族的主權。臺灣與地球上其他各地的原住民族，仍然必須在貪婪資本主義與狂熱種／國族主義的狹隘縫隙中，像約翰．羅斯一樣在險境中求生存，只是這次的任務更為龐大：不只在維護原住民族的主權，還在於抵抗全球的生態災難。

## 導讀二

# 透過歷史，才能得到正義

中研院臺灣史研究所副研究員／詹素娟

美國，這個無論在影劇、文學、藝術、旅遊、留學、移民與國際現勢等面向，看似臺灣人最孰悉的國家，卻難說有多少人了解它的形成歷史。即使對美國種族問題稍有認識，而在二〇〇八年歐巴馬當選美國首位非裔總統時激動不已的人，大概也很少意識到歐洲白人與非裔人口進入美洲的過程中，當地原住民究竟遭遇了什麼。至於美國白人在十九世紀所謂「昭昭天命」（Manifest Destiny）信念驅使下，如何在領土西進擴張中剝奪原住民土地、滅絕原住民生存與傳統文化，即使是美國人也未必理解認識，遑論太平洋此岸的島民。然而，細讀本書，我們對發生在十九世紀初葉的彼岸歷史，竟不得不感到熟悉，有如身受。

本書以一八三〇年由美國眾議院、參議院投票通過的《印地安人遷移法案》與執行過程為主軸，詳盡描述喬治亞、阿拉巴馬、密西西比三個南方州的宣教師與莊園主，如何提出在當時國境邊界的密西西比河以西土地打造原住民專屬領地的概念，並透過政治過程、媒體論述，與北方州代表合縱連橫，最後藉由法令制定、條約簽署，讓這個原住民群體強烈反對、社會爭議不斷的法案，付諸執行的過程與影響。作者引述眾多史料，尤其是原住民的雙語請願書、報紙、歌詞與一幕幕慘烈傷痛的情景與死亡數字，呈現了「不管怎麼樣，原住民都會輸」的無奈與抗爭，讓讀者沉痛哀悼。而作者特別指出的「法律成為迫害原住民的工具」，更使人返求諸己，面對與思考臺灣原住民族的歷史。

作為臺灣人，無論你是哪一個世代的移民後裔，都必須面對一個根本性歷史處境，那就是大多數人的家園係建立在原住民族——無論是法定原住民或尚未取得法定身分的平埔原住民——的傳統領域上。而今日的所有原住民族群，在歷史上都曾經歷殖民者征戰、生態環境破壞、語言文化喪失、傳統信仰改變、認同污名化的過程。且與美洲原住民境遇相似的是，臺灣原住民也同樣經歷部落移動合併、集體遷徙，以及來自國家收編、漢民侵奪、生活貧困、貨幣需求等因素造成的土地流失，最後竟「流浪在自己的土地上」。

然而，在歷史表象的類似下，本書所描繪的美洲案例，即一八三〇年代原居密西西比河以東的數萬原住民，在數十年與白人共居東部、受到白人宗教文化與經濟體系影響，卻仍具有主體性，也深知如何利用、操控白人的教化政策，還是被迫離棄自己的土地、深愛的家園，舉家投入長途旅程，遭逢陌生地的災害、疾病，只為了淨空東部、成就白人世界，並進而推展西向邊界；而這一切，不免讓我們聯想到起始於十八世紀初、終結於十九世紀末的臺灣番界政策。

一七四四年，跨海考察臺灣原漢關係、土地應墾或禁的福建布政使高山，對當時的乾隆皇帝提出了「使生番在內，漢民在外，熟番間隔於其中；清界而後，漢民勿許深入山根，生番勿許擅出埔地」的政策建議，並在一七六〇年落實施行。此後，經歷多次變革，直到牡丹社事件後的一八七五年才得以解除，也就是學界所謂的「三層式族群空間體制」。儘管施行的原因、方法、結果並不相同，卻與美國殖民協會關於「黑人在最西邊，黃人在中西部，白人在東邊」的族群空間想像，若合符節。而清帝國將平原族群挪置淺山地帶、打造隔離空間的政策，也導致中央山地的原住民展開自發性移動，以遠離不斷侵入淺山的外來殖民者。無論是官方或民間的邊界作為，都對原住民族造成一波波離而散之的骨牌效應。

而另一種足以和美洲強制驅離對照比較的歷史，則是日本殖民帝國自一九一〇年代開始執行的移住政策。作者所描述「透過人口普查、財產清算、地籍圖、驅離登記、交通票證等正式的國家文件，迫使原住民就範」，在臺灣總督府對原住民的集團移住政策中幾乎完全再現。而國家應用法令、制度，藉由公民身分的給予、限制或解釋——如日治初期關於「生番法律地位」的辯論，以及由此衍生的土地權益問題，則讓我們不得不深究，國家與原住民之間的法律關係，可以是刀之兩刃，如何因傷害了原住民而成為了惡法。即使在當代，歷史也依然重演。

無論如何，當我們讀到本書不無諷刺意味的談到「堅持這片土地是他們『與生俱來的權利』，不是屬於在那裡耕作了許多世代的人們，而是屬於那些遲來的受益者——也就是蘇格拉底和他的同伴口中所稱的『喬治亞州的白人』」時，在當代概括承受歷史的臺灣人，也必須謙卑的警醒：千萬不要重蹈覆轍，因為我們都不是局外人。

我們和大陸的其他族群發生了一些不幸的事。美利堅合眾國對待契羅基人的方式，讓它不配擁有文明政府首腦的頭銜。它的名字會被後代用譴責鄙視的眼光看待。它會在自己的立法機關裡感受到，這永遠不會從它的歷史中抹除。歷史學家必須把這件事寫下來，流傳給最後一位後裔。

——在俄亥俄州（Ohio）邁阿密大學（Miami University）就讀的一個年輕的喬克托學生詹姆斯．佛森（James A. Folsom），他在一八三一年十月三十一日寫給叔叔彼得．皮奇林（Peter Pitchlynn）。[1]

# 導言 「文字會騙人」

丹尼爾士維（Danielsville）位於喬治亞州（Georgia）北部的貧瘠紅土丘陵之中，這裡原本是個沒什麼好頌揚的地方，但在一八三六年七月四日這天，丹尼爾士維有了大肆慶祝的理由。這天是美國的六十歲生日，將近一百名麥迪遜縣志願兵連（Madison County Company of Volunteers）的成員聚集在理查森·漢考克（Richardson Hancock）上尉的莊園遮雨棚下，並圍繞著一張「鋪張豐盛」的餐桌而坐。漢考克的十來個奴隸在一旁服侍。這群在遮雨棚下狂歡的人，歌頌國慶日慣常會出現的主題：美國政府（「全世界最平等、最棒的」）、愛國主義（「最高尚的熱忱」）、美國人民（「勇敢、慷慨又愛國」）。不過，他們也讚美了幾位當地英雄，首先提到的有來自昆內特縣（Gwinnett County）的托馬斯·錢伯斯（Thomas Chambers），因為他在慶典前幾天，才剛在現今亞特蘭大（Atlanta）南邊一百英里左右的地方，取下了「一個印地安人的頭皮」。受到錢伯斯的事蹟所激勵，其中一名志願兵韋爾（A. G. Ware）站起身，宣布他隨時願意前往任何地方，「向我們這片土地上的蠻族仇敵報復」。塞繆爾．威利福德（Samuel Williford）不想在氣勢上被贏過去，他吹牛說，他甚至可以無償這麼做。其他人紛紛表達了類似的意願，希望「印地安人」會被屠殺殆盡，並承諾會把他們「趕出」這個地區。[1]

在國慶日同一週，州義勇軍涉過泥濘溪流，突襲紮營在喬治亞州西南部的一群失土原住民，並殺死了二十到三十個難民。逃過一劫的倖存者留下了一條條的血跡；美軍部隊強迫一千六百名的原住民男女老少，前往停靠在阿拉巴馬州（Alabama）蒙哥馬利（Montgomery）的汽輪。其中，原住民男子被迫綁著鐵鍊行走；在阿拉巴馬州南部，士兵把一群原住民追到一處沼澤，射殺了當中的四人；同年夏天，在田納西州（Tennessee）和北卡羅來納州（North Carolina），美國公民手持牛皮鞭和山核桃製成的棍棒，將原住民家庭趕出自家的農場，失土的原住民躲到阿帕拉契山脈（Appalachian Mountains）茂密的森林裡避難，奮力抵禦飢餓；在佛羅里達領地（Florida），約四千名美軍在共和國六十歲生日那天，跟長久住在佛羅里達的居民打仗。不久前，他們才將四百五十位原住民經由水路送往西部，原住民跨越了墨西哥灣（Gulf of Mexico）、上溯至密西西比河（Mississippi River）。這些遭驅逐出境的窮苦原住民，最終只有三百人活著抵達目的地，也就是一個稱作印地安領地（Indian Territory）

的地方。2

一八三六年的夏天，時值「印地安人遷移政策」（Indian Removal）那十年，這個政策名稱不論在當時或現在都未曾改變。印地安人遷移是本書的主題，但除非是基於歷史脈絡的理由，我不會使用「印地安人」（Indian）和「遷移」（Removal）這兩個詞。「印地安人」是今天許多美國原住民族引以為傲的稱呼，但若要用來形容十九世紀被趕出故土的那些多元個體和族群，這個詞所象徵的那些充滿誇大想像、華而不實的聯想，將會扭曲我們對過去的理解。說到印地安人一詞，我們會聯想到野蠻、原始，或是高貴、與大自然結合；我們會說印地安人堅忍、勇敢，也會說他們儒弱、不值得信賴；會說他們高尚，也會說他們注定滅亡。我們不稱印地安男子丈夫或父親，而稱他們為「戰士」，並稱印地安女子則是「印地安婆」（squaw）、「未婚少女」（maiden）或「背婦」（burden bearer）。他們的政治領袖叫做「酋長」（chief），他們的族群或民族叫做「部落」（tribe）。簡單來說，印地安人跟其他人不同。這個標籤讓人聯想到好多刻板印象，蒙蔽了我們的腦袋，使我們不可能看清過去。在美國史的脈絡之下，這個詞會令人聯想到悲劇和必然性，創造出一團濃霧，模糊了共和國初期，美國政治人物和他們的選民所做出的決定。

「遷移」也不適合用來描述政府資助的八千人驅離活動。一八三〇年，麻州（Massachusetts）議員愛德華・艾瑞特（Edward Everett），他在眾議院的一場辯論會表示，

「遷移」是一個「很輕的字詞，而文字會騙人」。不管是當時或現在，這個詞都沒有傳達出任何強迫或暴力的意味。這項政策的擁護者創造了「印地安人遷移」這個用法，但不僅其中的兩個組成詞大有問題，還有另外一個缺陷：[3] 在十九世紀，人們不是自己遷移到新的地方，就是因為犯罪而遭到遷移。可是，「印地安人遷移」這個不尋常的構詞方式並未點出是誰遷移誰。是印地安人自行遷移的嗎？這個詞含糊得十分巧妙。

有其他方式可以描述美國在一八三〇年代對原住民做的事。人權主義者在寫到二十一世紀的事件時，提到了「強制遷徙」（forced migration），但不只我一個人認為這個詞跟真正發生的事件相去甚遠；「種族清洗」（ethnic cleansing）也有被提出，但這個在一九九〇年代波士尼亞戰爭（Bosnian War）期間被廣泛使用的宣傳用語，因為過於含糊、甚至讓人感覺掩飾了暴力，而合理地受到了批評；「種族滅絕」（genocide）一詞則點出了一個最重要的問題：這個事件符合聯合國在一九四八年的《防止及懲治滅絕種族罪公約》（*Convention on Genocide*）所下的定義嗎？那些歐洲殖民者與他們的後代，在某些時間和地點無疑是帶著種族滅絕的意圖行動，但是發生的頻率和規模卻還有爭議。[4] 因此，我把焦點放在別的地方。

我使用另外三個詞來描述美國在一八三〇年代的政策。第一個是「驅逐出境」（deportation）。驅逐出境是由政府執行，說明了聯邦政府驅離原住民族這個行為下，背後的行政與官僚作業。此外，由於一個國家只能將在自己國土內的人驅逐出境（國界以外的地方必須訴諸外交手段或武力），「驅逐出境」一詞也指出美國在一八三〇年代對原住民族主權的攻擊，因為聯邦政府和多個州，把自己的管轄範圍和權力延伸到不屬於他們的土地。為了點出這整件事蘊含的暴力事實，我也將美國原住民族遭連根拔起的狀況指稱為「驅離」（expulsion）。這個詞具有歷史正確的優勢，因為當時這項政策的反對者和受害者就有使用到這個說詞。在恰當的時候，我還會用到第三個詞，是從行凶者那裡借用的——他們曾在某些時候說，自己的目的是「殲滅」（extermination）。[5]

我會想要進行這項研究，靈感來自從我爺爺那裡得到的信件。他在一九三七年的十二月從匈牙利（Hungary）逃亡到俄亥俄州的克利夫蘭（Cleveland），之後一直有跟住在匈牙利東北部沙托勞爾堯烏伊海伊（Sátoraljaújhely）的父母和手足通信，直到一九四四年納粹將他們送到奧斯維茲（Auschwitz）集中營為止。閱讀這些信件時，我開始重新思考一個世紀以前，發生在我現在位於喬治亞州雅典（Athens）的家附近的驅逐出境事件。雅典這座城鎮有一些主要道路的路名，例如蘭普金街（Lumpkin）、克萊頓街（Clayton）和狄林街（Dearing），都是取自於在這場更早期的驅逐活動中扮演全國性要角的當地歷史人物。一八三〇年代驅離原住民各族的活動，以及二十世紀發生在土耳其、希臘、納粹德國、蘇聯等地，由政府資助的大規模驅逐出境活動，兩者有好幾處驚人的相似點。在這兩個時期，行政官員都說到「文明」不可避免要向前進，因此驅逐「難以同化」的族群是「必要」的，並提及他們為了處理這個情況所構想出來的「偉大」計畫。這些傲慢的言語，在在掩飾了這些行為背後的殘暴與混亂。[6]

「印地安人問題」（Indian question）相當於美國的「猶太人問題」（Jewish question），都是好的話會採取父權主義（Paternalistic）的解決方式，壞的話則是執行驅離或殲滅。《喬治亞報紙》（*Georgia Journal*）在一八二五年寫到：「『印地安人』就像猶太人、吉普賽人、奴隸和『自由的黑人』一樣，是『一種較低級的公民』」。該拿他們怎麼辦呢？到了一八三〇年代，「印地安問題」這個說法已經在美國普遍流傳；大約十年後，「猶太人問題」開始頻繁出現在英語語境中，不過這個詞，其實源自於十八世紀晚期俄羅斯入侵波蘭的時候，而一八三〇年代的美國公民，他們經常會將這起歷史事件跟契羅基族（Cherokee）的驅離事件做比較。一八二九年，來自沙凡那（Savannah）的羅伯特·坎貝爾（Robert Campbell）寫到：「至少俄羅斯不像美國，沒有要『殲滅當地人口』」。[7]時常說自己非比尋常的美國，在這個例子中並沒有那麼獨特，就跟許多曾資助大規模驅逐的國家一樣，事實上，美國還是現代最早執行這種政策的國家之一。

然而，我沒有要系統化地比較現代曾發生過的各種驅逐活動。我更有興趣的是，探索美國誕生的頭一百年間，這個國家所發生的驅逐出境事件。本書提出了三個互有關聯的論點。第一，這起由政府執行的原住民族大規模驅離事件是史無前例的，乍看之下這個主張或許很愚蠢，因為從英國人踏上北美大陸的那一刻開始，他們就已經開始驅趕原住民族。到了一八三〇年，這座大陸最初的住民，他們在美國密西西比河以東約一百萬平方英里的土地中，只剩下十萬平方英里的土地。雖然如此，當我們綜觀漫長的北美失土史，包括先後失土的皮科特人（Pequot）、納拉甘西特人（Narragansett）、瓦婆濃人（Wampanoag）、雅瑪西人（Yamasee）、圖斯卡羅拉人（Tuscarora）、瓜萊人（Guale）和納切斯人（Natchez）等等，美國一八三〇年代的大規模驅離政策確實是首例。先前的幾十年，英國、西班牙和法國的殖民者，是藉由征戰、引介致命病毒、破壞環境和改變信仰等方式趕走原住民族，但是這次，美國則是透過人口普查、財產清單、地籍圖、驅離登記、交通票證等正式的國家行政文件，迫使美國原住民族就範，最後在藉由一趟又一趟經由步行、馬車或汽船前往密西西比河以西的旅程，為每次的驅離畫下句點。

美國政府在一八三〇年代資助的驅離行動，成為世界各地殖民帝國的典範。雖然強迫遷移政策至少可追溯到新亞述帝國（Neo-Assyrian Empire，西元前九一一～六〇九年），但是畢竟美國的大規模行動在時間上比較靠近現代，是有野心的政體可以利用現代行政工具實現哪些事情的晚近實例。在一八三〇年代出版著作《美國的民主》（*Democracy in America*）一書的亞歷西斯．托克維爾（Alexis de Tocqueville），在該年代之初便曾經親眼看到喬克托人（Choctaw）跨越冰冷的密西西比河的「肅穆奇觀」。雖然他對這項政策的態度不明，但他的卻認為美國在擴張時展現的精力與決心，是法屬阿爾及利亞（French Algeria）的模範。法國在一八三〇年占領阿爾及利亞不到五年，殖民者就已經開始用「原住民」這個原本只用來指涉新世界居民的詞，來稱呼當地居民。法國官員觀察到，美國「不停受到談論」。[8]

美國政府資助的驅離活動，在一八四〇年代也占據了高加索地區（Caucasus）俄羅斯官員的心思。在俄羅斯驅逐五十萬人前不久，據傳曾有地方官員對一名美國外賓這麼說：「這些切爾克西亞人（Circassian），就跟你們美國的印地安人一樣。」該世紀接近尾聲時，非洲西南部的德國帝國主義者也將美國做為榜樣，打算以進步的名義驅逐當地居民，而這是覬覦非洲大陸龐大資源的歐洲官員們共同的目標。納粹征服東歐期間，希特勒曾打了一個著名的比方，將「本地居民」（indigenous inhabitants）跟「印地安人」畫上等號，宣稱「窩瓦河（Volga River）肯定就是我們的密西西比河」。[9]

這些為了實現自我利益而做出的令人不安的比喻，不但沒有說明做出這些比喻的政治人物是什麼樣的人，也沒有說明美國在一八三〇年代真正實踐的是什麼樣的政策。歐洲官員知道美國堅持不懈地將領土擴張到整座大陸，但卻鮮少花時間了解細節。雖然如此，那些比喻確實顯示了，其他帝國認為美國的政策有其值得注意和欽佩的地方。當這些官員在計算、評估、驅逐，有時甚至殲滅自己國界內的居民時，很少不會想到快速躍升世界舞台，使各國欽羨不已的美國。[10]

本書強調的第二個跟上面所說的論點有關的重點是，一八三〇年代政府資助的驅離行動，對原住民族和美國來說都是一個轉捩點。克里克（Creek）酋長尼哈・米柯（Neha Micco）對克里克同胞說，驅離政策是「他們所能遭遇的最可怕的惡事」。偉大的契羅基酋長約翰・羅斯（John Ross）寫到，這是「為了擺脫我們而設計的。」喬克托酋長喬治・柯爾伯特（George Colbert）則堅稱，讓數以千計的家庭失土是「篡位的行為……歷史上沒有能夠與之比擬的事件。」許多美國白人也抱持相同的看法。紐約上州（Upstate New York）的居民便寫到，「要是原住民遭到驅離，那將是『我們共和體制難以磨滅的羞恥』」。另有一群來自俄亥俄州波提吉縣（Portage County，位於伊利湖〔Lake Erie〕附近）的人表示，國會的行為將會決定「我國未來的歷史學家，是會稱頌他們的手段，還是把這個年輕自誇的共和國貼上惡名與羞恥的標籤。」[11]

驅離政策改變了長久居住在這座大陸上的居民，他們與新住民之間的地理關係。雖然幾乎是打從殖民之初，界線、保留區和中立地帶就已經在地圖上將兩大族群分隔開來，但意圖使原住民族完全消失在密西西比河以東的政策（雖然沒有明文寫在一八三〇年代的法案中，但意圖便是如此），依然十分特殊。誠如一位激動的反對驅離者所言，國會授權「將印地安人趕出美國國界，甚至是這座大陸。」英國的貴格教徒（Quaker）威廉・霍維特（William Howitt）寫到，密西西比河「是美國人的貪婪與印地安人的滅絕之間的界線。」[12]

地理隔絕創造了一條西進疆界，甚至到美國在十九世紀往太平洋擴張的期間，軍隊仍透過殺害原住民或將他們集中在邊緣地帶的方式，維護此西進疆界。[13]十九世紀後半葉曾發生著名的平原戰爭（Plains Wars），戰爭在一八九〇年的傷膝河大屠殺（Wounded Knee Massacre）中畫下了句點。但是，當第七騎兵團（Seventh Cavalry）在南達科他州（South Dakota）射殺超過一百五十名的男女和孩童，並將他們集體埋在一個大墓坑時，他們也同時徹底結束了一八三〇年代建立的政策。

本書還提出第三個關鍵點：驅離原住民絕對不是無可避免的。這件事不應該有任何爭議，因為大家都知道，歷史上沒有什麼是早就注定好的。然而，我們卻接受了驅離倡議者的說詞，翻轉道德的兩極判斷。那些倡議者聲稱，北美大陸原住民太過原始，無法在密西西比河以東的地方生存，原住民則極力否認這樣的說法。但是，我們也可以選擇相信，是這座大陸的新住民是太過貪婪，無法允許原住民留下來（有一派學者把這種機械式的帝國主義稱作「定居殖民主義」〔settler colonialism〕）。[14]任何「有關過去事件是難以避免」的說詞，我們都應該要像那些針對未來做出的預測一樣，抱持懷疑的態度。

要想像一個不一樣的發展，其實並不困難。像是，抵制聯邦預算、反對奴隸制擴張、致力讓原住民改信基督教進而改變了遷移政策；或是那些不喜安德魯．傑克森（Andrew Jackson）或純粹不想推翻當下政策的國會議員，當時能找到足夠的共識暫時團結在一起，共同阻擋驅離原住民的行動。這些變幻莫測的國內政治，或能延遲進一步的行動幾年，直到一八三七年的經濟大恐慌減緩驅趕原住民的氣勢。接著，越來越嚴重的區域危機或能暫時中止整個氣勢。到了一八五〇年代，南北戰爭近在眼前，原住民族群或許還會繼續住在密西西比河以東的家園（當時確實仍有數千人住在那裡）。這個版本的歷史雖然無法逆轉數百年的疾病與失土情形，卻能讓原住民在共和國境內熬過戰前的黑暗歲月，待在發展成熟的州縣，而非那個被稱為印地安領地、實行種族隔離的隸屬領土。他們可能會有更多時間談判、延宕、妥協和抗拒，戰後或許就能得到一個聚落，使他們繼續留在國家的核心，而不是被流放到最西邊、不斷推進的邊緣。

在亞伯拉罕·林肯（Abraham Lincoln）把奴隸制描述成道德墮落，甚至哀嘆南北戰爭死亡的七十萬人是「對作惡之人的懲罰」的二十幾年前，另一個將擔任美國總統的人，曾經譴責這個國家對待原住民族的政策是「一團令人作嘔的膿包」。當時在眾議院服務的約翰·昆西·亞當斯（John Quincy Adams），他在一八四一年的日記中寫道：「這是這個國家令人髮指的罪孽之一，我相信神有一天必會加以審判。」[15]南北之間的分裂，迫使美國白人正視這個國家對奴隸制的傾注程度，進而解放、接納四百萬名奴隸。美國白人做這件事並不甘願，這彰顯了從很多方面來說這個國家的重建仍在持續。相較之下，對北美大陸的征服從來沒有發生任何近似的情況，鮮少有人認真反思這件事在美國崛起的過程中所扮演的關鍵角色，與失去家園的人們之間的持續互動也十分有限。

二十世紀的族群驅離活動涉及數百萬人。兩百年前的武器雖然毀滅性較小，失土的人數也比較少，但當時的局勢卻沒有比較不殘酷。《不講理的共和國》要講的，便是通往印地安領地的故事，這是現代世界中，最早由政府所資助的大規模驅離行動之一。[16]

# PART 1

# 白人至上主義和印地安領地

chapter

# 1

# 原住民國度

正在今日堪薩斯州（Kansas）東部進行勘查的艾薩克·麥考伊（Isaac McCoy），他自豪地憶起八年前，也就是一八二三年六月他所獲得的頓悟體驗。那時，他突然萌生一個在密西西比河以西打造「印地安迦南地」（Indian Canaan）的念頭。這項計畫將占據他剩餘的人生，讓他犧牲其他所有的一切。他的十三名子女中，有七個正是在他人不在家、忙著向聯邦政府遊說這個點子時離世。在某次前往華盛頓市（Washington City，美國首都當時的名稱）的旅程中，他坦承：「因我懼怕冒犯了神，就算是為了我的妻兒，我也不敢怠忽職守。」若不是因為他在費城（Philadelphia）北部發生的馬車事故中差點喪命，這位浸信會（Baptist）傳教士，也不會錯過親眼目睹自己的計畫在國會進行一次關鍵辯論的機會。[1]

麥考伊在一七八四年出生於賓州（Pennsylvania）的尤寧敦（Uniontown），但是五年後，他們全家人便跟其他遷往今日肯塔基州（Kentucky）、俄亥俄州與印地安納州（Indiana）的殖民者一樣，搬到了西部。麥考伊一家順著俄亥俄河（Ohio River）而下，途經右岸那些被燒毀的荒廢聚落。來此處定居或從事投機活動的人宣示這個地區是他們的，但是原本的阿爾岡昆（Algonquian）和易洛魁（Iroquois）地主仍持續跟他們抗爭。這家人最後在對岸的肯塔基州鄉村定居下來，雖然美國不久前才從秀尼人（Shawnee）手中搶走這塊地，且直到一七九五年，附近路易斯維（Louisville）的鎮民代表人物都有在集資提供賞金，「從這個地區帶回的每一塊印地安頭皮」都能換取獎賞。不過，跟北邊暴力頻繁的地區相比，肯塔基州鄉村的原住民族人口已經萎縮，雖然原住民族和新移民之間的衝突並未完全消失，但已有減退。2

或許是受到父親西遷後開始布道所啟發，麥考伊自小就幻想自己注定成大事，雖然他既沒有繼承大筆財富，也沒有受過任何正規教育。據他自己所說，他小時候是個嚴肅的孩子，「對跳舞有著不尋常的厭惡」，並會譴責手足喜歡做的那些事是沒意義的。他聲稱，他唯一一次打架，是因為其他小孩誹謗他是衛理宗教徒（Methodist），這讓這位年幼堅定的浸信會教徒難以容忍。3

在經歷煩躁與痛苦的少年時期之後，麥考伊開始傳教，他搬到位於印地安納州內、沃巴什河（Wabash River）沿岸的文森斯（Vincennes），這是個「怪異又邪惡的地方」，他在這裡擔任城鎮的獄卒。這個低下的職務，並未傷及他自命不凡的心理。他把飛過監獄的一群綠蠅解讀為神不高興的徵兆；在一次生病期間，他開始認為自己有作詩的天賦，而且這種奇想並未跟著高燒一起退去，因為他之後自誇地說，寫詩「沒有我以前想的那麼難」。一八一七年，三十三歲的他備受自己有朝一日會死的事實折磨苦惱，於是寫了一本四百七十九頁的自傳。他把手稿寄給姻親，坦承像自己這樣名不經傳的小人物能夠寫下人生的「摘錄」，是一件「驚人」的事。[4]

後來，麥考伊撐過了飽受死亡驚嚇的時期，並藉機發掘了自己偉大的天職，那就是拯救印地安人。他到印地安納州和密西根領地（Michigan Territory）向邁阿密人（Miami）、渥太華人（Odawa）、帕塔瓦米人（Potawatomi）和其他原住民族傳教。麥考伊跟西部原住民親身打交道的經歷，使他對於東岸那些負責制定全國政策卻對大陸其他地區不甚了解的官員，存有合理正當的鄙夷心。就連在波士頓總部監督他傳教活動的浸信會外方傳教會，也讓他十分輕蔑。他曾抱怨，傳教會的成員在「模仿（西部）事務」，雖然他們對這個主題知道的不比「他們對月亮的地理了解的」還多。[5]

麥考伊之所以會鄙視東部人，是因為他固執地堅持自己懂得最多，即便他接觸到的原住民，其實只是美國國境內多元原住民族群的一小部分而已。他形容自己的對手「虔誠且立意良好」，卻「思想謬誤又頑固」，但這些句子所描述的其實正是他本人。他說道：「那些想讓全世界相信印地安人充滿美德的作家，真是錯得離譜啊！」他堅稱，原住民族是一群窮困的酒鬼，而這大部分都是「文明社會的齷齪」所導致的，是一有機會就剝削他們的美國白人所造成的。麥考伊曾目睹瘦弱的母親挖掘植物的根莖給小孩吃；男男女女數天只靠燙過的野草維生；冬天時，「半裸體」的村民因手腳凍僵而無法動彈。他在傳教基地記下每一起酒醉暴力事件和毫無理智的殺人案，這份淒慘的罪惡清單證實了他對人類本性的觀點，使他大嘆：「這些人肯定極為墮落，性格才會受到我們有時記錄在日記裡的那些無恥惡行所牽引！」[6]

就連成功經過「文明化」和「基督教化」（Christianized）的原住民也是「待宰之羊」，他們即使在最好的情況下仍「任由道德敗壞者的貪慾所宰割」。這些人被困在「野蠻的同胞」和美國白人的冷酷種族主義之間，他們沒有逃難的地方，「像山丘上的鷓鴣一樣遭到獵捕」，受到「獵犬般努力不懈」的追殺，陷入「千種詭計和慘況」。麥考伊看到的盡是黑暗：「這一大群人道德越來越敗壞，在悲慘之中越陷越深，萎縮到變得一點也不重要或者什麼也不是，好比被數千棵高大的樹木圍繞，因受到遮蔽而死的植物。」他宣稱，原住民最後會「完全滅絕」。[7]

幸好，在一八二三年的那個六月天，麥考伊決定把生命奉獻在一個「拯救全國印地安人」的「計畫」上，這將改造美國跟長久居住在北美大陸的住民之間的關係。這個計畫很簡單，也很顯而易見。美國要把「滅亡中的部落」集中在「國內某個適當的地區」，並保證那裡的土地「永遠」是他們的。在政府官員和傳教士的努力之下，遷移到這個內陸保護區的人們會在「道德、文學和勞動」方面受到指導，最終建立一個繁榮的殖民地。他們會成為農夫、店家老闆、老師和校長、醫生、法官、警長、政治家、神職人員，填滿文明社會幾乎每一個想得到的角色——唯有最有權力的政治職位除外，因為政治職位只保留給美國白人。[8]

不僅如此，麥考伊也想像，原住民族有一天會團結統一在「單一政體」之中，組成「美國社群不可或缺的一部分」。就跟現有的州一樣，這個麥考伊取名「原住民國度」（Aboriginia）的幻想之作也會劃分為縣和直轄市，由每一個部落組成個別的區或縣。在這又名為印地安迦南地的心臟地帶，有六十平方英里的區域會是政府的所在地，負責「統一周遭部落，進而傳播科學的福祉。」在麥考伊熾熱而充滿活力的想像中，政府活動會在那裡進行，各部落則會圍聚在一個「中央的議會之火」旁，抽著象徵和平的菸斗，「把對神的感恩與裊裊上升的濃煙混合在一起」。麥考伊太樂觀了嗎？他不這麼認為：「我並不誇張，只是理性做出結論。」[9]

麥考伊不是第一個提倡在密西西比河對岸為原住民族建立保留區的人，不過，他肯定是最狂熱的那個。在一八〇三年路易斯安那（Louisiana）購地之後，湯瑪斯・傑佛遜（Thomas Jefferson）馬上草擬了一項《憲法》修正案，賦予國會一項權利：國會可用新購得的領土，交換密西西比河以東的原住民族家園。雖然傑佛遜最後以修正案無必要而撤銷之，但他和在他之後的白宮繼任者都鼓勵土地交換，聲稱這樣能保護原住民族，直到他們加入文明人的行列為止。部分孤立的原住民族社群在一八一〇和一八二〇年代接受了拔營的提議。一八一七年，距離在白宮就職還有十年的傑克森，他便負責協商了這樣一個以契羅基人為對象的條約，但那一次只有少少幾千人搬到密西西比河以西，主要是為了逃離美國文明教化政策（civilizing policy）不斷的施壓。一年後，時任密西根領地總長的路易斯・卡斯（Lewis Cass），他也跟一個德拉威爾（Delaware）社群簽訂了類似的條約。雖然不是真正的驅離，領土割讓仍持續且快速進行著。在十九世紀的頭二十年，原住民族的土地縮減了六十萬平方英里，相當於阿拉斯加（Alaska）的大小。[10] 然而，這些說服東部原住民族遷往西部的行動都是零星分散的，傑佛遜在密西西比河對岸建立原住民殖民地的計畫，依舊是遙遠的願景。

必須做點什麼才行。麥考伊預期能夠獲得密西根領地總長的支持，因此首先將自己的想法傳達給卡斯，而他日後將擔任傑克森總統的戰爭部長。麥考伊解釋，位於「西部廣大地區某處」的「庇護所」，將會把聯邦政府毫無章法的行動統合起來。這會帶來很多好處：快樂的印地安人、蓬勃發展的藝術與科學，以及少了一個累贅又不友善的族群的聯邦政府。麥考伊問卡斯：「這可行嗎？」[11]

・・・

麥考伊並沒有問那些要被驅離的人相同的問題。其實，大部分的原住民都不希望離開自己的家。在一八二〇年代，原住民族已經跟新住民貿易、為鄰好幾個世代，沒有人像麥考伊堅稱的那樣，認為自己在「其他膚色」的族群之間會無法生存。就連在五大湖和俄亥俄河之間的地區（美國當時的西北部），儘管美國三十年來不斷討伐那裡的原住民族，當地的原住民族也很不情願放棄自己的土地。在一八〇〇到一八三〇年間，該地區的原住民一共割讓十四萬平方英里的領土，相當於俄亥俄州、印地安納州和伊利諾伊州（Illinois）的面積總和，而美國人口則從五萬人增加到一百五十萬人。這些數字雖然驚人，卻無法呈現失去土地造成的影響程度有多大：這嚴重影響了原住民社會從日常到宗教生活的每一個層面。即便如此，繼續住在俄亥俄河以北地區的兩萬五千名原住民，還是希望留在當地。一八二六年，一位邁阿密酋長米契基利塔（Meehchikilita）對美國官員堅定地表示，他們想跟美國白人住在一起，「像兄弟般，並按照我們自己的選擇買賣或交換土地。」十年後，帕塔瓦米人在西遷的壓力下仍禮貌地婉拒遷移。他們說：「我們很窮，但是我們很愛自己的小小土地，還不願意捨離它。」[12]

他們之所以拒絕心甘情願地離開，原因包括：對土地懷有情感、不相信美國宣稱驅離是為了他們好、始終懷疑印地安領地真的像美國所描繪的那樣有如天堂般。西北地區的原住民也不認為自己像美國官員所堅稱的那樣悲慘。在印地安納州，斯托克布里奇莫西干人（Stockbridge Mohican）的傳教士約翰・梅托克森（John Metoxen）注意到，他的教友是「農夫和技工」，擁有「不少農地」。他寫道：「我真正的心願和渴望是，在世界上的某個角落定居下來，享受給予我生命的土壤所帶來的福祉，看著我的孩子和家人互相連結，所有民族都健健康康地享有相同的權利。」甚至連一些美國官員也不得不承認，認為原住民族即將滅絕的急迫報告是不正確的。在一八三〇年參訪了俄亥俄州的原住民社區後，一名官員對玉米的豐

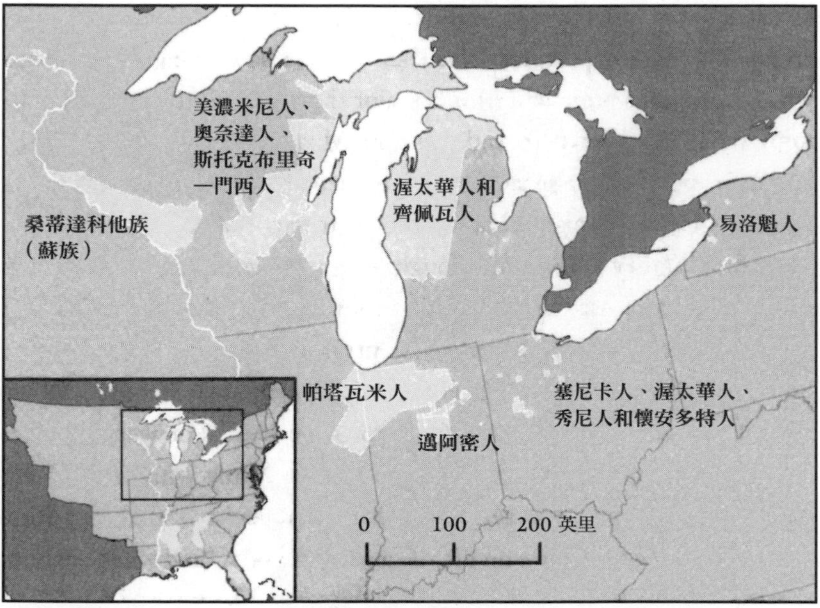


圖一　一八三〇年被當作潛在驅離對象的西北原住民族。

收做出了評論，並接著補充道：「我……可以老實說，我從來沒有看過他們像現在這樣勤奮。」另一名官員參訪俄亥俄州北部的懷安多特人（Wyandot）的社區後，認為當地居民過得很好，強調將他們驅離是「很殘酷的事」。在某些例子中，原住民族的生活還比他們的美國鄰居優越。一個來到密西根上半島（Upper Peninsula of Michigan）的訪客就發現，渥太華人的穿著比身邊那些美國公民「好太多了」。13

原住民族擁有多元的樣貌：獵人、農夫、乞丐、酒鬼、極端禁酒者、天主教徒、衛理宗教徒、萬物有靈論者（animist）等等，這正證實了美國官員灌輸給一般大眾的簡化論述是錯誤的。西北部的原住民有些住在簡陋的棚屋裡，但也有些住在有護牆板、窗戶、磚頭煙囪和木地板的房子中。其中，當日後失土的原住民被州義勇軍護送出城時，後者的建材甚至遭到毫無悔意的美國公民一車一車載走。有些原住民其實就跟深諳市場走向的白人鄰居一樣，很有商業頭腦、懂得看準獲利機會。當美國白人在一八二〇年代開始規劃一條主要幹道，預計會通過帕塔瓦米人和邁阿密人位於印地安納州與密西根領地的土地時，原住民酋長便看出這條幹道會帶來多少經濟利益。這條道路會讓旅行更容易、為他們打到的獵物創造市場，並將刺激貿易。於是，他們成功爭取到一定程度的道路測量控制權，以確保這條道路會經過最大的村落。在這方面，他們的行動，和美國二十世紀那些遊說政府要配置高速公路交流道的許多社區一樣。後來，聯邦官員向帕塔瓦米人施壓，要求他們西遷時，這些原住民相當清楚自己在該地區的地位。一個名叫紅鳥（Red Bird）的帕塔瓦米酋長表示，許多美國白人都希望他們留下。他說：「他們都跟我們一起狩獵，我們會平分獵物。一起狩獵時如果累了，我們也可以待在白人的家。」他最後說：「我們希望跟白人住在一起，希望跟他們交流，因此我們不會走。」[14]

為了對得起自己的良心，美國公民堅稱他們無法跟原住民住在一起，這並不是他們可以選擇的，而是一種自然法則。他們所稱的定律把所有驅逐行為合理化，而每一次驅逐行為又創造出更多證據，證實自然的演進方向是不可避免的。但，這其實並不適用美國的所有地區，可是大部分的美國公民都選擇忽視這個不巧的事實。俄亥俄州的懷安多特人，他們提到了與美國公民之間的「親近關係」和「熾熱友誼」；在北方，渥太華人和美國盟友共同創立遊說團體「印地安人福祉西密西根協會」（Western Michigan Society to Benefit the Indians），反映原住民與新住民共同的經濟利益；一名早期的殖民者憶道：「我們不能沒有印地安人，他們是我們市場上不可或缺的角色。」渥太華人摘採的蔓越莓和酸越橘會在水牛城（Buffalo）販售，而收成的楓糖則會賣到紐約市（New York City）和波士頓（Boston）；有一群渥太華人甚至成功標到一份縣道合約，另有一些人替駐紮在底特律（Detroit）的美國士兵提供糧餉。他們將領土割讓給美國後，把收益拿來向地政事務辦公室（General Land Office）購買土地，他們用這聰明的方法，將自己的所有權放在跟白人鄰居一樣穩固的立足點上。[15]

在美國開始實施堅決而致命的政策，並著手斬除西北地區的原住民前，我們不用將當地的處境想得太浪漫。有些原住民極度赤貧，正如麥考伊虔誠記錄下來的，當時的飲酒現象十分氾濫，雖然我們不確定原住民的飲酒量是否比美國公民還多；原住民社群也的確受到極大的壓力，要求他們放棄自己的土地。然而，大部分的人依然堅持留下。就像俄亥俄州北部的懷安多特人，他們希望美國總統會「永遠讓他們祥和且安靜地持有那個地方」。[16]

在美國的東南部，有超過六萬名原住民，包括喬克托人、契卡索人（Chickasaw）、克里克人、契羅基人和塞米諾爾人（Seminole），他們同樣不願捨棄自己的家園。契羅基族的酋長威廉·西克斯（William Hicks）和約翰·羅斯，他們用「滑稽」來形容聯邦政府擁護的這項計畫，完美描述這個結合了天真的烏托邦主義與惡毒的自私心理的政策（約翰·羅斯極精通英語，曾不只一次毒舌抨擊聯邦政府的對手，包括傑克森。他有一次針對族人的土地出現的危機提出了一個新奇的辦法：假如傑克森總統把喬治亞州的白人移走，「不用多久時間，困難……就會順利解決。」）。幾乎沒有原住民會被美國無窮無盡的承諾所愚昧。一群存疑的契卡索酋長十分懷疑傑克森總統會把西方的土地送給他們，「直到草不再長、水不再流。」他們嘲弄地說，那是「他說的」，顯示了他們對於總統刻意運用原住民文化中有關草和水的意象相當不以為然。他們比較偏好正式的法律用語「完全產權」（estate in fee simple absolute in possession），也就是美國最強大的土地所有權形式。一名很有先見之明的喬克托酋長便問：「如果我們真的走，過多久我們會被要求再走遠一點？」酋長想像喬克托族人跨越密西西比河之後，美國官員又會說：「你們離太近了。」美國白人又會再次宣稱：「這裡的土地是我們的，我們一定要擁有它。」[17]

東南部原住民族驚人的韌性和適應能力，使聯邦官員難以讓原住民淒慘絕望的局面延續下去，雖然最後美國政策將會創造出這些政策理應要協助緩和的情況。佛羅里達的塞米諾爾人在十九世紀初承受了一連串的入侵活動，包括一八一七年衝動的將軍安德魯．傑克森所發動的那次入侵活動，但是當地的塞米諾爾人仍成功建立起蓬勃發展的農牧社群。一八二三年，一個來到威斯拉庫奇河（Withlacoochee River，位於今日奧蘭多〔Orlando〕的西邊）的訪客，便描述了當地長滿稻米和玉米的富饒田地。他寫道：「我相信佛羅里達沒有任何其他莊園主可以說，自己的作物在這樣的種植面積內能夠長得這麼多。」同一年簽署的條約，把塞米諾爾人逼到較不肥沃的土地，卻沒有動搖他們留在該地區的決心。[18]

在阿拉巴馬州和密西西比州（Mississippi），許多克里克人、喬克托人和契卡索人都跟地區經濟有緊密的連結。一名敬佩的英國訪客注意到，有些印地安人擁有廣闊的農場與多達三十名奴隸。他寫道：「歐洲人聽到這些人很多都擁有許多奴隸和牛隻，一定會很吃驚。」契羅基酋長詹姆斯．范（James Vann）便擁有超過一百名奴隸，而他那宏偉的宅邸至今仍矗立在喬治亞州北部，那個原本擁有八百英畝的莊園位址。范被熟人描述成「充滿貴族氣息、性情衝動、如騎士般無畏」，他的財產規模雖不尋常，但持有奴隸這點倒不奇怪。契羅基、克里克、契卡索、喬克托和塞米諾爾的富人，他們採納了南方白人菁英階級的做法，都參與了非裔美國人的奴役。在這些原住民族共六萬六千名的居民當中，有超過百分之五沒有自由之身。[19]

然而，就像他們絕大多數的白人鄰居，大部分的原住民並不是靠他人的勞力過活。在美國的鄉村家庭，男人負責在田裡工作，使用犁和牲畜耕地，女人負責照料菜園、紡紗織布、煮菜燒飯、清潔打掃、擠牛乳。但是，大部分的原住民分

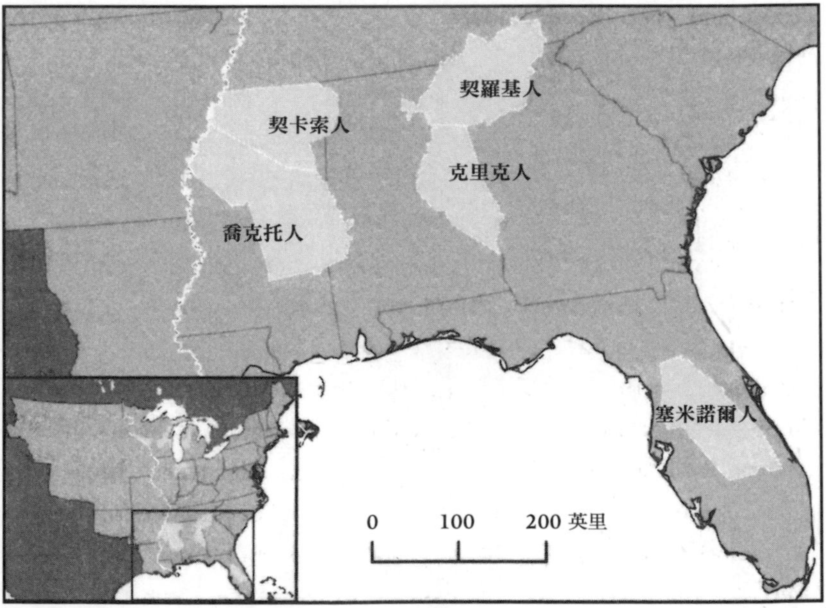


**圖二**　一八三〇年被當作潛在驅離對象的南部原住民族。

工方式並不同，他們會同時借助傳統的維生方法和外來的科技，男人雖然還是負責狩獵，但拿的卻是槍，不是弓箭；女人雖然還是用手工鋤頭耕作，卻是使用歐洲的布料製作衣裳，而非自家收穫的鹿皮。他們在貿易活動中取得的物品，像是印花布毯、針、上衣鈕扣、手帕、馬勒、屠刀、扳機等，都是這種混合式經濟的證明。[20]

東南部原住民和美國公民的生活方式越來越相似，讓喬治亞州的州長約翰·克拉克（John Clark）覺得十分不妙，因為兩個族群「忍受混雜」的時間越久，州政府就越難侵占原住民的土地。一名聯邦官員坦言，喬克托人其實是「很不錯的鄰居」，會把獵物賣給當地的美國前哨站。他說，原住民女子甚至願意以合理的薪資替他耕作。[21]美國官員雖然持續抱怨公民與原住民之間的關係越來越好，卻也因為證據越來越不足，益發著急地堅稱，兩者的生活方式在根本上無法妥協。事實是，真正無法妥協的只有一件事情：同一片土地同時由原住民和白人持有。

•　•　•

無論他們的深層動機為何，提倡驅離原住民的政治人物在公開場合宣講時，經常會援引兩個互有關聯、看似充滿人道關懷的信條。他們聲稱，原住民人口正遭遇無可避免且快速的衰退。接著，他們會慷慨大方地說，密西西比河以西肥沃、雨量充沛、大體上都很理想的土地，能把原住民從東部的悲劇性滅亡拯救出來。這些說詞湊在一起，成功融合了自利與慈善，讓美國公民趕走原住民後還覺得自己這樣做很正當。但，這兩種說法都沒有很好的依據。

傑佛遜說，原住民人口衰退是公認的「自然法則」。這位維吉尼亞州（Virginia）的莊園主兼美國前總統寫到，「我們讓那個種族的人消失，幾乎沒有保留他們歷史的任何蹤跡」，真是「很大的憾事，也確實丟人」。喬治亞州的參議員約翰·艾略特（John Elliott）在一八二五年表達認同，說印地安人正在減少中，顯得「沮喪頹廢」。他做了一個備受喜愛的比喻：「他們就像沙子堆成的海岬，無止盡地受到海水侵蝕，在白人構成的浪頭前方逐漸流失。」（融雪譬喻常常可以達到同樣的詮釋效果。）一年後，戰爭部長詹姆斯·巴柏（James Barbour）表示，很快地，只會剩下少數倖存者在哀嘆自己的不幸，或眼睜睜看著「即將到來的厄運以災難的形式逼近」。原住民即將到來的滅亡（人們偏好這個字眼），實在太常被講到，顯得這件無法避免的事成了無庸置疑的事實。學校教科書、日報、詹姆斯·庫珀（James Fenimore Cooper）的《最後的莫西干人》（*The Last of the Mohicans*）和爆紅百老匯戲劇《梅塔莫拉》（*Metamora*）等大眾文化產物無不提及此事。22

北美大陸最早的居民為什麼會出現令人遺憾的衰亡，是個神祕的謎團，這個主題成為了當時一些天才他們頭腦裡不斷思考的問題。傑佛遜認為答案只有一個，就是原住民女子跟著男人征戰狩獵的習俗。他說，因為如此，「養育後代對他們來說極度不便」；從牧師變成宿命人口理論學家（fatalistic population Theorist）的湯瑪斯・馬爾薩斯（Thomas Malthus），他認為問題源自狩獵比農業低等，卻忘了美國原住民族務農的成果，跟馬爾薩斯位於英國薩里郡（Surrey）的鄰居一樣豐碩；美國的頂尖醫生班傑明・洛許（Benjamin Rush）則把主因歸於「烈酒廣大的危害」。這些解釋沒有一個完全恰當。對這事不感興趣的印地安事務局（Indian Affairs）局長最後做出結論：「原因就在於事物的本質之中。」[23]無論原因是什麼，美國的原住民族和白人顯然不能共存。

就跟許多自以為看起來很明顯的事實一樣，這其實是錯的。自從第一批歐洲殖民者來到美洲之後，原住民族人口確實因為疾病、戰爭和外移減少了，在一六〇〇至一七〇〇年之間人數減半，一七〇〇至一八〇〇年之間又銳減三分之一。契羅基人表示：「那個時候，很多不同的褐色人種族群都停止成長了。今天，能看到的只有幾個。」東北部的原住民嘆道：「印地安人……現在差不多都不見了。」[24]

然而，到了十九世紀初，東部原住民的數量其實有上升的趨勢，或至少維持穩定。這在東南部和西北部都是如此，這反映了影響人類健康、繁衍和死亡的各項因子，是如何複雜地互動。支持這樣一個結論的數字的確不精準也不完全，但是卻比十九世紀的專家意見還讓人有信心，因為那些專家為自己的言論所提出的佐證，通常不過就是一種相信原住民十分落後的根深蒂固觀念。威廉・哈珀（William Harper）在南卡羅來納進修學習協會（South Carolina Society for the Advancement of Learning）面前宣告，「如果有什麼事是確定的」，那就是「野蠻人與文明人不能住在一起」（在查理斯頓〔Charleston〕散步時，哈珀顯然曾看過「擁有印地安頭髮和樣貌」的奴隸，奴隸向這位富有的莊園主證實，要使原住民族免於滅亡，真正「仁慈的做法」是奴役他們）。美國政府嘗試有條理地估算人口的那幾次調查，正如某次美軍在調查蒐集「有關契羅基族的地形和統計數字的重要資料」期間所坦承的那般，最後往往只產出很糟的結果，或完全沒結果。工程師解釋，計算人數是「不可能的」，因為當地居民在勘查人員靠近時，就會聰明地把自己躲好。[25]

然而，大部分的美國白人對於原住民的衰減抱持著難以動搖的認知。約翰・羅斯承認，契羅基族「目前的人口很少」，但他也補充道：「人口正以所能期待的最快速度增加。」契羅基族出版的官方報紙《契羅基鳳凰報》（*Cherokee Phoenix*）的編輯埃利亞斯・布迪諾（Elias Boudinot），他在面對傳播不實人口數字的驅離倡議者時，幾乎按捺不住心中的挫敗感。他在一八二八年以責備的口吻說：「我們再次重申，契羅基族的人口和生活條件並未衰退。」他們南邊的鄰居克里克族，也大力抗議那些曲解事實的公然謊言。克里克酋長告訴美國國會：「那些自稱是我們的朋友和改革者的人，杜撰了報紙和宣傳手冊的內容，使我們在大眾眼裡看起來正經歷人口的快速銳減，又說我們為了逃離這個狀況，急著想要遷移到那個被支持印地安殖民的朋友所大大頌揚的國度。」他們說：「我族有義務駁斥這些刻意誤導善良百姓的說法。」[26]

依然堅持原住民即將滅亡的美國白人，往往也都堅信「原住民會在西部找到救贖」這個同樣毫無根據卻固執的想法。有一段時間，提倡驅離的人主張，西部的難民營會成為密西西比河對岸的詹姆斯鎮（Jamestown）或普利茅斯石（Plymouth Rock，兩百年前在大西洋岸埋下文明種子的傳奇英屬殖民地）。原住民國度將活化心靈，駕馭失土之民的能量，把他們從依賴和野蠻中抬升出來。[27]

從這方面來說，驅離原住民的計畫，和其他那些以美國非白人為目標的行動如出一轍。在一八一七年一月，紐澤西（New Jersey）和華盛頓市有一小群人脈很好的改革家，他們創立了美國殖民協會（American Colonization Society，ACS），致力要完成將非裔美國人運到非洲的不可能任務，讓開墾者在非洲建立模範殖民地，在提升他們的同時，也協助開化非洲人。這樣一來，美國就能甩掉麻煩的自由黑人（free black），而且倘若美國殖民協會的野心預測也能實現，美國也可以一併擺脫奴隸人口。思想保守的最高法院法官布希羅德．華盛頓（Bushrod Washington，喬治．華盛頓〔George Washington〕的侄子），他很快就簽字同意擔任協會的第一任會長，使這個組織感覺好像充滿聲望和正統性。[28]

原住民殖民和奴隸族群殖民之間，有著明顯到無法忽視的相似點。身為印地安納附屬美國殖民協會創建成員的麥考伊便寫道：「那樣的雷同……令人印象非常深刻。」他發現，「非洲人」跟原住民族一樣，被美國白人劣化了，而殖民會把兩個族群放在跟美國公民「一樣的立足點」，給予他們「同樣的改進機會」。此外，如同傑佛遜在一八二一年寫到非裔美國奴隸時所說的，「驅逐出境」還有一個附加的好處，那就是可以釋放土地給白人勞動者。一八二五年的三月，國會甚至考慮殖民洛磯山脈（Rocky Mountains）以西的「有色自由人」，重啟在美國殖民協會創立之前，就曾提出的提議。連同原住民族的遷移計畫，這項提議將使整座大陸的人口分布，成為高度關注種族議題後所出現的怪異結果：「黑」人在最西邊、「黃」人在中西部、「白」人在東邊。[29]

美國殖民協會雖然具有保守傾向，譴責所有干涉蓄奴主權益的思想，但南方的莊園主不久後就開始猛烈反對這個組織。壓倒駱駝的最後一根稻草出現在一八二二年，當時南卡羅來納州（South Carolina）的官員逮捕並處決了三十七名非裔美國人，又另外流放四十三人，目的是懲罰以自由黑人木匠登馬克．維西（Denmark Vesey）為首的失敗起義行動。在恐懼的卡羅來納莊園主心中，這場陰謀有多少想像的成分，又有多少真實的成分，依然有待商榷。無論如何，處決過後，蓄奴主便開始把美國殖民協會妖魔化。他們指控該組織點燃非裔美國人的希望、剝奪主人對奴隸的權力，甚至還挑起反叛。喬治亞州依循南卡羅來納州的腳步，在一八二七年的大會上通過了一項譴責美國殖民協會的決議，甚至使用跟討論印地安事務時一樣過分的字眼，聲稱驅逐計畫「荒謬、瘋狂、具有毀滅力」，「會摧毀南方州的繁榮、重要地位和政治力量」。那些干預喬治亞州「當地問題和內部關係」的人，必定是「冷血自私，抑或愚昧狂熱」。[30]

假如非裔美國人殖民是「荒謬、瘋狂、具有毀滅力」，原住民殖民怎麼會是公正人道的？南方政客最喜歡援引的《憲法》原則，在這裡也對他們沒有幫助。於是，南方的白人跟他們北方的盟友拿「距離的遠近」做為爭論依據。他們聲稱，原住民吸收了美國公民所有的劣性，奴隸則汲取了他們的美德。一八二五年，喬治亞州的艾略特在參議院解釋這個薄弱的理由，主張兩個「獨立的族群」有著不一樣的「膚色、語言、習慣和利益，無法長久生活在一起」，因為較強大的一方必會毀了較弱勢的一方。他承認，他描繪了一個「嚴峻的景象」，但那是取材自「現實世界」。相形之下，「可以共同生活」的族群則會「提升和改善他們的狀況」，像是奴隸和他們的南方主人。這位擁有上百名奴隸的蓄奴主寫道：「在這些例子中，雙方存在一種相互的依賴，因此創造了具有相同利益的社群。」簡單而言，自利讓這些富有的莊園主兼政治家能夠說服自己，非裔奴隸離主人近一點最好，原住民則應該離得遠遠的。這種不太可能湊在一起的自然法則被匯聚結合，致使他們的擴張野心顯得正當。對艾略特和他的莊園主盟友而言，那些住在他們覬覦著想要用來生產棉花的土地之上的自由人，應即刻遭到流放，並以不自由的勞工取而代之，這個過程看起來是相當合理且不可避免的，且完全不是他們貪心自利的表現。在他們心裡，驅趕原住民和奴役非裔美國人都是人道的行為。[31]

艾略特的論點十分可笑，原因有二：首先，雖然蓄奴主堅持那些營養不良、穿著稀薄、因法律規定不能受教育，且在莊園裡不情願進行勞動的黑人，他們現在的生活對他們比較好，但事實上黑人和白人間卻沒有所謂的「具有相同利益的社群」存在。一八二二年，大規模處決登馬克・維西叛亂事件的事實，便非常有力地闡述了這一點。第二，在艾略特發表這場言論的九年前，印地安貿易辦公室（Indian Trade Office）的室長曾告訴國會，原住民「進步」的每一個例子，都可「追溯到他們跟白人的接觸與往來」。艾略特並不是這方面的權威，但他現在卻告訴其他參議員，與他們所認知的相反狀況，才是事實。之後，契羅基酋長約翰・羅斯針對驅逐者最愛用的這個論點寫下了犀利的回應。他說，倘若原住民真的在受苦，那不是因為「他們接近白人這麼單純的原因」，而是因為白人那些「受到貪慾指使」的政策。[32]

讓原住民在西方獲得救贖的計畫本質上是非常自私的，但是美國白人設法把它包裝成開朗的樂觀主義。一八二八年，戰爭部長巴柏表示，「將印地安人放在密西西比河以西合適的土地上」，會「對印地安族產生最快樂的益處」；在眾議院代表喬治亞州的威爾森・蘭普金

（Wilson Lumpkin）是提倡驅逐的主要人物，他認為那片土地「令人欽佩地順應了」原住民的利益；在一八三二年擔任戰爭部長的卡斯也向克里克酋長保證，那裡是「很棒的國度」。套用眾議院印地安事務委員會（the House Committee on Indian Affairs）較為通泛的話來說，將原住民驅逐到西部，可以讓美國彌補「白人最初定居這個國家時，不可避免犯下的過錯」。[33]

很遺憾，美國白人對於將要被劃分成印地安領地的那片土地幾乎一無所知，就連最基本的資訊也一樣。失土的人民究竟是要遷移到哪裡？一八二六年，印地安事務局局長湯瑪斯·麥肯尼（Thomas McKenney）坦承：「在探索該地區之前，我們無法確定。」無知支配了這個時期。他寫道：「我們想到的問題，印地安人也有想到了——那個家在哪裡？沒有人能回答。」對驅逐的歌頌，因為這個最基本的問題而瞬間走了音。一份一八二八年繪製的地圖，顯示了把人送到那個地區所具備的美好願景和潛在危險。這份地圖是由梅利韋瑟·路易斯（Meriwether Lewis）在一八〇三至一八〇五年間一起橫跨北美大陸的同伴，此時擔任聖路易斯（St. Louis）印地安事務局局長的威廉·克拉克（William Clark）所繪製，地圖大體上就是一張白紙，等著聯邦官員發揮自己的想像，把空白處填滿。戰爭部的一名員工，在空白的地方用鉛筆寫下誰可以遷移到哪裡：「一八一八年《誇帕人條約》（*Quapaw Treaty*）撤銷的印地安所有權」、「一八二五年的條約列出的堪薩斯州預定地點」、「喬克托族的土地」，以及

（用筆寫的）「紅色墨水畫出的契羅基族界線」。[34]

一名來自俄亥俄州的國會議員，總結了整個情況有多麼可笑。他問：提倡驅離的人知道密西西比河以西那片土地的任何事嗎？「他們的答案是，不，我們對於這方面的事情一無所知，但是請先接受這個計畫，假設印地安人必須搬到密西西比河以西，讓我們決定好要將他們從我們想占領的土地上趕走，然後，先生，我們就會派專員跟印地安人一起去檢視那個地方。」[35]

他們對該地區擁有的那一點點認識，也破壞了他們描繪的樂觀景象。在一八〇六至一八〇七年間，紀伯倫．派克（Zebulon Pike）針對當地寫成的第一份官方報告預測，那片土地會成為「美國的撒哈拉」。那裡完全沒有耕作價值，但在派克眼中卻非常適合原住民。他寫道：「我認為，光是在阿肯色河（Arkansas River）的兩岸，就有足夠的水牛、麋鹿和鹿，可餵飽美國領土內的所有野蠻人一百年。」

在一八二〇年，美軍探險家史蒂芬．隆恩（Stephen Long）證實了派克黯淡的評估。他在跋涉該地區後寫道，那裡對農夫來說「不適合居住」，不過倒是「適合水牛、野生山羊和其他獵物生長」。隆恩在他的地圖上印出「美國大沙漠」幾個字，把這樣的敘述牢牢刻在美國人的想像中，他的地圖很快就出版並廣為流傳。就連通常很開朗的麥考伊也坦言，那塊土地還有進步的空間，不過他仍堅持那裡「非常好，很適合達到讓印地安人定居的目的。」那審慎評估後只說，該地區的資源被「嚴重誇大了」。[36]

裡最大的缺點，就是缺乏木材，而他承認：「我很遺憾這一點如此嚴重。」一位聯邦官員在

• • •

麥考伊驅離原住民並在西部創造種族隔離地帶的「偉大制度」，跟現行的政策背道而馳。[37]自從華盛頓政府以來，美國追求的目標都是就地教化原住民。聯邦官員一字排開，前往從紐約上州到密西西比州中部的東岸各地，教導原住民如何正確生活。他們叫原住民男子別再狩獵、改行犁耕，並建議原住民女子別再拿鋤頭務農，以便生產手織衣物。然而，這些根深蒂固的傳統做法，卻是維生的可靠方法，且已實行許多個世代，因此原住民並不歡迎這些新住民的指導，也不覺得聯邦官員這樣的頭銜有什麼了不起。在許多例子中，只有同時結合賄賂、威嚇和環境惡化的警告，才能說服原住民學習使用犁和織布機。

教會團體協助聯邦政府建立了傳教站，教導原住民英語以及更重要的《聖經》教義。立意良善但帶有父權主義的慈善機構，收集捐贈的物品來支持辛勞的傳教士，藉由寄送物資的方式，安慰那些住在很久以前從原住民手中奪走的土地上的人的良心。位於麻州牛頓（Newton）的原民婦女救濟協會（Female Aboriginal Relief Society），當時跟現在一樣，是富

裕社運人士的活動中心。他們寄了一箱物資到密西根領地的奈爾斯（Niles），裡面裝著十二件女性禮服、七件褲子、兩件夾克、四件上衣、一件被褥和三十碼長的白棉布，外加一些縫針、大頭針、頂針、鈕扣和膠帶，要給帕塔瓦米人使用。收到的人固然很感激這些價值三十美元的捐贈用品，但是對原住民而言，這或許沒有像他們對傳教士興辦的教育那麼值得珍視。許多原住民都很樂意接受教育，因為最起碼這非常實用。即使為了識字而必須忍受教導他們識字的傳教士，他們也覺得無所謂，因為他們在條約上做的那些×記號總是不斷提醒他們，自己在跟美國協商時總是處於劣勢。一群帕塔瓦米人曾抱怨：「我們的族人裡沒人有能力處理我們的事務。」麥考伊也同意這點：少了正規教育，「他們無法跟我們的政府對抗。」[38]

這項教化計畫是以白人種族為中心，並以服務白人為目的。此外，它最糟糕的一面還是父權主義且充斥自私虛偽的心態，就像傑佛遜在一封機密信件中承認的那樣：他想要把原住民帶離他們的土地，是為了他們自己。確實，教化原住民的計畫有可能演變成抹殺他們的慾望。然而，原住民很清楚這是他們跟美國之間關係的基礎，也是那些條約的主宰準則，無論美國官員的動機是惡是善，原住民也懂得利用、操控教化政策，以便達到自己的目的。總統是他們「偉大的父親」（美國官員和原住民都常用到這個說法），因此他有義務幫助他們。一八二五年，印地安事務局局長麥肯尼向一群懷安多特酋長保證：「要快樂，不要害怕你們偉大的父親。他是你們的朋友，絕對不會允許你們被趕出自己的土地。」[39]簡言之，所謂的教化計畫，和一八三〇年代驅逐數萬人的那場政治官僚行動並不相同。

教化計畫以不同的面目存在了三十年。在一八一六年年底，印地安貿易辦公室的室長自信滿滿地告訴眾議院印地安事務委員會的主席，「一項擴大且開放的政策」將加速「從野蠻到文明」的轉變。他說，克里克人、契羅基人和契卡索人，他們已經很會務農和穿著手織的服裝，這個例子除了顯示女性有在使用紡車和織布機，穿著的衣服本身也帶有象徵文明的意義，就跟今天一樣。成功的案例不只侷限在東南地區。五大湖區南邊的秀尼人和德拉威爾人（Delaware）也「大多跟我們有一樣的穿著」，而且根據他們的商業才幹來看，他們展現了「追尋文明生活的能力」。印地安貿易辦公室的室長總結，所有的例子都顯示跟白人的「接觸」和「往來」是成功的關鍵。[40]

就連堅定的種族主義者和種族隔離提倡者約翰．卡爾宏（John Calhoun），他在一八一八到一八二五年間擔任戰爭部長時，也不得不承認教化計畫大體上是成功的，只是尚未完成。說到原住民族，他雖然完全不認同自治和主權，卻仍稱讚這是「政府人道又慈善的政策，讓在我們界限內生活的印地安人受到前所未有的照顧」。他在一八二四年說過：「這項政策存在的時間，跟政府一樣久」。他寫到，契羅基人是絕對成功的一個例子，接著又預測「短時間內，克里克人的進展」也會同樣令人滿意。同一年，眾議院印地安事務委員會更指出，根本不需要質疑美國政策的價值：「不用做什麼研究，就能讓每一個公平公正的人相信，教化我們的印地安人的前景從來不像此時這麼有希望。」印地安事務局局長麥肯尼也表達了同樣的自信，認為教化的進展確實「可能比任何人預期的都還要快速」。他寫道：「有學識的人不再懷疑印地安人可以受到教化並改信基督教，相關證據近日增加許多，連最狐疑的人也被說服了。」[41]

為了要讓政府資助的驅離計畫看起來有其必要，在一八二〇年代中葉被說成前景從沒有這麼充滿希望的「我們的印地安人」教化計畫，就必須轉變成淒慘的反面說法，一如被戰爭部長巴柏誇大敘述成「以災難的形式逼近」的「即將到來的厄運」。此外，驅離計畫必須看起來要能夠實踐，而非野心大得可笑。聯邦政府總共也才雇用了不到一萬一千人，而且絕大多數（約八千人）只負責寄發郵件，而寄發郵件這項能力，在執行驅逐原住民家庭這件事上毫無用處。在一萬一千人之中，僅約六百人在華盛頓市工作。同樣地，受聯邦政府聘僱，負責護衛一千五百英里西部疆界和兩千五百英里海岸線的武裝兵力，總共也才剛剛好超過一萬一千人，其中只有六千人在陸軍服役，其餘大部分都在海軍。[42]

歷史上有無數次把數萬人口集體遷移至他處的先例，諸如發生在西元前八世紀新亞述帝國、西元四世紀中國北部、西元十三世紀西西里島（Sicily），以及西元十七和十八世紀的伊朗，都是將被征服的人民大規模驅逐的事件（這裡只是舉出其中幾例），但是這些都遠遠比不上十九世紀美國的驅離活動。一名日後將成為學者的莊園主模模糊糊地回想：「整個古代史只有一個全族離開家鄉遷到他處的例子。」他猜測：「我記得好像是高盧（Gaul）的一個省，大概是比利時吧。」[43]

美國公民比較熟知的，是前幾個世紀發生在歐洲的那些強迫遷移事件，像是十五世紀將猶太人逐出西班牙；一百年後將摩里斯科人（Moriscos）驅離西班牙；又過了近百年之後，胡格諾派（Huguenots）被趕出法國。一七五〇年代遭到英國人逐出新斯科細亞省（Nova Scotia）的法籍阿卡迪亞人（Acadian），則提供了離美國本土較近的一個實例。那些遭驅逐者有很多最後來到路易斯安那州，成為後來所謂的肯瓊人（Cajun），但是那次強迫遷移，在民眾的心裡並沒有留下好印象。一個閱書廣泛、人脈很好的公眾知識份子羅伯特・沃爾什（Robert Walsh），他在一八一九年便寫道：「我們對這個受傷的族群仍有很鮮明正面的記憶，因為他們有著毫無心機、和平又認真的性格。」他態度明確地寫到，「他們悲慘興衰的命運以及他們極度沉痛的哀慟」。這個國家最有名的歷史學家之一大衛・拉姆齊（David Ramsay）也批評這起事件，譴責英國對這「不幸的民族」採取的「嚴厲政策」。[44]

來自沙凡那的律師羅伯特・坎貝爾，他因為身為唯一一個公開反對驅逐原住民的喬治亞州白人而出名，他說：「現代，尤其是在文明的國家之中，沒有任何把全族成員驅離自己家園、把整個族群趕出原居地的例子。」他責罵這項政策將會超越「惡名昭彰的波蘭分割事件」（notoriously disgraceful partition of Poland），也就是俄羅斯、普魯士和哈布斯堡帝國（Hapsburg Empire）瓜分波蘭，使它從地圖上完全消失的事件。要找到不體面的例子太容易了：「瓜分波蘭」、「入侵西班牙」、「侵吞印度」，這些全是帝國剝奪「手無寸鐵弱小人民的財產」的例子。[45]

美國白人並不樂於把那些歐洲暴君犯下的惡行變成自己共和國的模範，於是他們替政府資助的驅逐計畫想了一個完全不一樣的藉口。驅離美國原住民的計畫如果實行了，將是一項慈善事業，由一群辦事員、普查員、遷移員、出納員、稽核員、審計員組成的「軍隊」來執行。用戰爭部長的話來說，這會是一個真正「現代」的計畫，不會欺壓弱小，而是會注重「正義與溫和」[46]

在一八二〇年代晚期，座落於華盛頓市空曠田野和分散屋宇之間的國會大廈裡，國會議員開始自信滿滿地談到一項把原住民從家園驅離的大規模行動，而在那條被稱作賓夕法尼亞大道（Pennsylvania Avenue）的泥土路的另一頭，執行部門也草擬了野心勃勃的藍圖。隆隆的牛蛙叫聲和動物屍體的腐臭，成為整個籌畫過程的伴奏。[47]在這充滿瘴氣的環境之中，政府資助的大規模原住民驅離活動，似乎突然變得必要又實際。這一切是怎麼發生的？

chapter

# 2 喬治亞州的白人

在一八二五年八月底，一篇由「蘇格拉底」撰寫的八千字文章出現在《喬治亞報紙》上，此份報紙為喬治亞州首府米利奇維爾（Milledgeville）出版的兩份報紙之一。在共和國早期，美國白人喜歡使用知名希臘羅馬哲學家的名字撰寫社論文章，因此這篇文章並無不尋常之處，只是篇幅特別長。這位蘇格拉底嘗試回答有關州主權（state sovereignty）和奴隸制的「大問題」，因為這兩個互有關聯的主題，會在南北戰爭前主導政治論述。不過，他並沒有開門見山處理這個議題，而是把所有的篇幅拿來討論仍居住在喬治亞州西部與阿拉巴馬州交界處的克里克族。作者列出了幾個讀者想必都很熟悉的重點。他寫到，文明國家享有隨心所欲處置這座大陸的權利，因為大陸的原住民族很「原始野蠻」。事實上，殖民者「將這片土地從荒野狀態拯救出來」是「慈善又公正」的舉動。故，他進一步推論，以喬治亞州來說，由於「印地安所有權」很「寬容」，只不過是源自「習慣而已」，政府自然可以想要的時候就從克里克人手中合理地拿走土地。蘇格拉底問道：「這樣會強迫他們加入密西西比河以西的蠻族同伴嗎？那樣最好。」[1]

之所以這麼想驅逐待在這個地區最久的居民，是因為喬治亞州的人幻想該州的政治家和莊園主，在不久後就能主導這個國家和這座大陸。除卻人煙稀少、充滿沼澤地的佛羅里達，如果不去管原住民族的土地所有權，喬治亞州就是聯邦內最大的州，甚至比紐約帝國還大。喬治亞州的野心，似乎跟全世界對棉花的需求一樣看不見盡頭。喬治亞州的參議員艾略特在勘查西邊的土地時，發現原住民家族在南方擁有七千七百萬英畝的土地，且「肯定非常有價值」。他猜想，這片土地大部分都能種植棉花。然而，誠如喬治亞州的某份報紙解釋的，只要南方州仍住著人數沒計入國會代表比例分配裡的「野蠻人」，蓄奴主就會被剝奪應得的政治力量，繼續當北方「專橫的貴族階層」的「附庸」。原來，跟奴隸不同，《憲法》並沒有把原住民算成五分之三個人（這是用來提高南方白人政治力量的自私機制）。雖然有一位喬治亞州州長曾建議向原住民徵收一小筆稅金，這樣就能透過普查計算該地原住民人口，進而在全國的舞台上提升南方白人的政治力量，但那些莊園主兼政治家卻比較喜歡獲利更多的計畫，也就是把原住民驅離，讓白人和可部分計數的奴隸勞工進駐原住民的土地。[2]

喬治亞州的二十四萬名白人公民，夢想擁有無窮無盡的利潤和可以無拘無束控制該州十八萬名非裔美國人的權力，而這件事跟驅離住在西部和北部州界附近的原住民是息息相關的。蘇格拉底邀請讀者設想，假如原住民留在自己的家園、美國國會通過立法要將他們歸化，這將帶來什麼結果。喬治亞州是不是必須接受他們為公民？他認為：「把這個權力交給聯邦政府是很危險的。」沒錯，這其中的涵義令人震驚。「假使他們把印地安人變成公民，又有什麼能阻止他們把一個自由黑人變成公民？而假使他們可以把自由黑人變成公民，又有什麼能阻止他們歸化黑奴？」他預測，南北雙方有一天將會因為聯邦政府規範奴隸制的權限而被迫針鋒相對。

但是現在，這位喬治亞州自產的哲學家選擇「為事物正名」。他宣稱，「我們喬治亞人」指的是「喬治亞州的白人」，反對這個不證自明的事實的人，就該「因為愚蠢而遭嘲弄」。他表示，他不知道「白人」以外的喬治亞州公民，也不想要「知道其他可能」。對於這個心胸狹隘卻根深蒂固的論點，他所持有的證據，本質上就只是以歷史為本，且大部分是錯的。他說，白人發現、征服並占據了這座大陸；他們一直統治著這裡，直到美國革命；然後，他們宣布獨立、打了仗、休了戰，接著制定、採用《憲法》。這位蘇格拉底不加思索地就說：「黑人和印地安人，他們跟這些重要的事件毫無關係。」這樣的說法其實是不正確的。但對於那些質疑他邏輯的人，蘇格拉底則以動之以情的方式，吸引看法相同的公民。他嗤之以鼻地說：「有一些腦袋不清楚的道德魔人，或許會哀訴熱愛自由卻矯揉造作的白人，對同物種的黃褐色同胞不公。就讓他們哀吧，但還是讓我們繼續當白人。」

因為替原住民土地所有權說話的行為，將使莊園主對人和地的掌控權受到影響，莊園主自然將這種倡議，視為「親黑人派」（Negrophiles）和「印地安迷」（Indianites）的攻擊。有個喬治亞人在一八一九年抱怨，契羅基人遷到「密西西比河對岸那片荒涼公地」的速度不夠快。他表示，別人可能會說要「教化印地安人」，但是「北方只是在用這個手段，防止南方成長與變得重要」。還有一位社論作家，在即使勝利已近在眼前的情況下，也無法抑制悲憤的心情。他寫道：「喬治亞州或許可以原諒，但卻絕對無法忘記某些北方人激起南方叛變的卑鄙意圖。」這是在控訴他們煽動「冷血的奴隸與印地安人」。這個譴責刻意呼應了《獨立宣言》（*Declaration of Independence*），因為《獨立宣言》指控喬治三世（George III）唆使奴隸叛亂和刺激「冷血的印地安野蠻人」發動攻擊。這個社論家持續控訴，北方人的動機不是出於慈善，而是忌妒。他估計，原住民族被驅逐後，南方地區和南方在北方的商業盟友，將掌握絕大多數的選舉人票，這一點「肯定讓」北方政治人物「很震驚，對未來感到恐懼」。

這些莊園主政治家並不打算妥協。一八二九年，喬治亞州華盛頓這個不大但蓄奴主很富有的地方，很快地出版了一份報紙《哥倫比亞之星》（*Columbian Star*），並在報紙上提供原住民族兩個極端的選擇：不是被驅離到「某個遙遠的地點」，就是遭到「完全滅絕」。留在喬治亞州會導致「全面殲滅」。蘇格拉底甚至暗示，要是聯邦政府不配合驅逐久居該地區的原住民，喬治亞州可能必須要跟美國開戰。他威脅，假如白人未獲得許可，不能按自己想要的方式處理原住民和非裔美國人，他們就得考慮是要「帶著如奴隸默許般的笑容臣服，或是訴諸更有效力的手段」。3

• • •

縱使傑佛遜有著充滿遠見的計畫、縱使那些想要成為政策專家的人做了各種毫無根據的臆測、縱使憤怒的南方白人在當地報紙上發表各種凶悍的社論，政府資助的系統化原住民驅離活動，若未經過國會立法，再由執行部門付諸實踐，還是不會發生。到頭來，這個計畫仍然是立法通過的法律，不是像許多美國公民想要相信的那樣，是美洲原住民族和歐洲人根本上無法相容，所造成的不可避免的結果。同樣地，這也不是什麼，「往西邊襲捲的白人殖民者浪潮，帶著勢不可擋，且把途經的一切全部沖刷掉的力量」所造成的結果。在一八二〇年代，國會裡甚至有些人擔憂市場上有太多公地，但是需求太少。在整個十九世紀，國會將時而鼓勵、時而勸阻向西擴張的行動。4

然而，無論是不是原住民族，所有人都明白美國人口正在增加。克里克酋長回想，殖民者「來到我們的國度時，數量少、力量小」，但是之後「力量和數量都有增加」，並且「在我們的先人原本可以無拘無束行走的整片土地上擴散」。他們發現：「我們被包夾在狹小的範圍內。」[5]人口失衡的局勢與原住民面臨的挑戰是不可否認的。可是，美國究竟會怎麼對待原住民，在當時還是一個沒有正解的問題。在領土逐漸擴張的共和國裡，美國會允許原住民保留一部分的家園嗎？美國會尊重、削弱或撤銷他們的主權嗎？美國會真心誠意地給予原住民公民身分嗎？或者，美國會將他們全體驅逐？

在原本的十三州，曾經數不清的原住民人口縮減了（很多甚至憑空消失），活下來的人大部分是住在邊緣地區，若不計算喬治亞州，原住民數量約有七千人左右。因此，幾乎毫無例外地，沿海各州的政治人物並沒有興趣把消除剩餘的群體這個目標擺在第一位。若積極追究下去，甚至可能帶來不好的政治後果，因為許多原住民與會上教堂禮拜的北方人屬於同一個教派。之後，當傑克森在一八三二年的參選副手馬丁・范布倫（Martin Van Buren）回顧那年大選時，便估計他們光是在紐約州就失去了一萬張選票，原因正是因為總統迫害了契羅基人，導致原本可以在副總統的家鄉九分得勝的目標，最後卻只得到較謙遜的四分勝利。[6]

在原本的十三州裡，僅喬治亞州還有不少原住民族人口。在一八二五年，克里克和契羅基族的人口為一萬多人，但他們擁有今天喬治亞州四分之一的土地面積，將近一萬五千平方英里。因此，如同一名聯邦官員所說，講到驅逐原住民，喬治亞州和一八一九年剛成為一個州的年輕夥伴阿拉巴馬州，「對這個議題有著激烈的情緒」。[7]

但，就連在渴求土地的喬治亞州，也有人對於是否真的需要原住民土地表示不同的看法。一八三〇年，《奧古斯塔紀事報》（*Augusta Chronicle*）表示：「喬治亞州的人已經有太多可以用於農業的土地，比他們能夠耕種的面積多上許多。假如他們有的地比現在少，他們也會為了自己和國家，把土地耕作得更有用處、獲取更多利潤。」該報描述了莊園主剝削土地時會發生的環境惡化問題：「取其豐碩的果實，卻連一點點回饋也沒有。」又寫道，這片土地「逐漸枯竭，最後完全荒廢無用，但莊園主只想著要從印地安人那裡得到更多，即使這樣做幾乎或根本沒有任何好處。」該報指控，州政府承諾給予免費的原住民土地是在促進浪費。《奧古斯塔紀事報》越說越起勁，接著形容了喬治亞州荒蕪貧瘠的地貌，彷彿是受到一群蝗蟲橫掃肆虐後遭到遺棄的土地，最終形成坑坑疤疤的模樣。這一切全是人們索求更多土地造成的後果，「說得好像我們在一個小而人口密集的地區受到緊密包圍」。總而言之，喬治亞州需要的是「人口而非土地」。[8]

《奧古斯塔紀事報》的觀點雖屬少數族群，卻絕不獨特。來自亞特蘭大東邊五十英里的摩根縣（Morgan County）的州參議員尤金尼厄斯·尼斯貝特（Eugenius Aristides Nisbet），嚴厲斥責來自沿海查坦縣（Chatham County）的同僚，因為對方主張應「強制」驅離契羅基人。他問道：「我們的族群有必要出現在那個國度嗎？」接著說：「那些大地主很希望原住民遷移。」他指的是住在喬治亞州低窪地帶，那些該州最有錢的莊園主。他嘲諷地說：「沿海地區的紳士們，過來告訴我們有何必要。」尼斯貝特雖不是契羅基民族主義者，但他駁斥喬治亞人徵收契羅基土地的權利，因為他認為那沒有必要。也有一些喬治亞人認為，徵收原住民的土地等於是在「諷刺」該州的座右銘：「公義、智慧與中庸」。一名樂觀的社評作家想像，「平民」將會宣稱：「我不要跟這塊土地有任何關係，因為它不是透過詐欺、就是透過暴力所取得。」[9]

然而，到最後，喬治亞州的政治人物終究違背了該州座右銘所傳達的價值，而實現州長約翰．克拉克在一八二一年列出的目標，「將所有的紅人用白人」取代。[10]這些政治人物決意以喬治亞州的形象重新塑造聯邦政策，即使得承擔聯邦可能有分裂的風險，他們也執意要驅動全國辯論。

在這件事情上，沒有人比喬治．特勞普（George Troup）還更不通融，此人因為喜歡發表極端言論和充滿武力恫嚇的最後通牒，而有「瘋狂喬治亞州州長」的綽號。特勞普過去在普林斯頓學院（the College of Princeton，今天的普林斯頓大學〔Princeton University〕）學習拉丁文和希臘文，跟他同校的有同為喬治亞人的約翰．福賽斯（John Forsyth）和約翰．貝里恩（John Berrien），這兩人日後會跟他一起把原住民從美國東半部趕走。他們在普林斯頓（Princeton）找到不少氣味相投的同學，因為在特勞普一七九七年畢業的那屆，有近半數的學生都是來自南方的蓄奴主菁英階級。而在入學之前，特勞普和貝里恩也曾一起在長島（Long Island）的伊拉斯謨斯殿堂（Erasmus Hall）寄宿學校就讀。[11]在一八二三年，先後在沙凡那擔任律師和在眾議院服務過的特勞普，被喬治亞州議會選為下一任州長（第一屆州長普選在一八二五年才登場）。

特勞普十一月就任，下定決心要讓這個地區再也看不到克里克人和契羅基人。在把數以千計的原住民家庭從喬治亞州驅逐出境的活動中，他運用了即便以十九世紀的標準來看都嫌浮誇的一套說詞。他寫了冗長又誇大的信給美國總統和其他官員，其中不時自負地使用「本州州長」、「最高行政長官」等第三人稱指涉自己，他試圖透過「偉大的道德和政治事實」，合理化遷移該地區原住民的行為。他提起「無可爭議的神聖領土權」，並堅持這片土地是他們「與生俱來的權利」——不是屬於在那裡耕作了許多世代的人們，而是屬於那些遲來的受益者，也就是屬於蘇格拉底和他的同伴口中所稱的「喬治亞州的白人」。特勞普說，原住民「只不過是住戶，就像簽了任意租賃契約的房客」。他雖然也講到了美國簽訂的合約裡列出的「積極義務」，以及違反這些義務表示的「背信之舉」，但他說的並不是美國跟原住民各族簽署的條約，而是一八〇二年美國與喬治亞州的約定。根據一八〇二年的這項約定，聯邦政府同意一旦土地「和平地取得」了，就應馬上撤銷原住民在該州的所有權。一名擔任美軍將領的對手，便將特勞普比喻成妄自尊大又專橫的「歐洲小暴君」。相較之下，十九世紀一名在南北戰爭爆發前兩年著書的傳記作家，則以非常仰慕的態度形容特勞普：「只要跟原則有關的事，在他的字典裡沒有妥協二字。」然而，特勞普的原則從來就只向他的個人利益看齊。[12]

特勞普在一八二四年二月跟戰爭部長約翰．卡爾宏抱怨：「在成立最久的州之中，喬治亞州是唯一一個政治組織不完全的地方。」其公民政體「很瘋狂」、義勇軍老是處於緊戒狀態、自然資源未被利用，且內部改善活動停擺，全都是因為還沒獲得「空缺的領土」。那塊領土「對印地安人來說是沒有價值的荒地，對美國來說也沒有價值，但只要土地是落在正當的地主手中，便是力量、收益和統一的來源。」因此，當隔年年初契羅基人在約翰．羅斯的率領下也寄了一封信給國會時，確實相當令特勞普火大。契羅基人寫道：「我族的成果和聲音表示，永遠不再割讓任何一寸土地。」特勞普責怪美國政策將原住民獵人變成農夫，並說「教化計畫」其實不過是把克里克和契羅基家庭綁在土地上的「偉大計畫」，「對喬治亞州很不好。」當然，這裡他說錯了。原住民族在美國存在之前就有務農了。[13]

契羅基人的政治家成功以計謀勝過特勞普，但克里克族卻相對脆弱，這一部分要歸咎於一個很有影響力卻不老實的克里克酋長威廉．麥金托什（William McIntosh）的作為。麥金托什的父親是一名英國官員，母親是家境顯赫的克里克女子，因此他在喬治亞州和克里克族的土地上都有很好的人脈關係。在跟他有一半血緣關係的兄弟裡，其中一位是喬治亞州的州議會成員，還有一位是美國財政部在沙凡那的稅務員，此外，他的表弟不是別人，正是州長特勞普。麥金托什無法抑制自己濫用身分的誘惑，但每一次的濫用幾乎總是會犧牲他的原住民親戚的權益。雖然克里克族議會曾通過正式決議，禁止族人賣地，麥金托什仍在一八二五年與美國專員會面，割讓克里克族在喬治亞州剩餘的領土。雙方簽訂的條約被稱作《印地安泉條約》（*Treaty of Indian Springs*），這份條約是在祕密協商後以賄賂的方式完成的，除了麥金托什自己的簽名之外，並無該族公認的酋長署名。因此，克里克族決議以叛國罪處死麥金托什。在一八二五年四月的最後一天，約一百五十人帶著武器包圍麥金托什位於查特胡奇河（Chattahoochee River）的莊園宅邸，放火後，趁麥金托什從火舌中逃出來時將他射殺。[14]

在美國與印地安人的關係史上，《印地安泉條約》非常受到關注，不是因為它有詐欺的成分（因為很多條約都建立在類似的腐敗基礎之上），而是因為它引起激烈的政治衝突。雖然美國參議院在約翰．昆西．亞當斯就任不久前，批准了這項條約，這位繼任的總統卻拒絕承認，並堅持要跟克里克族真正的權威人士進行新的協議。特勞普不願讓步，還指控聯邦政府「挑起內戰」。這位自己也有奴隸的州長說，承認克里克族的冤屈，等同「僕人輕視主人的意願，主人也默許僕人違背自己的意願。」[15]

假如特勞普和他的政治盟友是這故事裡唯一的反派角色，會令人放心不少。然而，就連喬治亞州的選民（也就是白人），他們大體上也跟州長一樣憎惡他們的原住民鄰居。在一八二五年的州長選舉中，現任的特勞普對上了約翰．克拉克。喬治亞州近日才剛從原住民手中成功侵占土地並建立新的縣，而約翰．克拉克正是其中一名擁護者。這是第一次由民選決定喬治亞州州長，結果競選活動竟演變成比比看哪位候選人最痛恨印地安人。奧古斯塔（Augusta）發行的報紙《憲政主義》（*Constitutionalist*）提出自己的看法，認為約翰．克拉克是重要將領，可能真的朝印地安人開過槍，曾「聽見幾顆子彈在戰場上呼嘯而過的聲音」，但是趕走克里克人的特勞普對喬治亞州的用處更大。[16]

有個好記的競選標語，成功捕捉了那次選舉的主題：「特勞普與條約」。後來聽說，有些媽媽在小孩「開始牙牙學語時」會教這個口號。署名「其中一人」的作者，在力挺特勞普的《喬治亞報紙》投書表示，特勞普「爭取我們的權利」。州長「建議我們用理性的態度捍衛我們的財產到最後，『爭論無效了』便改用武力。」另一個署名「土生土長的喬治亞人」的作者，發表文章在《沙凡那共和黨人》（*Savannah Republican*），語氣更放肆。特勞普決心，將「不計危險維護各自持有各自的奴隸以及印地安土地的權利，這是不可被剝奪的！」毫無忌憚地掌控非裔美國人和原住民的這種期望，在前一個世紀變得根深蒂固，但是現在，喬治亞州面臨了一個關鍵時刻。「土生土長的喬治亞人」憤慨地說：「我們野蠻的鄰居雖然可能被允許住在我們的土地上，我們的奴隸雖然可能從我們身邊被偷走，但我們要讓他們知道，除非放棄性命，否則我們不會放棄這片土地，我們要大聲說出來，只有在『用肉身捍衛過』之後，我們才會跟奴隸分開。」[17]特勞普最後在總共四萬張選票中，以六百八十三票之差獲選。

約翰・昆西・亞當斯總統面臨聯邦瓦解的威脅，匆匆安排了另一個替代條約，於一八二六年在華盛頓市由經過授權的克里克代表簽訂，又名《華盛頓條約》（*The Treaty of Washington*）。然而，就連這樣特勞普也不能接受，因為這個條約為克里克人在該州西緣留下了一小塊地。特勞普的普林斯頓同學福賽斯在眾議院指控，《華盛頓條約》是個「超級大騙局」，並堅稱麥金托什先前所簽訂的條約應該生效。普林斯頓三人組的第三名成員貝里恩，他在參議院彈劾聯邦政府，並聲稱「喬治亞州的權利被迫屈服」於「野蠻人的欺騙和傲慢」之前。特勞普宣布，在原住民被驅離前，喬治亞州和美國政府之間，將無法存在和諧與寧靜。[18]

廣泛而言，莊園主可以看出原住民是不願乖乖離開的。在一八二六年的《華盛頓條約》中，克里克人同意割讓喬治亞州的土地，但條件是美國必須「保證」他們剩下的領土是他們的；同樣地，喬克托人「全體一致」拒絕放棄自己在密西西比州的土地，不明白為何在傳統的家園過得「和平」又「富足」的他們，卻應該到他處尋覓新地；一樣住在密西西比州的契卡索人則乾脆地說：「我們沒有土地要交換。」契羅基人不但拒絕展開協商，後來還否決了美國勘查一條通過他們領土的運河的要求，並透過一封冗長的信件說明契羅基人在美國法律下擁有的權利。特勞普如往常般誇大，說這條運河對聯邦來說，好比巴拿馬地峽（isthmus of Panama）連接兩座海洋般這麼重要。以無支薪勞工為基礎且充滿利潤可圖的南方帝國，他們想要擴張，依然得維持可看不可碰的撩人距離。[19]

想從原住民手中奪取對土地的控制權，南方政客必須想出更有效力的方法。在一八二六至一八二七年的那個冬天某個時候，南方州的參議院與眾議院議員碰面商討驅離原住民的「其他辦法」。這群謀劃者數量多到創造了一個由三名參議員組成的子委員會，而且想當然，這三人會被選上是因為他們代表了最受到影響的州。阿拉巴馬州的約翰．麥金利（John McKinley），大力支持州的絕對至上權力與西進運動，在阿拉巴馬州所聲稱擁有的土地中，克里克人持有超過一萬平方英里，約占百分之二十。第二個委員會成員是密西西比州的湯瑪斯．里德（Thomas Buck Reed），他是普林斯頓的校友，也是政壇新秀，雖然他的經驗不足，卻未遏制他對驅逐原住民的熱忱。在密西西比州所聲稱擁有的土地中，喬克托人和契卡索人持有兩萬五千平方英里，也就是約一半的面積。第三個委員會成員是喬治亞州的湯瑪斯．科布（Thomas W. Cobb），他擁護州權利的態度非常強硬。在喬治亞州共五萬九千平方英里的土地面積裡，契羅基和克里克族持有七千平方英里左右，相當於百分之十二，即使喬治亞州在最近剛簽訂的《華盛頓條約》中取得了部分克里克人的土地，契羅基和克里克族擁有的土地面積，在喬治亞州仍相當多。此外，喬治亞州的莊園主，也很積極投資阿拉巴馬州和密西西比州的棉花田。因此，湯瑪斯．科布在參議院中蓄勢待發，要打擊每一個妄想威脅南方統治階級的企圖。前一年，湯瑪斯．科布跟國會的其他極端分子，一起反對資助將坎伯蘭路（Cumberland Road）從現今維吉尼亞州西部的惠淩（Wheeling）延伸到密西西比河河岸的計畫。湯瑪斯・科布在反對活動中，提到「偉大的維吉尼亞先知」派屈克・亨利（Patrick Henry）和根本性的《憲法》原則，說明坎伯蘭路的建設會如何導致解放。[20] 就這樣，這三個南方人一起草擬了一項策略，將成為接下來全國驅逐原住民運動的關鍵。

由於要靠「協商和條約」將原住民有效地驅離南方州是「極度不可能」的，這個委員會便著手籌畫其他「合法可行的手段」，來完成他們「如此希望實現」的目標。麥金利、里德和湯瑪斯・科布，最後想出了一個以結果來說高度有效的簡單辦法。他們建議，南方州應該把法律延伸到「印地安族的**人**」身上，並特別將「人」這個字粗體呈現，強調原住民不應該被視為擁有自己主權國的公民，而是州的一員，他們做為州的一員擁有有限的權利。只要有機會，南方州政府應該挪用原住民的土地，並分配可供維持生計的小塊地給失去土地的人即可。這三位莊園主政治家認為，這項策略會達到下列兩種結果之一：原住民不是「很快就會搬到密西西比河以西」，就是融入州的政體之中。[21]

委員會並未認真看待第二種可能性，反映出該地區的菁英階級對於原住民「很快就會失去自己獨特的性格、語言和膚色」這種說法，所抱持的懷疑態度。著名的喬治亞政治家威廉・克勞福德（William Crawford），他在一八一六年擔任戰爭部長時，曾提出鼓勵美國公民與原住民通婚的聯邦政策。他寫道：「我認為，這件事情蘊含的人道原則，能與這個國家的真正利益結合。」克勞福德甚至暗示，美國在歡迎更多歐洲移民之前，應該先接納原住民。然而，到了一八二〇年代，大部分的美國白人都十分輕蔑「克勞福德主義」（Crawfordism）。一個南方的社論作家問道，跟「吃害蟲的印地安人」結婚怎麼會「對白人體面」？在北方，當地公民譴責兩名契羅基學生與當地女子的婚姻，並將其中一對夫妻製成雕像然後焚毀。一八二八年，馬里蘭州（Maryland）的議員約翰·威姆斯（John Weems）將一本《聖經》重重甩在國會殿堂之上，聲稱原住民是亞伯拉罕（Abraham）和奴婢夏甲（Hagar）的後裔，認為「白人和黑人的血液混合後產生黃皮膚」清楚證實了這點，並表示「他有看過兩者的混種，很不討喜。他比較希望他們離他遠一點。」但是，倘若原住民無論如何還是決定留在仍有許多原住民支持者的東部試試運氣呢？特勞普威脅，要是原住民仍繼續待在喬治亞州，他們必定墮落至奴隸的境況，並「沉淪到無法再沉淪的衰敗境界」。[22]

由三名南方參議員組成的委員會承認，他們的計畫「有點大膽」，但仍嘗試引用國際法和歷史來使它合理化，他們費盡苦心要證實原住民族隸屬於州的管轄範圍。身為州民，克里克人與契羅基人會受到統治階級所掌控，因此州政府可以隨心所欲處置他們。此外，假如原住民抗拒州政府的權威，《憲法》將迫使聯邦政府「壓制」他們的「叛亂」，就像同一個《憲法》條文要求政府鎮壓奴隸造反一樣。[23]

另一個選項——聯邦政府可以教化原住民，接著把他們變成公民——對統治階級來說太可怕，讓由莊園主政治家組成的委員會幾乎不敢提及，就算只是討論，對他們而言也「等於坦承那是可能實行的」。這三位南方參議員害怕聯邦政府掌控公民權後會帶來的後果，但是以結果來說，《憲法》第十四條修正案（the Fourteenth Amendment）將實現他們的恐懼：在那個夢魘般的未來，各州決定自己居民特性、境況與權益的一切權力將被剝奪，他們認為，「南方州不應該也不敢放棄這樣的權力」。[24]

米利奇維爾的報刊《南方記錄者》（*Southern Recorder*），他們的編輯在翻印委員會的報告時，添加了一個透露很多訊息的冗長註腳。這位編輯表示，印地安人是「有色人種」。因此，他認為，「一個州裡面，政府延伸給**印地安人**的權利，跟同一個**範圍**內延伸給自由黑人和奴隸的權利，兩者的差別只在**兩個種族的膚色**。」粗體字的部分，清楚點出了白人至上主義（white supremacy）支持者，他們認為自己所承受的龐大風險。南方的「有色人口」，不管是自由的、受奴役的非裔美國人或原住民族，必須要維持「純粹的居民（不是公民）身分，並受到州治規範所管控」。只要他們身為州民而非公民，原住民和非裔美國人將隸屬於同一個雖然不連貫但都極為壓迫的體制，而在這個體制中，州政府對他們擁有絕對的權威，但州政府也要仰賴聯邦的力量，來維繫這種種族階級制度。[25]

南方參議員和眾議員的這場會面，有好幾個值得注意的地方。第一，這個會議大體上是祕密進行的，並不是由國會舉辦，而且顯然只有當地幾份報紙報導過。我們不清楚全國有多少政治人物知道南方進行了這樣的謀策，意圖重塑共和國與原住民之間的關係。第二，這顯示了，在一八二七年夏天契羅基人草擬、批准自己的《憲法》之前，南方州早就已計畫把法律套用到原住民身上，將他們逼出該地區。契羅基人批准的《憲法》，明訂出南方契羅基族的「主權與司法權」，這個行為進而刺激了喬治亞州的白人至上主義者們凝聚。喬治亞州的州議會，在一八二七年十二月決議將管轄範圍延伸到契羅基族，且自一八三〇年六月一日起生效，州議會的決定看似是因為契羅基人批准的《憲法》，[26]可是從一八二六至一八二七年三人委員會的會晤，便可得知南方州早在契羅基《憲法》批准前便擬定了策略。

第三點，或許也是最重要的一點，那就是這場會面顯示了，提倡驅逐的人所堅持人道關懷理由，實際上並不是政府資助大規模原住民驅離活動的原因。委員會的三名成員沒有參與任何傳教活動，且南方政治人物向來對社會改革家很反感。委員會幾乎無法掩飾輕蔑的語氣，揶揄地說，「慈善的人道政策這個概念」現在「很流行」，接著為自己殘酷無情的策略，堆疊冗長的法律（不是道德）辯詞。[27]

• • •

起初，南方白人對於將原住民驅離到「密西西比河對岸的荒廢公地」的實際細節並沒有多想。然而，雖然別人可能覺得這個大目標既不合理又流於空想，但是在南方白人眼中卻是完全可以實現的，[28]因為他們早已習慣了在違背他人意願的情況下把他們遷走。在一八〇八年廢除跨大西洋奴隸貿易的前幾年，美國的奴隸進口達到了史上新高。光是最後那兩年，奴隸船就運了約五萬五千名奴隸到北美洲，這數量十分驚人。[29]因此，對莊園主而言，將住在南方的六萬名原住民運送到密西西比河對岸的過程，並不難想像。

當然，奴隸貿易與原住民運送，這兩種強迫遷移之間有一些差異。非洲人是跨洋運輸，而原住民會是跨陸遷移，相較之下後者的難度增加許多，因為在崎嶇不平的道路和遭到沖刷的橋梁上跋涉，是一件充滿挑戰的事（在十九世紀，水運比較快速便宜）。除此之外，參與跨大西洋奴隸貿易這個龐大商業活動的成員，是好幾百間互相競爭的公司，但是相形之下，原住民的驅離活動卻是由毫無經驗、規模較小的官僚政府監督。少少幾名在華盛頓市戰爭部工作的員工，要怎麼驅逐南方的六萬名原住民？更遑論全國的八萬名原住民？最後還有一點，讓運輸奴隸和遷移原住民這兩回事的比較變得複雜，由於利潤是驅使大西洋奴隸貿易的動機，是不帶感情的金錢考量，而這很大一部分決定了非洲人的跨洋旅程不會太好過。輸入北美洲的奴隸貿易在最後十年間，約有百分之十五的俘虜在所謂的中段旅程（the Middle Passage）當中死亡，而奴隸商人顯然可以容忍這個數字；相對來說，政府資助的大規模原住民驅離計畫，名義上是人道行為，至少政府是這樣向世人表態的，所以執行官員能接受多少死亡？又需要採取什麼措施，才能使死亡率維持在門檻以下？[30]

南方白人手上還有一個有用的對照組。國會從一八〇八年將大西洋奴隸貿易變成非法活動的同時，國內的奴隸貿易卻開始大放異彩。在一八二〇年代，人口販子把大西洋沿岸約九萬三千名奴隸驅逐到阿拉巴馬州、密西西比州和路易斯安那州。在接下來十年，這個數字會增加近一倍，來到十七萬一千人。如同跨大西洋的奴隸貿易，這所謂的「內部」貿易是由私人公司進行，他們會運用資產負債表（balance sheets）來決定對人類俘虜付出多少照顧，奴隸商人有時甚至會舉行「月光葬禮」，輕率地丟棄死掉的奴隸，防止潛在買家懷疑其餘奴隸也感染了致命疾病。然而，內部貿易和跨大西洋貿易之間，存在著重大的差異，如果原住民被趕到密西西比河的另一頭，他們將依循跟內部貿易運輸奴隸時一樣的路線。一八二〇年代，在南方活動的人，可以輕易看見非裔美國人以乘坐汽輪或徒步的方式前往西邊。內部奴隸貿易的路線，讓強迫遷移其他非白人種族這件事變得可能。之後，在大規模的原住民驅逐活動期間，富蘭克林與阿姆菲爾德（Franklin & Armfield）這間最大的州際奴隸貿易公司，委任了雙桅橫帆船安卡斯號（Uncas），把奴隸運輸到那些六個月前曾住著原住民的土地上。這艘船是以十七世紀皮科特酋長安卡斯的名字命名，而他就是詹姆斯·庫珀的《最後的莫西干人》這本小說裡，那位消失的印地安人。安卡斯的父親，在兒子的墳前便說：「蒼白臉孔的，是大地的主人。」[31]

雖然在執行面上，很容易就會聯想到州際奴隸貿易，但這其實並不是個完美的驅逐模範。雖然運輸量較大時有時候可能多達兩百人，不過一批奴隸通常只有三十到四十人。連全國最大的公司一年也沒有運到兩千人以上，跟之後要被送往西部的那六萬名南方原住民比起來，自然是不可同日而語。此外，州際奴隸貿易受益於因為奴隸貿易而興起的基礎建設，包括定期的輪船、既有的資本市場、拍賣商和羈留所，且交易商也保有能賺取利潤就中途把俘虜賣掉，或是隨心所欲去自己想去的地方等彈性。例如，假設天氣不好或道路無法通行，他們就能前往他處。事實上，很多奴隸交易商在出發時並無一個固定的目的地。[32] 反之，要遠離已鋪設好的道路和補給站，並把數以千計的原住民家庭，運送到就連地圖上都沒有繪製的某個西部地區地點，必會帶來既陌生又讓人招架不住的重重挑戰。

若說兩者往西的驅逐路線看起來很像，其背後的動機似乎也互有關聯。配合良好的原住民驅離活動與奴隸運用，滿足了南方菁英白人最沉醉的幻想。對許多人而言，南方州的存在本身，似乎跟這兩個關鍵事務的成敗與否息息相關。南方白人對原住民和奴隸的掌控，靠的是小心解讀《憲法》的商業條款。此條款賦予了國會權力，得以「調節與外國、數個州之間，以及與印地安各族的商業活動」，這個權力看似將奴隸貿易和印地安族商業活動，都放在聯邦政府的管轄範圍之內，但是南方政治家卻堅持不是如此解讀。在奴隸貿易方面，他們不將人口販賣稱作貿易，而說那是「遷移」，用這種無害的委婉說法，規避棘手的《憲法》

條款。為了迎合同樣的說詞，當國會決定從一八〇八年開始禁止進口奴隸時，援引的也是《萬國律例》（*Law of Nations*），而不是看起來更切題的商業條款。[33]

至於「印地安各族」這方面，州長特勞普宣稱，「喬治亞州必須是自己領地的最高統治者」，美國中央聯邦政府，在喬治亞州是「一個外來力量」。由三位南方參議員組成的子委員會，扭曲了《邦聯條例》（*Articles of Confederation*）和《憲法》，限制了商業條款。他們說，《邦聯條例》賦予國會權力，得以去調節、處理政府跟那些「不屬於任何一州的成員」的印地安人之間的貿易和事務。《憲法》雖不存在這樣的限制，但是委員會硬要在惡名昭彰的五分之三妥協條文（Three-fifths Compromise）裡挖掘，說該妥協條文將「沒有課稅的印地安人」排除在計算公式之外。那麼，假如有沒被課稅的印地安人，其他印地安人想必就有被課稅了。於是，委員會開心地做出結論：「這不用爭論就能證實，『有課稅』且住在一個州裡面的那些人，便是該州的『成員』」，也因此不受到聯邦法律所管轄。[34]

• • •

北方發行的報紙質疑特勞普「低能的威嚇」、可憐他的「瘋狂與愚蠢」、指控喬治亞州「煽動」的行為，並提議採取「大膽果敢的立場」支持「印地安人的權利」。紐約《商業廣告宣傳者》（*Commercial Advertiser*）的編輯威廉・史東（William Leete Stone），他把特勞普比喻成《聖經》裡的亞哈（Ahab），因為亞哈殺了自己的鄰居拿伯（Naboth），以奪走拿伯不願意販賣的葡萄園，此舉動使亞哈被神譴責。史東是紐約眾多（至少在距離遙遠的北方）欣賞原住民的知識份子和藝術家之一。他寫道，亞哈淒慘的命運是「從拿伯手中巧取其先父遺產所應得的正義報應」，這跟克里克人的處境之間有著明顯的相似，史東藉此控訴：「這個族群若遭強迫遷移或殲滅，將會是舉國之罪。」[35]

有一篇以「喬治亞州與克里克人」（Georgia and the Creeks）為主題的長篇文章，在一八二五年八月首先刊登在《紐約評論》（*The New-York Review*）這個新的文學期刊，但此文章因為內容淵博，而在北方的報章雜誌中獲得廣泛的注意。這篇文章分析了喬治亞州和克里克族之間的關係史，評論了相關的條約和法律，並引述大量證據。但，實際上這篇文章想問的是，美國想成為什麼樣的國家。這個共和國也跟愛好掠奪的歐洲帝國一樣，在入侵美洲後爭辯當地居民是不是人類嗎？或許是。作者指控，喬治亞州呼籲「殲滅」原住民，想要「像處置牛群那樣處置掉數千名人類」。美國會為「那些冒著黑煙、象徵滿足了血腥慾的小屋廢墟」負起責任嗎？若是那些舊世界的暴君，肯定會感到滿意。作者寫道：「我們可能會喋喋不休地講著正義和人權，但就只是喋喋不休而已。」[36]

這些文采，完全無法改變南方根深蒂固的白人權力結構。這個地區的領袖已經習慣不去理會北方的改革者，只擁護某些崇高的《憲法》原則，使得自己世襲奴役與束縛他人權利的行為得以正當化。他們沒有積極提出反對意見，而是訴諸諷刺和嘲弄的策略，雖然可能沒有成功讓更多人站在他們那邊，但至少凝聚了喬治亞州為數不多的白人男性選民。許多忿忿不平的公民感到氣憤，因為特勞普在北方成了笑柄，甚至成為「打油詩」和諷刺文的目標。這些公民也很不滿南方的「特殊體制」變成「惡毒中傷」的題材。這些「用自己親切的雙手扛起所有人家務事、擁有好心腸又說話溫和的北方聖人」，竟敢「如此」指摘特勞普，實在是令人生氣，雖然這個發展早已可以預見：一八二〇年代，源自新英格蘭（New England）的反星期天送信運動，支持者宣稱共和國的存亡受到了威脅，已讓南方白人更確信北方人都是假聖人。[37]

南方白人控訴北方人都是偽君子。一個署名「阿提克斯」（Atticus）的人，憑著正當理由，主張北方白人早已「實際殲滅了」原住民，現在「這些非常受到神眷顧又充滿恩典的虔誠激進思想家」，卻反過來要求南方要接納原住民。他說，這是「內在已經腐敗臭到天上去的虛偽行為」。阿提克斯對人道主義者除了不屑，還是不屑。他寫道：「面對我們的抗議，他們提供哀聲嘆氣的善心施捨做為答覆；面對我們的反對，他們擺出一張緊繃的臉；面對我們認真的拒斥，他們露出哭哭啼啼的表情和往上拉高的眼神。」其它社評作家也同樣藐視北方人，說他們只會販售「感性的垃圾」，難道他們忘了原住民是如何「被趕出北方州」的？

《查理頓信使報》（*Charleston Courier*）在一封據說由駐紮在西印度群島（West Indies）的丹麥軍官所寫的信件裡，找到了證明。該名軍官寫道：「每年我們都很受不了某些多愁善感的旅人，以及他們針對印地安族逐漸滅亡所發表的傲慢虛偽言論和哀嘆。」他提出了一個病態的解決方法：為了原住民好而奴役他們。[38]

南方白人之所以很容易就會想要取笑北方的「狂熱份子」，是因為他們早已是熟悉的嘲弄對象。可是，並非所有反對驅離的人，都符合那樣的刻板印象。例如，原住民推派的酋長就很熟悉國會各廳堂，還能引用《獨立宣言》。由孜孜不倦的約翰・羅斯率領的契羅基代表團，在一八二四年致信美國參議院時，在信中寫道：「我們請求充滿雅量的美國國會伸張正義，保護契羅基人的權利、自由與生命。」五年後，克里克人也寫一封信給「阿拉巴馬州與喬治亞州的公民」，內容不僅描述了《獨立宣言》，還帶有命令式的口吻。他們寫道：「你們明白如何理解自由原則、自由法律和體制。那麼，根據你們對這些法律的誠實認知，你們要給予我們，所有我們應得、由美國政府承諾給我們的權利和權益。」[39]

幾乎是一有機會，原住民酋長就會阻饒試圖驅逐他們的計畫。即便帕塔瓦米人和邁阿密人被告知「必須離開，要不就會滅亡」，他們仍只同意割讓一部分的領土，堅持要保留大量土地給自己。在佛羅里達，塞米諾爾酋長西克斯宣布，「我們不願搬到」密西西比河對岸。他對一名美國官員說：「你說我們全都會死在這裡，我覺得我們在那裡也是會死。」[40]

北方政治家和原住民的抵抗，讓南方政治人物陷入一個尷尬的處境。他們雖然總是在貶低聯邦政府，卻還是需要它的協助才能清空該地區的原住民。只有聯邦政府能夠替失土的原住民找到移居的荒地、執行人口遷移，並且掏錢出來。由於莊園主政治家不可能是原住民福祉的擁護者，也無法讓人相信他們是那樣的人，因此他們需要國會的盟友，並在白宮找到跟他們一樣決意驅離原住民的朋友。

所以，一八二六年六月麥考伊突然的靈光乍現，對他們來說是件幸運的事。麥考伊說話的方式，就像個新教改革者，而且不像南方白人，他在哀嘆「消亡中的印地安人」時，會帶有某種道德權威感。[41]此外，他很誠懇，在政治方面也很天真無知。簡言之，對那些自私自利的大規模驅離倡議者而言，他是個完美夥伴。

還有一點很幸運，那就是南方蓄奴主安德魯・傑克森，在一八二八年總統大選後進入了白宮。十五年前，時任將軍的傑克森，曾行軍到克里克族的領土，燒殺那裡的村莊和居民。在距離今天的伯明罕（Birmingham）東邊約六十英里的塔盧沙奇（Tallushatchee），傑克森的軍隊燒毀屋舍，「像狗一樣」射殺一百八十六人。少尉理查・卡爾（Richard Keith Call）說：「冒著煙的屋瓦殘骸之中，仍可見到半毀的人類屍體。」傑克森的人馬繼續往南前進，在庫沙河（Coosa River）附近的塔拉迪加（Talladega），他們又殺了三百人。接著，在美國與克里克族的戰爭達到巔峰的馬蹄灣之役（Battle of Horseshoe Bend）中，他們又殺了八百到九百人，其中有三百人是在游過塔拉普沙河（Tallapoosa River）時遭到射殺。[42] 對南方來說，傑克森是南方的戰爭英雄。

傑克森的對手，是來自麻州的現任總統約翰．昆西．亞當斯，他跟傑克森恰恰相反。身為美國第二任總統的兒子，約翰．昆西．亞當斯是個博學多聞、受過教育，且經常自省又充滿北方性格的菁英份子。在一八二八年的大選，喬治亞州有將近百分之九十七的選民（應該注意的是，他們全都是白人男性）把票投給田納西州那位好鬥的莊園主，而整個州只有六百四十二張選票是投給他的對手約翰．昆西．亞當斯。從全國的投票分布來看，傑克森獲得百分之五十六的選票，是差距懸殊的勝利，雖然在這個總人口約有一千三百萬人的國家中，傑克森也只得到六十四萬兩千八百零六票。所謂「人民的朋友」，其實是被僅占了一小部分的白人男性選出來的。[43]

美國人大量湧入華盛頓市參加總統就職典禮，一八二九年三月四日，數以千計的人聚集於國會大廈的東側柱廊前面，目睹權力轉移的一刻。一名旁觀者表示，傑克森從大廈內走出時，迎面而來的是「一萬張抬頭仰望、欣喜若狂的臉，因為突然的喜悅而容光煥發。」但，觀眾裡至少有一人很可能是內心憂慮、臉上沒有掛著笑容的，他便是約翰．羅斯最忠實的盟友之一，契羅基人愛德華．根特（Edward Gunter）。在就職典禮當下，愛德華．根特就站在總統正前方四十五公尺外的地方，聆聽穿著黑色西裝的傑克森演講。他或許有聽到這位田納西人短暫提及原住民的那句話，傑克森宣布：「我將衷心持續地希望，我們能夠對我們領土範圍之內的印地安部落遵循公正自由的政策，並人道且善解人意地，採用與我國政府的習慣和我國人民的感受相符的方式，關注他們的權利和需求。」44

結果，九個月後，總統在一八二九年十二月第一次向國會進行年度報告時，要求原住民「自願」遷移到密西西比河以西的土地。這個議題日後將定義了這位總統的執政。同時身為傑克森的國務卿和當時副總統的范布倫憶道：「在他的整個任期裡，絕對沒有任何事情比這更可以說是他一手包辦的。」國會立刻著手擬定法案，以回應總統的要求。麥考伊的願景現在觸手可及了。近日，麥考伊剛結識蘭普金這位朋友，他是喬治亞州野心勃勃的眾議院代表，為眾議院印地安事務委員會的成員。

現在，傳教士與蓄奴主，一起把這場戰鬥帶進了國會山莊。45

# PART 2

# 華盛頓市的觀點

chapter

# 3

# 辯論

在一八三〇年代的美國，好像每個路口都有發行自己的報紙似的。阿拉巴馬州的伊利（Erie）、肯塔基州的夫雷明士堡（Flemingsburg）、緬因州（Maine）的利麥立克（Limerick）等數百個熱情擁護某個議題的小鎮，都有自己的一份報紙，有時甚至有兩份。全國各地約有一千三百種報紙，服務近一千三百萬的人口，等於每一萬名美國人就有一份報紙，這數字包括了百分之十六遭受奴役、法律上不允許讀書識字的人口。在這報章雜誌的茫茫大海之中，自詡為專家的人無止盡地闡述「印地安問題」，即使他們有一些人從未見過原住民。麻州的《沙林公報》（*Salem Gazette*）表示，這是一個「令人相當擔憂」的問題；《德拉威爾公報與州立日報》（*Delaware Gazette and State Journal*）嘲諷地說，這個問題激發了「一陣陣的奇想、絲絲的哀傷和滾滾的辯才」；深信喬治亞州的白人會獲勝的《沙凡那喬治亞人》，則對於「印地安問題」引起的「軒然大波」加以戲謔。[1]

同一時間，原住民部落也出現同樣熱絡但更有根據的討論。這些討論大部分是發生在議會、教堂和家庭裡，從未出現在印刷品上，而且原住民偶爾才會透過翻譯和抄寫員的協助，把想法寫在紙上。幸好，契羅基人在一八二八年發行了自己的報紙：《契羅基鳳凰報》。這份報紙在契羅基人的首都新埃喬塔（New Echota，位於現在的喬治亞州北部）發行，許多文章都同時用英語和契羅基語寫成，而所謂的契羅基語，則是使用一八二〇年代由來自小田納西谷（Little Tennessee Valley）的契羅基天才塞闊雅（Sequoyah），他所發明的字母系統。在塞闊雅最初的手繪字母表裡，這套音節文字是由八十六個華麗的符號所組成，每一個符號代表契羅基語的一個音節，但在印刷物上，符號被減為八十五個，變得比較方正，而且有些長得類似羅馬字母的大寫字母。在塞闊雅的「卓越發明」（約翰・羅斯這樣形容）出現後，沒幾年，估計已有九成的契羅基人識字。《契羅基鳳凰報》是他們頭一次可以傳播使用自己的語言的印刷物，在驅離政策的關鍵時期，他們利用新埃喬塔的報紙，進行了多次討論、爭辯與動員。[2]

在一八二九年十二月，《契羅基鳳凰報》發表一篇給美國國會的〈契羅基人請願書〉（Cherokee Phoenix），此文同時用契羅基語和英語寫成（雖然先出現在頁面上的是契羅基語的版本，但是看不出來文章最初是用哪一個語言寫成）。請願書用英語寫道：「你們既偉大又知名，而我們生活窮苦，沒有富人的手臂和力量。」如同這個例子所顯示的，口才很好的原住民常把自己寫成懇求者，乞求力量更強大的一方。這個策略在原住民社區很能引起共鳴，因為原住民極為慷慨大方，尤其是跟美國白人吝於付出同情心的性格相比。請願書問道：「你們願意憐憫我們嗎？」[3]

確立好施恩者和受惠者的角色之後，請願書接著針對喬治亞州堅稱，契羅基人純粹只是「任意租賃契約的房客」這件事提出異議。請願書上寫到，該州侵略性的行動，違反了契羅基人跟美國的條約，他們沒有把《一八〇二年貿易往來法》（*1802 Trade and Intercourse Act*）放在眼裡，然而該法明定，原住民的土地只能藉由聯邦政府簽立的條約進行轉讓，不能透過私人或州立的合約。驅逐原住民不僅違憲且非法，還會是「最高程度的欺壓」。最後，英語版的請願書做出結論：「這些合眾起來的州，其人民恐怕是全天下人當中最虔誠自由的，不可能會做出這種事才對。」

契羅基語的版本，在一些關鍵處跟英語版很不一樣，反映了契羅基族的政治家希望同時迎合美國大眾和契羅基人的心理。英語版的請願書讚頌「文明生活」和「基督宗教」，這些都能打動北方改革者的心，但是這些詞彙在契羅基族卻起不了什麼作用。因此，契羅基語版沒有寫到文明和基督教，而是提及「學習」、「書寫文字的知識」，以及接受「神說的話」或「創世主」；英語版認可了美國政治人物的刻板印象，把契羅基人形容成「無知野蠻」，但是相形之下，契羅基語版只說他們是獵人；英語版的請願書溫和地告訴國會：「我們現在要讓你們知道我們的冤屈。」但是契羅基語版則抗議「你們的人對我（我們）很差」，直截了當地說，美國公民「欺騙」了契羅基人。最直白的或許是，在描述了北方原住民的命運之後，英語版的請願書問國會：「我們這些遺民也會遭遇相同的命運嗎？」契羅基語版把這樣的懇求寫成控訴：「你們對我們還是沒有同情心。兄弟，你們的意圖就是要把我們趕到西部。」[4]

請願書問世的時候，契羅基族的領土已經比先前縮減許多，範圍從今天亞特蘭大都會區的外圍，往北延伸一百英里到大煙山（Great Smoky Mountains）的南緣，以及從阿拉巴馬州的西側，往東北延伸兩百英里到接近北卡羅來納州的富蘭克林（Franklin），這些土地涵蓋了起伏的丘陵、陡峭的山脈和寬廣的河谷。信使把請願書帶到每座城鎮，讓當地酋長在議會上參閱契羅基語的版本，認可後記下當地男性居民的名字。根據《契羅基鳳凰報》，由於「時間不夠的緣故」，約有一萬八千人的契羅基族未連署請願，但是該文件傳播的範圍也大到獲得超過三千個簽名，他們的簽名大部分是以契羅基語的音節文字寫成。契羅基族的女性沒有出現在連署人的名單上，雖然她們過去曾經發表反對土地割讓的言論，不過這種情況很少見，因為傳統上，外交是男人的領域。她們在這件事情上缺席，或許是受到聯邦政府教化計畫的影響。事實上，一八二七年制定的契羅基《憲法》中，大量借用美國《憲法》，其中禁止女性在全族性的大選中投票，反映的正是共和國各州的法律。[5]

這份雙語請願書是個很好的政治行動主義的案例，其中深具啟發性的，莫過於是個別連署人在文件上添加的文字，在在顯示出他們的決心。一位匿名的契羅基人便要美國官員以美國與契羅基人的條約為前提，為自己的行為提出正當性：「ᏍᏚᏅᏓᏍᎩᏂ ᏅᏂᎬᏫᏳᎯ ᏅᏂᏁᏥᏙᎸ ᏥᎪᏃ ᏓᏧᏢᏂ ᎦᏃᏢᏛ ᎦᎦᏡᎯᏍᏓᏅ」，這句話字面上的意思是：「我們知道酋長說的話，還是他們要掩飾我們碰面？」為了替國會解釋這句話的涵義，契羅基人把它寫成：「我們知道我們跟美國之間存在的條約，而你們要忽略法律嗎？」還有一位連署人寫道：「ᎧᏬᏆᎩ ᎠᏁᎯ ᎯᎠ Ꮎ(nah)hi ᏌᏚᏧᏇ ᎠᏂᏍᏕᏍᏛ ᏧᎾᏓᏂᎩᏛ ᎦᏙᎯ ᏅᏂᏲᏩᎯ」，字面上的意思是：「那些住在卡瓦努基（Kanonugi）的一千一百強人（，）土地他們很愛。」此句話，當時翻譯成：「哈瓦努基的居民全部有一千零一十人，完全成年，有強烈的愛國主義，熱愛自己的國族。」「土地他們很愛」這句話在簽名之中出現不下一次，對契羅基人來說非常有感觸，因為這句話代表他們堅決抗拒更進一步的土地割讓，而這正是南方白人最害怕的。6

在契羅基人的協助下，克里克酋長在差不多的時間，也擬定了自己的英語版請願書要給美國國會，但是由於缺少書寫系統，他們無法將請願書廣泛流傳給自己的人民參閱。克里克人引用了一些對他們有利的條約條文，包括喬治．華盛頓在一七九〇年簽訂的第一個克里克族與美國的條約。他們赤裸裸地揭開南方莊園主政治家的虛偽面貌，控訴那些政治家在麥考伊的幫助下，把大規模驅離計畫掩飾成善舉。他們說：「藏在不人道的醜陋羽翼之下的強制遷移，並沒有被公開承認，而是被間接施加，要將我們從我們喜愛的安寧和火堆旁驅離，甚至逐出美國提供並嚴肅承諾給我們、使我們擁有絕對所有權的國度。」克里克人控訴，阿拉巴馬州「透過我們原有以及公民權利賦予的殘骸」，變得越來越肥胖。他們總結，問題不在阿拉巴馬州的權益有哪些，或者克里克人該怎麼做，因為這些是父權主義白人從不疲於闡述的主題，但關鍵是克里克人與美國的條約上寫了什麼規定。[7]

來自維吉尼亞州里奇蒙（Richmond）的眾議院發言人安德魯．史蒂文森（Andrew Stevenson），他完全不討論、不理會兩份請願書，在一八三〇年二月八日，他隨手將它們擺在桌上。國會雖然漠視以對，這些文件卻達到了一個策略性的目的：號召北方改革者重視這個議題。契羅基人的請願書尤其有效果，它最初出現在《契羅基鳳凰報》，後來被北部和西部各州的報紙翻印。這是這份新埃喬塔的週報，被拿來做為抗議驅逐計畫的關鍵武器的眾多例子之一，而它的存在本身，便駁斥了驅離如此緊急，是因為原住民很野蠻放蕩的說法。身為美國最頂尖的科學家和最熱忱的種族主義者之一的查爾斯．考德威爾（Charles Caldwell），他對於契羅基語音節文字的天才發明很不以為然，說那「實質上是……白人的產物」。考德威爾表示，塞闊雅的「血液裡流了很多白人的血」，她的創新靈感來自英文字母。[8] 但，這無法否認這份報紙是很了不起的成就。

一八二八年二月十一日，紐約的《商業廣告宣傳者》（*Commercial Advertiser*）收到第一期報紙後，表示：「這份報紙光看一眼，就足以將那些帶有私心的白人，他們對於所有印地安人都無法過著文明生活，所做出的那些沒有道德跟依據的聲稱和宣言推翻一千次。」連喬治亞州的《奧古斯塔紀事報》也不得不承認，這份報紙「印得很好」。在一八二九年二月，該報充滿才華的編輯布迪諾，他把報紙名稱加長為《契羅基鳳凰報與印地安人的擁護者》（*Cherokee Phoenix and Indians' Advocate*），反映出這份報紙把自己的角色擴大的目標：為所有原住民發聲、抗議聯邦政府的政策。聯邦官員注意到了。印地安事務局的局長麥肯尼，他要求取得該出版物自發行以來的所有完整期數，以及未來每一期的兩份副本。9

《契羅基鳳凰報》的行為，公然反抗了那些認為「有色人種」不該為自己發聲的南方白人。然而，白人這樣的觀念，早已占據了喬治亞州大會，並衍生出不少的措施，有些荒唐可笑，有些則是危險致命。一八二五年，當克里克人堅稱《印地安泉條約》是詐欺時，特勞普託人撰寫克里克族的歷史，要「利用取自……真實來源的證據」，他試圖藉由為克里克族撰寫歷史的方式，來證明克里克人是錯的。幾年後，在一八二九年十二月，沙凡那出現六十份〈向全世界有色公民呼籲的請願書：附帶序言的四條內容〉（Appeal in Four Articles together with a Preamble to the Colored Citizens of the World），這份文件是由生於北卡羅來納州、住在波士頓（Boston）的非裔美籍廢奴主義者大衛．沃克（David Walker）所寫的，此份文件激起了喬治亞州大會做出行動，因為光是看到文件上使用「有色公民」而不是「有色人種」作為標題，就促使警方通報市長，市長又接著告知州長。在某一次特殊的開庭期間，州議會通過一項法案，要防止屬於「有色人種」的水手（除了「任何自由的美國印地安人」），「跟此州的有色人種往來」。凡是散播鼓勵「叛亂、陰謀或抵抗」的書面文宣的人，在新法的規範下都將處以死刑。同一天通過的第二項法案則規定，雇用奴隸或自由的有色人種為排字工人的印刷業者，都將遭到罰款。因為擔心「有色人種」為自己發聲一事可能會帶來威脅，出生於喬治亞州，曾就讀普林斯頓學院的現任司法部長貝里恩，他建議傑克森總統將《契羅基鳳凰報》的印刷機器和鉛字全部運到密西西比河對岸。他寫道：「我必須大力強調這件事的重要性。」[10]

早在布迪諾的《契羅基鳳凰報》出現以前，原住民早已有找到其他方式把自己的聲音傳遞給美國大眾。一個二十二歲名叫大衛．布朗（David Brown）的契羅基學者，在一八二三年中斷了在安多弗神學院（Andover Theological Seminary）修習希伯來文、希臘文和法文的課程，代表美國海外傳道委員會（American Board of Commissioners for Foreign Missions）這個新英格蘭的傳教組織，前往東岸展開一趟演說巡迴之旅。大衛．布朗在沙林（Salem）、波士頓、劍橋（Cambridge）和牛頓等地演講時，就已經成為一位出色的演說家。現在，他讓遠至南方維吉尼亞州彼得堡（Petersburg）的大量人潮也深感佩服。這趟旅程旨在為委員會募款，但是大衛·布朗利用這個機會培養更多人支持原住民、譴責印地安殖民地的構想。在波士頓時，他引述傑克森在一八一三至一八一四年間屠殺克里克人及其他的事件，告訴觀眾，「要是原住民從未看見白人的影子」就好了。接下來幾年，他的信件偶爾會出現在報紙上。例如，他在一八二五年一封受到廣泛翻印的書信中問道：「喬治亞人要怎麼讓契羅基人接受，用自己現在持有（且原本就屬於契羅基人）的土地，來交換靠近洛磯山脈的國度這樣的提議？」他繼續說道：「除非訴諸武力，除非巨大的美國手拿著劍攻擊契羅基族無辜的嬰孩，否則印地安人對這片土地的所有權，會像太陽與月亮一樣恆久。」11

還有別的演說家，如：《契羅基鳳凰報》的編輯布迪諾；布迪諾在康乃狄克州（Connecticut）康瓦爾學院（Cornwall Academy）的契羅基族同學約翰·里奇（John Ridge）；塞尼卡族（Seneca）酋長「紅夾克」（Red Jacket）；圖斯卡羅拉族（Tuscarora）的歷史學家大衛·庫斯克（David Cusick）；以及皮科特族優秀的衛理宗牧師威廉·艾培斯（William Apess）。他們的演講風格有的謹慎小心，有的咄咄逼人；內容有的引述激勵人心的感動故事，有的列出對美國的斥喝控訴。在這些政治行動主義者當中，沒有人的見解和思路比艾培斯更敏銳。一八二九年，艾培斯出版了自傳，是原住民所出版的第一本，在自傳中他敘述了遭受可怕虐待和被剝奪的童年。他說，這樣的經歷有一部分是美國白人所造成的，因為他們搶奪他族人的土地，除了酒精之外什麼也沒回報。他寫道：「我相信美國有很多好人，不會踐踏窮苦人的權利。但，也有很多人樂意乘著馬車輾過窮苦人及無辜原住民的淚水和鮮血，隨時準備在印地安人身上進行投機買賣，用詐騙的方式騙走應當屬於印地安人的財產。」在冗長的附錄中，他列出了一些名字，他們是維護殖民征服的歷史學家，與散播「『印地安人殘酷本性』這種誇大描述」的報社編輯。艾培斯自行出版了自傳，為原住民發聲。在一八三〇年代，他還批評了共和國洋洋得意的國史，揭露美國價值與美國給予「有色人種」的待遇兩者之間，所存在的種種矛盾。[12]

女性要在反驅逐運動中扮演公眾角色就比較困難了，因為當時在美國盛行的觀念是，政治屬於男人的領域。無法進行巡迴演說的原住民婦女，長期以來都是在當地議會開會時表達自己的擔憂，但在一八一八年一個相當特殊的案例中，她們寫了一封信給聯邦政府。懂得兩種語言的契羅基女子佩姬．克拉奇菲爾德（Peggy Scott Vann Crutchfield）寫道：「我們的白人鄰居似乎希望我們毀滅。」她懇求地說，沒有聯邦政府的保護，「我們就要毀了」。到了一八二〇年代，女性的聲音漸漸轉由新教的傳教士代為傳達。儘管如此，她們利用書信和回憶錄述說的故事鼓舞了人心，有效地反駁了南方政治家散播的宿命敘述，並啟發白人女性發起自己的全國性反驅逐請願活動。[13]

從緬因州到華盛頓市，原住民的回憶錄、書信和演說在當地所發行的報紙中廣傳，卻鮮少散播到更南方，雖然這些文類，有很多就是在那裡寫成的。南方白人不想讀到逃離奴隸制的非裔美國人所寫的文字，當然也不想聽原住民為自己發聲。理由很簡單，就像受到奴役的非裔美國人，原住民為自己遭受的迫害提供了令人信服的證詞。沒有他們的積極行動，就不會有針對驅離所做的辯論。當國會在一八三〇年一月收到第一個「交換土地」的法案時，原住民已經孕育出激烈的反對力量。

• • •

傑克森上任不過數週的時間，他的政府便開始為之後成為他個人招牌的立法傑作進行準備工作。美國海外傳道委員會拒絕支持傑克森的提議之後，在一八二九年七月，印地安事務局局長麥肯尼發起了紐約印地安委員會，宣稱旨在保護與改善美洲原住民移民的生活。這是一個表裡不一的組織，看起來好像是私人機構，卻受到聯邦政府的資助。位於北方的總部和其充滿啟發性的名稱，成功把蓄奴主最愛的政策包裹在薄薄的人道主義之內。麥肯尼吹噓：「這種機構可以轉動世界」，它能「讓所有反對者噤口」。[14]

然而，麥考伊認為該組織不過是在「吹牛」，而他的推測是正確的。創立六個月後，過去曾跟麥考伊有過往來的卡斯，他雖然發表了一篇替組織目標背書的文章，並獲得廣大的讀者支持，委員會仍因人們缺乏興趣投票表決而被迫解散，畢竟北方改革者極少人願意用自己的名字，代言這個假惺惺的可笑機構。卡斯在不久後成為傑克森的戰爭部長，但他原本在新英格蘭當學校老師，因為支持南方莊園主而走入政壇。卡斯撰寫了一篇六十三頁的文章，內容淨是亂七八糟的曲解和空洞的臆測。他說原住民因美國人的「優越」而鬱卒，還說他們缺乏遠見、懶散成性、「有著難以緩解的怨恨」、聽天由命，是「地表上的異常」，甚至說，原住民會存在真是奇了。卡斯引述了蘇格蘭歷史學家威廉．羅伯遜（William Robertson）和瑞士律師艾默瑞奇．瓦特爾（Emerich Vattel）所說的話，但這篇文章主要仍是憑藉兩位美國權威：麥肯尼和「虔誠又辛勤」的麥考伊。15

這篇文章引起一陣轟動，激發了許多回應，其中最傷人的，莫過於出現在緬因州《邦哥登記簿》（*Bangor Register*）的那篇諷刺文。卡斯的對手說，四年前卡斯也在《北美評論》（*North American Review*）發表過一篇文章，但是那篇文章跟他最新的文章卻互相牴觸。在前一篇文章裡，他雖然對原住民表示藐視，卻也坦承他很「害怕」，認為驅離原住民的「這個龐大的公共慈善計畫」，會「惹怒」美國白人「很想消滅」的「惡魔」。他最後的結論是，「比起冒險增加他們的悲慘際遇」，不如「什麼都別做」。16

可是現在，卡斯卻說了相反的話。《邦哥登記簿》的文章說，不要緊，「很多非常值得尊敬的人，都不得不每隔幾天就扭轉自己的看法，就像他們必須給時鐘重新上發條一樣。」假如尋常百姓都有權利搖擺不定，那麼「密西根領地的總長閣下」更有理如此。接著，這份報紙又嘲弄地說：「如果好好思索一個問題的其中一面，能讓一個人展現任何天賦，好好思索問題的兩面，肯定能展現兩倍的天賦了。」《邦哥登記簿》表示，卡斯認為一族之主權要經過「白人的判斷」，也認為印地安人若可以擁有主權，那必然是「透過良好的行為才能允許」。在卡斯看來，條約並沒有約束力，因為印地安人是蠻人，但是《邦哥登記簿》總結印地安人是蠻人的證據時，卻認為那些證據十分可笑：蘇格蘭歷史學家羅伯遜從未踏上北美大陸，卻說印地安人吃熊肉、沒有財產的觀念；瑞士律師瓦特爾則說，務農是「正派的行為」，應該要鼓勵，所以印地安人「應該被殲滅」；卡斯甚至說，西班牙和法國對待印地安人的方式比美國糟多了。當然，《邦哥登記簿》的文章是針對卡斯的論點所做出的諷刺文，但這卻也跟卡斯實際上的主張相去不遠。《邦哥登記簿》的編輯塞繆爾・卡爾（Samuel Call），被視為是「一個憤世嫉俗、智識相當敏銳的紳士」，但是在這個諷刺卡斯的例子裡，賽繆爾・卡爾的敏銳，有一部份可能來自緬因州的佩諾布斯科特人（Penobscot），自從一八二四年他因為擔任該州的印地安專員而認識了這個族群之後，便對他們十分同情。[17]

在美國公民之中，傑克森政府最孜孜不倦的敵人，就是美國海外傳道委員會的通信秘書傑瑞米亞・埃瓦茨（Jeremiah Evarts）。埃瓦茨畢業於耶魯大學（Yale College），原本是一名律師，後來發現從事社會改革是他的天職。雖然他曾經一度偏好原住民自願遷移的做法，但原住民行動主義者改變了他的想法，讓他開始反對將非白人趕出美國的計謀。事實上，除了埃瓦茨以外，著名的廢奴主義者威廉·葛里森（William Lloyd Garrison）也因為非裔美籍行動主義者的訴求，而經歷過類似的轉變，使他看清美國殖民協會（American Colonization Society）背後的種族歧視。在一八二九年年末之際，埃瓦茨使用了威廉·佩恩（William Penn）這個筆名，共發表了二十四篇文章，列出反對驅逐計畫的理由。這些文章延伸了印地安人之前提出的論點，但這或許沒有什麼好驚訝的，因為埃瓦茨認識大衛·布朗和布迪諾，並曾前往原住民居住的南方地帶好幾次。在文章中，埃瓦茨提及了「認真」的條約、《獨立宣言》要求的義務，以及契羅基人和其他原住民日漸改善的前途，只是他寫得篇幅更長、針對的讀者群更廣。根據一位同時代的人的說法，這些文章至少出現在四十份報紙中，並在這個有著一千三百萬人的國家裡，被五十萬人閱讀過。[18]

在埃瓦茨的鼓舞之下，反遷移請願開始湧入國會，來自紐約市、緬因州的布藍茲維（Brunswick）、麻州的托普斯菲爾德（Topsfield）（「我經授權而可以說，這座城鎮的每一個人都支持這份請願書」）、匹茲堡（Pittsburgh）、費城、康乃狄克州（Connecticut）的文丹（Windham），及俄亥俄州的香潘（Champaign）等地——然而，沒有任何一個請願是來自奴隸州。有的請願書是印出來的，有的則是手寫。連署者從兩、三個到幾百人都有。其中一份甚至長達兩公尺，還有一份共有十五頁。新罕布夏州（New Hampshire）菲利普斯堡（Philipsburg）的伯因頓（J. Boynton），他因為自己的請願書只有二十個簽名而感到抱歉，因而添加了一個手寫備註給參議員：「基於交通狀態不佳的緣故，沒有什麼機會可將這份請願書拿給此城鎮的居民過目，但我又不願意拖延更久的時間後才把請願書轉交上去。」參議院印地安事務委員會請求免除參閱這些請願書的麻煩擔子，因為他們已經清楚表達了驅離原住民的堅定心願。一名來自喬治亞州的眾議院成員表示，那幾千名連署人，「跟幾百萬名保持沉默、內心知足的人比起來不算什麼」。另一人則說，跟「知足的絕大多數人」相比，「弱勢的小眾族群總是最吵鬧」。[19]

這些請願書是以北方教會傳福音的口吻寫成，可以預期是帶有教區色彩，反映出全世界都應信奉基督教這個毫無疑問的信念。但，因為部分使用到原住民行動主義者的論述，這些請願書也極為激進。紐約市的連署人表示，聲稱「不論是歐洲君主的特許狀，或比鄰的州之間簽訂的契約，這些文件若可以依據撰寫人腦袋裡所想像的界線或經緯度，來趕走原本住在土地上的居民」，是很「幼稚」的；賓州居民說，美國白人是「入侵者」；緬因州布藍茲維的連署人則堅持，原住民對他們的土地「自古以來就擁有完美的權利」；緬因州北雅茅斯（North Yarmouth）的居民問，難道美國要「把條約扔在地上……踐踏」，把它們奉獻給「貪婪或不敬神的野心」？他們接著說道：「我們相信神不會讓美國訴諸純粹政治的理由。」[20]緬因人希望，美國會做對的事情，而不是單純利己的事情。

這些請願書反覆提到一點，那就是驅離會為共和國的名聲留下汙點。紐約州萊星頓

（Lexington）有一組人表示，這會「給我們的國家性格烙上無法消除的惡名」；另一個來自賓州的團體則說「自稱文明、說要好好尊重自己名聲的國家，很少犯下」這樣「極度不公義」的舉動；達特茅斯學院（Dartmouth College）的職員所簽署的請願書，則把美國政策比成「科提斯（Cortez）和皮薩羅（Pizarro）的血腥征服」。他們說道：「靠武力把事物硬是變成對的，這樣的信條一向只會激勵野心勃勃、沒有道德原則的征服者。」他們非常擔心共和國的名聲「在文明世界的眼中」一落千丈。這些連署人說，驅離是「暴虐迫害的」、「難以匹敵的背信棄義之舉」、「驚世駭俗的惡行」、「永久不滅的羞恥」。[21]

最後這一句來自賓州「女士們」的譴責，尤其值得注意，因為美國女性在政治方面傳統上並沒有一席之地。她們呈交給參議院和眾議院的請願書，是女性有史以來第一次請願，這個請願是由誕生在激進改革家庭的教育家凱瑟琳・比徹（Catherine Beecher）所發起。比徹受到埃瓦茨和契羅基婦女的公開示威抗議所鼓勵，在七個北方州中，她號召了將近一千五百名女性參與請願。她們知道自己的請願具有創新精神，但是仍堅持要被聽見。來自緬因州法明頓（Farmington）的十八名女性承認，「嬌嫩的情感與端莊的舉止向來是女性的特徵」，「在一般狀況下」這些特徵會阻止她們向國會請願，但她們很高興自己活在一個現在可以允許、甚至鼓勵她們這麼做的時代。她們其實沒有理由這麼樂觀。然而，她們省去了嬌嫩與端莊，大聲責難「我們的先人打仗流血也要爭取、把我們跟其他國家明顯區分開來」的那些權利，遭到了侵犯。[22]

同樣地，緬因州哈洛維（Hallowell）的「各色女子」也表示：「我們通常不會干涉政府的事務，但我們一定要針對這事發言。」紐約州路易斯（Lewis）的女性也坦承，她們「岔離自己平常專注的領域」。然而，她們接著說，驅離原住民這件事，涉及了「國家信仰與榮耀的原則，她們跟社會上的其他所有成員一樣，被信任可以維護原住民的權利，不讓其受侵犯」。雖然許多女性請願者引起了中產階級白人女性的傳統顧慮，像是「家庭祭壇」的神聖性、「較體弱性別」的福祉，以及「親愛的家庭」的維持，但她們譴責美國政策的激烈程度並不亞於男性。[23]

在蓄奴主眼中，慈善家是「懦弱」、「多病」、「虛軟」的人，比不上南方的白人男性和他們「行使主權時無所畏懼、充滿男子氣慨的模樣」。女性發起的請願活動，只是這整個運動陰柔傾向的另一個表徵，這種帶有性別歧視的批評，非常受到支持傑克森的北方人認同。《匹茲堡水星》（*Pittsburgh Mercury*）認為，「女性請願」是「非常需要受到指責的」。就連某些輝格黨（Whig）的報紙，也反對「漂亮美人」參與政治。《新英格蘭評論》（*New England Review*）贊許地引述了維吉尼亞州一名以口才犀利而出名的議員，約翰・蘭道夫（John Randolph）所說的話：「女士們——願上帝保佑她們——在任何地方我都喜歡看到，但議會堂除外。」[24]不令人意外地，喬治亞州的報紙挑出了仇女言論，甚至大肆宣傳。

這種趾高氣揚的姿態，後來在參議院達到了荒唐的巔峰。生於北卡羅來納州中部、隨後代表密蘇里州（Missouri）的湯瑪斯・本頓（Thomas Hart Benton），他曾因搞笑的自大作風而出名，在這件事情上，他也毫不留情地嘲弄了「善心的女性」和她們的男性盟友。他戲謔地說，這些女人因被打敗而潰逃時，可別「指望她們嬌嫩小腳丫的表現」，因為男人一定會跑得比她們快。他說：「我要建議這些女士們，別為了賽跑脫下帽子、撩起大衣，而是要坐在路旁，等著征服者到來。」一旦真正的男人來了，意旨像約翰・昆西・亞當斯後來所說的「如盎格魯撒克遜人（Anglo-Saxon）那般粗魯、擁有奴隸的印地安終結者」那樣的男人來了，這些女人就穩當了。25

• • •

住在南方最久的居民看樣子馬上就會遭到驅離，而傑克森的勝選和他對國會發表的致詞，更是不言自明地指出，歡迎美國公民侵吞原住民的家園。克里克族的尼哈・米柯告訴總統，美國公民不斷偷竊他們的奴隸和馬匹，把他們趕離他們原有的土地，已經侵犯聯邦政府給予克里克族的權利。在一八二九年十月，克里克酋長圖斯基尼雅（Tuskeneah）也抱怨白人經常偷走他們的財產，而圖斯基尼雅年紀剛好大到記得一七九〇年所簽訂的第一個美國與克里克族條約的內容。圖斯基尼雅表示，沒有聯邦政府保護，他們將變得「很拮据」。[26]

暴力也出現在契羅基人的領土各處，起因不僅來自傑克森就任總統，也來自一八二九年八月阿帕拉契地區南部所發現的黃金。不到六個月，就有一千到兩千名入侵者在原住民的土地上開採這種貴金屬。契羅基酋長向傑克森的第一任戰爭部長約翰・伊頓（John Eaton）抱怨，入侵者「因為擅闖受到縱容而大膽了起來」，並認為把一家子趕出自己的家，「是無傷大雅的舉動」。[27]

暴力行徑，恐讓內部分裂的狀況散播得更遠、變得更嚴重。一些克里克人為了在日益惡化的生活條件下維持統一陣線，毆打那些報名遷移到密西西比河對岸的鄰居，一對男女的耳朵甚至因此被割斷。正如同十八世紀所發生的邊境暴力事件，克里克人和契羅基人攻擊了入侵者、拿走其財產，在其中一方看來是重新奪回屬於自己的東西，在另一方看來卻是偷竊，促使喬治亞州的白人展開報復。在一八三〇年春天一起特別殘暴的攻擊事件中，二十名入侵者抓住一個名叫朱沃伊（Chuwoyee）的契羅基男子，用槍重擊他的後腦勺，再用棍棒和石頭把他打到沒有知覺。他們接著將沒有行動能力的男子丟到馬背上，帶到一處營地，把他丟在地上，讓他在冰冷的凍雨之中待了一整晚。隔天早上，男子死了。在這場攻擊事件中被針對的另外兩人雖然順利脫逃，但攻擊者用一把大屠刀捅傷了其中一人的胸部。這群掠奪者又將一個名叫「咚咚葫蘆」（Rattling Gourd）的契羅基人關進牢裡，直到聯邦政府為契羅基人請了一名律師後，掠奪者才把他釋放。在一封滿溢諷刺口吻的信中，契羅基酋長告訴傑克森：「就算我們的族人是印地安人（我們沒有不敬的意思），也不可假設他們能夠平靜順從地看著入侵者做出每一件不公和侵吞的事。」[28]

南方的菁英階級馬上把暴力行為怪到外來鼓動者的頭上。例如，喬治亞州的一份報紙堅稱，這些衝突是「北方『慈善』運動的第一批成果」。隔年，奈特・杜納（Nat Turner）在維吉尼亞州的南安普敦縣（Southampton County）組織奴隸起義時，這項控訴將變得更加激烈，南方白人認為，原住民「無禮傲慢」，是因為「北方的瘋子」、是因為那些干涉「地方議題」的「白種蠻人」。[29]

國會山莊距離克里克人及契羅基人的領土約五百英里，卻彷彿隔了五千英里。在傑克森提出的偉大計畫中，他們身為主角，華盛頓市卻沒有任何人去向原住民諮詢過。在一八三〇年三月底，契羅基酋長組成的代表團，在位於白宮與國會中間的布朗飯店（Brown's Hotel）租了房間，但是得到政府關注的，卻是下榻於距離傑克森官邸一個街區的城市飯店（City Hotel）的麥考伊。麥考伊在一八二九年的年底寫信給兒子時，說道：「我希望為許多人的心靈帶來好的影響。」這位原本是傳教士的熱血遊說者，先前已把支持驅離的文宣寄給全國各地幾百位具有影響力的人，包括數十位的報紙編輯和政府官員，從戰爭部長到第二稽核室（2nd Auditor's Office）的總書記，都有一份文宣。麥考伊會見過傑克森總統和戰爭部長伊頓後，他表示這兩人都有「建立印地安殖民地的精神」，而印地安事務局局長麥肯尼也「非常友善」。30

參議院的驅離辯論會於四月六日展開，延續了兩個星期，揭露出南方蓄奴主和北方改革者之間巨大的分歧。紐澤西州（New Jersey）的新人參議員西奧多・弗雷林格森（Theodore Frelinghuysen）負責帶領反對派。弗雷林格森除了是美國海外傳道委員會、美國聖經公會（American Bible Society）、美國宗教小冊公會（American Tract Society）、美國主日學校聯盟（American Sunday School Union）和美國戒酒聯盟（American Temperance Union）的活躍成員，也是美國殖民協會一生的支持者。諷刺的是，他對將非裔美國人送到賴比瑞亞（Liberia）的熱忱，跟他對將原住民趕到西部的厭惡竟能互相媲美。31

在他為期三天、總長六小時的演說中，弗雷林格森分析了條約、討論到《萬國律例》，並請求這個國家發揮良知。他引述了原住民政治家和友人埃瓦茨的話，他說，原住民在十三殖民地還很弱小時「伸出了和平的橄欖枝」，但是現在，聯邦和州政府卻要運用「強迫就範和恐怖施壓」的方式，讓原住民家庭流離失所，把「極度迫害、令人心碎」的州立法律用在他們身上。他說，美國已侵犯條約、無視原住民的主權、摒棄自己的價值觀。32

此時在美國參議院代表喬治亞州的特勞普，因身體不適無法發言，因此由該州的另一名參議員福賽斯負責主導對立方，演說時間比弗雷林格森整整長了兩個小時。福賽斯表示，跟

「一個由飢腸轆轆的印地安人所組成，且需要依賴他人的小部落」訂立的契約，不可能「配得上條約這個名稱，或要求跟條約一樣具強制性」。他還中斷一下，訓斥那些被騙去加入反喬治亞州行列的「女士們」。然後，他說東部的原住民，「跟舊世界那些四處遊蕩的吉普賽人比起來，沒有好到哪裡去」。他把特別嚴厲的責罵留給了《契羅基鳳凰報》。他說，這份報紙浪費的金錢其實能有更好的用途，為契羅基族「飢腸轆轆、赤裸身軀的淒慘之人」送上食物和衣服。不過，讓他比較困擾的，顯然是這份報紙廣泛的流通度。他抱怨道：「先生，正因為如此，契羅基人才變得這麼出名。」福賽斯也不滿契羅基代表團來到華盛頓市，他甚至抗議契羅基代表團所寫的傳單、請願書、小冊子和文章。[33] 他成功裝出了一副既義正詞嚴又委屈憤慨的口吻，那個世紀的南方演說家，將不斷把這個口吻練得越來越好。

之後又經歷了二十個小時的演說，但是在參議院，驅離原住民的投票表決結果早已成為定局。這個國家當時被分為奴隸州和自由州，但是南方永遠會受到幾個北方參議員的支持，因為他們在經濟和政治方面尤其偏好南方的棉花產業。四月二十四日的最終投票結果是，二十八票贊成、十九票反對。有四名南方參議員（兩個來自德拉威爾州〔Delaware〕，其餘兩人分別來自密蘇里州和馬里蘭州）拋棄了奴隸集團，另有一人缺席，但是他們的數量，還是不敵北方那九位決定加入南方、投票贊成驅離原住民的參議員。

相較之下，眾議院的投票結果完全不可預料。眾議院印地安事務委員會的七個成員，有五個來自奴隸州，但是從整個眾議院來看，兩百零九位眾議員只有八十九位來自南方。紐約州眾議員安布羅斯．史賓塞（Ambrose Spencer）寫道：「從未有任何一次立法出現過比這更重要的議題。」他宣布：「這涉及到國家信仰的問題。」雖然辯論會並沒有像他所想的那樣，決定「印地安人的滅絕或存留」，卻將無可挽回地改變約八萬人的生命，而其影響更是持續了好幾個世代。一群原住民站在眾議院的會議廳入口，認真聆聽整場辯論會。[34]

那年年初，麥考伊曾跟眾議院印地安事務委員會碰面，其中也包含他的友人兼盟友蘭普金，在碰面過程中，麥考伊鼓吹了驅離原住民的計畫。現在，換蘭普金努力讓法案在眾議院通過。這位喬治亞州的莊園主擅長在理性的外衣下隱藏自己的極端思想。堅定支持驅離且擁有十九名奴隸的他，曾說過「我們對待印地安人的方式」，是「我國最大的罪行之一」，奴隸制則是另一個」。一名傳教士見過蘭普金之後，對他合理適宜的態度印象深刻，說他看起來「是個有原則和虔誠心的人」。契羅基人威廉．庫迪（William Coodey）給他的評價就比較嚴厲了。他說，蘭普金是「冷血的偽君子」，「為達目的什麼話都說得出口，不管那是不是事實」。[35]

蘭普金演說一開始時，走的是溫和路線，一邊坦承有些原住民是「可以教化的」，一邊堅持他們的狀況在西部會獲得改善。他大量引述麥考伊說過的話（「最盡心、最虔誠的傳教士之一」）、大力為自己的州辯護（「沒錯，喬治亞州有奴隸，但這不是喬治亞州造成的，是奴隸自己來的」），並積極為傑克森說話（「活在這世上的人沒有比他對印地安人更和善了」）。蘭普金控訴北方的改革者，說他們是「賺很多錢」的偽君子和「愛管閒事的傢伙」，為了填滿自己的荷包犧牲原住民。他呼應友人麥考伊的看法，認為要拯救印地安人就必須將他們驅離。[36]

反對派有更好的論點。畢竟，主張「條約事實上就是條約」，比聲稱「條約算不上條約」還要容易。眾議院印地安事務委員會的主席約翰．貝爾（John Bell）來自田納西州，他堅稱，跟原住民訂立的條約「只是一個手法，目的就只是為了操控他們的頭腦，完全沒有要使之生效的意圖。」紐約州的亨利．史托爾斯（Henry Storrs）反駁道：「不需要具備任何政治科學方面的技能，也能理解這些條約。」他又說：「再純樸的人，也有辦法把你認真做出的保證讀給這些原住民聽，並明白其意。」緬因州的艾薩克．培思（Isaac Bates）更誇大，他想像了跟總統對話的內容：

先生，他們給您看了您跟他們的條約。這是您的簽章嗎？這是您的承諾嗎？您願意遵守嗎？如果不願意，您能不能歸還我們為了這份條約讓您擁有的土地？總統回答：不能；美國國會回答，這是讓你們遷移的錢。

他說，傑克森好比「一座城市雇用的巡邏者」，可是卻放火燒了城又不滅火。[37]

喚起共和國的價值觀，也比訴諸冷血和嘲諷還容易據理力爭。倡議驅離的人，嘲弄那些「揮霍」自己的「淚水在印地安族的滅亡上」的人。喬治亞州的理查．王爾德（Richard Henry Wilde）高呼：「印地安人在白人面前融化消失，就像雪在太陽底下那樣！」接著，他又說：「先生！難道你為了留住雪，要失去太陽嗎！」相較之下，紐約州的亨利．史托爾斯，他要求傑克森針對這個國家的「公眾信仰進行維護」，而康乃狄克州的威廉．艾爾斯華思（William Ellsworth），則提醒國會議員：「全國和全世界的眼睛都在看著我們。」他最後說：「我懇求此院不要以國家的羞恥、殘酷與失信行為玷汙我們的歷史。」印地安納州的眾議院成員約翰．特斯特（John Test）承認，該州的兩個參議員都投票贊成這項法案，但他卻覺得「受到良心、榮譽和正義的約束」，必須反對之。[38]

在一八二六至一八二七年的冬天，南方參議員和眾議員偷偷設計好以法律脅迫的策略，是整個辯論的核心。契羅基人請願：「我們被告知，如果不離開我們深愛的國度並前往西部的荒野，州法就會延伸到我們身上。」克里克族的請願者點出了這樣做的後果：阿拉巴馬州的法律是設計用來掠奪他們的，「要把我們的族人帶到遙遠的法庭回應申訴，而且不是在同儕或鄰人組成的陪審團面前，是在一群說著陌生語言的陌生人組成的陪審團面前回應。」他們說，其目的根本不是要行使主權，而是要「將我族趕出他們的土地」。[39]

以演說技巧出名、曾在哈佛當過教授的麻州議員艾瑞特，他在眾議院發言時便提到了這點。他說，州法「正是我們的官員遷移印地安人所仰賴的手段，而這是官員自始至終堅持的論點。總統是這樣，部長是這樣，委員也是這樣。美國已經通過了法律，而你們不能在這項法律之下生存。我們無法也不會保護你們不受這項法律的傷害。我們建議你們，要保住寶貴的生命，就走吧。」

他接著說，法律的力量「是所有能夠應用的手段中最有效、最可怕的，因為法律的力量具有系統性，且已經過計算和估量，是為了達到預期結果的手段。」印地安納州的眾議員特斯特描述得更生動：原住民在進行驅離協議時，就彷彿「被監獄和苦力的可怖景象瞪著，他們的脖子被繫上繩索，執行絞刑的劊子手在旁等候，且絞刑架高高吊在他們頭上！」[40]

辯論會把眾議院的氣氛炒得如火如荼。一名旁觀者寫道：「我從來沒看過任何審議機關出現這麼多暴力和激動的畫面。」會議廳內的意見實在分散得太均勻，因此眾議院發言人安德魯．史蒂文森（他的對手曾說他是「總統的奴隸」之一，而且「阿諛貪腐」），把決定性的一票投給三個關鍵動議。沒有他的干預，法案不太可能通過。[41]

喬治亞州、阿拉巴馬州和密西西比州的眾議員一致支持驅離原住民，以擴張奴隸制，而其他南方成員也幾乎都基於同樣的理由支持這項政策。來自紐約州和新罕布夏州這兩個北方的民主黨大本營的眾議員，也跟南方立場相同。但，這仍不足以讓法案在眾議院通過。最終的一票，是掌握在由賓州二十六位眾議員組成的大型代表團手中。傑克森未來的副總統搭檔范布倫說，他們之中雖然有很多都是「將軍的朋友」，但是可以信賴會投票贊成驅離只有四人。其他人非常害怕會冒犯到為數眾多的賓州貴格會（Quaker）成員，而這些貴格會成員是反驅離請願者之中最激烈的一群。要確保勝利，政府必須在二十二名反對總統重要政策的代表團成員中，拿下三人。[42]

俄亥俄州議員威廉・斯坦伯里（William Stanbery）說，傑克森決定訴諸「威脅與恐嚇」。政府提醒眾議院成員，這項立法是總統「最喜愛的辦法」，並警告他們，要是他們不能認同，就會被說成是「叛徒和變節者」。他們聽說，傑克森下次選舉將奮力打擊任何抵抗的人，據說這樣的威嚇對某些人而言，就跟法國大革命時期的斷頭台「一樣可怕」。一名遭到傑克森的盟友恫嚇的眾議員表示，「最高權威」告訴他，這項法案「對印地安人的存活來說是必要的」。這個論點目的是令人安心，卻也充滿惡意。[43]

五月二十六日最終投票到來的這天，兩名賓州的議員詹姆斯・福德（James Ford）與威廉・拉姆賽（William Ramsey）不見了，事情於是暫時停擺，等待議會警衛官找到他們。福德是來自匹茲堡附近的鋸木廠和磨粉廠老闆，不久後便出現了，但是另一位據說生病了的拉姆賽，卻不在自己的住所，也找不到人。終於，根據一位目擊者所說，在延遲了一個多小時之後，該名五十歲的律師「蹣跚」進入會議廳，「看起來病得很重」。「法案是否要通過？」

這個問題正式送交眾議院。法案以一百零二票對九十七票的差距通過，福德和拉姆賽兩人都換邊站，投了贊成票給這項立法。喪氣的約翰·羅斯告訴契羅基族議會：「我們在給美國國會的請願書裡所表達的祈願，沒有得到回應。」[44]

緊張的投票表決結束後兩小時，拉姆賽和南卡羅來納州的眾議員喬治·麥克達菲（George McDuffie），兩人因為聯邦關稅的問題起了爭執。關稅讓北方產業不用跟外國商品競爭，但是麥克達菲跟其他莊園主政治家一樣反對關稅，因為他們經營奴隸勞動營所需的商品，會因為關稅而提升價格。還在為了自己備受爭議的一票感到焦躁的拉姆賽，指責這位南方同僚是想讓政府沒有收入，同時又想要動用財政部的錢驅逐原住民。麥克達菲說拉姆賽是「無知的人、老女人」，拉姆賽則拋下「一切身體微恙的樣子」，激烈地反擊，讓一位目擊者猜想，這位賓州議員先前只是裝病，希望可以乾脆不來投票。拉姆賽之後聲稱，他是被拐騙了才投下那一票。[45]

拉姆賽演戲的表現，再加上他是換邊站、讓法案順利通過的三人之一，使他在賓州成為眾矢之的。哈里斯堡（Harrisburg）的《賓夕法尼亞情報員》（*Pennsylvania Intelligencer*），直接點名了這位不忠的議員，和該州其他投票贊成「將手無寸鐵的原住民趕出家園」的議員。六月中，這份報紙重新提起這個話題，怒氣不減反增，再次把拉姆賽拿出來講，並陰暗地猜測原住民只剩下「滅亡」一路。該報預測，不久後，某個在契羅基國度中「沾染鮮血的勝利者」，將在寫給戰爭部長的書信信末，殘忍地宣布契羅基人的終極毀滅。報紙更想像了信上將寫著：「今早，我們發現十五個偷偷摸摸、不想被發現的（契羅基人），我們馬上把他們處理好了。」[46]

雖然傑克森透過施壓和威嚇的方式，逼迫國會成員投票贊成驅離，這樣的結果其實還存在一個結構性的成因。范布倫簡要地說，這項法案是「南方的辦法」，而南方有一個不民主的優勢。基於《憲法》的五分之三妥協條文，一八三〇年時，奴隸州在國會還有額外的二十一票可用。[47]這樣的政治真的很病態。莊園主使用他們因為持有奴隸而得到的票數，製造更多空間給奴隸。利用僅僅五票的差距，他們成功通過一項法案，要把大片土地變成工業規模棉花生產地。藉由法案的通過，數十萬英畝的肥沃地區，從原本原住民的祖傳家園，變成在深南部（Lower South）快速擴張的奴隸勞動營帝國的一部分。

許多人原本對於所謂的「國家之恥」所擁有的義憤填膺之感，在對手堅稱北方和南方的原住民長久以來一直都有受到迫害、被迫流離失所後，那份不滿也削弱了。一名敵對的議員表示，北方改革者對原住民的同情心，感覺很突然、膚淺又虛偽。他說得沒錯：「十三州裡有十一州的印地安人幾乎完全消失，但在那之前，他們逐漸消失的狀況並沒有引起任何激烈的情緒。」另一個人則是很想知道，麻州、緬因州、康乃狄克州和紐約州的議員「熱烈」反對這項法案之前，有沒有檢查一下他們自己的州所訂立的歧視法律。《喬治亞報紙》印了一系列的北方法律條文，顯示「可憐的印地安人，這些無害卻受欺壓的森林之子，是如何受到清白無暇的清教徒和他們的後裔對待」。在康乃狄克州，原住民受到該州的道德法律規範；在羅德島（Rhode Island），他們受到晚間九點的宵禁約束，違者會被公開鞭打；在麻州，「印地安人的頭」可以換取獎金；在紐約州，政府禁止塞尼卡人（Seneca）和其他原住民族自行審判、懲罰犯罪者。這些指控大部分是成立的，北方州確實率先將主權延伸到原住民族身上。[48]

自從革命以來，美國人便一直努力緩解激進的共和國價值觀與激進的階級制之間的緊張關係，但卻沒什麼成效。國會投票表決是否驅離原住民時，他們又再次失敗。南方白人自私地忽視對手煽動人心的言論時，至少有部分懂得自省、思慮周全的北方人，看出了他們實踐理想所遭遇的困難。一個只有署名J．W．B的人在《紐哈芬登記簿》（*New-Haven Register*）上寫道：「我們的本性裡有個奇怪的特質，那就是我們經常譴責他人做出我們自己也會做的事。」為了進一步說明，這位匿名作者假想一段「A友人」與「公眾精神」之間的對話。A友人：「你有沒有聽說喬治亞人要趕走印地安人？」公眾精神：「有啊！這件事讓我氣到火都上來了！」然而，當話題轉到在紐哈芬（New Haven）創立一所教育「有色青年」（colored youth）的學院時，公眾精神卻有相當不一樣的反應：「有色青年！你在說什麼呀？在這裡創立黑人學院！A友人，你是不是失去理智了！」公眾精神抗議道：「在這裡聚集一幫黑人，你很快就會發現房地產的價值下跌至少百分之二十五。」這樣的場景不是虛構的，因為在一場充滿敵意的公共會議上，紐哈芬的市民確實反對建立這樣一所學校，雖然他們還一邊忙著寄送反驅離請願書給國會。在上述的對話裡，一個喬治亞州的居民做出了結論：「你們這些偽善的變節者！……等你們不再將黑人趕出你們的城市，再來告訴我趕走印地安人有多邪惡。」[49]

在北方原住民受到的待遇這方面，公眾精神的發揮也不如預期。紐約州的政治人物在一八三〇年代驅趕塞尼卡人，以便清出空間建設運河；麻州的領導者則發現鱈魚角（Cape Cod）的馬什皮人（Mashpee）變得很不安定，因為馬什皮人在一八三三年開始抗議數世紀以來遭受的差勁待遇。在艾培斯的指導下撰寫而成的簡短宣言〈印地安人對麻州白人的呼籲〉（Indian's Appeal to the White Men of Massachusetts），文中點出了言行之間的落差。艾培斯問道：「麻州白人怎麼能在鄰近自身的可憐的馬什皮人被束縛時，替南方的紅人求情？」他問：「你們喬治亞州的白人同胞，難道不會叫你們看看自己，要你們在消弭自家的迫害行為後，再來煩他們嗎？」然而，跟南方的莊園主不同的是，艾培斯不是想要搞砸南方針對驅離發起的抗議活動，而是想讓抗議活動延伸到北方，因此他還特地讚美了那些「每天倡導我們的訴求」的「卓越」之人。他表示，他們「會受到珍惜重視」，敦促他們千萬不可疲乏。[50]

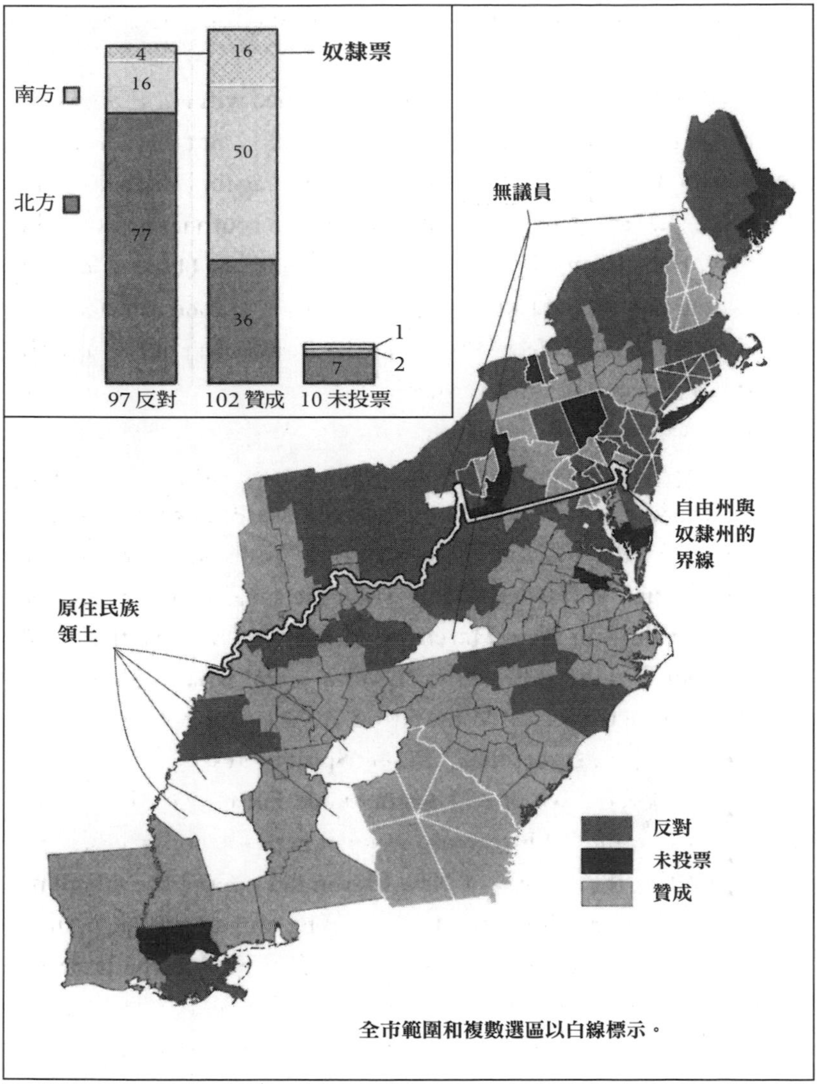


**圖三**　一八三〇年五月二十六日眾議院依選區投票表決《印地安人遷移法案》。我將喬治亞州、紐澤西州、康乃狄克州和新罕布夏州加以細分，因為這些州有全市範圍的選舉。我也將馬里蘭州、紐約州和賓夕法尼亞州這三個擁有多名議員的複數選區加以細分。附帶的柱狀圖顯示，南方州因五分之三妥協條文額外獲得的票數是法案通過與否的差異所在。

國會內部偽善人士的指控，把一切事情都變得混濁不堪，即使過了將近兩百年，還是難以在南方莊園主政治家和他們北方盟友攪起的汙泥之中，看清事情的真相。可能，這場辯論會只是數百年失土史的其中一個黑暗篇章，不管怎麼樣原住民都會輸。然而，無論是當時或現在，偽善的指控跟政治行動大體上沒有關聯。每一項立法行動，都是為自我利益著想的同盟、基於原則的立場，以及難以下嚥的妥協下產生的法條。那些反對驅離的人，不會因為他們是秉持鄙視原住民的想法、純粹基於對黨派忠誠的理由做出行動，或是努力想要實現崇高理念，就顯得其中某些人比較不對。更重要的是，他們的動機對被驅逐的人而言沒有差別。在這一切互相謾罵、被言語掩飾的煙幕之中，原住民仍只專注在辯論會的核心問題上：美國會不會無視條約、忽視他們的訴求，發動野心勃勃、史無前例的八萬人驅逐計畫？

• • •

《印地安人遷移法案》或稱《與印地安人交換土地之法案》，全名為《與居住在任何一個州或領地的印地安人交換土地並協助他們遷至密西西比河以西之法案》（*Act to provide for an exchange of lands with the Indians residing in any of the states or territories, and for their removal west of the river Mississippi*），讓總統有權利劃出「密西西比河以西」的土地，並拿這些土地跟住在州或領地範圍內的原住民交換，以獲得原住民在原居處全部或部分的現有土地。在驅離期間和驅離後一年，被驅逐的家庭會得到生活改善費及「協助和幫助」。為了確保獲得所需的票數，眾議院提出一項算是聊表一下心意的修正案，參議院接受了：「此法案包含的內容，不可被理解成同意或促使政府違背美國與任何印地安部落之間現有的任何條約。」國會挪了五十萬美元來執行此法的條款，而這金額少得可笑。[51]

法案完全沒有說到土地的交換要怎麼協議。是藉由條約？還是合約？或是帶有暴力的威脅？裡面也沒說明原住民的土地要怎麼估價？或是交換後的生活改善費是由誰給付？有什麼管制？至於遷移會提供的「協助和幫助」，法案並未講到協助的量或質等細節，甚至連提供的單位是私人承包商還是聯邦政府都未談及。最令人震驚的或許是，裡面完全沒寫到將包含老幼婦孺在內的數千個家庭，搬遷到數百英里以外的西部、跨越陽春的道路和地圖沒畫出來的土地時，這個過程中所會需要用到的運輸工人、馬車、牛隊、汽輪、食物、帳篷、衣物和鞋子以及醫療用品有哪些，以及誰會負責監督整個行動？他們能運用的方法有什麼？[52]

美國要著手進行一項偉大計畫，卻毫無準備，對於該法針對的人們，美國也不存有什麼好心。傑克森認為他可以透過冷血無情和鋼鐵意志把原住民趕到西邊，但是他的自信心很快就得向一個艱難的事實屈服，那就是這個國家最古老的居民決心留在自己的家園。警告演變成口頭上威脅，口頭上的威脅很快就會演變成用刺刀抵著被害者的恫嚇。到了一八三〇年代中葉，美國軍隊會在阿拉巴馬州強迫綁著鐵鍊的原住民前進，在佛羅里達追著飢腸轆轆的家庭跑過一個又一個的營地。從「原住民國度」的幻想，淪落到將絕望的家庭趕盡殺絕，這中間的轉變非常迅速。短短幾年內，麥考伊的幻想將成為惡夢一場。

chapter

# 4

# 「欺瞞的嘴與膚淺的心」

傑克森派戰爭部長
向印地安人講述法律
走啊，噢顎骨，我說走吧
走啊，噢顎骨，離開此地

伊頓叫我們要走開
這裡你們再也不能待
走啊，噢顎骨，我說走吧
走啊，噢顎骨，離開此地

——一三一至一八三二年，一名喬克托人在遷移到西部時所寫成[1]

原住民會就這樣離開嗎？麥考伊是這麼相信的，他說：「除非運用武力，否則遷移無法受到阻止。」負責監督印地安事務的伊頓，同時身兼傑克森總統的戰爭部長，他對遷移一事也滿懷希望。在跟契卡索人簽訂第一個驅離條約後不久，他寫道：「若在國會碰面前可以完成所有的部落的條約就太棒了。現在，如果真的做到，我也不會驚訝。」然而，麥考伊和伊頓在這件事情上頭腦並不清楚。麥考伊擁有跟殉道者一樣的熱忱，而伊頓則是對傑克森無比衷心，又對原住民充滿敵意。在一八一三至一八一四年，在傑克森對付克里克人的征戰和馬蹄灣大屠殺中，伊頓也參與其中。在一八一七年，他寫了一本傳記表達自己對這位指揮官的仰慕，無所不用其極地使用浮誇的形容詞。一位書評寫道：「很難說哪一個最丟臉，是書中的英雄，還是這位記錄他的歷史學家？」[2]

對驅離原住民表達質疑的人，在傑克森政府都待不久。麥肯尼接觸原住民多年，在一八一六年到一八二二年之間，擔任過印地安貿易辦公室的室長，並且從一八二四年開始擔任印地安事務局的局長。雖然在一八二八年的大選中，麥肯尼支持的是約翰·昆西·亞當斯，而不是傑克森，他仍因為曾發揮龐大的影響力，協助《印地安人遷移法案》通過而在自己的職位上好好做了一陣子。然而，他一開始質疑這項政策，傑克森就毫不留情地遣散了他。那時候，法案正式立法才三個月，而麥肯尼是在出遠門時，收到了戰爭部的總書記所寫的終止受雇通知書。回顧那段時期，他很後悔自己在傑克森政府擔任的角色。麥肯尼說，堅持檢視所有由麥肯尼發出的書信的伊頓部長，事實上「並不熟悉任何議題」。他寫道：「或許，反對某些發送出去的唯一目的是要騷擾和迫害印地安人之怪異命令，是我的不幸。」他也坦言：「我知道這一切是不對的，非常不對。」一名喬克托人對於麥肯尼遲來的良心不安不以為然，說他「很會說話」，但也努力帶原住民走上「被屠殺」的路。傑克森在上任頭幾年，便找了新人取代印地安事務局五十六位專員與副專員當中的二十九人。[3]結果就是，這個政府上有數名對原住民毫無同情心的熱血官員，下有數十名沒有經驗、純粹因為支持政府而被雇用的員工。

為了在這場遷徙政策中占上風，傑克森十分仰賴州法施加在南方原住民身上的威脅，確切來說，就是南方議員在一八二六至一八二七年的冬天，祕密會面時所討論的策略。一八二七年十二月，喬治亞州的州議會，決議其有權利將州法延伸到契羅基族，讓「各種人」都「強制順從」，無論是「白人、紅人或黑人」。一八二八年，該州通過一項法律，自一八三〇年六月，將民事和刑事司法權延伸到契羅基人身上，把他們的「法律、習慣和習俗」變得無效。一年後，又有第二項法律加緊束縛。其中一節規定，使用「威脅、恐嚇或其他方式」阻止契羅基人遷至西部的行為是違法的，違者得處以監禁或長達四年的辛苦勞動。

另一節則規定，「契羅基族阻止其公民販售土地」是違法的，違者得監禁高達六年。一八三〇年的十二月，喬治亞州更禁止契羅基人在議會，或是任何立法或司法機構召開會議。一八二九年，阿拉巴馬州通過了一套專橫法律，而密西西比州也在一八三〇年一月跟進。紐約州和其他的北方州雖然早已侵犯原住民族的主權，卻從未做得如此徹底，而北方州立法的目的，也從來不是一心一意要將原住民趕走。值得注意的是，在一八二八年，俄亥俄州最高法院甚至直接判決，該州沒有權利干涉州界內原住民族的內部事務。[4]

《印地安人遷移法案》通過不久，原住民不願意配合驅離的第一個跡象便出現了。傑克森希望在一八三〇年夏天到田納西州的富蘭克林（位於納士維〔Nashville〕南方約十八英里的一座繁華小鎮），會見克里克、契羅基、喬克托和契卡索各族的酋長。契羅基人非但沒有接受總統的邀約，還聘請在詹姆斯·門羅（James Monroe）和約翰·昆西·亞當斯就任期間，擔任司法部長的威廉·沃特（William Wirt），準備進行起訴。傑克森表示，沃特決定接下這起案件「實在非常可惡」。克里克酋長也拒絕會見總統，雖然美國嘗試用賄賂的方式說服他們。[5] 喬克托酋長有一小群人赴約前往，但只同意下個月在密西西比州中東部的舞兔溪（Dancing Rabbit Creek）再見一次面。只有契卡索人全員到齊，但是他們幾乎立刻就後悔了。

由二十一位契卡索酋長組成的代表團，於八月十九日抵達富蘭克林。這座城鎮的四周，充滿了在棉花田工作的奴隸勞工，因此十分富裕，城市中建了一棟兩層樓的氣派磚造法院，還有數家小酒館和生意。[6]在富蘭克林郊外，有一個史前儀典與貿易中心，裡頭保留了十二座土丘，而這些土丘的定年，比美國誕生、聲稱北美大陸由美國統治的時候還早了近一千年，不過傑克森政府似乎沒有人注意到這其中的反諷。

四天後，協商在富蘭克林市中心的長老教會（Presbyterian Church）展開。除了傑克森總統，戰爭部長伊頓和另一名傑克森的隨侍，以及曾參加馬蹄灣之役的老兵約翰・寇菲（John Coffee）也有出席（在十六年前的那場馬蹄灣大屠殺，正是寇菲的軍隊射殺了情急之下想要游過塔拉普沙河逃跑的那三百人）。總統完成一段簡短的發言後，便回到他的房間，留下一份手寫的聲明由兩位代理人呈交給契卡索酋長。那份聲明非常虛偽。上面寫到，傑克森純粹希望他們快樂，完全沒有意願強迫他們離開自己的土地，但事實是，他們無法在密西西比州的法律之下生存。[7]

兩天後，協商繼續，契卡索人拒絕放棄自己的家園。他們說，將州法延伸到他們身上是「史無前例」的，是「篡奪的一種行為……美國《憲法》和既有的條約都沒有授權這麼做」。他們做出正確的結論，認為整件事的目標是要「把我們趕出家園，占據我們的土地」。他們不饒人的用語，挑戰了傑克森為自己塑造的「自由開放」、「偉大的父親」的形象，雖然總統並沒有在現場聽見這些非難。契卡索人說：「您說我們是您的子女，聲稱您最關心我們。」但是話雖這樣說，卻令人懷疑起總統的心意。他們向缺席的總統保證：「我們知道您說這些話是真心的，這也使我們對您——白人和紅人子女的偉大父親和保護者——產生極大的喜愛。」然而，他們宣布，契卡索人希望結束這段父子關係：「我們現在覺得自己已經來到成熟的年紀。」最後，他們說，如果他們無法先評估交換後會得到的土地，是不會割讓自己的領土的。[8]

協商持續進行到晚間。伊頓和寇菲威脅地說，契卡索人如果猶豫不決，可能什麼也得不到。兩位代理人表示：「苦難或幸福就取決於你們的決定。」在龐大的壓力下，契卡索人選擇退讓，接受驅離。隔天，得意洋洋的傑克森再度現身。在今天依然矗立於富蘭克林市中心，共兩層樓高的共濟會大廳，傑克森、伊頓和寇菲來到由疲憊又頹喪的契卡索代表所形成的方陣中央。傑克森向他們保證，他們的友誼不會中斷。他「衷心希望」，「偉大的精神會照顧、祝福、延續他們」。但是在寫信給同為田納西州莊園主、未來會當上美國總統的詹姆斯·波爾克（James Polk）時，傑克森就沒表現得這麼高尚了。他寫道：「我已經用契卡索條約毀了惡蛇。」[9]

兩個星期後，伊頓和寇菲來到舞兔溪。這塊空地位於喬克托族東部的一座泉水附近，喬克托人已經在此建造一棟議會所做為協商時使用。兩位美國政府的代理人採用跟對付契卡索人一樣的策略，指出喬克托人在密西西比州的州法下會過得多麼悲慘。他們問：「你們願意因為自己可能犯下的任何過錯，而在法院裡被控告、審判、懲罰嗎？你們願意繳稅、鋪路、參加點兵嗎？」喬克托人在他們不會讀也不能懂的法律下，怎麼有辦法生存？若警長要逮捕他們，他們能怎麼做？伊頓和寇菲表示：「你們一定會很淒慘痛苦。」為了維持自由協商之名，他們把傑克森總統的信拿給他們，主張喬克托人要選擇滅絕還是驅離，仍舊是他們「自願的決定」。[10]

「強迫原住民自願離開」，這樣自相矛盾的事情令伊頓十分高興。他說：「我們可以一次又一次地聲明，政府並不傾向逼迫這些人離開自己的家，但在另一方面，政府也不打算干預各州的權利。」他堅稱，主張政府意圖運用武力，是「非常不公正」的說法，因為政府的政策是「仔細設計過，要誘發……他們自願離去」。這句話完美捕捉了誤導與欺詐手法如何構成此政策的基礎。喬克托酋長喬治．哈金斯（George Harkins），他把喬克托人的處境比喻成一個三面都被槍林彈雨包圍的人，唯一的出路是一片水域和遙遠的岸邊。他問：「誰會說他是自願跳進水裡的？」哈金斯說，原住民的「驅離」根本是強制命令。[11]

伊頓和寇菲對喬克托人說「我們想得到的不是你們的土地，而是你們的幸福」，但這樣虛偽的聲明有誰會相信？[12]沒有一個喬克托人直接回應這不可思議的說詞，或至少條約簽訂過程的文字記錄沒有記下任何回應，但是在前往印地安領地的路途中，有一位被驅逐的匿名人士，在他為一首常見的民俗旋律所寫的歌詞〈新顎骨〉（The New Jaw Bone）裡，透露了他對伊頓的公正看法。他說，「約翰部長」是隻可惡的狗：

約翰·伊頓是一隻小狗
不久就要跟老尼克吃飯
眉上是一頂凋謝的桂冠
眉上是一頂凋謝的桂冠

我們對那蠢貨痛恨入骨
最好別離開我們的視線
我們說的就是伊頓沒錯
我們說的就是伊頓沒錯

他在舞兔溪說話很聰明
但欺瞞的嘴與膚淺的心
沒有辦法讓老顎骨動搖
沒有辦法讓老顎骨晃動[13]

協商持續進行，喬克托人要求在國會要有一名代表，並要求擁有以州的身分加入合眾國的權利。他們還要求每年得到一萬五千美元的學校資金、在「可敬的學習機構」教育六十名喬克托孩童的全額獎學金，以及五十萬美元的國家贊助，利息百分之五。這些都是很合理的要求，因為喬克托族在密西西比州的領土價值好幾百萬美元，可是伊頓和寇菲拒絕賜予國會席次和州的地位，而且只同意給予部分教育基金。結果，如同一位喬克托協商者所寫的，擺在喬克托人眼前的選項「非常令人苦惱」，因為他們必須順從州法和「連帶而來的一堆晦氣」，不然就得面對「勉強遷移會造成的剝奪與痛苦」。因為害怕「滅絕」，他們勉強簽訂了驅離他們的條約。[14]

就連北方州的原住民，也沒有總是遵從傑克森為他們安排的計畫，即便麥考伊認為遷居對分布廣散又窮困的原住民社區而言，「有明顯優勢」。不過，有些原住民確實準備要西遷，像是住在俄亥俄州桑達斯基河（Sandusky River）周圍的那四百名原住民。這個混雜了塞尼卡人、莫霍克人（Mohawk）、卡尤加人（Cayuga）和奧奈達人（Oneida）的社區，先前就曾經放棄過更東邊的家園，這次也準備好再次遷居，逃離大量湧入的美國殖民者，以及隨之而來的環境惡化。「塞尼卡人」其實是許多不同族群的統稱，其中也包含了住在另外兩座原住民小鎮附近的族群，而這兩座小鎮主要住著懷安多特人和德拉威爾人。下桑達斯基

（Lower Sandusky）緊臨他們的土地，雖然該地居民不到三千人，但是俄亥俄州的白人，卻為這個地區設想了宏偉的計畫，他們期望利用運河連接往北流的桑達斯基河與往南流的賽歐托河（Scioto River）。這條運河水道將連接伊利湖（Lake Erie）和俄亥俄河，這樣就有可能達成從北美大平原坐船前往東部的目標：先是沿著密蘇里河（Missouri River）來到密西西比河，再上溯俄亥俄河和賽歐托河，跨越預期建造的運河後，來到桑達斯基河，再穿越五大湖，抵達新建的伊利運河（Erie Canal）。接著，沿著伊利運河來到哈德遜河（Hudson River），內陸的商業活動就能抵達紐約市和大西洋。俄亥俄州的白人認為，這條曲折的水路，會將大陸的心臟地帶開放給東岸和歐洲數以百萬計的消費者，使中西部的政治人物和投機者也跟著心跳加快，更促使了他們把心力投注在原住民的驅離計畫上。即便該運河根本沒有建成，而現在稱作弗里蒙特（Fremont）的下桑達斯基，自然也從來沒有像某位提倡者所想像的那樣，變成「所有進入西方世界的商品的集散地」。[15]然而，這些想像促使了德拉威爾人在一八二九年割讓了土地，此時連《印地安人遷移法案》都還沒通過。塞尼卡人在一八三一年跟進。俄亥俄州的其他原住民社區不情願地加入了這場大出走，包括秀尼人（一八三一年）、渥太華人（一八三一年）和懷安多特人（一八三二和一八三六年），總人數約有三千五百人。

俄亥俄州原住民割讓的土地面積，總計達四百八十二平方英里。跟奴隸州廣袤又有價值的原住民土地相比，俄亥俄州因為驅離原住民而獲得的土地相對小很多，這讓自詡正義的白人居民比較容易反對驅離。即便如此，有些人還是吵著要得到這塊土地。一個跟懷安多特人和秀尼人比鄰而居的美國公民表示，他們是一個「無用、甚至比無用還糟的族群」。該州其他地區的居民並不認同。一群貴格會的請願者說，驅離是「永遠無法滿足的貪慾」。在位於克利夫蘭東邊的吉奧格縣（Geauga County），當地人認為，原住民的驅離「會向世界表露，美國以清楚明白違反正式條約的方式，逼迫原住民失去自己的家，白人獲得的領土，是透過國家昭然刻意的背信棄義所取得」。了不起的是，俄亥俄州每一個選區內有原住民居住的議員，都投票反對《印地安人遷移法案》。[16]

相較之下，在紐約州人口約有兩千三百名塞尼卡人，不願從位於伊利運河起始點附近的家園遷離，也就是現今水牛城的所在位置。一八二五年，為了慶祝運河開通，紐約州州長德威特．克林頓（DeWitt Clinton）乘坐塞尼卡酋長號（Seneca Chief），沿著這條人工河川從水牛城到達紐約，這種使用原住民象徵慶賀美國帝國的傳統，延續至今。在一八三一年，克林頓的儀式性旅程的六年後，塞尼卡人派三名代表到傑克森那裡，提醒總統他受到「《憲法》約束」，總統要保護他們，條約是這片土地的法律，不能單方面解除。[17]

為強化自己的立場，這些塞尼卡代表引述了詹姆斯．肯特（James Kent）的《美國法律評論》（*Commentaries on American Law*），這是相當有名的四大冊專著，是美國各地的法律系學生必讀文獻。在書中以批判的眼光評論羅馬帝國時，肯特說：「他們（羅馬人）總是沒有專注傾聽正義和人道的聲音，因此從他們在穩定征服世界時得到的傲慢勝利事蹟之中，可以清楚看見他們會奸巧地詮釋條約、持續地違反正義，還有他們殘酷的戰爭規則，以及一連串絕妙的成就。」[18]塞尼卡人跟其他原住民族一樣習慣避免正面衝突，因此沒有引用傲慢、不公和殘酷等詞。可是，受過良好教育且個性細心的白宮律師，當然可以讓傑克森自己去看書中完整的斥責文字。

・・・

若不算刺刀和步槍，美國強迫人們西遷最有力的武器就是州法。為原住民立法的莊園主政治家，其實就是在做他們數個世代以來，對非裔美國人做過的事，且他們絲毫不感到抱歉。原住民族與非裔美國人這兩個族群所遵守的法律，都非該族群參與起草（就跟白人女性和孩童一樣），而在喬治亞州和阿拉巴馬州，這兩個族群也都被禁止在控告白人的案件中發誓作證，僅有密西西比州的原住民可以這麼做（阿拉巴馬州的禁令在一八三二年部分解除）。關於不允許原住民作證這件事，政府給出的理由幾乎無法掩飾箇中的自私自利。喬治亞州的參議員福賽斯說，由於原住民不相信永恆懲罰這個概念，因此不能相信他們會說實

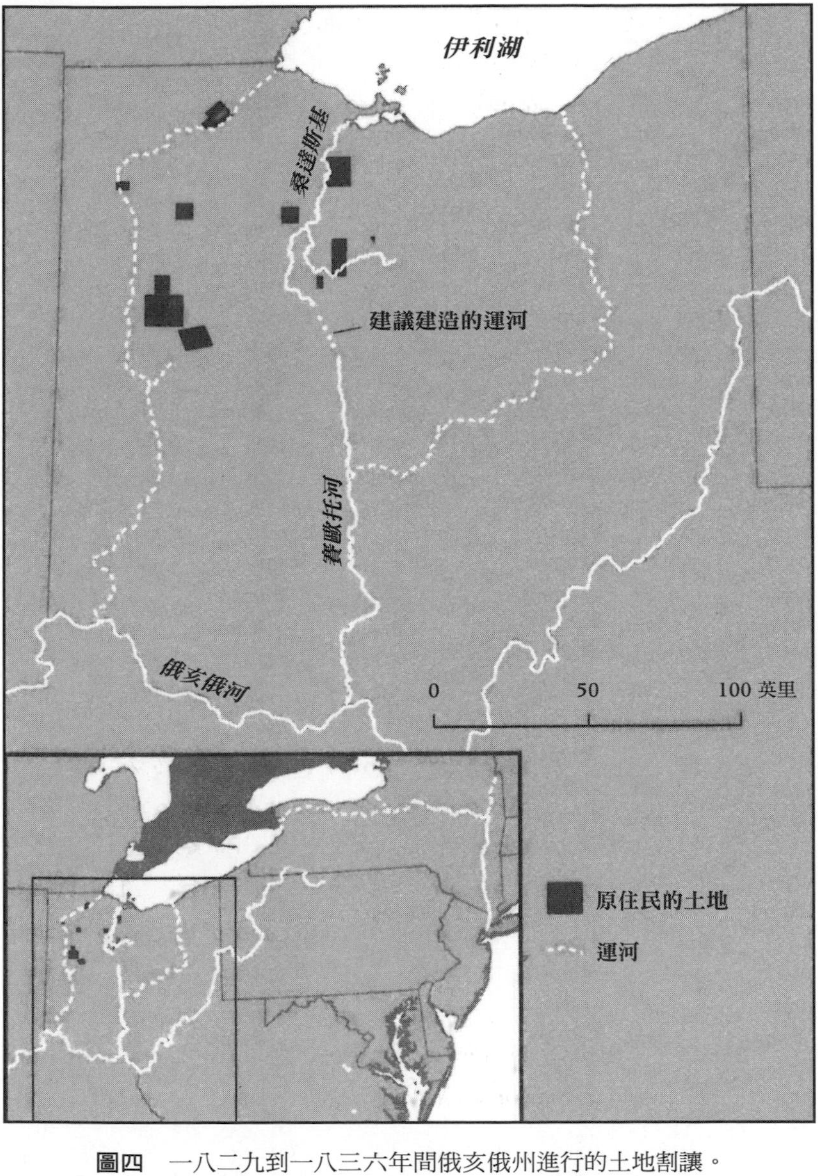


**圖四**　一八二九到一八三六年間俄亥俄州進行的土地割讓。
在一八三六年之後，原住民族在該州不再擁有土地。

話。一位社評家則寫說，他們的證詞會危及「文明自由人最珍視的權利」。喬治亞州的白人面對廢除禁令的建議時，跟他們面對一點點請求減輕奴隸處境的提議時一樣，反應都是憤慨與震驚。根據在該州首府發行的《聯邦聯盟》（*Federal Union*）所說，「印地安人的證詞」會「使野蠻人願意永久住在喬治亞州」、打開「所有官職的大門」、「促使各色人種混合交流」，並且「任由白人的生命財產受到殘酷惱火的野蠻人所擺佈」。[19]這樣的說詞雖可笑，卻十分有效。在一八三一年的州長選舉中，蘭普金便把這種說詞變成核心焦點，最後成功獲選。

在南方的州法下，自由的非裔美國人和原住民是反常、不受歡迎的兩類人。一八二二年密西西比州通過一條法律，規定所有年齡介於十六和五十歲之間的「自由黑人或黑白混血兒」，必須在九十天內離開該州，否則就會被賣掉當五年的奴隸；在一八三二年，阿拉巴馬州也通過了一條類似的法律，禁止所有自由的有色人種在該州定居，違者處以鞭刑，且若未在二十天內離開，將受奴役一年；在喬治亞州，自由的「有色人種」如果進入該州，必須成為勞工，直到他們能繳納一百美元的罰金，而這實際上等於讓大部分的人終身都得勞役。雖然喬治亞州對原住民的懲罰較輕微，但其中蘊含的白人至上主義是一樣的：喬治亞州在一八二八年通過一項法律，要求克里克人必須有准許證才得以跨越州界。那些非法「跨越該州領土」的人，若被抓到將被關進監獄十天。[20]

印地安人不也是「有色人種」？《南方記錄者》在一八二七年認為，「理論上，兩者是沒有差別的。」雖然在法律條文本身和南方白人心裡，這件事有很多不明朗的地方，但大部分的法規都沒有對名詞加以定義。密西西比州的法律雖明確給予「上述所說的印地安人和他們的後代」跟自由的白人一樣的權利，卻沒有定義出何謂「上述所說的印地安人」。他們之中有些人有非洲人的血統，因此要到什麼程度，他們才不再被當成是「印地安人」？一八三五年，喬治亞州通過了一條針對奴隸和自由有色人種的法律，在法律中明確排除了所有「美國印地安人」，但是把舉證責任交給「這樣的有色人種」，也同樣表示了，即使原住民在這條種族法律中獲得免除，他們仍受到其他種族法律約束。除此之外，要證明自己的印地安身分，必須提供能讓白人法官和陪審團滿意的證據，而這不見得是件容易的事。南方政治人物吹毛求疵地，將印地安人區分為「好吃懶做又沒有效率」的「真正的印地安人」，以及如同某南方政治家所說的，「生活方式跟我們自己的公民差不多」的「混血後代」。第二類混血後代又被稱為「貴族混血兒」，他們特性較難描述，因為他們是「雜種……既不是白人，也不是契羅基人」，部分原住民也同意這個判斷。約翰．羅斯在契羅基族的兩個政治對手，如此描述約翰．羅斯：「在膚色和情感方面，（他）幾乎是白人」。在州法中，約翰．羅斯算是「美國印地安人」和有色人種嗎？如果不是，他享有南方白人的權利和特權嗎？就連「真正的印地安人」也很難被人們辨別，尤其是當他們擁有非洲血統時。像是約翰的兄弟路易斯・羅斯，他便把住在契羅基領土上的一個「卡托巴」（Catawba）家族，描述成一群「雜種」的「混雜之人」。之後，他還將「卡托巴」劃掉，改成「黑人」。[21]

因此，當奴隸州入侵印地安領土，將促使使原住民陷入被奴役的處境的判斷是有道理的，契卡索人因此很怕失去自己的「原住民自由」。圖斯基尼雅便抱怨，由於禁止克里克人進入喬治亞州的法令，當他們跨入該州州界要取回被白人偷走的財產時，竟然被「像奴隸一樣綁起來」嚴厲鞭打，還被威脅要是敢回來就會死。克里克酋長歐波斯雷・尤霍羅（Opothle Yoholo）表示：「我們從沒當過奴隸。」他接著說：「我們向來生而自由。」但是阿拉巴馬州的法律，卻讓他們現在「淪為奴隸」。[22]他不完全是在譬喻而已。

即便在當下，各州還沒有系統化地奴役原住民，警長、法官和陪審團卻已將普通的《財產法》和《刑法》變成迫害的工具。警長會沒來由地逮捕原住民，用虛構的債務當理由，來沒收他們的財產；法官審判時所使用的用語，幾乎沒有一個被告能理解；白人所組成的陪審團，經常跟驅離原住民這件事有直接的利害關係，因此會妄加評斷。更別論，大部分人都接受了該地區最久的居民是凶狠野蠻人的說法。北方有一個報社表示，這個約定俗成的偏見，「在道德上是可笑又令人震驚的」。[23]

這個不公義體制的最後一塊拼圖為縣立監獄，也就是約翰・羅斯口中的「巨大迫害的印記」。就連在等候審判期間短暫入獄，也可能遭遇威脅生命的磨難，例如契羅基青年約瑟夫・賓斯蒂克（Joseph Beanstick）的案例：他在一八三〇至一八三一年的嚴峻冬天，在家中被逮捕後收押於喬治亞州喀拉爾縣（Carroll County）監獄，整整四個星期，賓斯蒂克承受著「刺骨的寒冷」，除了一件斗篷和一條老舊的馬鞍毯之外，沒有任何方法可以保暖。他哀求獄卒帶他到火爐邊暖和一下凍僵的四肢，獄卒卻告訴他：「給我十五塊再說。」他最後在人身保護令之下被釋放，但是有一隻腳已經嚴重凍傷到膝蓋的位置，而他在這一串看似毫無原因地被逮捕後，就再沒有遭到控告。[24]

原住民再三地向傑克森和戰爭部長伊頓解釋，州法的目的是要迫害他們，而非伸張正義。尼哈・米柯說：「我們說的話、發的誓都沒有用。」由於原住民無法代表自己作證，美國白人即便對他們施暴或是強劫、殺害他們，也不用受罰，就像他們對待非裔美國人那樣。不僅如此，原住民幾乎完全不能理解法律條文。契卡索酋長伊許特霍托帕（Ishtehotopa）說，密西西比州和阿拉巴馬州的法規「寫在超過一百本書裡」，他的族人不會讀也不能懂。尤霍羅表示：「我們無法得知法律是否有任何一個條文可以保護印地安人免於暴行，或者在印地安人經確認是犯了錯後加以矯正，我們目前為止並不知道。」他又強調：「我們只知道這是用來迫害我們的工具。」伊許特霍托帕也有同樣的感受，他告訴傑克森：「在我們看來，將這些州法延伸到我們身上只是一種不公與迫害。」他最後說：「我們不期待正義，也無法得到正義。」[25]

面對這些申訴，答案永遠都一樣。伊頓坦承，他們的狀況「很不愉快」，但是他無計可施。這位戰爭部長說：「如果一個紅人負了債，根據國家的法律，他就有責任必須償還。」他接著說：「如果有人犯罪，他就必須要在法庭上確認自己是有罪或是清白，正義一定要伸張。」伊頓堅持，正義是不長眼的。「同樣的道理適用於紅人，也適用於白人。」有一名聯邦官員比較坦白，但是一樣令人氣餒。他承認，原住民跟白人並不對等，他們不能在法庭上作證、擬定州法時無法發表意見，也不能投票。他說，簡言之，如果他們繼續留在南方，他們會「淪落到，比那些經過我們土地的流浪漢當中最卑賤的人還要低下。」他們會變成「醉漢和乞丐」，被像「狗」一樣對待。因此，驅離其實是慷慨的舉動，如果不好好把握，他們的滅亡就是他們自己的錯。傑克森安慰自己：「我感覺自己已經對紅人子女盡了責任，假如我的好意出了問題，那是他們沒有對自己負責，不是我。」幾週後，在寫給好友的一封信裡，傑克森用更強烈的語言再次重複這種責難受害者的話：「我已經用盡我所能用上的一切勸說手段，因此我已經把國家的一切汙名洗清。現在，就讓那些可憐受矇騙的克里克人和契羅基人自生自滅吧。」26

由於傑克森政府已準備好接受原住民滅亡的結果，原住民被迫要自我保衛。在七月十五日，在美國通過《印地安人遷移法案》、喬治亞州將法律延伸到契羅基族上的一個半月之後，喬治・塔瑟爾（George Tassel）在距離現今亞特蘭大北北東約五十英里的契羅基小社區，射殺了友人康內留斯．多爾第（Cornelius Dougherty）。有一份紀錄說，他們是為了女人起爭執。這兩個人都是契羅基族的公民。塔瑟爾認罪，在契羅基的法律下幾乎肯定會被處決。但是，霍爾縣（Hall County）的警長卻逮捕他，將他關進根茲維（Gainesville）的監獄，而這個監獄位於喬治亞州北部的城鎮，附近剛好有契羅基族金礦產地。據說，塔瑟爾乞求被送回契羅基族接受審判和槍殺。然而，喬治亞州的官員雖然並不在乎他犯下的罪行，卻很想要行使司法權。北方的一個報社說，塔瑟爾就算殺了半數契羅基人，也會得到州政府的「完全的認可和贊同」。27

塔瑟爾在根茲維的監獄度過了八月、九月和十月。十一月十日，喬治亞州的上訴法官們在首府米利奇維爾碰面，證實了該州對塔瑟爾和契羅基人行使的司法權。同一日，州議會的共和國委員會（Committee on the State of the Republic），要求立即勘查契羅基族的土地，並以摸彩的方式，將土地分給喬治亞州的公民。兩週後的十一月二十二日，法官奧古斯丁．克萊頓（Augustin Clayton）負責主持塔瑟爾的審判，陪審團全由白人組成，而這些白人為礦工和投機者，越來越多這樣的人因為希望靠契羅基金礦迅速致富，而聚集在根茲維。克萊頓是喬治亞州最支持州政府權利的人。身為蓄奴主和雅典居民的他，喜歡在法官席上發表毫無節制的長篇大論，攻擊「愛管閒事」的北方州和「四處遊蕩的野蠻人」。經過一天的審判後，陪審團裁決塔瑟爾有罪，克萊頓法官宣判，他在一八三〇年十二月二十四日處以絞刑。28

這次的審判和判刑，給了契羅基族一個機會，得以挑戰喬治亞州行使司法權的做法。約翰．羅斯一直都說，將州法延伸到他的族群身上，違反了美國和契羅基族的條約、聯邦法律和美國《憲法》。沃特依據此案，上訴到美國最高法院，最高法院發出複審令，同意在一月聽審。然而，州議會並沒有暫緩行刑並等候上訴結果，而是召開緊急會議，決定如期處決塔瑟爾。十二月二十四日早上，「大群」的男女老少將通往根茲維的路擠得滿滿的。手腳都被綁住的塔瑟爾，被放在一輛馬車的棺材上方，送到城鎮南邊的空地吊死。約有二十名契羅基人看完整個過程，隨後取走他的屍首，安葬了他。29

塔瑟爾遭到匆忙處決，終止了最高法院的上訴。然而，三天後，沃特又提出第二起案件「契羅基族對喬治亞州案」（*The Cherokee Nation v. The State of Georgia*）。沃特表示，州法的延伸違反了美國《憲法》第六條，即條約應是國土內的最高法律。在一八三一年三月十八日宣布的分歧裁決中，最高法院決定不受理此案，不是因為這起案件缺乏審理意義，而是因為他們認為契羅基族欠缺當事人適格（standing）。《憲法》賦予最高法院審理美國各州和外國之間的案件，但是首席大法官約翰．馬歇爾（John Marshall）和來自俄亥俄州的大法官約翰．麥克里恩（John McLean），他們卻判定契羅基族不是外國，而是「國內從屬國」。馬歇爾主張，原住民處於「未開化的狀態」，他們之於美國，就像「受監護人之於監護人」。30從那時起，這位首席大法官充滿父權主義的譬喻，便定義了美國與原住民族之間的法律關係。

馬歇爾是一位傑出的法學家，他自一八〇一年開始擔任首席大法官，雖然並不是傑克森的盟友，卻有可能基於策略之故，遵從了總統手下的司法部長的指示，以便做出法庭多數人能接受的決定。之後擔任司法部長的約翰・貝里恩，他和總統共同秉持的「某些原則」，對貝里恩的故鄉喬治亞州特別具有利害關係。貝里恩事後回想：「我覺得我有義務給予任何協助來實現這些原則。」因此，在「契羅基族對喬治亞州案」這起案件中，他曾私下勸說法官們採納他的觀點。[31]

事實上，在馬歇爾寫到「未開化的狀態」的三個月前，貝里恩自己便在他的官方看法中，說到原住民族和美國之間的「監護關係」。雖然馬歇爾沒有講明受監護人與監護人這樣的關係具有什麼含意，但這個譬喻的彈性空間，還是給了他所同情的契羅基人一些希望。這個譬喻對賓州大法官亨利・鮑德溫（Henry Baldwin）和南卡羅來納州的大法官威廉・強森（William Johnson）來說，也有充分的彈性，因此他們選擇投票贊成馬歇爾，但是同時又另外發表了對原住民主權非常不利的意見。他們同意貝里恩所說的，美國有權力「制定保護他們以及維護公共和平之必要法規」。亨利・鮑德溫大法官接著宣稱，美國擁有的權力是「最絕對的」，而強森大法官則表示，原住民族「他們所占領之領土的主權，從來沒有獲得承認」。剩下的兩名大法官，紐約州的史密斯・湯普森（Smith Thompson）和麻州的約瑟夫・斯多利（Joseph Story），他們持反對意見，主張原住民族具有完全的主權（當時只有七位大法官，有一位在這起案件中缺席）。[32]

契羅基酋長約翰．羅斯從家鄉前來解釋法院充滿歧義的裁決。他樂觀地宣布，馬歇爾的意見「肯定有損（喬治亞州）自稱擁有的權利」。他推測，如果是最高法院有司法權可以審理的不同案件，大多數人一定會反對喬治亞州把主權延伸到契羅基族。他呼籲：「因此我們應該繼續團結堅定下去。」[33]法律的挑戰還沒結束。

• • •

傑克森和他的官員努力誘使原住民同意《印地安人遷移法案》，戰爭部長和印地安事務局局長則埋首鑽研大部分沒什麼細節的地圖，要確定剛失土的人們應該何去何從。他們的辦公室分別位於戰爭部二樓的兩端，戰爭部是一棟兩層樓高的磚造建築，座落於白宮西邊兩百公尺外。印地安事務局占了該建築三十二個房間的其中之一，裡面的人員包括局長、總書記、記錄員、記帳員和信差。此外，辦公室還展示了一百三十幅令人印象深刻的原住民畫像，以及麥肯尼個人收藏的「印地安服裝、飾品、化石和礦物」。一名遊客寫到，這些畫作和物品「全都很適合這樣的一個地方，等到這個國家原始的主人與他們山林的塵土合而為一許久之後，好奇之人會開心地加以修復，研究這座大陸的原住民長相，細細思索這些已逝的場景。」[34]印地安事務局將成為紀念碑，紀念被它逼上絕路的民族。

這名遊客參觀完戰爭部後，「對於他們處理這個偉大族群相關事務的系統和秩序，以及戰爭部優良的點子十分讚賞」。辦公室整齊劃一的配置方式，或許創造了一種規律感，但是幕後的人員其實正手忙腳亂，以執行他們自信滿滿地推銷給國會的驅離政策。原住民將被送到密西西比河以西的某處，可是究竟是何處？麥考伊建議，「中間緯度」將「最不會引起印地安人和南北各州的反對」。一個議員甚至提議，將住在北方州和南方州的原住民，各自驅離到三十六度三十分以北和以南的區域，因為這條緯線是《密蘇里協議》（*Missouri Compromise*）區分西部奴隸州與自由州的界線。他認為，假如讓他們從北邊遷移到南邊，或從南邊遷移到北邊，其中一邊未來的「權力與財富」會增加，另一邊則必須付出代價，進而造成無法避免的衝突。多年後，南卡羅來納州的分離主義者（secessionist）羅伯特・瑞特（Robert Rhett），埋怨「北方政策的倫理」不接受這項提議。他說，《密蘇里協議》為了擴張奴隸制而挪出來的土地，全都被「用作印地安聚落」，他控訴道：「因此，這預期會從南方多奪走兩三個奴隸州。」[35]

印地安事務局經費不多這一點，讓候選地點的議題變得更加複雜。就任不到一週，伊頓部長便下令要該局將支出盡可能降到最低。他寫道：「支出應節儉，勿酒、勿菸、勿奢侈。」伊頓抱怨：「印地安人的事情，給政府帶來很多不必要的花費。」同一時間，戰爭部仍繼續調查密西西比河以西的廣大地區，確定土壤和木材的品質、匯報河流能否航行等。但，就連最勤奮的勘查員，也無法詳細地調查六萬平方英里的土地，大型探險隊又太花錢，可以的話最好完全避免。既然驅離計畫要省錢，戰爭部只好求助可信賴的盟友，指派麥考伊前往該地區，把他的見聞加入既有的報告中。[36]

不管是樂觀過頭或是過度慘淡，這些勘查報告都有一個共通點，那就是資訊不準確。最後，在戰爭部建築裡工作的人員，逐漸達成了共識，要將大部分失土的原住民遷到阿肯色河與加拿大河（Canadian River）沿岸，因為這兩條河往東南東方向流入密西西比河，將現今的奧克拉荷馬州（Oklahoma）分成三區。其他原住民則會分配到北邊的土地，位於後來的堪薩斯州。一名訪查加拿大河周遭土地的軍官報告：「我沒有看見任何我覺得可形成優良聚落的地點。」該地區缺乏水源和珍貴的礦物。他最後說：「事實上，這整個地區就是一片貧瘠的荒野，沒有適合耕作的土地，沒有獵物，沒有木材。」相較之下，麥考伊發現位於現今堪薩斯州東部的地區「極為肥沃，任何一處幾乎皆無例外。」一直到他所能到達的最西點，土壤「幾乎始終都是富饒的」、溪流品質一等、鹽礦豐富，且有寶貴的礦物沉積。雖然他的評價如此正向美好，該地區無疑是受到了乾旱襲擊，野火燒毀許多青草。麥考伊的馬匹開始餓肚子，甚至有一隻馬沒有活下來，這結果顯示這位傳教士有點過分樂觀了。[37]

戰爭部的手稿地圖，隨著一八三〇年代的推展，在細節和準確度方面呈現穩定進步，但還是相當不完整。一名官員坦承，「整體正確的調查」要很多年才能完成，在那之前，聯邦政府仰賴的是，從商人和旅人的報告中「杜撰」出來的地圖。戰爭部長約翰・伊頓表示：「每一個部落應該要知道其領土的精確界線。」他也明確地說，界線應在勘查後「清楚標示出來」，但是將不準確的地圖對上實際的地貌一事，所帶來的困難使這個過程充滿阻礙。伊頓和之後接棒的卡斯再三重覆：「我們沒有令人滿意的資訊。」對於該地區的知識「不完善」、「模糊且令人不滿意」。[38]

困惑是當時的常態。一八三〇年，伊頓和寇菲誘使契卡索人同意驅離時，帶了一整本條約在身上，但是因為疏失，裡面並未收錄一份一八二八年簽訂的契羅基條約。該條約在《印地安人遷移法案》之前就已出現，將現今奧克拉荷馬州的土地留給早期的契羅基移民。因此，伊頓和寇菲竟然不小心把已經給了契羅基人的土地送給契卡索人。伊頓現在提出兩個不完美的解決方案：將契羅基人再往北移到奧沙吉人的土地，並將奧沙吉人移到某個仍然不明的地點，或者將契卡索人再往南移到喬克托人的土地，雖然兩方都不能接受這件事。[39]這搞笑的錯誤是政府自己造成的。

讓問題變得更嚴重的是，美國和契羅基人在一八二八年簽訂的條約。條約內雖然提到了位於尼歐秀（Neosho）的「大河」，華盛頓市卻沒有半個人能點出這條河的所在。當時，沒什麼人注意到或在意這件事，但是到了一八三〇年戰爭部開始繪製地圖，要明確畫出界線以便分隔之後要遷移到西部的不同族群時，問題就緊迫起來了。氣惱的伊頓在戰爭部翻找地圖檔案，但卻一無所獲，接著又指示麥考伊把這條不見的河流給找出來。麥考伊在勘查後，只有發現一條較有可能的溪流，可是他說沒有人會用那條小溪標示界線。簡單來說，大河並不存在，只存在於收納在戰爭部印地安事務局裡的條約之中。一名官員坦承，聯邦政府「因為缺乏正確資訊而丟了大臉」。[40]

假如說，契羅基人可以往北移到奧沙吉人的土地，而契卡索人可以往南移到喬克托人的土地，那麼克里克人要住在哪裡？麥考伊說，可以把阿肯色河和加拿大河之間的領土送給克里克人，大約就是他們答應要給契羅基人的同一塊土地。早期的移民，像是威廉・麥金托什那些在一八二五年被趕出克里克族的盟友，抱怨他們的土地已經很少了，肯定是不夠分給契羅基人任何一塊地。要是又有數千個克里克家庭從東邊過來，那會導致他們「最終的毀滅和滅亡」。有一份一八三一年時戰爭部繪製的地圖，嘗試解決這個問題，把克里克人擠到阿肯色河以北，但是一年後，另一份類似的地圖卻完全省略了他們。[41]

拙劣的地圖帶來的問題不只這樣。一名官員便說：「就我所知，政府將廣大又極為寶貴的領土割讓給喬克托人，卻將不恰當的土地份量提供給誇帕人（Quapaw）時，並不是根據足夠的資訊在行動的。」依他的看法，喬克托人顯然分到太多土地，誇帕人則分到的太少。至於溫尼巴哥人（Winnebago），他們的領土有一路延伸到密西西比河嗎？印地安事務局的專員寫道：「檢視過地圖後，本部門無法確定。」麥考伊曾為戰爭部繪製一份地圖，卻沒有標示比例尺或經線，因此要測量距離或面積是不可能的。他畫的另一份地圖則被說是「不正確」的，附加的書面報告更是如此。不過，麥考伊做出的種種錯誤，仍比不上契羅基族的專員喬治・瓦申（George Vashon）來得嚴重：此人完成的地圖緯度一度等於六十英里，但是正確的距離應該約為六十九英里。這樣重大的錯誤讓整個地球縮減了百分之十三左右，研議要分給印地安人的領土也因此跟著縮水。[42]

一八三二年，在伊頓之後就任戰爭部長的卡斯坦言：「在我們對該地區有深入了解之前，遷移一事就展開了。」他接著說：「授予的土地有些界線混亂又互相衝突；割讓的範圍不明；土地的大小現在是隨政府配置，純粹是靠猜測的；而大部分尚未出發的部落應前往何處落腳，也懸而未決。」寫下這些丟臉的文字後，他以命令式的口吻寫道：「政府一定要掌握必要的資訊。」[43]可是，光憑一顆想要執行計畫的心和強大的意志力，沒辦法克服現實的窘境。漸漸地，存放在戰爭部的那些幾近空白、時常錯誤百出的地圖，慢慢地被線條明確的整齊多邊形給填滿，每一塊都使用不同的顏色標註，代表失土者的目的地。然而，要和現實達到準確一致仍是充滿挑戰。

即使「偉大的父親」一再保證，但大部分原住民對於從來沒有親眼見過的西部土地，依舊心存懷疑。一名官員便說，要說服他們那裡有多富饒，會需要「恆心與耐性」，因為他們就像「被寵壞的孩子」。原住民族的知識份子大衛．布朗說，西部對契羅基人來說就跟格陵蘭（Greenland）或非洲一樣陌生，雖然他說得誇張，卻真實地傳達出了，他們對於要搬到不熟悉的土地所感到的躊躇和恐懼。有一小群帕塔瓦米人和渥太華人，跟著麥考伊一起造訪西部時，說他們離五大湖區的家園如此遙遠，感覺好像到了世界邊緣。對西部顯然充滿懷疑的尤霍羅說，就算政府答應要給他們的土地真的有那麼寶貴，克里克人也願意放棄這份禮物。可是，他不禁想問，要是他們目前的土地比較有價值，「我們這些正當的持有人，為什麼不能好好享有呢？」44

戰爭部長堅稱，聯邦政府即便對西部有著「極為崇高」的評價，甚至說那裡是「很棒的國度」，這樣仍是不夠的。在造訪過該地區後，一群帕塔瓦米人、渥太華人和齊佩瓦人（Chippewa）告訴傑克森，他們覺得自己「被騙了」、「很失望」、「不滿意」。他們說，那片土地大部分都是草原，沒有足夠的木材可以蓋棚屋，土地「貧瘠到連蛇也無法生存」。同樣地，有兩個塞米諾爾人經過加拿大河與阿肯色河之間的地區後，說：「這是個不好的地方，有貝殼會刺破鹿皮軟鞋。」喬克托酋長彼得．皮奇林曾加入麥考伊的考察隊，也發現這個地區很大一部分都「沒有什麼優點」，到處是「岩塊和碎石」。可是，他嘲諷地說，麥考伊還是一味堅持這是「很棒的國度」。一支休倫人（Huron）組成的探險隊，他們對密蘇里州以西的土地做出了審慎的評價，但也強調木材稀少，對他們這樣的農夫來說非常不利。鄰近的密蘇里州白人鄰居更糟，是他們見過「最恣意、放蕩、邪惡的一類人」。他們說：「密蘇里州是個蓄奴的州，而蓄奴主很少對印地安人友善。」他們還在後面加了一個十分適切的括號：「（看看喬治亞州）」。45

東部的原住民，不只對密蘇里州的白人至上主義者感到戒備，他們也很怕奧沙吉人、基奧瓦人（Kiowa）、誇帕人、威契托人（Wichita）和科曼契人（Comanche）。東部原住民認為，大平原地區一下子來了數萬人，可能會引發衝突。兩個到該地參訪的塞米諾爾人便說，西部的原住民是「很壞的印地安人」，會「摧毀」他們；契卡索酋長列維・柯爾伯特（Levi Colbert）表示，他們「崇尚武力」；喬克托酋長彼得・皮奇林則說，他們「極度狂野」。順帶一提，彼得・皮奇林曾在一艘行駛在俄亥俄河上的汽輪上，巧遇查爾斯・狄更斯（Charles Dickens），這位英國作家對彼得・皮奇林的博學、尊貴的舉止及「傑出」的俊美，感到驚訝又印象深刻。這位受過教育、學識廣博的喬克托酋長，忍不住對西部那些「分離許久的兄弟」感到有些鄙夷。同樣地，到華盛頓市跟西部原住民代表團見面的約翰・羅斯，也對西部原住民代表團大部分都裸露出來的彩繪身軀和保有「原始的狀態」感到訝異。46

先前就遷移到西部的原住民，所描述的狀況無法讓人放心。尼哈・米柯從克里克同胞那裡得知，西部的土地確實很肥沃，但是那個地方容易致病。他說：「我們得到的各種消息顯示，那裡宛如一座墳場。」這些早期移民提到了多年的「哀傷」，大呼「我們的負荷太過沉重，難以承受！」在現今區隔了德州（Texas）和奧克拉荷馬州的紅河（Red River）沿岸，在一八二七年有六十名誇帕人餓死，而在當時誇帕人的人數總計才四百五十五名。一名聯邦官員描寫了那恐怖的場景：「年輕女子陷入死亡的痛苦，一個孩子還在猛拉其乳房，另一邊則躺著一個已死去的小孩。」許多倖存者到契羅基移民那裡避難，雙方一起艱辛度日。幾年後，波尼人（Pawnee）遭受「怪物般」的流行病襲擊，死亡的速度快到生者乾脆放棄埋葬死者。屍體順著普拉特河（Platte River）而下，接著沖上沙洲，在波尼人村莊四周的草叢裡腐爛，有些甚至被狗和狼拖走吃掉。47

在負責為一八三〇年和契卡索所簽定條約選擇適當驅離地點的數支探險隊之中，有一隊契卡索人返回後向傑克森總統報告，他們只有找到足夠讓喬克托人居住的土地。伊許特霍托帕寫道：「有些族人不滿意，希望留在老家，並認為他們受到不公義的對待。」富有事業心且影響力很大的契卡索酋長列維．柯爾伯特，他溫和地告訴總統，他的族人和聯邦政府之間的歧見，或許「只是對快樂的定義真的有不一樣的看法。」雖然許多契卡索家庭，認為自己在密西西比州「白人兄弟的懷抱中」會過得比較好，傑克森卻表示他們在西部會更有所成。但是列維．柯爾伯特指出，在「荒野遙遠的西部地區」，他們會離商業夥伴很遠。他問，密西西比州的法律難道不會比「西部的一切邪惡」來得好嗎？列維．柯爾伯特沒有受過正規教育，但是除了契卡索母語之外，他還會說一點法文和「過得去」的英文。為了維持住在密西西比州的這個可能性，他將自己的孩子送到軋棉港（Cotton Gin Port）念書，那是位於該州東北角的落後小鎮，為契卡索族和美國之間象徵性的門戶，也是實際上的門戶。[48]

由於一八三〇年和契卡索人簽訂的條約中，有一個條件是，契卡索人要能在西部找到適合的居住地，因此一八三二年寇菲談成的第二個驅離條約，便沒有放入這個條件，這就是《龐托托克河條約》（*The Treaty of Pontotoc Creek*）。這個行為，促使列維・柯爾伯特寫了一封長達十四頁的抗議信給傑克森，這封信共有六十一位契卡索人連署，因為他們全不識字，便在自己的名字旁邊畫了一個「×」記號。該請願書拒絕寇菲的賄賂。列維・柯爾伯特表示：「寇菲將軍想要買我的誠信，必須拿出堆得跟我的頭一樣高的錢，但就算是那樣，我也還是會守著誠信。」信中控訴寇菲在協議時「持續不斷欺凌恫嚇」，列維・柯爾伯特在信中特別點出特定的條約條款，並宣稱他們拒絕接受。[49]

但，這份請願書最不同凡響的地方，在於列維・柯爾伯特從自己的觀點描繪美國。這位契卡索酋長看得十分清楚。他說：「你知道，我沒有因為白人的攻勢就丟了感官，眼睛閉著生活。我看見了白人的攻勢，那是要奪走我的領土。我已經為我和我的族人做好了心理準備。」他問：「使美國跟其他帝國顯得不同的自由平等精神」，難道只是「替他們自己的權利做出的防衛和辯護，只是彰顯他們自己不願意受到迫害？」或者，是「對他人權利的崇高敬意，不願意讓無論地位高低的任何人受到欺侮？」答案就要看美國政策是如何對待這座大陸原始的居民。[50]

• • •

拿到了喬克托人的條約後，美國開始準備驅逐約一萬五千到兩萬名原住民，而他們的家園就位於密西西比州。提倡驅離的人，漫不在乎或者天真地向大眾保證，整個過程會很有效率，但是伊頓部長在法案通過後曾私下坦承，他還沒擬訂好計畫。幾個月後，他輕描淡寫地說，要監督驅離行動不用「多大的勞力或心力」。他說，那原則上就是個記帳的工作，需要「謹慎留意地」撥款和支出。話中的狂妄自大十分明顯。一個駐紮在西部的軍官說：「執行部門有一群人，他們希望別人以為自己掌握了所有的資訊和效率，他們把自己想得太厲害了。」[51]

在一八三〇年十二月，傑克森總統做出了一個初期的策略性決定，選擇把驅逐計畫的後勤工作，交給軍方的軍餉總代理（Commissary General of Subsistence）。總統希望由他親近的人負責這件事，而自一八一八年以來，這個戰爭部底下的職務就是由他的朋友喬治·吉布森（George Gibson）擔任。負責替軍隊供應糧餉的總代理，說穿了就是個職稱很好聽的會計。〈軍餉部規範〉（Regulations of the Subsistence Department）敘述了這個職位的職責：「他要為自己的部門估算所有支出、將資金挪給各助理、接收他們的申報和帳單、進行清算與結帳。」吉布森是出了名地廉潔和細心，因此把這個工作做得很好。一個認識的人便說，他的糧餉系統「總是秩序井然，運作上跟總代理的個人習慣一樣規律。」[52]

然而，驅逐一萬五千到兩萬名喬克托人一事，卻超出了吉布森的專長。在傑克森任命他監督這項計畫之前，吉布森跟現場官員之間的通信（內容向來十分嚴謹、遵照格式），幾乎清一色都是要轉交到華盛頓市的季度帳目，其餘的則是跟如何為駐紮在偏遠地區的美國部隊獲取新鮮牛肉等事情有關。他從來沒有在一年內為一萬兩千名以上的士兵供應糧餉，從來沒有照料過老人、病患和小孩，從來沒與懷有敵意又不配合的人民交涉過，也從來沒有替以無法預測的速度穿越陌生地域的家庭，提供過任何必需品。[53]無論多麼注重細節、遵守規範，你都不可能強迫孕婦晚點生產、命令小孩走快一點、要求病人恢復得快一點，甚至是下令死人把自己埋起來。

麻州議員艾瑞特在考察這項龐大的計畫時，不禁說道：「有誰聽過這種事？有誰看過這種計畫？要把一萬到一萬五千個家庭連根拔起，讓他們移動幾百——不，幾千英里到荒野地區！……這是拿人命和人類的快樂，做新穎但危險的實驗。」喬克托人將成為第一批不情願的實驗品。戰爭部長向一名喬克托酋長保證：「我們正在籌備一切。」他聲稱：「馬車會準備就緒，大量的供應站將配置在各個地點，一收到通知就做好準備，讓你的族人準備啟程。」總代理的助理表示，謹慎的規劃會確保行動「充滿效率和活力地」展開。但是，他們的自信沒有根據，有將近一百位的喬克托族婦孺已經在印地安領地挨餓，他們屬於第一批即將失去土地、受到驅逐的原住民。[54]實驗開始了。

# PART 3

# 籌備最好的計畫

chapter

# 5 行動計畫

在前往阿肯色河的路上
願上帝詛咒白人的法律
噢！來吧，和我一起走
噢！來吧，和我一起走

我們在孟斐斯喝了點酒
又再次詛咒老山姆大叔
木已成舟，我們也完了
木已成舟，我們也完了

——一八三一至一八三二年間，一名喬克托人還移到西部時所寫[1]

吉布森寄宿在傑克森總統的私人醫生亨利・亨特（Henry Huntt）的宅邸。從那裡，只要走一小段路、穿越白宮的南面草坪，就能抵達位於第十七街和G街交叉口、戰爭部對面的一棟磚造公寓建築，總代理辦公室就在公寓建築的二樓，占據了五個房間。對吉布森的五名員工而言，通勤的路程可能就長了點，因為他們必須跨越溝渠、通過滿是雜草岩石的路段、穿越空地，最後再爬上樓梯報到上班。這座首都擁有一個宏偉但尚未實現的藍圖，剛好反映了這個擴張中的國家的野心，不過有些訪客並不覺得它有什麼驚人之處。一個英國遊客嘲弄地說：「那七條理論上的大道，雖然可以描繪得出來，但是除了賓夕法尼亞大道之外，其餘都空蕩蕩又荒涼。」只有「幾棟寒酸的房子」、海軍造船廠的小屋，以及三、四幢「別墅」，讓「這個應該要很繁忙壯觀的空間」，看起來稍微像樣些」。[2]

然而，這座城市肯定在原住民心裡留下了不一樣的印象。在共和國草創的頭五十年，共有一百七十四個原住民代表團來到這座城市，他們分別來自至少五十五個原住民部落，用騎馬、搭車、搭船或少數搭火車的方式跋涉數百英里，目的是跟美國總統和國會見面。光是在一八三一年二月這一個月，美國首都就招待了契羅基人、克里克人、誇帕人、易洛魁人（Iroquoi）、溫尼巴哥人（Winnebago）、美濃米尼人（Menominee）和斯托克布里奇人

（Stockbridge）的代表團。吉布森的員工，可能曾在這座城市到處都有的「公共桌」（public tables）看過他們，或是在美濃米尼酋長非常喜歡、位於亞歷山卓市（Alexandria）的知名酒館，「蓋茲比非常棒的接待室」（very fine parlour at Gadsby's），看見他們飲酒。[3] 這些來自大陸東半部、會說數種語言的原住民代表，他們不可能沒注意到自己的家鄉和美國首都之間的差異。原住民村落是由幾十棟小木屋或甚至更難以永久存在的建築所組成，後者會因地區不同而使用不同的建材，諸如植物的枝條、泥巴、樹皮、獸皮和草蓆等所建成。這些村莊沒有雄偉的大道，沒有磚造建築，更沒有官僚。總代理的辦公室把這兩個互相交纏卻又本質完全不同的世界，連結了起來。

總代理辦公室的官員和職員幻想著一個「很有系統的行動計畫」，簡單、有效率，並能提供「完全的究責」。一名官員得意地說，白人「讓自然萬物臣服」（這句可笑的話是說給克里克酋長尤霍羅聽的。這個官員甚至預言「白人的興榮也是有限度的」，當「自然萬物」消失殆盡時，他們會跟著滅絕）。即使這些職員的衣領和袖口都泛黃了，每天通勤穿越華盛頓的空地時甚至會經過腐敗的骸骨，但這沒有打破他們自以為完美掌控一切的幻覺。吉布森坦承，沒錯，驅逐計畫「有著多面向的複雜特性」，但這就只是意味著總代理需要讓辦公室裡的員工「非常細心」，擁有他所高度重視的勤勉精神。[4]

他們每天做著枯燥的工作，抄寫員就只負責抄寫信件，因為這在影印技術問世以前的時代是個全職工作（在對街的印地安事務局，抄寫員的進度落後了兩到五個月）；總書記負責把文件對摺、在上面簽字，需要時取出檔案，並協助準備報告和估價單；記帳員負責記錄所有的帳款，工作「從不間斷」。之後，隨著行動擴張到原住民族的土地上，無論是在華盛頓的辦公室或偏遠的據點，職員都要負責打頭陣。在契卡索族的領土，他們必須一天工作六個小時，「用最好最快的方式」賣掉被驅逐者的土地。因此，員工永遠都不夠，在密西西比州負責監督的官員，希望再多兩名職員和一名好的製圖師。他說：「我的辦公室不要有草包。」另一個官員坦言，沒有「能幹勤勞」的員工，「我們沒辦法做事」。在一八三〇年代晚期，在契羅基族的領土工作的一位聯邦專員表示，他手下的兩名員工難以完成「大量書冊、登記表等」的抄寫工作。他說，他們兩個都是「專業的抄錄員」，但是他們面對的「工作量十分龐大」。即使多了兩名職員也無法克服這麼大的挑戰：把四本付款登記簿（每一本五百頁）、審判和妨礙紀錄簿、估價本及收據抄寫完畢，這些東西全都讓工作「變得極為龐大」。當沒有更多職員出現，文書卻越堆越高時，有些官員威脅說要辭職，有些甚至仰賴妻子幫忙抄寫。5

吉布森的書記大軍使用的工具很普通，但都有特定的用途：墨水台、鋼筆、筆擦、墨漬紙、紙鎮、筆架和筆筒、削鉛筆機、尺規、抄寫毛筆、封蠟、小刀、磨刀石、鉛筆、橡皮擦、吸墨紙、皮革帳簿、書信簿、散紙。他們使用這些工具產出數以百計的簿冊，包括〈致軍餉總代理之每週書信匯報〉（Weekly Reports of Letters Addressed and Referred to the Commissary General of Subsistence）、〈權利清冊（喬克托人）〉（Docket of Claims (Choctaws)）、〈關於合約的各種雜項紀錄（克里克人）〉（Miscellaneous Records Concerning Contracts (Creeks)）、〈律師對契羅基族權利要求之決議〉（Decisions on Claims of Attorneys Against the Cherokee Nation）、〈經批准之估價和妨礙以及結存到期等摘要總覽〉（General Abstract of Valuations and Spoliations Allowed and of Balances Due）、〈印地安人債務帳本〉（Ledger Recording Debts of Indians）等，有的彼此相互參照，有的一式三份，第一份依名稱、第二份依日期、第三份依編號排序。一名職員在總代理寄過來的四冊書信的最末頁，開心地寫道：「完！！！」驚嘆號的背後充滿喜悅，但也暗示了某處永遠都有另一疊書信必須抄寫。[6]

這永遠做不完的活，證明了共和國在行政方面的野心有多大。若測量一下在執行驅逐活動的一八三〇年代，由財政部第二稽核室所完成的〈已結算之印地安帳目與權狀〉（Settled Indian Accounts and Claims），或許就能理解當時的行政工作規模有多大。假如從自由女神像的底座開始堆起，這些文件會超過火炬的高度。從一七九四年到一八九四年這一百年間，所有的帳目和權狀堆起來的高度，幾乎是帝國大廈的兩倍。[7] 文書作業確實極為龐大。

而且不可諱言，這些文書工作也很重要，要說吉布森和他的員工所做的決定關乎生死並不為過。吉布森的助理胡克（J.H. Hook），他寫給一位負責監督喬克托人驅逐過程的官員時說道：「醫療需求不可或缺時，你可以盡力去做。」然而，總代理經常告誡不可以有不必要的開銷，這使得官員不敢分配資金到醫護領域。吉布森指示，只有在「真的必要，或擔心疾病會造成生命危險的時候」，才可以購買醫藥。官員被禁止添購完善的醫藥箱或雇用醫生，只有個別的生病案例或可能的傳染病風險例外。總代理警告，若要請醫生，「一定要有最令人滿意的證據證明有其必要」。斯普拉格（J.T. Sprague）拿了一張收據，要替他認為有必要購買，以避免原住民「生病時在路途中去世」的醫藥請款，總價三十五美元，但是收據卻仍被退回，上面寫的理由是：「支出似乎不合規則，且權威性和正當性不明。」稽核員留下了自己姓名的首字母和職稱：「J・W，書記」。8

• • •

我們無法得知吉布森做事的動機，是源自士兵般的責任感，還是自己的過往。原住民曾在他過去的生命中扮演了關鍵角色，雖然那只是一起單一事件，卻對他造成深遠的影響。一七九一年，吉布森十六歲時，他的父親跟亞瑟・聖克萊（Arthur St. Clair）的軍隊一起進入俄亥俄州的鄉村地區，要討伐當地的原住民。吉布森的父親從此沒有回家，在俄亥俄州西部，那場西北聯盟（Northwest Confederacy）大獲全勝的戰役中，他的父親成為陣亡的六百三十名士兵之一。年輕的吉布森在幾年後離開了家鄉和窮困的母親，到巴爾的摩（Baltimore）的一間商行工作，他跨洋到西印度和東印度群島旅行過幾次，接著在到軍中服役，參與了一八一二年的戰爭。戰後，他被委任為軍需委員署（commission of quartermaster）署長，在一八一七年，當傑克森突襲田納西州的塞米諾爾人時，吉布森負責供應軍需。這兩名軍官變成畢生的朋友。在一八一八年，吉布森被任命為第一任軍餉總代理，這個新職位，是為了更有效率地供應軍隊軍餉而創立。在驅離原住民期間，他曾坦承，有時候為求公義必須打破規定，寫道：「人道有權發聲時，太過理性是不可行的。」但，他並沒有實踐這句格言。幾乎在每一個例子裡，他都遵守他的兩大理念：循規蹈矩和節儉。9

無論是瑣碎或重要的規定，吉布森都屹立不搖地遵從著，這反映了十九世紀的軍事文化。他吩咐在外驅逐、趕離、帶領原住民家庭往西跨越數百英里的官員，要統一將文件摺成「一張信紙的一半大小，對摺三遍」。他們要詳實記錄「數量、死亡、出生等」，戰爭部才能知道跟驅逐有關的「每一件事」。在他眼裡，「官兵名冊」（muster roll，吉布森用來指涉驅逐名單的軍事用語）是「維繫整個系統的點」。官員應「完全正確地」把這些名冊寫好，每一個人都要標出編號和分類。同樣地，他們應該標出每一支被驅逐者「小隊」的編號，每一輛馬車也是。他們應該準備第二份登記本，記下所有的暫時雇員，並註明他們任期開始和結束的時間。官員不可發放飼料給印地安人的馬匹（吉布森的助理解釋道：「因為規定沒有這樣寫。」），也不可以買糖、茶或咖啡給被驅逐者，或是使用馬車或馬匹運輸他們，除非是太過年幼或病得太重而無法行走的人，才可用馬運輸。沒有遵從吉布森指示的屬下都會倒大楣，像是在阿肯色領地的史密斯堡（Fort Smith）任職的J．B．克拉克（J.B. Clark）。他坦承：「我陷入非常不愉快的處境。」[10]

對吉布森而言，他的兩大理念能夠互相配合，是一件蠻幸運的事情。在驅逐原住民時，每一筆支出都必須嚴謹地寫下收據，送到華盛頓市，由總代理仔細研讀過後，將有瑕疵的帳目退給專員，並將可接受的帳目呈交給財政部的第二稽核員。接著，第二稽核員會再次檢視這些帳目，退一些回去，再把其他的送到第二審計員那裡進行最終的批准。一位軍官表示，美國已經改善了歐洲軍隊常見的「嚴峻的財務」，並成立嚴格的究責體系。他吹牛地說：「其他地方大概是找不到像我們的小軍隊一樣，更完美的究責體系了。」他聲稱：「這需要多年的時間理解」，並需要「軍法來加以執行」。[11]

隨後，吉布森逐漸明白，那些聘用來驅離原住民的人當中，有很多不是軍人，因此他稍微把標準放寬了，但他仍舊持續在雞蛋裡挑骨頭，就連小數點後面的一點點錯誤也要計較。舉例來說，J．P．泰勒（J.P. Taylor）的馬具收據應該是六十六點二五美元，不是六十五美元，雖然這個小錯誤可以讓政府省錢，但他還是不能接受；萊恩（S.V.R. Ryan）買玉米的款項應該是七點一八七五美元，不是八點六三美元；喬治．蓋恩斯（George Gaines）應該呈交十五天的每日津貼，而非十六天，這個錯誤很常見，吉布森認為原因出在文字寫得不清楚。吉布森解釋道：「『在內』這個詞用在時間上，有時是用來表示開始和結束的日期，有時只表示其中一個日期。」他主張：「這個詞應該要有統一的定義。」基於同樣的原因，他也反對使用「從」和「到」這兩個字。他說：「這兩個字有時兩個日期都不包括，有時兩個日期都有包括在內。」因此他認為：「『於……開始』、『於……結束』這樣的用法比較好。」很少有階位比他小的官員會得到他的嘉許，像雅各．布朗（Jacob Brown）即是特例，因為他跟吉布森一樣非常注意不要「浪費和奢侈」。吉布森寫道：「我必須很高興地說，看了你的帳目之後我非常滿意。」接著他又繼續說道：「我認為，你的請款嚴格遵守了規定和指示，符合對公共利益的適當尊重。」[12]

在這裡，公共利益指的是省錢，即使這暗示了，那些被驅離自己家園的人得因此付出的代價。吉布森擔心，有些被驅逐者得到的配給，比規定的每日配給還多。為了防止這樣「強加」的狀況，他吩咐官員記錄時要一絲不苟。他寫道：「留心、警惕再多，也不過分。」「嚴格節儉和謹慎的做法」會為「美國省下許多」。他建議一位官員檢視每一筆支出，「在不造成損害的情況下，應該砍掉或減少」。他說：「這樣做的目的是，要讓你記住嚴格節儉的必要性。」其他官員也有收到類似的指令。「我要提醒你在你的局裡做事時，必須極度地小心節儉。」「我督促你運用『最嚴厲的節約方法』。」「無時無刻都不應該不必要地花費公眾的錢。」「你或別人無論何時需要支出，都應該在可實行的範圍內算得極為精準。」最後這句話，顯然無法滿足吉布森毫無止盡的省錢慾，所以他在信末又加了一句更強烈的聲明：「我要請你留意一件極為重要的事，我指的是節儉。」[13]

吉布森擁有在遠方宣揚節省開銷的優勢，但他的屬下就沒這麼幸運了，他們必須年復一年面對失土絕望的家庭。在一八三二年，負責遷移一群喬克托人的威廉·阿姆斯壯（William Armstrong）表示，他用上了「每一分力氣，以最節儉的方式進行遷移。」但，在其中一位被驅逐者因為斷腿而必須被丟在路上的那天，他的無力感終於爆發了。他抱怨，他們沒有醫藥，也沒有醫生。他表示：「兩千名印地安人至少要配一名醫生。」三年後，約翰·佩奇（John Page）也向吉布森保證，他在驅離五百多名克里克人時，會「盡可能地減少支出」，但他發現他得花費比預期還多的費用，才能讓嬰兒和老人在嚴寒的冬天不至於凍死。在總代理辦公室，有人把這趟驅逐活動的「龐大」支出圈了起來：「平均一人花費六十美元」。吉布森表示不認同，讓佩奇很氣憤。他寫道：「我這輩子從來沒有看過或經歷過，任何跟這趟旅途一樣的事情，也希望我不用再做同樣的事。」他接著說：「很多人都說，他們每天因流行性感冒而死，在這樣嚴峻的天氣裡，我還得遷移印地安人，強迫他們行進，這是最高等級的謀殺，但我強烈相信，儘管他們暴露在這樣的天氣中，遷移仍是唯一能讓他們活命的方法。」不過，恐怕沒有官員像在一八三八年驅逐一群契卡索人的阿普肖（A.M.M. Upshaw）

一樣直接了。抵達密西西比河時，阿普肖告訴契卡索人，他們得把行李留下，不能帶走。契卡索人拒絕這麼做，並告訴阿普肖：「我們用自己的錢遷移，這是我們的所有財產了，我們要留下，這對我們很珍貴。」他們問：「你要叫我們燒了自己的財產，或把這些全丟進河裡？」阿普肖質問戰爭部長：「在這種情況下，我能說什麼？」阿普肖說：「讓我告訴你我說了什麼：『把你們的行李放到船上。』」他表示：「如果我有錯，就只錯在沒有遵守規定。」他宣告：「慈悲與正義，迫使我採取這樣的行動。」[14]

阿普肖是少數看出嚴厲的規定和實際的正義之間有所落差的官員。吉布森堅稱，美國政策是要「在注重人道原則的情況下」驅離人民。既然這項政策和他的原則沒有互相衝突，他認為沒有道理不做出「符合法規」的行為。可是，當他認為可以加快驅離的速度時，他確實有打破規定——或至少用很寬鬆的方式詮釋之。比方說，他建議戰爭部長僅僅在原住民到達西部後，把該支付的年金給原住民。他寫道：「有關這個做法的合法性，或者這是否跟條約規範相符，我不給予意見。」他最自豪的，不是自己憑著正義感或同情心做事，而是在他的監督下，沒有發生任何濫用公款的情事，他「最值得稱讚的作為」，在於「節省公費支出」。[15]

公僕懂得節省開銷、遵循規定，通常是值得欽佩的事，但是在把八萬人驅離家鄉的這件事上，總代理堅持簡樸與順從，似乎是本末倒置了。在跟聖路易斯印地安事務局局長威廉・

克拉克交換的冗長書信裡，吉布森替自己開脫。他解釋道：「如果有時候我好像要求很多，那是因為他人對我要求很高。」他接著說：「那些要遵守的規定和指示，就跟軍隊的指令一樣嚴苛，而且很不巧，這些指令是應用在跟秩序、系統或規律恰恰相反的一群人身上。」他堅稱：「然而，這些規定一定要實行。」[16] 吉布森與他的員工埋首在文書作業的枝微末節裡，從摺得恰如其分的報告、精準計算每一分錢的帳目，以及整理得有條不紊的單據中獲得滿足，對他們從遙遠之處指揮的那場人類遷移活動的完整規模和影響視而不見。他們從不曾說到，自己正在拿他人的性命，進行一個有失顏面、危險又無法逆轉的實驗。

麥肯尼在一八二八年表示，第二稽核員的報告把支出細項，列到「幾乎連釘在印地安人棺材上的一根釘子，都算了進去」。我們只要從總代理辦公室經手過的一件尋常物品，就能看出這個曾經令人不寒而慄的誇飾，後來成為了傑克森政府的工作日常：財政部龐大的「已結算之印地安帳目」文件中，編號二五七的箱子裡有一張一八三六年的收據，這張收據體現了文書工作的枯燥乏味，以及這些工作所支持的大型計畫其背後所隱含的悲劇。該收據記錄了一筆款項，是支付給田納西州孟斐斯（Memphis）的威廉·史匹科納苛（William Spickernagle），內容是「為一名印地安男子和一名印地安女子製作兩具棺材、挖兩座墳。一個十元。」[17]

自一八三〇年五月立法後，喬克托人是第一個受到驅離的族群，也因此被當作往後驅離活動的先例。可惜，喬克托族的聯邦專員威廉·華德（William Ward）常常酒醉到無法閱讀寫字，有時候甚至必須命令他的「黑奴」替他把信拆開。有人曾親眼看見，這位「腦袋不清、無法自主」的專員，徒勞地在文件堆裡尋找官方信函。不用說，威廉·華德自然沒辦法做好任何事，雖然在兩位聯邦官員的眼裡，這顯然不妨礙他當個「反覆無常、專橫、愛辱罵」的人。認識他的一個人說，這位印地安專員「惹怒了」「全人類」。[18]

在一八三一年的夏天，印地安事務局把一個後來變得很關鍵的責任，交付給威廉·華德。喬克托人和政府簽訂的《舞兔溪條約》（*Treaty of Dancing Rabbit Creek*，一八三〇年），第十四條寫到，有意願成為密西西比州公民的喬克托人，有資格在該州分到一塊土地，只要在那塊土地上居住滿五年，他們就可以獲得完全的所有權。負責協議條約的聯邦官員相信，這一個條款大體上不會產生什麼影響，因為他們猜想，大約只有兩百人左右會真的去使用這個特權。[19]威廉·華德的工作就是要記錄這些人的名字。

令當局大感驚訝的是，有好幾千名喬克托人前來登記。大約有一半的人希望留在密西西比州的家鄉，威脅了讓奴隸勞動營帝國西進擴張的計畫。威廉·華德盡其所能地遏止他們。

他說，假如他「任憑所有想要登記的印地安人這麼做，政府的政策就會受到阻饒和破壞」。他恫嚇那些想要登記的喬克托人，並告訴負責驅逐原住民的「遷移專員」，我們要鞭打那些不放棄自己土地的人。蒂修馬（Tishomah）出現在威廉・華德面前時，這位專員騙他說他收到了停止登記的命令；帕拉比（Pahlabbee）和他的鄰居前來登記時，威廉・華德則威嚇、要脅他們。但，他們不為所動，因為他們「已經下定決心要留下來」。許多人從喬克托領土的東部來到威廉・華德的機構，帶著數百根用劈好的竹竿所製成的棍子，也就是傳統上用來計數和記錄的工具。長棍子代表一個家庭的父母親，根據條約內容，可以得到六百四十英畝的土地；短棍子代表十歲和十歲以上的子女，可以得到三百二十英畝；最短的棍子則表示十歲以下的孩子，可以得到一百六十英畝。阿托納姆斯杜比（Ahtonamustubbee）和契沙霍瑪（Cheshahoma）給威廉・華德一大捆木棍，約有三百根，但是威廉・華德把棍子丟掉，說「他們人太多了」；明戈霍瑪（Mingohoma）帶了兩百根棍子來，按照各個家庭整齊捆綁好，但是威廉・華德堅持，明戈霍瑪和他的社區必須西遷。這位喬克托酋長加以駁斥，說他知道條約的內容和他們的權利，威廉・華德卻將棍子掃落桌面，拒絕記錄他們的名字。外頭的一群人商議著該怎麼做，要放棄然後西遷嗎？還是留在農場上，希望聯邦政府會維護他們的權利？[20]

在威廉・華德醉醺醺的監督下，登記簿變成被濫用的物品，只記了一些逃過這位專員憤怒言論的幸運兒的名字。本子在機構裡被扔來扔去，縫線鬆脫、內頁開始掉落。某一晚，它被遺落在寒冷的雨勢之中，整個被凍得硬梆梆的，隔天才在火堆前解凍。一位訪客記得他撕下了封面的一部分，用來擦拭他的剃刀。還有一個人看見威廉・華德在紙條上記下名字，但是馬上就被這位糊塗又壞心的專員弄丟。而另一本用來記錄應得土地的孤兒名字的簿子，則「破爛到根本沒有用處」。[21]

一個喬克托人說，「這些白人」是「怪物」。他不知道哪裡躲得過他們，因此決定留在密西西比州。然而，到了一八三一年的秋天，有數千人做出不同的結論，決定順從驅離政策。[22]在第十七街和G街的街角，總代理的職員們用筆沾了墨水，打開書信簿。

・・・

托森營（Cantonment Towson）位於紅河沿岸的森林平原之中，離當時的美墨邊界（現今的奧克拉荷馬州東南部）約五英里，因為地處偏遠，美軍在一年前棄守此營，後來才在一八三〇年十一月又重新開放，用來看管被驅離的喬克托人。托森營幾乎位於喬克托領土的正西方，兩地相距約三百七十五英里，但是經由陸路或水路前往那裡的旅程，卻非常漫長和迂迴。戰爭部規劃了兩條路線，比較容易的那條，是從維克斯堡（Vicksburg）搭乘汽輪沿著密西西比河而下，再上溯紅河，抵達位於路易斯安那州西北部的「大木筏」（Great Raft），該處是由被連根拔起的樹木堵住河川後所形成的巨大天然景觀。從那裡，被驅逐者可以走完剩下的一百英里，抵達托森營。然而，汽輪只能在冬末或春季時於西部的河流往返，因為那時候的融雪和降雨才會使河道滿漲。但，失土的原住民若在那個時節抵達西部，不會有足夠的時間整地和種植作物。接著，當政府提供的糧食在十二個月後用罄時，沒有玉米可收成的他們，將面臨挨餓的處境。另一條路線則是搭乘馬車，在十一月底到達托森營，預留時間準備在春季種下作物。然而，這條路線的路況不是極差，就是根本沒路可走。[23]戰爭部長選擇第一條路線，後來又改變主意，決定結合兩個選項。他決定，大部分的被驅逐者，會從維克斯堡往北或從孟斐斯往南搭乘汽輪，前往位於阿肯色河河口附近的阿肯色貿易站，接著上溯或經由陸路到小岩城（Little Rock）。接著，他們得用走的走完剩下的兩百三十英里，抵達紅河邊的終點。

路線的更改，不是一八三一年出現混亂局面的唯一徵兆。總代理直到七月才得知他要負責密西西比河以東的作業，那時候離喬克托人開始集合的時間只剩四個月左右。此外，他也沒有得到正確的人數，究竟有多少喬克托人在政府開展這項實驗的頭一年，打算前往西部？當時他預估人數從五千人到八千人不等（由於很多人都選擇留下，實際數字最後是接近四千人）。雖然如此，他的辦公室還是能夠下達一連串叫人佩服的繁複指令：在路途中「適當的間隔距離」，存放一桶桶小心包裝好的豬肉、培根和麵粉；修復建築物，以貯藏糧食；購置牛隻、馬匹、馬車；送帳篷到維克斯堡給老弱婦孺使用；匯寄政府資金到小岩城；根據情況視察、修復道路；建造數座橋梁。這些充滿權威的指令聽起來好像很有效率，但卻沒有讓遠方的作業比較不混亂。難民抵達密西西比河的十天前，負責河流以西驅離活動的J．B．克拉克，才得知喬克托人會在四個不同的地點集合，迫使他急急忙忙地重新分配補給品。他很懷疑政府這項計畫的可行性，因此曾兩度請辭。他在小岩城寫道：「沒有到過這個地方的人，無法正確判斷經由陸路遷移，及在路途中存活有多困難。」[24]

在一八三一年十一月，走到密西西比河的那四千名男女老少，他們放棄了自己的土地、房子、玉米糧倉、農具、果園和牲畜。雖然條約中提到會給予一些補償金，卻有約百分之九十五的失土者什麼也沒拿到。條約裡也有寫到，賣掉喬克托人的牛群所得到的收益，將交予那些被驅逐的人，但是威廉．華德跟一個朋友串通，「幾乎是一毛錢也沒給」就買下這些家畜。[25]條約裡，也沒有針對生活改善，或必須放棄的個人財產提供補償。

失土者抵達孟斐斯和維克斯堡時，五十年以來最猛烈的冬季暴風雪來臨，襲擊大陸東半部。氣溫降到零度以下，俄亥俄河、田納西河（Tennessee River）、密蘇里河都結凍了。正巧，法國貴族托克維爾和他的同伴古斯塔夫．博蒙（Gustave de Beaumont），他們跟一群喬克托人在同一時間抵達孟斐斯。他們寫到，難民裡一個據說已逾百歲、瀕臨死亡的老婦人，她登上一艘汽輪，跟其他人一起坐在露天甲板上，只靠一條幾乎無法蓋住雙肩的小羊毛毯，忍受著刺骨的天氣。托克維爾詢問其中一名被驅逐者，喬克托人為什麼要離開故鄉，男子肅穆地說：「為了自由。」[26]

對美國白人來說，之前沿著西部河流運送貨物和奴隸，現在又運送原住民的汽輪，是帝國和進步的有力象徵。西部的白人漠視那些受害者，說道：「被征服者很慘，那又如何？死在汽輪上的人很慘，那又如何！」他們願意把現今的奧克拉荷馬州割讓給原住民，有一部分的原因是，在夏秋兩季，汽輪無法航行在該地區淺水的河流上。[27]

相較之下，對原住民來說，汽輪象徵著失土與死亡，它既是美國擴張的先驅，也是一座水上監獄。一名美國官員寫道，看見難民擠在汽輪上，是一個「令人反胃的畫面」，並抱怨這些不情願的乘客，「在所有的船艙和甲板上到處留下排泄物」。一個較有同情心的官員注意到，「原住民的莊重」使他們不願共用同一間浴室。一個喬克托人圓滑地表示，這種旅行型態不太「適合」他們，因為他們發現被「侷限」在船上，讓人「非常惱怒」。他們不喜歡水上旅行是基於現實原因。視涵蓋的距離而定，有些航程可能長達一個月或更久，而擁擠的空間會導致疾病盛行，而這一點在隔年變得顯而易見。就連短程旅途也可能致命。假如鍋爐爆炸，瞬間就能炸死數百人。一群來自俄亥俄州的秀尼人和塞尼卡人便拒絕登船，害怕被「燒死，『就像白人在清潔肉豬一樣』。」[28]

在一八三一年十一月底和十二月初，來自維克斯堡和孟斐斯的汽輪，載著約兩千五百名難民在阿肯色貿易站（Arkansas Post）會合。阿肯色貿易站矗立在阿肯色河陡峭又不斷受到侵蝕的河岸上，位於密西西比河西邊三十六英里處，該地的永久居民只有一百人出頭，而這個人數沒辦法替紮營在凍結的地面上數週的數千人，提供任何糧食或遮風避雨的地方，更別論他們還得等待河冰消解、河水高漲後，才可離開。許多失土者都沒有鞋子、幾乎全裸，只有一百頂帳篷能夠提供微薄保護，讓他們免去徘徊在零下十來度左右的低溫。因為沒有協調好，再加上上級的指令互相衝突，結果竟出現比預期多了大約六百名難民，讓政府原本就發放不夠的補給品，變得更緊縮。[29]

十二月十三日，阿肯色貿易站一批五百二十四人的難民，他們不得不靠雙腳和馬車啟程，前往位於西北方九十英里的小岩城。他們在冰雪中跋涉了九天後抵達，接著又被迫行走兩百三十英里，因為這條前往托森堡（Fort Towson，托森營今天的名稱）的道路，不但是匆忙準備而成，且狀況「糟到極致」，路上滿是泥濘，還不時有「隨便建造」、被水淹沒兩到三英尺的棧橋。[30]

大約還有兩千名喬克托人，在酷寒中留在阿肯色貿易站紮營。〈新顎骨〉的作詞者記得那悲慘的遭遇：

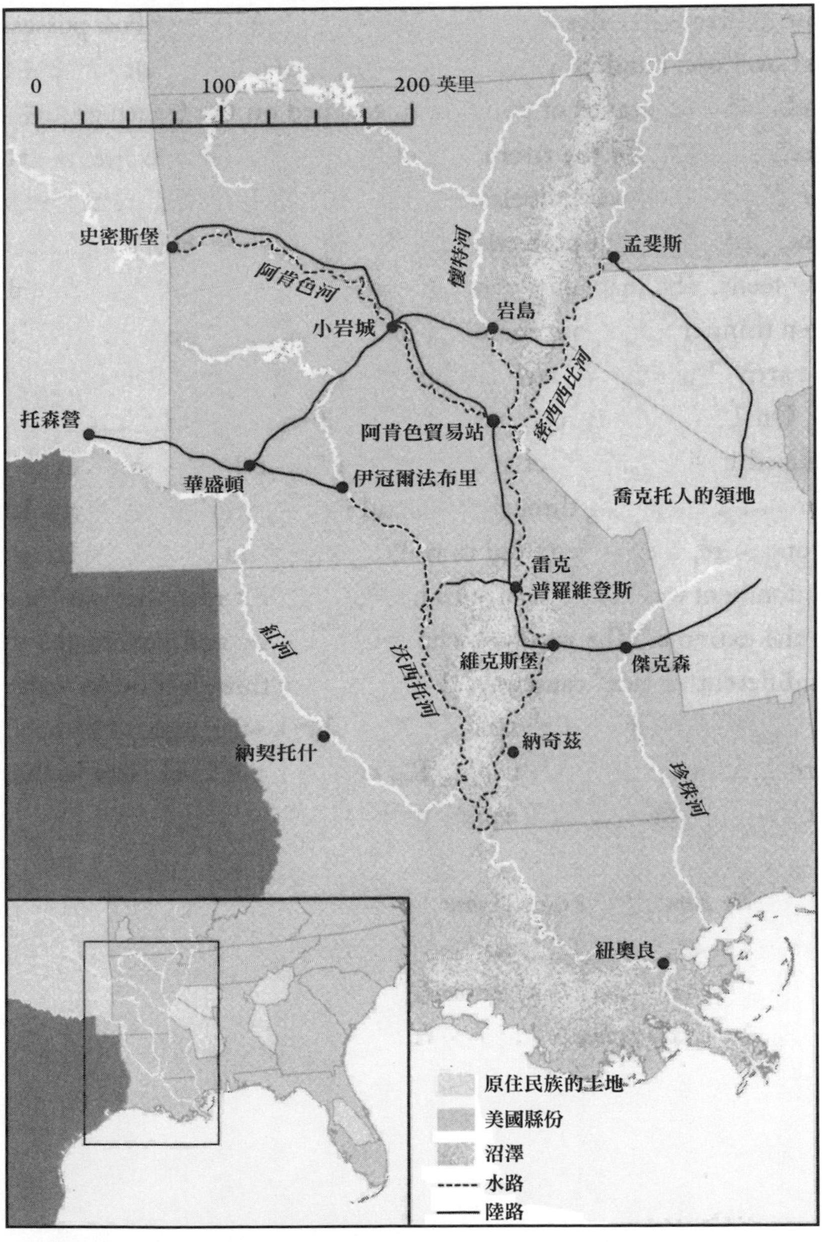


**圖五**　雖然總代理吉布森盡力了，一八三一至一八三二年驅逐喬克托人的行動最後還是亂七八糟。多支小隊受困；糧食不是晚到，就是根本沒到；帳篷太少、衣物不足，使人們沒什麼能用來抵禦嚴酷的冬季氣候。

我們經歷過最糟的時期
便是在阿肯色的貿易站
那是全世界最惡劣之地
那是全世界最惡劣之地

在那度過了七十個夜晚
大雪紛飛，冰雹落不停
噢，多麼艱苦的時期哪
噢，多麼艱苦的時期哪

又是降雪，又是下冰雹
甚至以為會被打入地獄
噢，多麼艱苦的時期哪
噢，多麼艱苦的時期哪[31]

一月初，阿肯色河終於可以航行，他們便登上汽輪前往小岩城。最後約有四百名難民繼續乘船抵達史密斯堡，但絕大多數人，是依循那條艱難的道路前往托森堡。[32]

另外兩批人馬並沒有到阿肯色貿易站跟親屬會合，而是在維克斯堡坐上政府承包的汽輪，往南航行一百英里抵達紅河，再沿著此河來到沃西托河（Ouachita River），接著上溯兩百英里，到達距離目的地托森堡正東方約一百六十英里的一處高聳懸崖：伊寇爾法布里（Ecor a Fabri）。在嚴峻的天氣裡跨越陸地行走，是很容易致死的，其中一支隊伍離開維克斯堡時有五百六十四人，但一路上有三十四人喪命。[33]

儘管吉布森盡力節省開支，驅逐一大群人事實上仍非常花錢。因此，和提倡這項政策的那些人無關緊要的想像相比，實際的花費遠遠超乎提倡者預期。最初撥來驅逐八萬人的費用僅五十萬美元，是一個極為不切實際，又容易令人產生誤解的數字。麻州議員艾瑞特宣稱，實際的支出會是「五百萬的五倍」，聽起來十分誇張，其實最後發現，這個數字依然過低。在一八三一年秋天計畫實行之前，總代理辦公室完成一份相當樂觀的帳目，估計以陸路移送七千名喬克托人的費用為六萬五千美元，其中有超過兩萬兩千美元是用在馬車、牛隻和牛軛、帳篷、斧頭；雇用馬車駕駛需要四千五百美元；另外還有兩萬八千美元用於配給。驅逐活動完成後，若將多餘的資產轉售，可能還可以賺回一萬五千美元，把人均支出從九塊錢減到七塊錢。結果，實際支出是這個數字的三倍，約每人二十五美元。[34]

這些初期估算出來的金額差異頗大，且充滿不確定性，可能是戰爭部長鼓勵原住民以每人給予固定費用的方式（稱作「交通」），自行前往西部的原因之一。當然，另一個原因是為了降低必須負責這麼多人所帶來的後勤挑戰。戰爭部長思索著：「要多少金額才不會讓人抱怨，能使他們開心離去？」他命令威廉．華德，「確定他們每個人願意領取的最低金額是多少」。起初，交通費是設定為十美元，雖然有一位官員坦言，這個數字「非常不足以讓他們遷移到新家」。[35]

在一八三一年，約有一千名喬克托人用這個方式前往西部。雖然有極少數人可以負擔自行前往托森堡的費用，但有好幾位具有企業家精神的富裕喬克托人，他們看見了從中獲利的機會，遂協助移民安排相關事宜，為他們支付所需費用。這些投機者當中，最惡名昭彰的是格林伍德．利福勒（Greenwood LeFlore），他是個有錢的喬克托蓄奴主。他有不少法國血統，贊成驅離政策，只要自己不被驅離就好。一個認識他的人說，利福勒「魯莽地」賣掉他們的土地，他的喬克托族同胞很多都在辱罵他，說他是無良又無恥的「暴君」。針對利福勒協助驅逐同胞的這項服務，戰爭部長表示會私下給他「報酬」，以免招到失土者的「忌妒」。一個喬克托人說：「我們很怕遇到格林伍德．利福勒，因為他毫不間斷地逼迫他們搬遷。」然而，利福勒自己則是留在密西西比州，託人蓋了一幢喀拉爾縣有史以來蓋過最大的莊園宅邸。他在裡面添置了路易十四（Louis XIV）的鍍金家具，並將宅邸取名馬爾邁松（Malmaison），跟拿破崙的其中一座城堡同名。利福勒在一八六五年逝世，他的四百名奴隸正好獲得解放。[36]

「交通」票證，只是讓政府已經搞砸的計畫變得更混亂而已，它將原本打算只有一、兩批的難民，被迫分頭並行。到了一八三一年的十二月，這群組織得亂七八糟的流亡者，他們發著抖，在從密西西比河到托森堡之間的多條路線上現身。其中一個三百人的團體自行從維克斯堡出發，打算徒步走到伊寇爾法布里跟親屬會合。這條路線的優點是，他們可以完全不搭汽輪，但代價是必須在凍雨之中穿越五十英里的沼澤地。這群難民是由一個個的家庭組成，成員有老人和幼兒，他們都沒穿鞋子，而且很多人在冰凍的氣溫下只穿著寬大的棉衣。抵達沼澤前不久，他們在路易斯安那州的雷克普羅維登斯（Lake Providence）經過一座農場，農場主人約瑟夫・克爾（Joseph Kerr）看不下去，允許他們進到自己的農地，採收凍傷的南瓜，飢腸轆轆的難民甚至直接大口生吃起來。克爾寫了一封語氣嚴苛的信，譴責了可惡的聯邦政府，這封信寄給了在一八三一年八月接任伊頓成為戰爭部長的卡斯。克爾控訴道：「應該要有人受到責罵，而且是大大地責罵。」（克爾過去就做過不敬的行為。多年前，他常被看見對著名叫耶穌和基督的牛咒罵。）兩個星期後，難民還在沼澤裡跋涉，食物已完全吃光。六天後，聯邦官員前去救援，發現一百匹馬直立凍死在泥濘中。進入沼澤的三百人當中，可能有多達三十五人死在那裡。克爾的信被轉交給總代理吉布森，但是可以想見，他替自己和他的計畫做了辯解：「在合法的前提下，依據人道原則能為他們做的都做了。」[37]

• • •

喬克托人在一八三一至一八三二年的冬天前往西部時，聯邦政府的遷移官員，也開始準備驅逐俄亥俄州桑達斯基（Sandusky）的塞尼卡人。一八三一年一月，美國公民曾向國會請願驅離「無用」的塞尼卡人，一個月後，他們便簽了驅離條約。由於塞尼卡人並不願遷居，一個剛從馬里蘭州抵達的副專員亨利·布里許（Henry Brish），他躍躍欲試地決定把塞尼卡人的財物拍賣掉，強迫他們離開。他在鄰近的城鎮張貼海報，宣傳拍賣會。[38]

許多美國公民前來參加。班傑明·佩丁格（Benjamin Pettinger）買了銅鍋、小公馬、斧頭和磨石各一；法蘭西斯·伯納德（Francis Bernard）買了一個攪乳器和一個烤箱；威廉·富勒（William Fuller）買了一隻鋤頭、一個鐵鍋和兩個螺鑽。不過，布里許自己才是最大的買家，他把數十樣物品賣給自己，包括一雙溜冰鞋、數匹馬、一輛馬車和一把炒鍋。這場低價大拍賣，總共賣了兩千五百八十七美元。失土者拿到拍賣所得外加六千美元，以幫助他們改善生活條件，包含興建房屋、馬廄、農場、蘋果和桃子園。當塞尼卡人一個一個走出小鎮時，他們的白人鄰居衝進去拆了他們的住所，卸下門窗、拆掉磚造或石造的煙囪、橇開地板和柵欄，把這些東西全都運走。有些人乾脆直接搬進剛空出來的房子。[39]

拍賣物品的完整清單除了透露很多訊息，也讓人感到不安，因為那些被變賣的平凡物品，每一個都建構了被驅逐者的日常。每一個家庭都面臨什麼該帶走、什麼該放棄的艱難決擇，他們不知道在旅程中，或者是抵達西部後會需要用到哪些東西。路易斯・高（Lewis Tall）酋長決定留下的東西有銅鍋、鐵鍋、錫製水桶、鋤頭、咖啡壺、乳牛、小母牛、棕灰色的小隻母馬、小公馬各一，還有一些老舊的錫製器皿，總共賣了五十九點九八美元；「咖啡廳」（Coffee House）捨棄了三個銅鍋、一個平底鍋、一個烤箱、一把刀、一組錫製水桶和長柄勺，以及兩把斧頭，共得到十一點七四美元；「硬山核桃」太太（Hard Hickory）放棄了一把鐽子、一把鉗子、兩個U形鉤（用來把牲畜和犁或運車連接在一起的零件）、一個錫鍋、馬鐙、兩把鋤頭、三把「女人斧」、一些廢鐵、兩個銅鍋、一把鋤頭、兩個錫杯、兩匹小公馬和一頭乳牛，總價四十二點二美元。即便如此，布里許仍抱怨塞尼卡人帶了「極多行囊」，在前往西部的旅途中將成為難以負荷的負擔。40

鄰近村莊的五十八位德拉威爾人，也加入了這批總計三百四十名難民的行列。他們在馬車上裝滿手斧、螺鑽、鋸子、寢具和居家用品，甚至還有一袋袋的桃子核和種籽。一八三一年十一月五日，他們啟程前往西部，在不間斷的雨勢和嚴寒之中，一天只能走四到五英里。這場冬季暴風雪，同時也在更南邊打擊喬克托難民。德拉威爾人分成兩組人馬之後，其中一組由兩百三十二人組成，他們在代頓（Dayton）坐上平底船，沿著邁阿密河（Miami River）

和伊利運河，前往俄亥俄河上的辛辛那堤（Cincinnati），再搭汽輪到聖路易斯。他們在十一月十六日安然無恙地抵達後，這群人先在城外七英里的地方紮營幾天，讓布里許添購更多補給。總是投機取巧的他，還雇用三個朋友協助驅逐，並把自己管理不善和任人唯親的行為，怪到塞尼卡人「極為沉迷酒色的習性」和「嗜血的性格」。[41]

十二月初，一行人在深冬啟程，徒步跨越密蘇里州。出了聖路易斯，粗劣的路徑帶領難民往西北方前進三十英里，跨越密蘇里河，來到聖查爾斯（St. Charles）。這是一座粗鄙的邊疆小鎮，這個前法屬殖民地，住著剛搬來的土地投機客和蓄奴主。在這裡，一名難民女子去世了，布里許在這裡，又另外拋下十四個病得太重無法前進的人。他逼迫難民再往西北方走五英里，來到小村莊特洛伊（Troy），但是酷寒使他們不可能再前進任何一步。這時候，孩童的手腳已經凍僵，大部分的難民都生病了，還有好幾人瀕臨死亡。十二月中，苦惱的布里許決定在特洛伊郊外的奎夫爾河（Cuivre River）河邊上，建立冬季營地。[42]

第二組人馬由一百六十六人組成，他們仍在俄亥俄州，打算徒步往西走三百五十英里到聖路易斯。在進入印地安納州前後，這些原住民家庭不知為何突然遭到聯邦官員拋下。他們堅持難民「在路上會活得很好」，因為他們是很厲害的獵人。然而，十二月初，當他們到達印地安納州蒙夕（Muncie）東北邊的平原上時，凍結的天氣迫使他們停滯不前。隊伍中很多人都病了，有兩個小孩已經去世。有十八匹馬因瘟熱死亡，其餘的也無法繼續前進。在這慘淡的處境下，兩個絕望的家庭決定返回俄亥俄州的家園。留下來的人，傳遞了紙條給正在特洛伊紮營的親屬，表示春天時，「還剩下的人會奮力啟程，在密西西比河對岸與你們重逢」。[43]

在一八三二年五月，他們終於抵達特洛伊，卻發現六名親戚瀕臨死亡，另有十六人病重。麻疹爆發，幾乎重創半個營地的人。布里許急著想用最少的代價迅速完成任務，便將生病和快死的人放在馬車上，並踏上三百英里的路途，前往位於今日奧克拉荷馬州東北角的目的地。他不讓病人有時間恢復健康，但日後他將對這項決定感到懊悔。他坦承：「我怪自己如此殘酷，逼迫這些不幸的人繼續走下去，即使只是延遲幾天，或許就能防止一些人死亡、讓生病的人病得輕一點。」難民祈求他多雇幾輛馬車運送病人，但總代理再三警告要節省的話言猶在耳，使他拒絕了這項要求。此時，河流因為春雨而滿漲，每過一條河就是一次考驗，有時必須造橋，有時迫使他們長時間等待河水消退。牛隻受困在泥濘的河岸，氾濫平原成了沼澤。隊伍使勁地將貨物拖過淤泥，每每都得先把半數的貨車留在原地，之後再回頭去取。在每段路，他們不得不重複同樣的做法，不斷折返，才能有所進展。布里許抱怨道：「穿越潮濕的低窪平原有多困難，是難以想像的。」[44]

行進兩百英里後，塞尼卡人在密蘇里州西部的和諧傳教站（Harmony Mission）附近，埋葬了一個女子，當時還有數名孩童徘徊在死亡邊緣。又有一個新的禍患出現了。「龐大」的蒼蠅群圍繞著馬匹和牛隻，迫使難民只能在夜間行進。在最後這段旅程中，又有九人死亡，分別是四個成人、五個小孩。七月初，當塞尼卡人和他們的德拉威爾同伴抵達被分發到的土地時，他們的旅途已經走了八個月，至少有三十人喪命，死亡率接近百分之十。[45]

在小岩城，一位聯邦官員小心翼翼地檢查這些剛抵達印地安領地的難民名單，卻發現這些人的名字，竟然沒有一個出現在總代理辦公室轉交給他的條約上。這其中一定出了錯。原來，一名職員將桑達斯基的塞尼卡人，跟路易斯頓（Lewiston）的塞尼卡人搞混了，轉交錯誤的條約給他。這在在顯示了整個驅離行動從頭到尾有多混亂。[46]

• • •

政府會從一開始驅逐喬克托人和塞尼卡人的經驗裡學到教訓嗎？因為支持政府而被任用的約翰．麥克爾萬（John McElvain）表示，如果走陸路的塞尼卡人受了苦，「那是他們自己的錯」。他斥責地說，他們應該走水路的。因相同原因被任命的法蘭西斯．阿姆斯壯（Francis W. Armstrong）則認為，喬克托人活該得到了「痛苦的教訓」，因為他們太晚出發了。他很不滿原住民自認為擁有特權，寫道：「現在，那些印地安人似乎真的以為他們什麼也不用做，只要等著政府做出某些行動遷移他們就好。」[47]

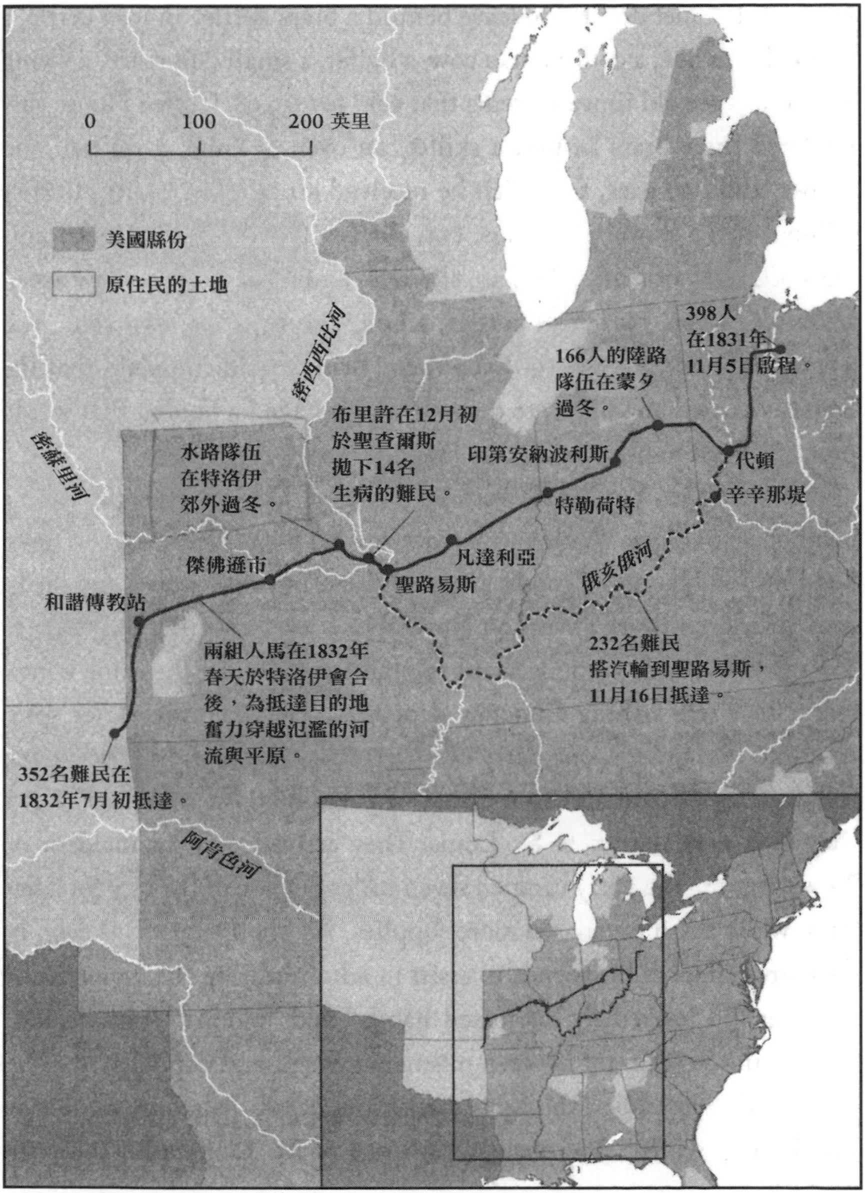


**圖六**　桑達斯基的塞尼卡人和德拉威爾人忍受了八個月的旅程。
在一八三一年十一月五日啟程的三百九十八人之中，
至少有三十人在抵達印地安領地之前死亡。

戰爭部長卡斯，他從第一年驅逐原住民家庭的經驗中，得到了較實用的教訓，認為必須想出「更系統化的行動計畫」。為此，他頒布一套冗長的〈印地安人遷移規範〉（Regulations Concerning the Removal of the Indians）。根據新規定，除了因為太過年幼或病得太重而無法進行徒步跋涉的那些人，其他人都不能坐在馬車或馬背上行進；每個人的行李不得超過三十磅；不可運送木製家具或笨重的工具；每五十人才能配一輛馬車（但一輛馬車要如何運載一千五百磅的行李，以及二十位左右的老幼傷病者，規定中沒有說明）。最後，為了避免日後產生更多支出，卡斯憑著政府官員典型的推諉本領，規定美國不會為任何意外負責。48

新措施也包含添購糧食的方針。戰爭部早在一八一二年的戰爭中，辛辛苦苦學得了經驗，他們發現，由承包商負責運送、分發糧食的私人承包方式，不僅沒效率，甚至可能賠上性命。由於利潤來自承包價格和貨物成本之間的差異，一位將軍便指出，承包商「總是給部隊最粗劣、最廉價的糧食」。他聲稱，軍隊因為拙劣的糧食而失去的人命，比敵人的槍砲奪走的人命還多。雖然如此，私人承包這個方法，比讓總代理自己在糧食稀少的地區，透過自由市場購買食物還省錢，因此戰爭部長仍強烈鼓勵官員使用承包的方式採購。結果可想而知。撰寫〈新顎骨〉的喬克托人唱道：「鹽醃豬肉與劣質牛肉／連惡魔都不會想要偷」。49

戰爭部長吩咐總代理準備好「必要的表格」，確保新規定「一致地」實施，並且也指示下屬要「嚴格遵循」這些表格。帳目和收據每季結束時要立即發送；支出摘要每月都要上交；每筆購買都要有一式兩份的收據；來自現場官員的信函，全都要使用一模一樣的抬頭：「華盛頓市，軍餉總代理，印地安人遷移」。[50]

簡言之，戰爭部長的新規定，完全聚焦在節儉和一致性上，重申了傑克森任用的總代理，他打從一開始就強調的兩大重點。吉布森大讚，這個緊繃的體制「改善了每個方面」，將會在「財務方面」，帶來「沒有一個政府部門超越得了的究責體系與效率」。雖然總代理辦公室一再吩咐（大概只是做做樣子），現場官員要和善地對待難民，但難民在第一年的驅離活動中遭受的龐大苦難，卻仍沒有被提及。部分現場官員偶爾會對失土者的處境表示同情，但很少人真的對自己的工作表達嚴正的質疑。一名官員哀嘆：「我們那些可憐的移民呦。」語氣夾雜著擔憂與傲慢。[51]隨著規模龐大、令人侷促不安的行動邁入第二個年頭，政府官僚仍繼續執行他們的任務，彷彿他們在一個機械化、可預測的世界做事，沒有突如其來的冬季暴風雪和無法預料的傳染病，更沒有那些固執得叫人氣惱、堅決不順從戰爭部期許的人們。

chapter

# 6

# 霍亂來襲

當總代理正忙著計畫推動第二年的喬克托族驅離行動時，在對街的戰爭部二樓，部長卡斯，他則在指揮軍事行動，征討居於威斯康辛河（Wisconsin River）和密西西比河周圍的索克族（Sauk）和梅斯克瓦基族（Meskwaki，或稱福克斯族〔Fox〕）。索克人的核心城鎮索奇努克（Saukenuk）位於羅克河（Rock River）河邊，就在羅克河與密西西比河交界處北方幾英里，離今天愛荷華州（Iowa）的達芬波特（Davenport）不遠。索奇努克三面使用圍欄包圍，城市以一座大廣場為中心，擁有超過百棟由木頭和樹皮建成的長屋，每一棟長達五十或六十英尺，可住進多達六十個人。在城鎮的北面，居民種植了八百英畝的玉米、豆子和瓜類。令聯邦官員感到緊張的是，他們連同鄰近村莊的人口總共超過六千人，而且人數還在持續成長。[1]

玉米、豆子和瓜類這所謂的「三姊妹」作物，令人聯想到未受汙染的美國田園景緻，但事實上，鉛礦才是索克族、梅斯克瓦基族和鄰近的溫尼巴哥族（Winnebago）聚落發展最快速的產業。早在歐洲人出現以前，原住民就已經開始採硫化鉛，並將這種帶有藍黑金屬色澤的晶體，用於宗教目的和製造顏料。考古學家曾在丘城（Mound City）挖出兩百六十五磅的硫化鉛，而丘城位於俄亥俄州賽歐托河（Scioto River）河邊，是一個擁有一千八百年歷史的宗教禮儀中心。到了十九世紀，這座礦脈多了製造軍火的用途，而美國則提供了進入全國市場的途徑，讓這個業餘的原住民產業變成利潤至上的生意。這個地區傳統上負責採礦的原住民婦女，抓緊了這個機會。密西西比河的一間「鉛屋」（lead house），每天都有十到十五艘獨木舟載著索克人前來，每艘都載著兩千磅的硫化鉛。鉛屋的老闆憶道：「我從早到晚都忙著秤重、交易。」據估計，原住民在一八二六年的夏天，採了多達八十萬磅的鉛。殖民者湧入當地參與採鉛的熱潮，建立了加利納（Galena，硫化鉛的稱呼）、礦點（Mineral Point）、苦力（Hardscrabble）、新掘（New Diggings）等城鎮。湧入的新居民蓋了簡陋的木屋和草屋，跟索克人舒適的住所相形見絀，這些新居民跟這些長久住在當地的地主比鄰而居，彼此維持著不太自在的距離。[2]他們的到來，難免會引起衝突。

到了一八二八年十二月，美國公民已經開始搬進索克人的家，迫使原居民離開。在一八三一年，索克人終於放棄自己的村莊，跨過密西西比河。然而，一年後約有一千人回來，形成僵持不下的緊張局面。軍隊西部部門中經驗豐富的將領艾德蒙·蓋恩斯（Edmund

Gaines），當時他正在田納西州的孟斐斯休養，從流行性感冒和風濕病逐漸康復。由於艾德蒙．蓋恩斯曾公開反對總統偏好的原住民驅離政策，傑克森政府很樂意冷落他，選擇把指揮權交給亨利．阿特金森（Henry Atkinson）將軍，他是一個缺乏戰鬥經驗和戰略天分的北卡羅來納人。一八三二年五月五日，軍隊在華盛頓市的指揮官，命令阿特金森在扎卡里．泰勒（Zachary Taylor）和威廉．夏尼（William S. Harney）兩位上校的協助下，「把索克人和福克斯人趕到密西西比河對岸」。[3]

九天後，一群喝醉酒的伊利諾州（Illinois）突擊隊員攻擊了索克人，結果卻是突擊隊在人數上有相當優勢的情況下，反遭擊潰，揭開了美國與索克人之間的戰爭。這場衝突常被稱為黑鷹戰爭（Black Hawk War），是以號召族人參與戰事的那位索克族酋長的名字命名。戰爭部長卡斯宣布，一定要以儆效尤，「這樣做的效果將十分持久」。《加利納人》（*Galenian*）力促州長要「持續進行殲滅戰爭，直到伊利諾州北部不存在任何（有頭皮的）印地安人。」這份報紙吹噓地說，加利納人「準備殲滅整個印地安族敵人」。[4]

阿特金森帶著軍隊追殺索克人一個月，他們由四百五十名正規軍、兩千到三千名志願兵（其中包含二十三歲的菜鳥新兵亞伯拉罕．林肯）組成，但卻沒有戰績。到了六月中，還在繼續的戰爭讓傑克森總統越來越丟臉，因此他下令溫菲爾德．史考特（Winfield Scott）將軍，率領援兵從紐約前往西邊的阿姆斯壯堡（Fort Armstrong），也就是密西西比河岩島

（Rock Island）上的一個軍事據點，位於加利納南方，靠近索克人主要的大鎮索奇努克。傑克森斥責，「一定要嚴懲」索克人，「這場戰爭也一定要快速且光榮地結束，自此嚇阻其他無端犯事的印地安人騷擾我們的邊疆。」[5]但是，任務並沒有按照計畫進行。

• • •

吉布森開始計畫第二輪的喬克托族驅逐路線時，霍亂弧菌（Vibrio cholera）尚未來到北美。這種逗點形狀的細菌，在一八三二年晚春首次出現在這座大陸，那是傑克森下令軍隊前往阿姆斯壯堡與索克族作戰的不久前。而它首次出現的地點，則是魁北克市（Quebec City）東方的聖羅倫斯河（St. Lawrence River）上的格洛斯島（Grosse Ile）。這個疾病從印度出發，途經阿富汗、俄羅斯、德國和英國，沿路殺死了數萬人。被感染者從格洛斯島帶著病菌，沿著聖羅倫斯河而上，經由安大略湖（Lake Ontario）來到水牛城。史考特將軍、他的幕僚，以及十五連的砲兵和步兵，他們登上了謝爾登．湯普森號（Sheldon Thompson）與亨利．克萊號（Henry Clay）這兩艘汽輪，預計往西行經伊利湖、休倫湖（Lake Huron）和密西根湖（Lake Michigan），通往芝加哥（Chicago）的迪爾伯恩堡（Fort Dearborn）。接著，他們會從迪爾伯恩堡行軍到阿姆斯壯堡，跟黑鷹還有索克人作戰。整趟旅程在七月三日展開，但一天後，亨利．克萊號上有一位士兵突然生病，當晚就去世了。軍官下令將他的屍體扔進底特律河（Detroit River）。[6]

霍亂弧菌偏好溫暖的半鹹水環境，會依附在浮游動物和浮游植物上。若被人類攝取，它可以安然無恙地通過胃酸，在小腸上部移生，產生一種毒素。人體會以水狀的嘔吐物以及大量腹瀉（呈現典型的米水狀）的形式將毒素排出。受感染的個體可能流失數公升的液體，迅速脫水，接著，血壓驟降，眼睛陷入頭顱，皮膚乾皺蒼白，患者休克昏迷。嚴重感染者有半數左右會死亡，有些在發病後幾個小時內就會喪命。史考特的一位軍官寫道：「你記得霍伊中士，他早上九點還好好的，下午七點就葬身在密西根湖的湖底了！」食物和飲水被患者大量滲出的液體所汙染，又將病菌傳染給下一位宿主。[7]

到了七月十六日，霍亂已經奪走亨利．克萊號上三十四名士兵的性命，還有許多人在逃兵後死在路上，導致這支小隊從三百七十人變成六十八人。同一時間，病菌在前往芝加哥的途中，擴散到謝爾登．湯普森號，史考特將軍的手下，因此丟了二十一具屍體到密西根湖。受到汙染的屍體被沖上芝加哥的海岸。到了七月十九日，謝爾登．湯普森號共一百九十名入伍的士兵中，有六十二人死亡、五十一人生病。當時，大部分的人相信，此病源自於鬆懈的道德、過度的焦慮或古怪的空氣，但史考特將軍卻是極少數「傳染主義者」，認為霍亂可能在人與人之間傳播。他在芝加哥的報紙中張貼公告，並書寫公開信，警告人們這個致命傳染病的存在，還嘗試在城市四周豎立「紙障」。然而，這些警告都沒有成效，騎著馬的突擊隊員，很快就把細菌帶到阿姆斯壯堡以西將近兩百英里的地方。短短一週的時間，霍亂攻擊了據點內一百四十六名士兵，奪走二十六條人命，還有二十人預計會死亡。史考特困窘極了，沒有上戰場，他就已經給士兵「帶來疾病和死亡」。8

史考特縮減的兵力匆匆趕赴戰場的同時，阿特金森將軍的志願兵和正規軍成功在戰鬥中擊敗了索克人，毀滅降臨。七月下旬，士兵把倖存的原住民家庭往西追趕到密西西比河的方向，路上經過許多因飢餓、疾病和槍傷而死的屍首。

他們抓了一個年長的索克人，「從他身上得到一些資訊」，然後「冷漠地處死他」。八月二日，聯邦軍隊和州義勇軍，把最大的一批倖存者逼到密西西比河的東岸，展開一名偵察兵所說的「死亡作業」。他們至少殺了兩百六十名索克人，另有約兩百人逃到河的對岸。溫尼巴哥人、美濃米尼人、達科他人（Dakota）和帕塔瓦米人，他們為了報復過往的恩怨和巴結美國政府，協助追殺倖存者，並將憔悴的村民和他們飢腸轆轆的孩子帶給軍隊。9

聯邦政府聲稱，在一八〇四年一個有爭議的條約中，索克人已經割讓東部的土地，所以這些村民並沒有正式受到一八三〇年《印地安人遷移法案》所規範。然而，美國公民看得出來，聯邦政府驅離原住民跟動員軍隊對付索克人這兩件事之間，其實存在令人不舒服的關聯。要是索克族的不滿擴散了怎麼辦？美國會殲滅所有拒絕遷居的原住民嗎？一份華盛頓的報紙表示，所有「理性客觀的人」，這下都看得出「立即將印地安人遷至我們聚落以外的地方」的必要性。在勝利的光芒中，一個抱持懷疑態度的人堅稱，美國與索克族之間的戰爭，是源自「白人的不公」與「印地安人的無知」。他語氣尖銳地說：「不過，印地安人之中，畢竟沒有歷史學家。」[10]

史考特、扎卡里・泰勒和夏尼，他們很快就會從索克人的家園被派到南邊的喬治亞州和佛羅里達領地，去跟其他紮根已久的原住民族作戰。同一時間，另一個媒介也將密西西比河上游的軍事動員，跟聯邦政府驅逐南方居民的行動連結在一起。八月下旬，史考特將軍放走了阿姆斯壯堡的數名索克族囚犯，幾小時後營房便爆發霍亂。被釋放的囚犯，帶著霍亂弧菌進入西部的原住民社區。我們不知道有多少原住民死亡，不過冷冽的秋季天氣和散居的人口，肯定有降低死亡人數（霍亂弧菌在寒冷的氣溫會進入休眠）。[11]阿姆斯壯堡的逃兵也在逃往鄉村的同時，將病菌散播到遙遠的地方。汽輪帶著這個疾病沿著密西西比河而下，來到孟斐斯和維克斯堡等河港城市，而那裡不久後就會匯聚數以千計的喬克托難民。

• • •

在第一年悲慘的驅離活動中，美國官員雖然沒有學到多少教訓，但他們承認阿肯色貿易站確實是個不好的集結地點，因為在那座懸崖峭壁上，補給和木材都很稀少。總代理吉布森決定，被驅逐的喬克托人，這次要前往密西西比河東岸的孟斐斯或維克斯堡集合。他們要從那裡搭乘汽輪前往位於阿肯色領地中東部的岩島，大約在懷特河（White River）上游一百英里處。接著，部分失土者會從岩島徒步超過兩百英里，到達西邊位於阿肯色領地和印地安領地交界的史密斯堡，其他人則會在小岩城轉向西南方，走過三百五十英里，抵達托森堡。[12]

行動於一八三二年十月展開，同時間，霍亂降臨密西西比河與俄亥俄河。在密西西比州，近日頒布的州法邀請美國公民到喬克托人的土地上定居，因此許多失土的家庭，急著逃離入侵他們家園進行拓居和投機買賣的殖民者。數千名喬克托人在集合點聚集，準備踏上西遷之旅，於是聯邦的印地安專員趕忙裝載馬車和拔營，要搶在霍亂弧菌之前，抵達孟斐斯和維克斯堡，但他們卻徒然無功。每一艘從密西西比河上游下來的汽輪，都得令人戒備。在順流而下的航程中，快捷號（Express）有七人死亡，憲法號（Constitution）有兩人死亡，自由號（Freedom）則有五人死亡。同一時間，有超過兩千名難民正往孟斐斯集結。負責引導這支隊伍的聯邦官員法蘭西斯・阿姆斯壯，他在十月二十一日寫信給吉布森：「我擔心，我們恐怕會帶著印地安人碰上霍亂。」一週後，這個人人懼怕的疾病，襲擊了孟斐斯的難民。[13]

另一支隊伍則是前往維克斯堡。十月初，共有一千七百名喬克托人從東部出發，幾乎是馬上就遇到困難。雨水把道路變得泥濘不堪，並將低窪地區變成沼澤，而痢疾在擁擠不衛生的營地裡擴散。不到一週（期間有四個嬰兒出生、一個孩童死亡），難民就聽說維克斯堡出現霍亂。他們接近這座城市的北方時，遇到了逃離傳染病的人們。馬伕揚言要逃跑，一名嚇壞的聯邦官員遭到開除，他被責罵應該要「忍著不表現出恐懼」，因為絕對不能驚嚇到難民。十一月八日，霍亂來到他們的營地。14

孟斐斯和維克斯堡的難民，他們大部分都是乘坐汽輪到岩島。這些在密西西比河和懷特河航行的運輸船，會造訪被遺棄的堆木場以便為鍋爐添加燃料，然而堆木場的工人因害怕接觸生病的難民，早已離開自己的工作崗位。一名聯邦官員寫道：「船登陸時，都會埋葬幾個人。」在孟斐斯外紮營的人當中，有超過一千人拒絕登上被汙染的船隻，選擇徒步行走。在兩個可怕的選項當中，他們選到相對較好的一個：依循一條剛建好的軍事道路。但，這條新路線充斥各種問題，因為會通過經常淹水的低窪地帶。光是前二十英里的路程，這條路就經過磨坊座沼澤（Mill Seat Bayou）、黑魚沼澤（Blackfish Bayou）、貝殼湖（Shell Lake）、畢文湖（Biven's Lake）和河狸湖（Beaver Lake），最後來到絕望沼澤（Despair Swamp）。即使離開了正常的春季氾濫地區，旅人也得費力通過這裡不尋常的地貌。當地混雜著各種湖泊、沼澤、林間沼澤，以及長滿巨大桉樹、美國梧桐、橡木和山核桃木的濕地。偶爾出現的竹叢，是由長到二十至三十英尺高的木質莖幹組成的一片茂密叢林，其茂密的程度使他們根本無法通行。有些低窪地帶經常被十五到二十英尺深的死水淹沒。在深及膝蓋到腰部的水中跋涉一個星期之後，至少有七名喬克托人死於霍亂或長時間暴露在水中，而此時，在為了抵達目的地的九十英里旅途中，難民只走了四十英里。[15]

由於沒有任何喬克托人留下有關這個苦悶時期的完整記述，我們必須仰賴毫無同情心的聯邦官員，他們對「霍亂時期」的描寫。一名聯邦官員抱怨，喬克托人「極無效率」，只有在被逼迫時才願意做事。他寫到，他跟他的助手有一次不得不下馬，把一個霍亂病徵發展到最後階段的將死之人抬到貨車上。超過五十名難民因為「沒力氣」，全都站在一旁。他似乎沒想過，喬克托人只是害怕被傳染。他說道：「即便得到了一次協助，但之後若沒叫他們幫忙，他們就不會埋葬自己死掉的族人。」還有一次，一個三十歲的少尉，因為難民不願拋下年邁但仍健康的男子埃托塔霍瑪（Etotahoma）而責備他們。這名官員抱怨，這位備受愛戴的酋長「年老、跛腳又挑剔」，大大耽誤了隊伍。[16]

這位名叫傑佛遜．霍恩（Jefferson Van Horne）的官員，也為自己在維克斯堡西北方得到霍亂的經歷，撰寫了鮮明的記述。病菌上身的他，來到附近的一間木屋，嚇壞了的屋主移除一塊地板，露出一個洞讓傑佛遜．霍恩嘔吐排泄。經過一整天「持續的淨化和嘔吐」之後，傑佛遜．霍恩吃下大劑量的鴉片與甘汞（calomel）——一種有毒的瀉藥。接近午夜時，症狀依然猛烈持續著，屋主把他趕出去，說他的大家庭成員性命，都因他受到了威脅。懇求留在木屋的火堆邊未果後，傑佛遜．霍恩用條毛毯把自己包起來，跌跌撞撞走到寒冷的戶外，在

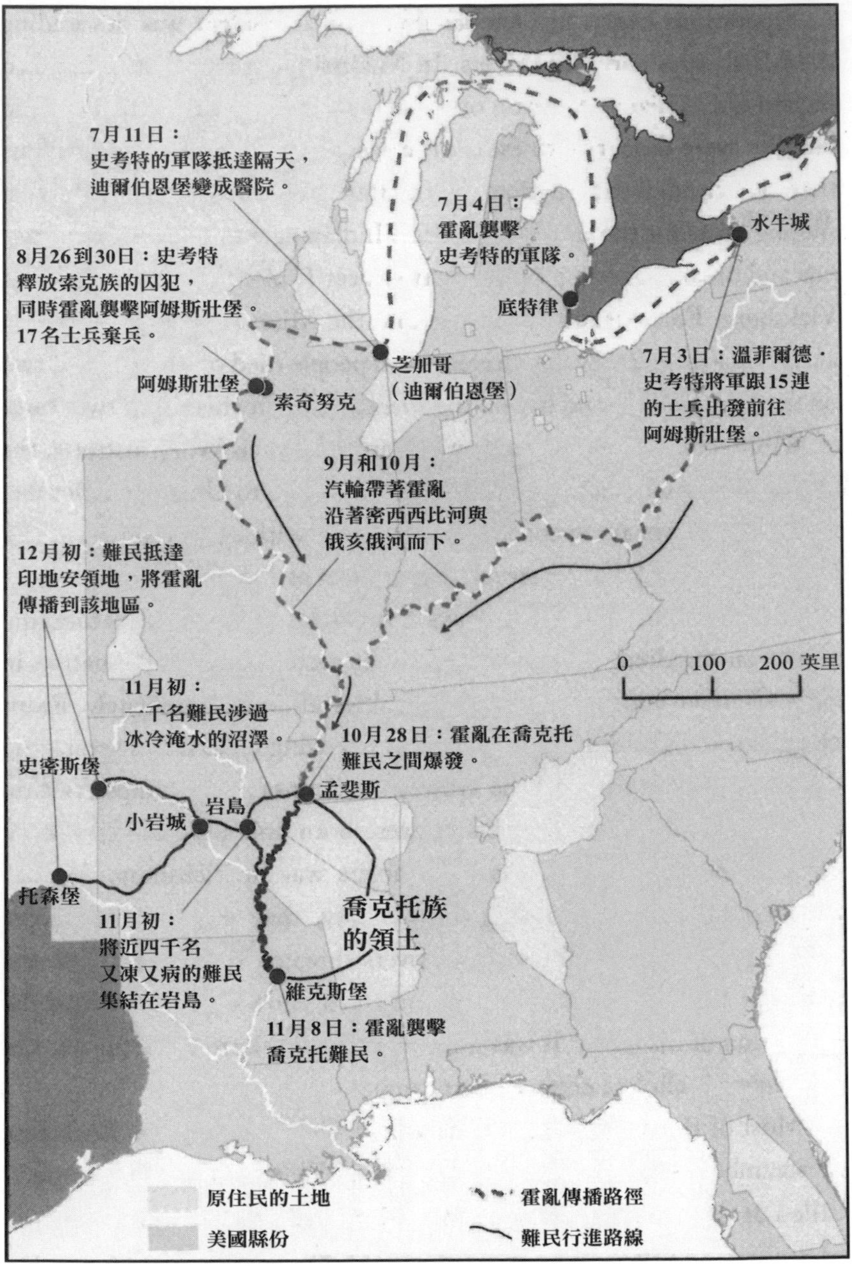


**圖七**　在一八三二年的秋天，霍亂沿著密西西比河而下，
被驅逐的喬克托人同時也匯集在孟斐斯和維克斯堡。

被冰霜覆蓋的地面上走了四分之三英里，回到自己的帳篷。他寫道：「這持續了兩三天的痛苦，超越了我經歷過的任何事物。」[17]然而，有多少喬克托人在沒有溫暖的木屋或甚至帆布帳篷的情況下，遭遇過類似的痛苦，我們不曉得。

在密西西比河以西，被驅逐者由來自田納西州的法蘭西斯．阿姆斯壯管理。他能得到現在的職位，是因為他在一八二八年的競選活動中「大聲」支持傑克森，當然，在一八一三至一八一四年美國與克里克人之間的戰爭中，他的兄弟曾參與其中，又是「總統的寵兒」，自然也會幫助法蘭西斯．阿姆斯壯。一個最近剛被解雇、心有不滿的聯邦官員說，法蘭西斯．阿姆斯壯和他的同僚「比無用還糟糕」。不過，法蘭西斯．阿姆斯壯的確擁有勝任這份工作的一項特質：需要效率時，他可以毫不妥協。他認為，難民們前一年都被「寵壞」了。一份紀錄寫到，令他非常不爽快的一件事是，一八三一年，喬克托人竟被准許攜帶處理玉米必備的研磨石缽，以便處理他們的主食玉米。法蘭西斯．阿姆斯壯不允許這樣的放縱。汽輪停下來補充木柴時，法蘭西斯．阿姆斯壯派一名守衛留下來，把想靠近岸邊的難民打回去，不讓他們上岸，但這些難民只是想要遠離擁擠又骯髒的運輸船，到陸地上如廁。一名官員讚道，這樣嚴苛的手段「大大節省了時間和金錢」，卻也可能不小心造成霍亂弧菌的傳播。在岩島，法蘭西斯．阿姆斯壯拒絕分發毛毯給難民，讓他們「裸著身子，又濕又冷」。一個對手說，他是「殘忍的暴君」。法蘭西斯．阿姆斯壯為自己辯白時說得很清楚，他的毀謗者「過分偏袒可憐的印地安人」。[18]

從岩島往西走的旅程，並沒有比較好過。記錄了七百名難民的日誌，把傷病的狀況記載了下來。十一月十四日離開營地那天，數人染上霍亂，一名孩童死亡；隔天，又有三人染病；十一月十六日，在十一英里的路程中，又一個孩子去世了；一行人隔天走了十八英里，又有兩人得病。天氣轉冷時，難民仍繼續在滂沱大雨中行走。接下來的那個星期，霍亂增加八例，痲疹也爆發了。又有四人死亡；十二月八日，在路上走了將近一個月、死了六個人之後，他們終於抵達托森堡。[19]

死亡總人數仍無法得知。雖然有數百人生了病，但是冬天的氣候或許讓他們逃過了最糟糕的情況。在登上馴鹿號（Reindeer）的四百五十五人當中，有十四人在前往岩島的途中喪命，死亡率為百分之三。而另外一支一千兩百人的隊伍，則「受到霍亂可怕的折磨」。聯邦官員指稱：「樹林裡到處都是死者的墳塚。」面對這樣的危機，法蘭西斯・阿姆斯壯卻對高風險者堅稱，一切都很好。他坦白：「我們必須把一切藏在心底，即便死神每個小時來到我們之中，路上都是生病的人，我們依然得對疾病冷眼以對。」他在寫給總代理的信上說：「幸好他們是一群會走到最後的人，否則我真不曉得該怎麼繼續。」有一件事使難民決定堅持下去：當他們徒步走了數百英里，逐漸接近托森堡時，難民們換上自己最好的衣服，迎向前一年先行完成旅途的親朋好友。[20]對倖存者而言，團圓是苦難時期令人喜悅的一刻。

在一八三二年十月，麥考伊造訪印地安領地時，看見的只有美好的願景。在他狂熱的想像中，原住民正依循「救贖的道路」。但，他的樂觀並沒有依據。在一八三三年春天，受到霍亂肆虐的喬克托人，當他們抵達目的地幾個月後，前一年西遷的那些人已把糧食吃光了。第一批移民來得太晚，沒有時間整地種植。現在，天氣回暖，政府提供的十二個月份的糧食也沒了。他們尋找腐肉，把在春天的熱氣中逐漸腐敗的病牛屍體拖回去吃。畢業於西點軍校的年輕出納員加百列・雷恩斯（Gabriel J. Rains）說，他可以給他們報廢的豬肉。喬克托人之前拒絕把報廢豬肉當作他們的配給，但是雷恩斯猜對了，現在他們很高興能有這些肉。這些肉已經放了六、七年，卻沒發臭腐爛，他馬上補充道：「是因為熟成和鹽巴的關係。」在遠方的華盛頓市，總代理辦公室表示，失土者挨餓是件「十分悲痛」的事情，但是這些官僚沒有能力和動力做任何事，只會發放報廢的豬肉。[21]

進入夏天後，情況變得更嚴重了。在一八三三年六月的第一個禮拜，阿肯色河出現災難性的暴漲，毀了喬克托人剛種好的玉米田、沖掉他們剛蓋好的房子、破壞了政府的玉米糧倉。霍亂和瘧疾在死水中滋生，法蘭西斯・阿姆斯壯秋天來訪視時，很震驚地發現有這麼多人不是死掉，不然就是處在死亡邊緣。他問印地安事務局的局長：「政府會讓他們因為缺少一點醫藥而死嗎？」這位通常十分節儉的官員說，要是聯邦政府不批准這項支出，他願意自己購買醫藥。幾個月後，他幾乎是哀求戰爭部，希望戰爭部為這些挨餓的家庭提供支援。吉布森很堅決。他寫道：「這是個不愉快的局面，我也希望能有任何辦法解決。」他解釋自己沒有權力發放給喬克托人超過一年的糧食，並在信末說教了一下：「我希望你們能盡力讓他們學會依靠自己，不要仰賴政府的贈與。」出納員雷恩斯向總代理保證，不種植作物的那些人，我們會就「讓他們挨餓」。[22]

有一個說法認為，在一八三三年秋天，大約有百分之二十的喬克托人死於西部。那些遷到西部的克里克人，死亡率似乎也跟這個數字相仿。大部分的克里克人仍留在東部的家鄉，但有三千人左右在前幾年小批小批地西遷。其中，到一八三三年年底，只有兩千四百五十九人還存活著。根據一位官員所說，洪水結束後，在一八三〇至一八三三年之間出生的克里克孩童，只有不到四分之一仍然活著。[23]

• • •

北方有三個原住民社群也在霍亂時期進行遷移。在一八三二年九月，沃帕科內塔的秀尼人、渥太華人，以及路易斯鎮的一群塞尼卡人和秀尼人，他們被驅離俄亥俄州西部的家園，總數約八百人。整個行動打從一開始就很混亂。數個月以來，戰爭部長一直堅持，使用汽輪「進行遷移的計畫」是「無法更動的」，即使秀尼人拒絕考慮騎馬之外的任何運輸選項。年長的婦女特別堅決，表示她們寧願死在俄亥俄州，跟親戚葬在一起，也不願登上汽輪。她們在這件事上頭腦相當清楚，說：「反正我們離開這個世界的日子也不遠了，就讓我們盡可能省下不必要的痛苦和悲傷吧。」最後，傑克森終於退讓了（綽號老山核桃的他鮮少妥協，但在年長的秀尼族婦女堅持不懈的壓力下也只能低頭），可是遲來的決定，卻耽誤了出發時間。同樣地，雖然失土者要求讓他們施打天花疫苗，疫苗卻來晚了，顯然毫無用處。聯邦政府也沒有準時發放他們所承諾的毛毯、步槍和金錢。[24]

一份紀錄寫到，負責此次行動的官員詹姆斯．加德納（James Gardiner），他對於自己的官銜自豪到「鼓得像隻蟾蜍」，雖然他的名字「一路上遭到譏笑」。愛喝酒的他有一次曾醉醺醺地從馬背上摔落，被放在一車玉米上面，以身體呈大字形的狀態下運回家。出納員約翰．連恩（John F. Lane）或許比較清醒，但他的自制力也就這麼多，因為據說他涉及「一項確立的敲詐計畫」，想要從驅離活動中獲利，甚至想出了「出納助理書記」這個職位給弟弟。二十二歲的連恩是一個自負的年輕小伙子，但他卻成為被嘲弄的對象，因為他跟秀尼人講了一番「華麗」的演說，敦促他們依循戰爭部的西遷路線，不要走他們所偏好、更直接的路線。他說，走美國政府的路，「就能在路上看見數個美麗的城鎮、美麗的房屋和農場，還有許多白人。」秀尼酋長隔天回到會議上，先是一邊正式問候、一邊抽菸，接著，向來以說話威嚴著稱的秀尼長者威維利皮（Wayweleapy），他站了起來，轉向連恩：「朋友，我們這些酋長都是老男人了……告訴總統，我們不跟小男孩談事情。」原住民和新住民都哄堂大笑，讓連恩備受羞辱，但這也讓秀尼人對這位既不會說他們的語言、也不了解他們任何事的幼齒西點軍校畢業生的不滿，得以短暫緩和。[25]

秀尼人堅持，一定要在亡者祭（the Feast of the Dead）之後才能啟程，因為在他們的習俗裡，離棄一座村莊前，必須舉行這個祭典來紀念已逝的親屬。雖然他們被告知要趕快出發，否則將會「冒犯」總統，因為總統「每天都花費大筆金錢，讓他們能舒適便利地搬到新家」，但秀尼人卻不理會這樣的要求，等到「宗教義務」履行了以後，他們就會準備好了。聯邦官員在等待期間發放毯子、槍枝和帳篷，並把失土者的土地賣給美國公民。同一時間，秀尼人和塞尼卡人成功讓一位被囚禁在州立監獄的族人被釋放。[26]在一八三二年的九月下旬，他們終於從俄亥俄州出發西遷。

難民很快就變成美國公民好奇的對象。他們會造訪難民的夜間營地，在賣酒之餘，目瞪口呆盯著這些「黃褐色的弟兄」。詹姆斯．加德納抱怨，這些酒販是「可憐卑鄙的小人」，並怪他們把「混亂、反叛和分神」帶到營地。當時，美國戒酒協會是全國最大的從良團體，因此要譴責這些人很容易。但，那些聚在營地，只為了再看印地安人最後一眼的旁觀者，他們也是無恥之徒。他們不是見證者，而是來看熱鬧的，他們在那裡慶祝該地區的原住民在當地消失了。有一次，其中一個難民參與驅趕這些訪客的計謀，他用原住民的族語大聲發表了一番言論，卻被隨便翻譯成「武裝戰士很快就會來到營地就定位了」。群眾一哄而散。[27]

才出發不到一個星期，也就是難民剛進入印地安納州時，身為出納員的連恩，已經把有限的政府資金花光了，讓遷移活動沒有辦法添購食物、補給品和飼料。在寫給卡斯的信中，詹姆斯·加德納點出了這個荒唐又丟臉的情況，表示過去一個月以來，驅離行動是靠「跟印地安人借的」錢支持下去的。同一時間，詹姆斯·加德納的書記兼姪子，他在一封卡斯沒有看到的信件裡坦承，聯邦官員過得比之前還好。整個秋天，他經歷了美好的天氣、「浪漫」又「壯麗」的景致，酒館帳單更是「毫無節制且奢侈地高」。[28]

十月初，當他們經過印地安納波利斯（Indianapolis）時，難民聽說霍亂出現在聖路易斯，也就是密西西比河上，那座人口有六千人之多的繁忙河港。聖路易斯的報紙《共和黨人》（*Republican*）建議「保持冷靜」、「相信天命」，向讀者保證死者僅限於「習慣放蕩的人」及「有色人種」。然而，約有兩百人（該城市人口的百分之三）將死於霍亂。居民紛紛逃離這座城市，聯邦官員制止他們進入難民的營地，以免被傳播疾病。[29] 渥太華人和沃帕科內塔（Wapakoneta）的秀尼人，他們繞過這個遭到遺棄的河港以及霍亂肆虐的街道後，轉而前往北邊，在伊利諾州的奧頓（Alton）附近跨越密西西比河。之後，他們將從那裡朝正西方行進，走到位於今日堪薩斯州的目的地。同一時間，路易斯鎮的秀尼人和塞尼卡人，他們選擇繞過聖路易斯的南方，接著朝西南方前進，前往現在奧克拉荷馬州的東北角。我們不清楚霍亂弧菌是何時襲擊渥太華人和沃帕科內塔的秀尼人的。雖然據說有數名孩童在抵達密西西比河之前就死於霍亂、痢疾和其他疾病，但真正的死因並無法確定。十一月五日，在跨越這條大河的幾天後，一名渥太華人被發現病倒在路邊，處於極大的痛苦之中，不斷哀求要喝水。他至少有撐到隔天，但是另有四人在不久後便死了。一名聯邦官員否認病菌正在被驅逐者之間流竄，可是就跟他的同事一樣，他的醫學知識很少，更別說就算他認出了這個疾病，他也沒有理由說實話，這樣才能避免造成群眾恐慌。難民跨越密蘇里州時，害怕的當地居民通通關起門來，只敢從窗戶偷看這群疲憊的旅人。這時已到十一月下旬，天空降下冰雪，慈悲地暫停了霍亂弧菌的傳播，卻也帶來不同的難關。發抖的難民在天黑後寒冷的低溫下紮營，努力在雪地上尋找可以撐開帳篷和生火的地方。一名官員寫到，孩子們在冷冽的天氣裡「哭得很淒慘」，有些幾乎就要凍死。[30]

沃帕科內塔的秀尼人和渥太華人，在從俄亥俄州啟程的七十天後，他們抵達今日堪薩斯州的東部；而路易斯鎮的秀尼人和塞尼卡人，他們則在兩週之後抵達印地安領地的東北部（今天的奧克拉荷馬州）。這些路途上都充滿了阻礙：美國政府沒有準時送達補給品；酒販沿路不斷跟難民兜售酒精；出納員用完了經費；霍亂至少襲擊了隊伍的一部分人；天氣變得嚴寒危險。雖然遇到這麼多困難，但也有舒緩（就算不是愉悅）的時候。有一次，一個難民拿出一把提琴，白人、塞尼卡人和秀尼人一起跳舞。這樣的場景重複了不只一次；還有一次，難民熬夜講述有趣的故事，協助領導印地安人的官員，他在那天晚上就寢時，對於「印地安人的風趣機智」不禁「開懷大笑」。他說，他們的幽默感「確實很不錯」。[31]

驅離行動結束時，官員表示他們已經成功完成任務，但數字呈現的卻是不同的結果。九月下旬，約有八百零八人離開俄亥俄州，卻只有六百二十六人抵達目的地，人員損耗率超過百分之二十。雖然文獻指出，只有少數人死在路上，卻沒有紀錄顯示，在路上消失的那一百八十二人，他們絕大多數都發生了什麼事。一名官員針對數字上的不一致，只有含糊地提到「路上出現的各種變動」。[32]我們不知道失蹤者是死亡還是逃跑了。

•••

霍亂的肆虐，並沒有戳破原住民是自願離開家園的這種謊言。東部的許多美國人，他們忙著在原住民的土地進行投機買賣，沒時間去管這些土地原本的居民發生了什麼事。縱使好奇心和良知迫使他們思考這個問題，他們也只是告訴自己，美國遷移印地安人是一個人道活動。印地安人如何被遷移、遷移到哪裡，這些問題並不會困擾他們。至於，一八三二年美國與索克族之間的戰爭，許多美國公民都認為索克族游擊隊發動的攻擊，合理化了美國政府殲滅索克族的行動。一名美國的印地安官員詳述了索克族的殘暴。據說，索克人在戰場上挖出美國士兵的心臟、砍斷他們的手腳，把美國公民毀傷到「溫和的描述難以形容」。他說，白人女子「腳被吊掛起來」，「身體被做了極為令人反感的殘暴不雅舉動」，而小孩則「被砍成碎片」。他最後表示，美國應該「憤慨地」驅離索克人，「從美國的嘴中把他們吐出」。[33]

然而，驅離原住民所面臨的另一個挑戰，就讓美國公民比較難跟自己的形象協調一致了。當索克酋長黑鷹（Black Hawk）在戰場上奮鬥時，契羅基酋長約翰．羅斯上的是法庭。黑鷹雖然比約翰．羅斯年長一個世代，但他們截然不同的做法，主要是源自成長背景的不同，不是年齡的差異。約翰．羅斯小時候身邊都是英語母語者，而且在私人家教的協助下，他在很年輕的時候便學會英語讀寫。當約翰．羅斯在練習草寫字時，黑鷹則是第一次殺了人，並帶著被害者的頭皮凱旋回到父親身邊。基於這些不同的童年經歷，黑鷹雖然比約翰．羅斯懂得打仗，卻不怎麼了解美國政治。兩人之間的差異持續擴大。一八一六年，約翰．羅斯在年僅二十六歲時，他頭一次造訪華盛頓市，參與了跟美國總統的協商，但黑鷹卻在一八三二年，美國與索克族之間的戰爭宣告結束，且他已經六十多歲時才這麼做。而他即使經歷了這趟大開眼界的旅程後，他仍叫美國軍官為「戰爭首領」（他的話翻成英文後的意思）。因此，在驅離危機逼近時，黑鷹會先請教先知、約翰．羅斯會聘請律師，這個差異並不令人意外。從很多方面來說，這位「無庸置疑地勇猛」，卻「凶猛、殘酷、復仇心重」的索克酋長，他對美國白人來說，反而是比較讓人放心的角色，因為他們對印地安人的期待就

**圖八**　一八三五年的約翰・羅斯，四十五歲。

**圖九**　一八三七年的黑鷹，七十歲，就在他過世前一年。

是這樣——留著莫霍克髮型（Mohawk）、戴耳環、生氣時會拿起戰斧。相形之下，約翰・羅斯則穿著工整的西裝背心、燕尾服和蝴蝶領結，他打的是契羅基族人約翰・里奇口中的「智慧戰」。[34] 對美國政府來說，約翰・羅斯才是比較不好對付的對手。

在「契羅基族對喬治亞州案」模稜兩可的裁決之後，約翰・羅斯與沃特開始尋找另一個條件，希望可以釐清契羅基族跟美國之間，究竟是什麼關係。最後，喬治亞警衛隊給了他們一個機會。這支由約四十人組成的警衛隊，是一八三〇年州政府所成立，目的是要巡邏契羅基族的領土。但在《契羅基鳳凰報》的編輯布迪諾看來，這支警衛隊比較像準軍事組織，而不是警察，因為它行動時幾乎不受法律限制。在一八三一年的夏天，警衛隊逮捕了十一個傳教士，因為他們違反了州法的規定，而州法要求，只要是居住在契羅基領土內的白人，都應發誓支持捍衛《憲法》及喬治亞州州法。這群傳教士在喬治亞州的高等法院審判，並被宣判在州立監獄勞動四年。其中，絕大多數傳教士都發誓不再違法，並接受州長的赦免，只有塞繆爾・伍斯特（Samuel Worcester）和埃利祖爾・巴特勒（Elizur Butler）兩人除外。州長雖想搶先一步，防止州政府對契羅基人的權威受到法律上的挑戰，但是在約翰・羅斯和沃特的引導下，那兩位堅持不屈服的傳教士，最後仍上訴美國最高法院。由於約翰・羅斯統治的「國內從屬國」，並不是「伍斯特對喬治亞州案」（*Worcester v. Georgia*）這起案件的當事人，但在這起案件中，最高法院擁有明確的審判權。法院最後的決定，也將涉及把州的主權延伸到契羅基族一事，是否違背美國《憲法》、美國與契羅基族的條約以及美國法律。[35]

一八三二年的二月下旬，沃特和他的法律夥伴約翰・瑟吉恩特（John Sergeant）在法院上辯護此案。瑟吉恩特堅稱契羅基族是「一個國家、一個社群」，並接著說：「在他們的領土之內，他們擁有自治權。」除此之外，他們的權利也獲得條約保障，而條約是「國土內的最高法律」，高於喬治亞州的法律。認為條約不算條約的說法，是「完全沒有根據的」。瑟吉恩特的論點並不新穎，因為契羅基人也常常在《契羅基鳳凰報》上提到這點，並在一八三〇年兩份不同的請願書中，把這個論點上呈給國會。最後，瑟吉恩特引用了首席大法官馬歇爾在「契羅基族對喬治亞州案」中所說的話。馬歇爾說過，「印地安部落」是「國內從屬國」，處於「未開化的狀態」，他們跟美國的關係就像「受監護人之於監護人」。[36]但，做為「國內從屬國」，他們擁有哪些主權？瑟吉恩特知道馬歇爾是同情契羅基人的，因此他現在邀請了這位首席大法官，說明一下他在前一年做出的父權譬喻。

一八三二年三月三日，馬歇爾做出了多數大法官一致認同的裁決，他說道：「印地安族向來被視為明確獨立的政治群體，保有他們原始的自然權利，自古以來便是毫無爭議的土地持有者。」他坦承，他們的「力量較弱」，但即使跟較強的勢力往來，他們也一直沒有放棄自己的獨立地位。反之，契羅基族擁有自己的領土，而喬治亞州的法律，在契羅基人的領土上沒有影響力，喬治亞州的公民若沒有得到契羅基人的允許，也無權進入。他宣布，喬治亞州有關契羅基人的法律，是「跟美國的《憲法》、法律和條約相牴觸的」。[37]

契羅基人對這樣的裁決表示歡欣鼓舞。一名聯邦官員受不了「來自四面八方的歡騰、叫聲與高呼」，並說：「這件事在印地安人之間大肆傳播。」跟約翰．里奇一起在波士頓進行巡迴演說的布迪諾，他也賀道：「這個消息棒透了。」他寫道：「關於誰對誰錯的問題，這下永遠解決了。」布迪諾認為，現在是聯邦政府和喬治亞州之間的事情了。而約翰．里奇則把這次勝利描述成重生，他寫道：「自從最高法院做出裁決以來，我感到精力大大恢復，彷佛自己是個全新的人，感覺獨立自主。」[38]

「伍斯特對喬治亞州案」對契羅基人來說是絕對的勝利，但後果將會如何並不明朗。約翰・里奇表示：「我們就來看看，將各州和聯邦連接在一起的那條鎖鏈，是有多強壯。」馬歇爾做出這驚人裁決的兩天後，總統任期已經結束四年、現在是麻州眾議員的約翰・昆西・亞當斯，他向議院呈交來自紐約市市民的請願書，要求國會應藉由保護契羅基族的行為，「強制（州政府）遵守聯邦法律」、「維護聯邦政府的《憲法》權威」。該請願書引發激烈的爭辯。兩年前，以州級法官的身分，判處契羅基人塔瑟爾死刑的喬治亞州眾議員奧古斯丁・克萊頓，他對此事表示，「除非喬治亞州變成強風咆哮的荒野」，否則馬歇爾的裁決不可能在此執行。他警告，他的州「只需要一根火柴，就能把聯邦炸得粉身碎骨」。他問，議院是否願意提供「把聯邦變成碎片」的火花？[39]

克萊頓對紐約請願書的抨擊，目的是為了維護蓄奴主的特權，只是掩飾得很差。他為其他眾議員概述了，如果契羅基族獨立，將會為深南部帶來哪些可怕影響：他描述了，有一個白人跟契羅基人租了一匹馬，卻不小心騎到比約定還要遠的地方。契羅基人說他偷竊，把他吊在樹上鞭打五十下，讓他不斷求饒。克萊頓控訴道：「那些野蠻人完全無法講理。」他還警告，若不將喬治亞州的主權延伸到原住民，類似的事件只會增加。[40]

然而，克萊頓所舉的例子，事實上跟他說的不一樣。被指控的那位偷馬賊，是有在契羅基領土、於契羅基陪審團面前進行審判後，才按照契羅基族的法律進行判決和懲罰。草率的判決和任意的懲罰，事實上是喬治亞州具備的正字標記，而不是契羅基領土的。例如，「極為野蠻」的湯瑪斯・史蒂文斯（Thomas Stevens），他曾嚴厲鞭打約翰・布朗（John Brown）無數次，罪過是？史蒂文斯是一個白人莊園主，近日買下約翰・布朗，並強制將這個男孩跟他的父母分開，而史蒂文斯很不滿這個新奴隸在棉花田勞動時辦事不力。有一次，史蒂文斯因為約翰・布朗拿鑰匙拿得不夠快，差點將他打死。約翰・布朗之所以得救，是因為鄰近的莊園主騎馬過來，宣布「一群黑人」剛從維吉尼亞州抵達，史蒂文斯才因此放下鞭子，趕忙去「挑選奴隸」。還有一次，約翰・布朗蹲著修理壞掉的犁時，史蒂文斯用盡全力朝他兩眼之間踢了下去，害他鼻樑斷裂、一隻眼睛移位，視力永久受損。約翰・布朗回憶，蓄奴主「對我非常野蠻，我以前看到他就怕」。更可怕的大概是，附近的醫生被允許在約翰・布朗身上進行的醫學實驗，包括將他暴露在極端的溫度下（測量中暑的狀況）、放血（目的不明）、製造切口（了解皮膚色素沉澱的深度）等。這些事讓他痛苦地表示：「我無法多想。」[41]

然而，克萊頓和其他莊園主並不在意這些罪行，因為在他們心裡，喬治亞州延伸主權，是要確保白人統治他人的權利，不是為了保障比白人卑下的人的權利。「伍斯特對喬治亞州案」，反而促成了白人至上主義的行為代理人凝聚。約翰・羅斯和其他契羅基人，他們緊張地看著在他們身邊茁壯、腐蝕了他們社群的奴隸社會（因為這些人自己現在也有莊園），看著蓄奴主如何譴責伍斯特案的裁決，以及看著他們譴責的激烈程度，就跟捍衛奴隸制一樣。在離約翰．布朗被凶殘對待的地點不遠的瓊斯縣（Jones County，位於喬治亞州中部），白人堅稱法院的判決有損「聯邦的永存」。這種急迫的威脅，在接下來幾年將再三出現在其他人的口中，類似的宣言也在該州各處響起。在亞特蘭大東邊七十五英里的塔利亞費羅縣（Taliaferro County），當地的白人說，馬歇爾的意見「明顯危險地侵害了權利」。他們聲稱：「喬治亞州向來有權利，讓每一個階級的人口隸屬在其法律之下。」在奧古斯塔（Augusta）南邊的伯克縣（Burke County），白人堅決捍衛他們的「權利和利益」，對抗最高法院「武斷越權」的行徑。至於接壤契羅基領土的格威納特縣（Gwinnett County），那裡的公民忿忿不平地抱怨北方人插手「當地事務」，在兩個「麻煩」的人口——印地安人和奴隸——的事情上詆毀他們。他們說，馬歇爾的裁決，「對喬治亞州的人民不具約束力」，誓言他們會支持州政府「擊退所有侵犯他們管轄權的人」。42

約翰．羅斯遭到了自稱盟友的人所提出的建言圍攻，力促他簽署同意驅離的條約。一名聯邦官員表示，契羅基人的情況變得「很危險」，他很高興這些長久的居民很快就會被迫西遷。有少數人已經登記成為被驅逐者，美國政府找了白人志願者包圍他們的臨時營地，防止他們在出發前逃跑。在「伍斯特對喬治亞州案」中，跟多數人意見一致的最高法院大法官約翰・麥克里恩，他捎來了一封信，聲稱自己因為「深深掛念」契羅基人的興榮，建議他們西遷。他寫道，在《一八〇二年貿易往來法》中，的確禁止美國公民跨入印地安領地，但是由於契羅基人的土地屬於公有地，個別的契羅基人不能以非法入侵為由，將入侵者告上法庭。契羅基族也不可以集體採取法律行動。如同一八三一年的「契羅基族對喬治亞州案」所清楚說明的，該族在最高法院面前，沒有做為外國的當事人適格。大法官麥克里恩解釋：「針對任何你們可能擁有的權利，美國法院具有審判權的例子非常少。」「你們可以判定，補救辦法對你們的族群有多不適宜，但那只侷限於極少數跟個人權利有關的案件，且起訴費用非常高昂。」無論他的動機為何，麥克里恩的法律論點並沒有錯，因為普遍認為權利法案只限制了聯邦政府的行動，不會限制到各個州。大部分的法學家都同意，喬治亞州可以自由迫害非裔美國人和原住民，且不用受到懲罰。[43]

曾經在喬治亞州擔任伍斯特律師的以利沙・切斯特（Elisha Chester），他也提供了自己的建議給約翰・羅斯，警告他「惡魔……每個小時都在增加」。切斯特告訴這位契羅基酋長，他的族人在現在這裡「不會有任何得以寬心的可能」。但，他並不是公正無私的旁觀者。這位律師在代表契羅基族後，無恥地成為了美國政府的特務。他建議戰爭部長卡斯，不要讓契羅基人逮到機會，可以從包圍他們的「緊迫惡魔」之中鬆一口氣。[44]

在一八三二年的秋天，契羅基人遭遇的麻煩又增加了。在一八三一年的十二月，州議會授權侵占契羅基人的土地之後，勘查員便開始在契羅基領土各處劃分家族農場、分割原住民村莊。在一八三二年九月，他們完成了勘查。現在，任何喬治亞州的公民，只要是白人且不是契羅基國度的居民，他們都能以極少的金額買下一張彩券，且有機會獲得一塊契羅基家園。接著，喬治亞州的官員浮誇地從大型旋轉筒之中隨機抽出彩券，公布五萬三千名幸運贏家的名字。拿著票根的幸運得主，群起湧入契羅基人的領土領獎，必要時就拿鞭子趕走原本的居民。[45]喬治亞州用這個方法，把超過四百二十八萬英畝的契羅基土地分送出去。

在一八三二年下旬，當「伍斯特對喬治亞州案」命懸一線之時，喬治亞州的政客收到了一份禮物。在一連串迫使蓄奴主站出來的緊張事件驅使之下，廢法運動（Nullification movement）在南卡羅來納州達到顛峰。一八三一年一月，威廉・葛里森發行了廢奴主義報紙《解放者》（*The Liberator*）。八個月後，奈特・杜納在維吉尼亞州的南安普敦縣組織奴隸起義。不久後，維吉尼亞州的州議會決定正視廢奴議題。另外，國會也再次爭辯是否要資助美國殖民協會。奴隸制備受攻擊，促使南卡羅來納州的政治人物，轉而堅持自己有權利廢止可能挑戰到他們統治權的國家法律（即廢法運動）。他們之所以會發出抗議，最直接的起因是聯邦政府徵收了一項關稅，但是廢法運動真正的價值，並不在於免稅的生鐵、屋瓦和羊毛製品能為當地省下多少錢（雖然這會帶來很大的經濟利益），而在於他們是否能放心地知道，蓄奴主所擁有的人類資產，可以由他們自己不受到質疑地掌控——也就是說，那些總值將近七億美元、在南方做牛做馬的逾兩百萬名奴隸，是否仍可由蓄奴主完全控制。有了廢法的權利，這個地區的「家庭制度」（domestick institutions，約翰．卡爾宏形容奴隸制的詞彙），將永不會受到北方瘋人幻想出來的「殖民等計畫」所威脅。[46]

如果喬治亞州加入南卡羅來納州的廢法運動，進而藉此對抗「伍斯特對喬治亞州案」和聯邦關稅，聯邦的完整性將會發生危險。政治人物悄悄地在幕後，將兩個州追求的不同目標分離了。荷蘭歸正教會傳道會（Missionary Society of the Dutch Reformed Church）的會長，同時也是紐約市最有錢的富人之一的史蒂芬．倫塞勒（Stephen Van Rensselaer），他直接跟美國海外傳道委員會提出訴求，要求伍斯特和巴特勒的傳教組織，說服兩人在這場法律戰役輸給喬治亞州。同時，喬治亞州州長則強烈希望能赦免兩位傳教士。這一招非常成功。在一八三三年的一月，兩位傳教士屈服了，他們寫信給州長蘭普金，表示他們願意接受赦免，相對地，喬治亞州則回絕了南卡羅來納州的邀請，拒絕加入廢法運動。[47]

到了一八三三年的春天，傑克森顯然是不打算實行最高法院的裁決了。因此，布迪諾、約翰．里奇和數名原住民酋長，他們因為對契羅基人在東部的未來感到絕望，便開始催促族人跟美國簽訂條約。雖然他們至今仍被指控背叛了契羅基族，但是他們的屈服，並沒有證明他們不夠正直，而是證實了這個族群面對的迫害有多難打破。然而，約翰．羅斯依然堅定。他激勵道：「就讓我們繼續耐心地忍受迫害，把信任交給良善天意的指引。」[48]

在一八三二年三月下旬召開的一場公共會議裡，喬治亞州哥倫布（Columbus）的市民，他們委任了一個由「卓越性格與中庸」的男性組成的委員會，起草了一份文件，是針對「伍斯特對喬治亞州案」所發表的對立宣言。

• • •

《哥倫布調查員》（*Columbus Enquirer*）寫道：「在關於喬治亞州核心利益的這件事情上，很幸運的是，其公民完全同心一致。」因為，「這個時期的精神，需要統一的意見和統一的行動。」哥倫布才創建四年，這座城市位於查特胡奇河（Chattahoochee River）的瀑布線上，當汽輪從阿帕拉齊科拉（Apalachicola）和墨西哥灣往上游航行時，哥倫布便是汽輪所能抵達的最北點。推崇這座城市的人，他們推斷這裡將能支配國內貿易，但他們的希望之後將因鐵路出現而破滅，因為鐵路會直接把棉花運到大西洋岸，繞過這座河港。等到馬歇爾做出裁決的時候，哥倫布的人口已達一千八百人，其中約有百分之四十是奴隸。當地報紙高呼：「做得好，哥倫布！四年前是狂風呼嘯的荒野，現在成了漂亮的城鎮。」這條河當時還沒受到汙水和棉花田的逕流所汙染，春天時，克里克人仍會使用由一條條樹皮製成的漁網，在此捕西鯡。克里克人常常數百人、有時甚至數千人一起造訪這座城鎮，使城鎮的人口倍增，但是一個早期居民記得，他們不被允許在喬治亞州的這一邊過夜。一位哥倫布的居民得意地說，沒有任何南方的內陸城鎮比這裡進步得「還快」。然而，哥倫布顯赫的居民數量，若以全國的標準來看其實並不算什麼，針對「伍斯特對喬治亞州案」所起草宣言的委員會，其實也只是由擁有無限野心與狹隘觀點的小鎮商人和當地政客所組成，而伊萊・賽歐特（Eli Shorter）是其中一員並不叫人意外。[49]

一位十分仰慕賽歐特的傳記作家，他便寫道：「在喬治亞州自傲的知識份子當中……沒有人能做出比可敬的賽歐特更威嚴、更透明、更強而有力又精妙的分析。」在一七九二年，賽歐特誕生於喬治亞州，五歲時便成為孤兒、身無分文。因為哥哥花錢讓他接受教育，他後來成了一名律師，且因擅長追債而致富，更成功當選了州立高等法院的法官，之後又因性愛緋聞而請辭。但，他沒有就此隱退，而是「像獅子甩掉鬃毛上的露水那樣甩掉難關」。他的傳記作家表示，這個誇大的意象——賽歐特自己的形象——「簡直跟拿破崙相稱」。[50]

無論他有哪些特質，蘊含諷刺的幽默感顯然並不在其中。委員會針對「伍斯特對喬治亞州案」所做出的宣言，在開頭便點出「自由之人最珍視的利益、最神聖的權利」（也就是自治），遭到了威脅。接著，文中提到，最高法院的裁決應該受到尊重沒錯，但其裁決卻剝奪了一個州「為了自治而制定法律的權利」。在這種情況下，「保護和捍衛」主權，將是「人民的責任」。擺在喬治亞州公民面前的選擇十分嚴峻：像奴隸一樣臣服；或是奮起抵抗，捍衛自己的自由。委員會表示，他們從父親身上繼承了自由，肯定也會將自由流傳給子女。賽歐特和其他的委員會成員似乎沒想過，其實原住民族更有權利捍衛自己的自治。克里克人在寫給國會的請願書中說到，他們的父親「原本可以無拘無束行走」，現在卻被「包夾」、「淪為奴隸」。[51]

賽歐特常常以一副高尚和自憐的樣子來表達抗議，但他卻看不出其中的諷刺。他控訴引發廢法運動的關稅，是「迫害與劫掠的體制」。這位擁有十七名奴隸的蓄奴主表示，投降就等於是「把我們的脖子，溫順地送進迫害者那會擦傷人的牛軛之中」。幾年後，他在攸關原住民利益的事情上，又反對允許他們作證，他甚至理所當然地認為自己有這麼做的權利。他問，原住民怎麼能相信？他很惱怒聯邦政府接受了「印地安人赤裸裸的聲明」。他懇求地說：「我們做了什麼，要被剝奪國家法律所給予的保護？」他此番言論，是在暗示戰爭部長卡斯：「我們（白人）可能很不幸地，受到您根深蒂固的偏見。」然而，克里克人當然也問過同樣的問題很多遍了。以賽歐特的話來說，仿效並不是被抬舉。無論是發自內心或者極度虛偽，殖民者和蓄奴主都堅稱他「很謹慎地在留意他人的權利」。[52]

簡言之，賽歐特自以為是和忿忿不平的表現，就跟大部分南方的菁英白人一樣毫無恥度。他特別自以為是地認為，查特胡奇河對岸的原住民土地應該是他的，甚至因為克里克人還住在上面，而感到非常憤怒。他和其他野心勃勃的喬治亞人，他們都虎視眈眈地盯著克里克族豐饒的土地，開始著手驅趕該地區長久以來的居民。

PART

# 4

# 資助驅逐計畫

chapter

# 7

# 金融家

在一八三〇年六月，賽歐特坦承：「我這輩子一直是壞習慣的奴隸，壞習慣重得猶如石磨般，徘徊在我身邊。」原來，賽歐特是個積習難改的賭徒，雖然最近剛戒賭，但他仍坦言，自己每次看見撲克牌就「手癢」。他沒有臣服於誘惑，而是尋找其他可以賭錢的地方。一八三〇年十二月，喬治亞州的州議會發照給查特胡奇農夫銀行（Farmers Bank of Chattahoochee），讓他找到一個好地方。這間銀行將成為喬治亞州哥倫布的第二間銀行，使得投資者為了控制董事會而引發了爭奪戰。《哥倫布調查員》自豪地說，哥倫布雖然才建立兩年，南方卻沒有其他城市擁有「更多真正的資本和商業能力」，或擁有「更具創業能力的人口」。該報紙承認，哥倫布的貿易此時「分成多個不同的管道」，但「造成分散的主因，很快就會消失」。[1]

主因就住在查特胡奇河對岸。哥倫布的一個早期居民表示，「肥沃和美麗」，且出了名的「一塊六十英里寬的印地安領土」，將哥倫布與「白人文明」區隔開來。然而，將那裡的居民驅逐、讓城鎮收穫好處，只是時間早晚的問題。因為眼前有如此光明的未來，在查特胡奇農夫銀行打開認股簿的那天，自然出現大批急切的投資者簇擁在門口。賽歐特打了一場勝仗，他從比爾斯、布思與聖約翰商行（Beers, Booth & St. John）募到了兩萬美元，而這間商行剛好是在南方棉花貿易方面經驗豐富的費城商行。比爾斯、布思與聖約翰商行成為了最大的股東，賽歐特則緊追在後，用自己的錢投資了一萬六千四百美元。在一八三一年十一月，賽歐特當上了這間銀行的第一任總裁。2

在河的另一頭，克里克族的情勢快速惡化。尼哈・米柯直接寫信給傑克森，抱怨「白人」未經允許搬到克里克人的土地，「侵害美國政府承諾我們的權利」。而且，湧入的白人並不是涓涓細流；到了一八三一年，共有一千五百到五千個白人入侵了克里克人的土地。他們雖然沒有正式的所有權或法律上的權利，還是能夠竊取克里克人的地產而不用受到懲罰，因為原住民不允許在阿拉巴馬州的法庭上作證。白人揮著斧頭，使用指北針劃出自己要的土地，把一整個家庭趕出家門，將長久以來由原住民農夫所耕種的土地一一圈起。縣警長在州義勇軍和武裝志願兵的陪同下，他們逮捕了反抗的克里克人。至於那些報名了聯邦政府遷居計畫的克里克人，則被其他克里克人鎖定為目標，他們的財產被奪走，有時甚至受到生命威脅。山迪・葛雷森（Sandy Grayson）是最早報名西遷的人之一，便曾遭到雙面迫害。克里克族沒收他的十六頭牛，謝爾比縣（Shelby County）的巡迴法院，則判定他欠一位阿拉巴馬州的商人三百零五美元。葛雷森堅稱這筆債務是詐騙。[3]

隨著情勢越來越糟，尼哈・米柯懇求傑克森和他的幕僚幫忙。傑克森的第一任戰爭部長伊頓，便做出了意料之中的回應：無計可施。伊頓在一八三一年五月寫道：「你們在阿拉巴馬州的州界內，而那是一個獨立的州，州對居住在其界限範圍內的人行使管轄權時，不用向你們偉大的父親回報。」克里克人對於政府的法律論點頗不以為然，因為這種說法是把州的權利看成不可違背的原則，但所謂「州的權利」的真實面目，則是為了一己之利，就可以隨時拿出來講的政治主張。克里克酋長寫道：「我們承認我們無法理解這件事，這太深奧了。」其實，他們是覺得不可思議，不是覺得困惑。他們所想的沒有錯，他們是在阿拉巴馬州成立以前便跟美國簽訂條約，但當時聯邦政府是唯一一個可以進行協商的對象。他們說：「如果你之前向我們承諾，我們的財產會安全無虞、不會從我們手中奪走的那番話，其實不是認真的，請告訴我們，我們如此看重的那些文字意義何在。」[4]

一個地位顯赫又年邁的克里克酋長圖斯基尼雅，他在一八三一年五月寫信給總統時表示，聯邦政府放棄了自己的權威，而這件事「就像一記雷擊打在我的身上」。他說，湧入的入侵者把克里克人趕走，而當這些飢餓的難民進入喬治亞州偷獵牛豬時，白人又將他們當成鹿一樣追殺。喬治亞人近日才在叢林裡追逐、射擊了十七個人，「彷彿他們只是在射野豬似的，甚至對此毫不多想」。圖斯基尼雅最後在信末寫下既是懇求也是倚老賣老的一段話：

我想要的，就只是平靜的生活，以及屬於我們紅人、您的政府曾鄭重承諾給我們的東西可以受到保護。容我懷著敬意地告訴您，我很榮幸能當您不幸的兄長。5

對哥倫布的市民而言，克里克族的緊迫局勢既是一場人道危機，也是一個大好機會。在寫給喬治亞州州長的請願書裡，他們描述了原住民鄰居承受的「巨大痛苦」，聲稱他們「從未看過更悲慘貧困的一群人」。許多原住民都處在「飢餓的狀態」，只能在哥倫布的街頭上，挨家挨戶以乞討為生。傑克森政府因為默許殖民者的入侵，而成了這個問題的幫凶，故被要求提供解決的辦法。請願連署人表示，現在正是招募移民的「好時機」。一名目擊者說，聽見「那些消瘦的人不間斷地哭喊……麵包！麵包！」真是「令人無法形容地難受」。不過，這樣黑暗的淒慘景象也有光明的一面。他說道：「政府現在可以成功送走大批的原住民了，因為他們肯定會為了生存而同意遷移。」這是個時機恰好的巧合：「將印地安人遷到西方的政策不但可以部分完成，同時又能實現人道主義。」6

聯邦政府完全沒有為東方那些挨餓的家庭紓困的興趣。戰爭部長伊頓預測，一旦有了先例，原住民「就不會努力自行紓困了」。戰爭部解釋，傑克森總統「對這個慘境感到遺憾」，也「很樂意提供紓困」，「但他沒有資金可以應用在這樣的事情上」。眼看族人就要被餓死，一八三二年三月，克里克酋長在華盛頓市，與接任伊頓職務的卡斯會面。卡斯答應：「沒有人會強迫你們走，也不會施加任何力量。」然而，飢餓就是很強大的力量了，因此克里克代表團仍簽下了條約，而條約要求原住民不是西遷，就是登記領取原住民所能分配到的阿拉巴馬州土地。選擇留在阿拉巴馬州的人，必須接受數量稀少的土地的所有權。[7]

為了讓即將占領、奪取克里克人土地的行動更順利，哥倫布的市民在條約簽訂的幾週前，便開始建造一座跨越查特胡奇河的橋梁；[8] 投機者安排資本準備進攻；奴隸商人為奴隸做好了入侵準備。至於賽歐特，他掌握了查特胡奇農夫銀行的資本，準備大舉侵犯克里克族的領土。

• • •

地產的重要性及定義，在原住民族群之間存在著很大的差異。有些社群具有國家組織和稅制，會豎立石堆或安插木樁來標示界線，像是墨西哥中部的原住民族；有些從屬制度較鬆散的社群，則是用天然地形定義領土，例如河流；還有一些靠狩獵採集維生的社群，他們是依賴約定俗成和記憶力，來定義與鄰居之間的地界。勘查這件事（即繪製地圖和測量土地）

存在於中美洲，但根據現有的考古證據來看，似乎不存在於其他任何地方。法國、西班牙和英國的殖民者，他們各自將自己獨特的土地測量和所有權定義方式帶到了美洲。然而，到了十九世紀，美國把原住民和殖民者各式各樣的做法，簡化成了單一體系，先將地球表面分割成六英里乘六英里的「鎮區」(township)，再將這一個個的方塊進一步分割成三十六個地段。理論上，每一個地段都可以無止盡地整除。舉例來說，「鎮區北十與範圍東十之地段十五之西北角之東北角」指的便是常常會聽到的，一塊四十英畝的地。這個系統現在仍有使用，具有準確和無止盡整除的優點。對投機者來說，這是賺錢的一大助力，因為這個系統將地球表面分割成標準化的單位，可以用品質劃分等級，並列在帳冊上，像是：鎮區十四、範圍二十七、地段二、西二分之一；鎮區十五、範圍二十六、地段十九、南二分之一；鎮區十七、範圍二五、地段三十三、東北四分之一等等。這樣的劃分法，讓那些從來沒親自到過這塊土地的紐約和波士頓銀行家，得以順利進行買賣。[9]

根據一八三〇年的喬克托條約，與一八三二年的克里克條約，一家之主有權利領到一塊保留地，他或她可以把地賣掉，若是想成為該州公民的話，只要持有土地五年，之後所有權就會變成永久的。喬克托條約中，將一個完整的六百四十英畝地段分配給一家之主，十歲以上未婚子女則可分配到三百二十英畝，十歲以下的子女為一百六十英畝。後來簽訂的克里克條約則沒那麼慷慨，克里克家庭的一家之主可分到三百二十英畝。保留地則會包含每個家庭的生活改善設施，像是房子、玉米糧倉、耕地等，並會使用網格系統劃分界線。條約一簽訂，勘查員就會馬上在原住民的土地上實施網格系統，且直接無視溪流、沼澤、森林、村莊等一切事物，即便這些讓地表跟一張紙有所區別。

聯邦政府對制式化的強烈需求，並不允許任何複雜因子的存在。打從一開始，有一件事就應該很明顯，那就是原住民並沒有按照抽象的網格來決定房子的位置，畢竟把網格固定在地球上的那些看不見的經線，是原住民開始在該地區從事農作的一千年後，才由白人任意定義出來的。當聯邦政府井然有序的幻想跟現實世界馬上就發生衝突時，專責的官員便開始尋求指引。如果有兩個喬克托人住在同一個地段呢？其中一人會擁有「浮地」（float，意旨他自行選擇的位於喬克托領土內其他地方的地段）的所有權嗎？若是如此，誰能優先選擇？要是保留地落在一個破碎地段，例如河流切過網格這樣的情況呢？該破碎地段可以由比鄰的部分地段補足嗎？

這類實際且迫切的問題，責任最後落在華盛頓市日漸成長（雖然規模仍小）的官僚體制上。負責監督「公地」勘查事宜的地政事務辦公室長官，他只能在遇到問題時趕緊想辦法解決。他決定，如果有兩個人住在同一個地段，得分割相鄰的地段，這樣每人都能得到一個地段的一半，前提是保留地要「盡可能維持方形」。如果一個地段最小的合法分割大小（四十英畝）上住著兩個家庭，他們必須自行決定哪一方要搬到別處。至於破碎地段，補足土地是可以的，但同樣要注意「讓整個保留地呈現方形」。[10]

維持方形的要求，可滿足兩件事。一是強迫原住民農夫接受一塊次級的土地，因為幾乎每一塊不自然形成的方形保留地，都會包括某些不適合務農的地形。一些優質的棉花地不在保留地的範圍內，而是開放給美國公民，並假定美國公民會搬到該地區，最終趕走原本的居民。二是基於大致上對秩序和可銷售性的偏好。沿著彎曲的河川或平原界定的土地，或許能比較準確地定義某些原住民農地，但是會變動的輪廓線不但很難描述，也不容易在地圖上繪製，如果被美國公民採用，還會導致利益衝突、土地所有權模糊，以及無止盡的官司。網格狀的土地分割方式，比較符合傑佛遜對於天衣無縫的私有土地地籍圖的想像。[11]

然而，再多的修修補補，也掩藏不了「南方原住民農夫多樣化的居住模式」，與「政府統一化的幻想」，兩者之間存在的不一致。原住民住在村莊裡，共同耕作附近的河川低窪地；或者住在跟農地比鄰的房子裡，合理地依循地形的形狀生活和耕種，而非幾何網格；或者在不同地點的多塊農地上耕作，以充分利用不同的微氣候和土壤。但是，這些做法全都不符合地政事務辦公室的想法。一八三三年的夏天，運氣不好被分派到喬克托領土的勘查員喬治．馬丁（George Martin），他寄了一堆問題給戰爭部長卡斯，要求他加以釐清。居住地重疊時，該用什麼方法決定誰有優先權？子女的土地跟父母的接壤時，邊和邊一定要貼合，還是保留地可以在角落連接？房子位於一個地段、土地位於另一個地段時，保留地可以兩個地段各包含一部分嗎？假如房子座落在沒有用的土地上，保留地可以包含跨地段界線的地區嗎？類似的問題與日俱增。等到分配保留地的時候到了，馬丁寫了一張公告傳播各處：「致根據《舞菟溪條約》索取保留地的人們」。標題寫錯字只是個小問題。公告一開始就以冗長的篇幅，抱怨了政府不完美的紀錄、不清楚的指令與不合理的期待。到了後面，公告才徒勞地列出每一種可能遇到的居住模式，並說明土地在每一個狀況下該怎麼分配。12

正當聯邦政府膠著在這些難題時，美國的司法部長開始發表一些，既墨守成規又便宜行事到令人啞然失笑的意見。其中一個例子是：「當保留地超出一個地段時，超出包含居住建築地段的部分，應取自接壤的地段，以納入受贈者在條約簽署日持有的其他改善設施。」司法部長繼續說道：「假如改善設施位於不同的地段上，我想超出的部分應取自最大比例的改善設施位處的地段。」還有另一個需要考量的可能性：「假如受贈者除了落在包含居住建築的地段內的改善設施之外，在條約簽署日沒有持有其他改善設施，那麼我認為，他可以把超出的部分，設在該地段之外未被占用的任何一個接壤地段。」即使是在最佳的情況下，要根據聯邦政府即興構想出來的複雜規定，來分配土地依然是很困難的。當居民不願意配合時，實施這個體制更是近乎不可能。喬克托人塞繆爾・科布（Samuel Cobb）便透露他對整個程序的不屑。一名美國官員要他列出自己的鄰居時，他回說「他沒有權利談論他們」。他說，當「他認為問題是對的」，他就會回答，「當他認為問題是錯的」，他不會回答。13

聯邦政府還面臨第二個相關的問題，同樣是源自列舉和標準化的渴望。為了分發配給、囤積補給、評估軍事威脅等，政府希望獲得要逐出南方的完整人數。可是，除了一些有繳稅的印地安人，美國十年一次的普查並未包括原住民族，直到一九〇〇年才會完全計算所有的原住民族人口。因此，戰爭部下令進行特殊普查。但，算人頭竟跟劃分地球表面一樣困難。

戰爭部派了兩個勤勞的官員，埃諾赫・帕森斯（Enoch Parsons）和湯瑪斯・雅培（Thomas Abbott），要求他們到克里克族內完成這項任務。他們要負責列出每個家庭的一家之主以及男女的個別數量，但他們很快就發現，所謂的一家之主和家庭並不容易確立。例如，他們便問戰爭部長，假如一個男人有好幾個妻子，分別住在不同戶，那麼他的每一個妻子都算是該戶的一家之主，因此可以得到一份保留地嗎？如果白人男子娶了克里克女子呢？他是一家之主嗎？需要判定他是不是純粹為了獲得原住民的土地而娶了該女子嗎？畢竟，尼哈・米柯認為，有目的的聯姻是很嚴重的問題。他說，在這種關係裡的白人男子，「我們很討厭，所有的族人都非常不喜歡這樣的人」。那麼，娶黑奴當老婆的克里克男子呢？這算一個家庭嗎？更讓人混亂的是，擁有非洲和原住民血統，又有「黑奴老婆」的男子呢？[14]

這些問題，洩漏了政府內部存在的兩種先入為主的觀念：男性應該被當作一家之主，女性不能；種族決定公民身分。但在克里克族，兩種假定都不存在。契卡索酋長伊許特霍托帕・金（Ishtehotopa King）訓斥傑克森：「『何謂印地安家庭？』這個問題自然比『誰是此家庭的一家之主？』這個問題優先。」他接著說，這個問題的答案，只能從原住民的「習俗和生活方式」中找到，並向總統解釋，在契卡索族（以及克里克族和大部分的南方原住民族）裡，妻子是一家之主，擁有所有的財產。克里克族雖然正在經歷快速的社會變遷，但是仍有許多家庭採入贅制（男方在婚後會搬進女方家庭），而且他們比較不像美國公民那樣如此在意種族。實際狀況對帕森斯和雅培來說，的確充滿困惑。雖然印出來的普查表格上沒有奴隸這一欄，有些克里克人卻擁有一個以上的奴隸。另外，也有不少自由黑人的家庭，似乎「在每一個方面都跟這些人相同，唯一的差異只有膚色」。有個家庭尤其令帕森斯感到迷惘：兩個年輕的克里克孤兒，由一名「黑人女子」照顧，而這名女子又是從屬於他們的。他寫道：「有相當多這樣的例子出現。」[15]

政府的野心和它有限的能力，兩者之間存在著分歧，最明顯的例子莫過於雅培遇到住在相同城鎮、名字也相同的兩個人。美國普查員經常遇到類似的情況，他們原先並不覺得這有什麼大不了，但這次，聯邦政府是要將資源分配給名字一模一樣、住在相同社區的人，而對聯邦政府的辦公職員大軍來說，這些居民是不可不知的資訊。然而，這些居民沒有街道住址、姓氏、出生日期，也沒有熟悉的家庭編組。雅培想出一個荒謬的解決辦法。或許是在開自己玩笑，他說他「帶著典禮般的莊嚴肅穆」，「公開運用適當的權威迫使個人重新取名字」。沒有紀錄指出當地居民對這個笑話有什麼想法。至少，那句笑話，就像他們講到勘查他們土地的美國公民時所說的，這是「奇怪的行為」。[16]

光是克里克族受到勘查的土地就有紐澤西州那麼大，世界上最寶貴的農地有超過八千平方英里都在那裡。為了在克里克族的領土上標示地段界線，勘查員走了大約一萬六千英里，相當於從紐約市徒步來回火地島（Tierra del Fuego）。他們穿越森林、擅闖原住民的農地，拖著一條六十六英尺長的鐵鍊超過一百二十萬次。同一時間，帕森斯和雅培共數出六千戶以上、總共兩萬兩千名左右的克里克人。除外，美國官員也有針對喬克托族（約兩萬個居民和將近一萬七千平方英里的土地）和契卡索族（超過六千個居民和一萬平方英里的土地）進行調查。[17]

• • •

身為查特胡奇農夫銀行的總裁，賽歐特握有十二萬美元的金融資本，而這在有著一千八百個居民的繁榮邊境城鎮哥倫布，仍是很大的一筆數目。這樣的資本額在今天看來似乎無足輕重，在當時卻讓這間銀行成為在一八二〇到一八三六年之間獲發執照的公司中，排名前三的銀行。然而，在將克里克的領土從大小不一的原住民農場，轉變成方方正正的奴隸勞動營的過程中，這樣的數字卻只占了所需金錢當中的一小部分。以每英畝一點二五美元來算，總共約需要兩百七十萬美元，才能買下分配給各個克里克家庭的保留地。要在新獲得的土地上配置五萬八千名左右的奴隸勞工，又會需要更多錢，大約是三千兩百萬美元。喬克托和契卡索族的土地也會需要投入差不多的金額。[18] 誰能提供這麼龐大的資本？

約瑟·戴維斯·比爾斯（Joseph Davis Beers），他在家都被叫做戴維斯，在華爾街（Wall Street）則被稱為J·D。聽說，他是「一個聰明的人」，「像金屬陷阱一樣迅捷」、「像好王公一樣易於親近」。在十九世紀初期，華爾街才剛躍升為美國金融的中心，而他的生涯正好跟著華爾街一起飛黃騰達。比爾斯在康乃狄克州長大，父親是著名的曆書出版商。經營雜貨店一段時間後，比爾斯搬到曼哈頓（Manhattan），那裡就跟他的父親警告他的一樣，「各種邪惡如雨般落下」。他在一八一二年寫到，他那間位於曼哈頓下城東河（East River）河邊的小雜貨店，跟資本較多的競爭對手相比「不是那麼令人合意」，但他還是想辦法存到了錢，幾年後在華爾街三十九號開了一間小銀行。透過辛勤和好運，他最終變成一個「非常富有」的人，他成為了一個加入了三一教堂（Trinity Church）的紐約菁英階級，養育一個住在巴黎揮霍好幾萬美元的放蕩孫子，還在七十九歲娶了小他三十四歲的第三個妻子（家族成員表示，她「成了蒂芬妮（Tiffany & Co）最好的顧客」）。[19]

比爾斯的公司起初販售的是火腿、醃肉、床墊羽毛等不怎麼樣的產品，但是形塑他投資策略的，其實是價格惡名昭彰地容易起伏、大漲時利潤卻又多到令人無法抗拒的南方棉花。

比爾斯和其他的棉花掮客賺錢的方式，就是預付資金給莊園主，交換委託販售下一次收成的權利。跟許多投資者一樣，他基於功利主義，與利益的源頭保持距離，也就是和被束縛在南方鄉村私有奴隸勞動營的幾百萬名免費勞工保持距離。有一次造訪查理頓（Charleston）時，比爾斯大方地給服侍他的奴隸很多小費，或許是想讓自己的良心好過一點，而他的第一任妻子瑪麗（Mary）則忙著讀《新約聖經》和上教堂。當一場少見的冰雪風暴襲擊這座城市時，這兩個紐約客哀嘆這些，住在當地、成為城鎮中大部分人口的一萬五千名奴隸，他們所遭受的苦難。瑪麗寫道：「可憐的黑人，看著他們赤足裸體真叫人心痛。」她表示，有些奴隸幾乎要凍死了，並講到他們驚人的忍耐力和不動聲色受苦的能力，同時有意買下服侍她的年輕女孩，給予她自由。她補充說，「我發現我必須實踐我全部的耐性」，才能不抱怨他們的處境。她靠閱讀威廉．威伯福斯（William Wilberforce）的作品得到慰藉。對一個棉花掮客的妻子來說，這是很值得注意的事，因為不久前剛過世的威伯福斯，他雖然跟瑪麗一樣是個虔誠的基督徒，卻也是知名的廢奴主義者，他的核心思想非常清楚。威伯福斯寫到，奴隸制是「不公義的程度最嚴重，像異端一樣反教和不道德、墮落的地步史無前例、極為冷血殘酷的制度」。[20]

瑪麗和比爾斯在旅途上一起寫信給女兒和女婿時，就像許多有錢的北方遊客一樣，對莊園主既有諸多批評，卻又帶有些許忌妒，因為他們「完全不用去想勞動的事」。瑪麗驚呼：

「噢，你們不知道這些人是怎麼被服侍的！」並強調所有的工作「都是由奴隸完成」。同一時間，比爾斯則日日夜夜在工作，造訪客戶們位於艾許莉河（Ashley River）的莊園，因為此地為南卡羅來納州最大的奴隸勞動營的所在地。瑪麗說，他「把那裡變成另一條華爾街了。」在紐奧良（New Orleans）時，他們對女主人擁有十三個每個價值一千美元的家僕感到驚奇，也很驚訝有人開價四百美元，要買「一個四歲大的小女孩」。[21]

在一八三五年從南方返家後，比爾斯跟紐約的商業領袖，他們在曼哈頓下城的市政廳公園一起主持了一場公共會議。他們擬定一項決議，譴責促使「暴力和分裂」的廢奴主義者和反奴隸制協會（Anti-Slavery Society）。在這項決議裡，這些深陷在奴隸經濟之中的銀行家和商人，他們對奴隸制進行了不慍不火的譴責，為莊園主發表迂迴複雜但堅定的辯護。他們說，他們對奴隸制的存在深感遺憾，但否認這「一定就是不道德的犯罪行為」。他們說，不是所有的蓄奴主「都同樣有罪」，更將因為繼承而得到奴隸的人，和透過「自願行為」得到奴隸的人區分開來。決議的論點變得越來越薄弱，最後來到一個沒有說服力的結論。他們主張，蓄奴主和奴隸之間的關係，「就算任一方都沒有錯、即使雙方都不情願」，從屬關係仍有可能存在，「而且可能在雙方身上施加特殊的義務」。[22]譴責奴隸制卻又不譴責蓄奴的行為，這種笨拙的花招是南方莊園主常用的手法，因此紐約那些把資本投注在奴隸經濟的銀行家和商人，他們會加以運用實在不讓人意外。

當他們把焦點轉移到南方數百萬英畝的原住民土地時，這個從源頭鑽取利益的能力，自是不可或缺。紐約和波士頓在一八三〇年代雖然都是反驅離運動的中心，但既然有機會可以投資原住民的失土活動，華爾街和州街（State Street）的金融家當然要把握機會，因此他們顯然對當地群眾反對聯邦政策的抗議聲浪不為所動。這些北方人相當於南方的莊園主，雖然一方實行奴隸制、一方從事投資，兩者都同樣不在乎原住民和將取代他們的奴隸的命運。

在被迫失根後，一位匿名的喬克托人用詩詞寫下他的經歷，捕捉了許多受害者淒苦的感受。詩詞的主題是失土。作者寫到，美國白人有一個夢：

跟新錢幣一樣閃亮的白日夢，
哎呀，這夢確實跟金錢有關！
不是跟印地安人有關，而是
跟這個夢會毀滅的他們有關。[23]

在接下來的幾年，當比爾斯瀏覽一份又一份土地清單，記錄了他從原住民農夫手裡買到的數千塊土地（鎮區二、範圍四、地段二十三；鎮區二、範圍四、地段二十七；鎮區二、範圍四、地段二十八；鎮區三、範圍四、地段十三等）時，他現存的通信內容裡，已經完全沒有提及那些土地原本的持有者，連帶過也沒有。一切關於原住民的事，「這個夢（都將）會毀滅」。

• • •

假如將驅趕原住民以及改造他們的土地所需要的龐大資本，比喻成兩條不同的溪流，那麼從紐約延伸到倫敦的金融家所組成的網絡，便負責為這些溪流供水。為第一條供水的是位於密西西比州和阿拉巴馬州的銀行業，為了資助土地、奴隸、騾子、犁和種子的購買，而快速成長中；第二條則是數家為了將原住民農夫趕出保留地而創立的合股公司。比爾斯兩條溪流都有投資。

一八三〇年二月，在州政府併吞喬克托和契卡索領土的兩天前，密西西比州大會投票決議，要發照給一間銀行，並發行兩百萬美元的債券以提供營運資本，「賦予農業勞動刺激與活力；賦予商業動力；賦予我們的土地更多價值」——換句話說，就是贊助改造新得到之土地。比爾斯跟國內數個領先的金融家合夥買下整個債券，並在倫敦把密西西比州的債券賣了至少三十八萬八千美元。[24]

同樣地，在阿拉巴馬州，關於州的資本講的永遠都是「棉花、黑奴、土地和金錢」。在一八三二年十一月和十二月的三個不同的法案中，州大會代表阿拉巴馬州銀行發行了三百五十萬美元的債券。州長、該州的財政部長和銀行總裁，他們在寫給比爾斯的信中表示，「針對印地安人廣大土地的持有權」近日已被撤銷，農業與商業將會大幅成長。受委託將債券賣掉的專員附上了自己的評語，預測一旦擁有了克里克人和喬克托人的土地，從莫比爾（Mobile）輸出的棉花在接下來五年，每年都將增加百分之二十，在一八三八年將達到一億三千五百萬磅，但這個數字占了美國總產量的百分之二十七，簡直是樂觀到可笑。他還說，假如契羅基人也被驅離，棉花輸出會增加更多。[25]

除了華爾街的銀行家，阿拉巴馬州的官員也把目光放在歐洲的投資者身上。在寫信給倫敦的霸菱兄弟（Baring Brothers）時，他們直接把矛頭轉向「貴國的有錢人」。他們寫道：「就像所有剛創立的州，我們的有錢人很少，十分需要資本。」最後，J．D．比爾斯股份有限公司（J.D. Beers and Co.），並和它在倫敦的夥伴湯瑪斯．威爾森股份有限公司（Thomas Wilson and Co.）一起買下了整個債券，完成阿拉巴馬州有史以來第一筆數百萬美元的債券出售，同時也是歐洲有史以來的第一筆債券購入。一個倫敦的證券經紀人，他寫信給將美國證券放在西班牙和德國私人投資客手中的金融家，並興奮地告訴這個金融家新的投資機會。在英國，投資者在一八三三年，以超過面值百分之四到十的價格購買債券，資助阿拉巴馬州將原住民農場改造成棉花田。[26]

金融家購買阿拉巴馬州和密西西比州的債券，是希望從原住民土地的改造和隨之而來的經濟成長中獲得利益，而他們投資合股公司則有更明確的目標，那就是直接在原住民的土地上進行投機活動。比爾斯的投資機會來自一封信，是由阿拉巴馬州一位愛耍計謀的莊園主、製造商兼政治家大衛·哈伯德（David Hubbard）所寫成。哈伯德得知，有一塊可以用每英畝一點五六美元的價格，從契卡索人手中購買的兩百四十平方英里的土地。他吹噓「我們的地段，位處於全美最有價值的棉花地上」，並預測地價很快就會「以其他新土地的聚落所不曾有過的速度」上漲。現在只差成交所需的資本了。他用獲取「巨大利潤」的可能性誘惑比爾斯，說這將是「你從來不曾有過的最棒的投機買賣」。他催促他不要猶豫，因為其他投機者已經要把這塊土地買光了，來自喬治亞州和南卡羅來納州的富裕莊園主，也「洶湧而來」要得到這塊地產。一八三五年三月，剛跟妻子從南方之旅回來的比爾斯，他馬上跟其他六名投資者一同創立了紐約與密西西比土地公司（New York and Mississippi Land Company）。[27]

比爾斯的公司，是在華爾街和州街創立的數家相似公司的其中一間。這些公司的名稱通常取得很直接，會點出金融資本的來源和投資的目標。除了紐約與密西西比土地公司，還有波士頓與密西西比棉花土地公司（Boston and Mississippi Cotton Land Company）、波士頓與紐約契卡索土地公司（Boston and New York Chickasaw Land Company）、紐約密西西比與阿肯色土地公司（New York, Mississippi, and Arkansas Land Company）、美國土地公司（American

Land Company）、契卡索土地公司（Chickasaw Land Company）、阿帕拉齊科拉土地公司（Apalachicola Land Company）和佛羅里達半島土地公司（Florida Peninsula Land Company），而其中，最後這兩間把目標放在佛羅里達領地內的塞米諾爾族土地。公司董事會都是由顯赫的銀行家所組成，創造出觸及紐約和波士頓大部分金融機構的緊密投資網絡。舉例來說，波士頓與密西西比棉花土地公司的董事會成員，就有富爾頓銀行（Fulton Bank）、招商銀行（Merchants' Bank）和商業海上保險公司（Mercantile Marine Insurance Company）的總裁。這些人也在海洋保險公司（Ocean Insurance Company）、製造商保險公司（Manufacturers' Insurance Company）、翠蒙火災和海上保險公司（Tremont Fire and Marine Insurance Company）及薩福克銀行（Suffolk Bank）擔任董事。[28]

這些土地公司是集結資本的媒介，可以擠掉競爭對手，並有效地將被驅離者跟他們的土地分開。資本額有十三萬美元的紐約與密西西比土地公司，很快地就將股份增加到三十三萬兩千美元，接著又提高到五十萬美元。美國土地公司和路易斯安那、密西西比、阿肯色及密蘇里土地公司，都各有一百萬美元的資本額。據稱，有一間公司的專員，他到南方遍尋出資者認購發行量高達四百萬美元的股票。這驚人的金額當然是誇大了，但是鼓勵認股的理由卻很正確：「犧牲可憐的原住民」以便壟斷這個地區。若把這些資本額的數據放在更廣大的脈絡下觀看，在一八二〇到一八三六年間獲發執照的四千家公司當中，紐約與密西西比土地公司排名為前百分之十，而那兩家資本額一百萬美元的土地公司，則名列前百分之四。[29]

在一八三五年三月，紐約與密西西比土地公司雇用了一個可信任的金融家約翰．波頓（John Bolton），把他調到密西西比州負責監管公司的投資。約翰．波頓前往南方，在大雨和淹水的沼澤之中，他完成了令人筋疲力竭的旅程，最後終於抵達位於今天密西西比州北部的龐托托克（Pontotoc）。這座新興城鎮，近期以契卡索領土內的一間酒館為中心發展出來，住著想要快速致富的投機者、律師和商人。這位紐約客對龐托托克的印象不怎麼好。他簡陋的住處是一間裝有木煙囪的小木屋，裡面的擺設包括充當桌子的箱子，以及用稻草鋪成的床。玉米麵包、奶油、牛奶和培根雖然美味，但他抱怨咖啡「鑾苦的」。此外，他是在六月寫下紀錄的，那時的天氣「真的很熱」。[30]

不過，那裡的土地棒呆了。約翰．波頓在阿拉巴馬州跟哈伯德的妻子碰面時，對方向他承諾「利潤會很龐大」，他完全看得出來。他說，這個地方很快就會有人來拓居，包括「富有的莊園主和他的一幫黑奴，還有仰賴自己和家人進行勞動的那些人」。約翰．波頓預測，這個地區的棉花產量，很快就會超越其他地方最好的棉花田的產量。「極為肥沃的黑色」土壤，讓他十分震驚，他說他「從不曾看過這麼大一塊的優越土地」。那些證實該地區肥沃程度的硬木，長得十分巨大，包括樹幹直徑達五英尺的老橡樹。約翰．波頓不僅呼籲要投入更多資本在這裡，也將自己最初投資的一萬美元提高一倍。[31]

克里克人、喬克托人和契卡索人雖然在不一樣的地形上進行農耕，像是河谷、丘陵和開闊的草原地帶，但是毫不意外地，他們也都偏好美國投機者和莊園主也喜歡的肥沃地區。事實上，這裡有一些驚人的連貫聚落模式，已經延續了好幾個世紀、跨越了許多不同的文化。「黑色草原」（Black Prairie，又稱黑土帶）這個地區，尤其引起入侵者的注意。那是一長條肥沃的黑土地帶，穿過了克里克、喬克托和契卡索族的領土。約翰．波頓發現那裡散落很多牡蠣殼，有一個甚至大到可以盛裝將近一公升的水。這些都是兩千三百萬到一億四千五百萬年前，在白堊紀和古近紀時期海洋覆蓋這個地區後，所遺留下的化石遺跡。[32]這裡的土壤鈣含量高，之後將為莊園主帶來很大的好處，因為棉花特別需要吸收大量的鈣做為營養。

吸引莊園主前來南方的原住民地區的原因，不只有地理因素。如同他們自己承認的，他們在前幾十年已讓喬治亞州和南北卡羅來納州的土地瀕臨枯竭。現在，他們可以用密西西比州「新鮮肥沃的土壤交換貧瘠耗竭的土地」。哈伯德向比爾斯保證，「喬治亞州和南北卡羅來納州那些枯竭地區的棉花莊園主，非常渴望得到」原住民的土地。等交換土地的時候到了，投機者也使用了同樣的話術。賽歐特在《哥倫布調查員》的版面上宣傳：「我們很有自信地推薦棉花的種植者捨棄自己枯竭的土地，及早為自己買下家園，以免新國度的最後一塊地被人買走後定居下來。」[33]

大量證據證明，原住民種植玉米也是在耗竭他們的土地，但他們跟美國公民有三個相異點。第一個相異點純粹跟數字有關，因為原住民人數較少，他們給土地的壓力自然較小；第二，大部分的原住民農夫，沒有從事如同種植棉花的集約農業。跟原住民族積極種植的桃子和蘋果不同，棉花屬於全球市場的作物，每個種植者盡可能地努力生產越多棉花越好，需要時用上奴隸勞工，好將收成以最高的市價賣出，而販賣的目的全都是為了買更多土地和奴隸。不用說，這樣的做法對土地或奴隸都不好。此外，這也有很高的風險。國際價格的起伏，可能使農夫耕種的作物變成一文不值，無論產量多好也養不起一家子。除此之外，單一作物種植也讓農家容易受到乾旱、病蟲害和自然災害的影響。只有極度有勇無謀或貪得無饜的原住民農夫，才會把財富賭在這種作物上；第三，雖然有些土地對美國莊園主而言是荒地的地帶，對原住民農夫來說卻是珍貴的資源。森林與草原、農地和樹林之間的畸零地和以前的田地，不僅是獵物的棲息地，也會生長黑莓、桑葚、柿子等有用處的植物。天然採集的植物占了原住民飲食很大的一部分，從喬克托人為夏季月份取的名稱就能看出：桑葚月（hash bihi）、黑莓月（hash bissa）及擦樹月（hash kafi）。黑色草原夏天時盛產野莓，並在原住民於秋季把草燒了之後，長出大量野菇（約翰．波頓因為無法抵抗野莓的誘惑，有一次吃了太多，出現「膽汁方面的病症」）。[34]原住民農夫保留了多元的地貌，美國的種植者卻派奴隸整地、耕地、全部撒上棉花籽。

將黑色草原改造成栽種單一作物的農地，並將長久居住於此的居民趕走，這些行為並沒

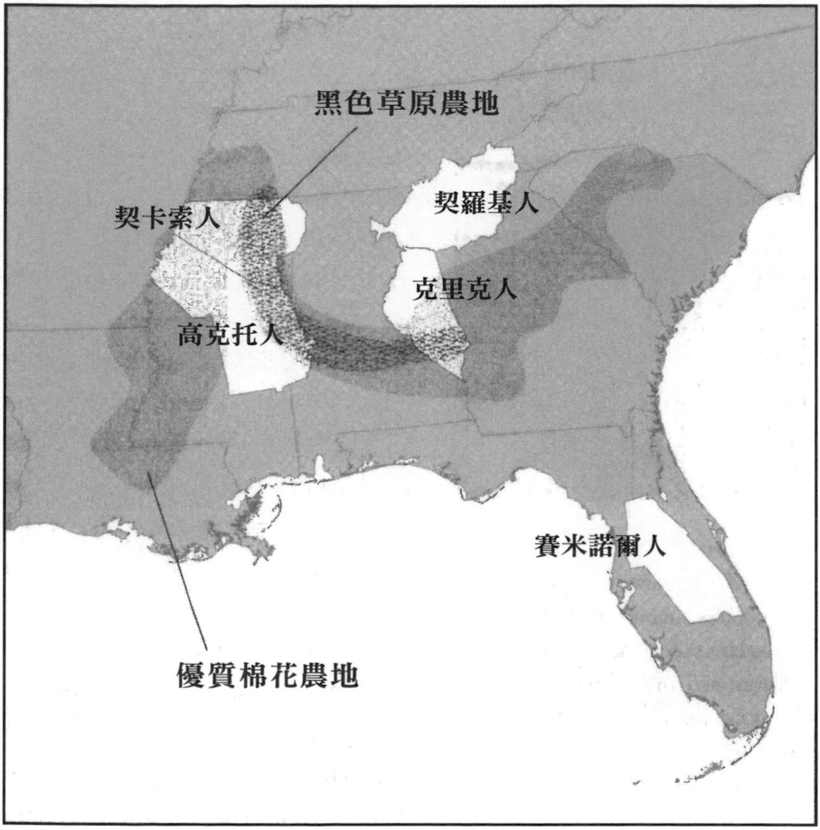


**圖十**　南方最肥沃的農業用地「黑色草原」穿過了克里克、喬克托和契卡索人的領土。

有讓投機者感到困擾。一群銀行家和政治家在密西西比州的納奇茲（Natchez）集會時，賀道：「文明的曙光，現在在那裡的地平線上散發光芒。」他們對原住民的命運就沒這麼樂觀了，但他們認為這是所有可能的狀況中最好的一個，人人都能是贏家。他們閃爍其詞地說：「倘若有辦法文明化，在新家等待著印地安人的，將是多麼光榮的命運。」有利可圖的前景勝過了一切。一個對此事充滿熱忱的人，告訴從他州前來投資的投資客，契卡索族的土地是「全世界最棒的棉花地」。約翰．波頓在龐托托克看見了一名北卡羅來納州的莊園主，帶著一千五百個奴隸準備前往原住民的土地時，不禁感到興奮不已。約翰．波頓這位蓄奴主誇說，把卡羅來納的土地賣掉後，莊園主們很快就會再帶一萬個奴隸抵達。[35]

・・・

當投機者和莊園主殷切期盼著，太陽在無窮無盡由數萬奴隸耕作的棉花田上方升起的那天，原住民則盡力延誤這病態文明願景的到來。喬克托詩人寫到，投機事業出乎意料地「艱困」。他仿效那些一邊蓄奴、驅趕原住民，又一邊宣揚自由主義的白人的口吻，說「印地安人」因為「動身速度極慢」，給殖民者的「自由」重重「擊了一記」。事實上，根據條約所說，喬克托人和克里克人根本不必離開（反之，契卡索人必須賣掉他們被分配到的土地才行）。有好幾千個喬克托和克里克農夫表示，他們打算留在東部的家園，成為州的公民。克里克族的尼哈．米柯，他為原住民留在南部的決定提出了一個解釋，說他們「年邁的父母」懇求他們「留在生育我們、埋葬親屬骨頭的土地上，這樣當他們死了以後，彼此的骨灰就能混合在一起。」尤霍羅也證實了這點：「我們的族人仍痛恨要跟一切重要事物——也就是親戚的墳墓——分開的這個概念。」一個自私的喬治亞人對他們的感傷表示嗤之以鼻。他寫到，克里克人的代表說，「他們要死在祖先的墳塚之間，他們要倒在圍欄的角落，用他們的屍體給土地施肥」，很懷疑這些話有哪些是真的。[36]然而，對家鄉和祖先的情感，在原住民的社群裡是真摯普遍的事。

喬克托人和克里克人願意成為密西西比州和阿拉巴馬州的公民，也有現實的原因。其中一個原因是，他們熟悉這片土地，知道魚都生長在哪裡；最好的土壤在哪裡；要去哪裡狩獵；哪些植物可用作醫藥、食物、布料和染劑，這些全都是生存必備的知識。考古學家努力修復在一座克里克城鎮找到的植物遺骸，並列成一份清單，從中就能看出原住民所運用、仰賴的植物有多麼多樣：

玉米
甜茅

藜（野生種）
蓼
商陸
馬齒莧
大戟草
賽葵
皂莢
野生西番蓮
黑莓／覆盆莓
莎草
山核桃果實
山毛櫸果實[37]

今天，很少有美國人能辨識這份清單上的植物，但是在十九世紀初，原住民很熟悉這些植物，而且每一種的用途都非常豐富。

放棄這片土地，讓世世代代累積起來的動植物知識變得毫無用處，會帶來極大的風險。

有一份研究判定，在七百三十九種對契羅基文化具有重大意義的植物中，像是維吉尼亞松、沙山核桃、黃花菸草、侏儒人蔘、美國甘松、白毛山薄荷等等，有超過百分之三十在印地安領地是找不到的。只舉一個例子就好：巨竹。這種植物在奧克拉荷馬州的數量，比在東南部少上許多，因為奧克拉荷馬州是巨竹在西邊的生長極限。南方原住民拿它來蓋屋、建造圍籬、做為飼料、製作捕捉動物和魚類的陷阱、用種子磨粉、製造家具、編織蓆墊和籃子、製造樂器、製作舟筏，以及治療各種病痛。在歐洲人的武器出現前，他們還用它製造武器和盔甲。在西方，少了這個如此重要的材料，原住民將被迫重建自己的生活。[38]

除了有根據地害怕自己會在西方餓死（後來確實發生這樣的事），前往西方的旅程本身也讓原住民擔心。這一路上高達百分之三到百分之十的死亡率，從位在第十七街和G街轉角的總代理辦公室來看，跟從克里克領土內的歐蒂西鎮（Ottissee）來看，是很不一樣的事。在這座城鎮的廣場上，由三百八十九位鎮民議論著，西部的生活可能更好的這件事，是否比他們之中可能有數十人下個月就會死在路上的這件事還重要。在為期數週的旅途中，除了要通過不友善的美國聚落、前往未知的目的地，還要冒著可能會死亡，或是看著孩子或父母死亡的風險，這一切都減弱了他們逃離南方各種煩擾的慾望。

最後，他們還得考量到遷移會帶來的政治與法律後果。如果搬遷，他們擁有土地的權利，會像戰爭部長和其他政府官員保證的那樣比較牢靠嗎？原住民酋長對此深感懷疑。喬克托酋長彼得・皮奇林說：「我們在那裡得到的權利，絕不可能跟我們在這裡擁有的權利一樣鞏固。」克里克酋長也很懷疑，比起他們在現有的土地上收到的可靠承諾，他們的「白人兄弟」能「給予更確定且正向的保證」嗎？難道說，有比條約更有力量的另一種合約形式存在，可給予他們針對西部領地無法被打破的所有權？如果真的有，他們不知道那是什麼。約翰・羅斯再三提出這一點，說搬到西部「不安全」。39

結果，貶低原住民酋長的能力，原來比抨擊他們的感傷還要容易。美國官員堅稱，不能信任原住民會講道理。印地安事務局局長麥肯尼，他在被傑克森炒魷魚之前，曾做了一個很勉強的比喻，說原住民就像繼承了會鬧出人命的宅邸的「小孩」，為了他們好，必須強迫他們離開。小孩需要「受到照顧，需要有人給予建議和指令」。《契羅基鳳凰報》輕蔑地說，那些假裝對這個主題有著「優越理解和知識」的偽專家，總是不厭其煩提供他們充滿父權主義的建議，反而很明顯地，透露出了聯邦政府的終極目標：「擺脫他們，讓他人可以奪取、瓜分他們的財產。」克里克族的酋長也得到相同的結論。他們「緩慢而勉強地」下了一個結論，圓滑婉轉地說，他們的「白人朋友」所提供的建議是「奠基在謬誤之上」，美國官員不僅低估了西遷會帶來的後果，也高估了留在原地會付出的代價。40

聯邦政府將密西西比河以東的原住民加以驅離的計畫，已經進入第四年，對於原住民會自願離開，以及驅逐行動可以井然有序的幻想也已經破滅。政府在一八三〇年進行辯論時，所承諾會提高原住民的生活水準、拯救原住民的話，現在都成了遙遠的往事，就連從來沒有停止推廣西方烏托邦殖民地的麥考伊，他也必須承認，隨著時間過去，人們「對印地安改革這件事漠不關心的程度，令人訝異」。美國官員對於原住民會自願離開家園的期待，漸漸轉變成挫敗與憤怒，但他們不責備自己不切實際、資訊不實的政策，而是把問題怪到受害者身上，說「他們對自己的利益視而不見」。[41]

在原住民看來，美國政府資助數年的大規模驅逐行動，只是更加證實了他們的懷疑。西部的土地沒有像他們承諾的那麼好；美國不會實踐條約內容，彌補他們因為割讓東部大量土地得到的損失；驅逐行動籌畫得很差，甚至常常是致命的。被驅離的人跋涉通過了冰冷的沼澤，在霍亂時期倖存下來，最後卻來到出產瘧疾的國度，聯邦政府保證可以得到的配給也損害嚴重。這些種種因素，自然使他們無法推崇美國的這項政策。契羅基人遠遠觀察這一切，十分肯定「政府和政府官員意圖戲弄」他們，讓他們失望，認定美國是想把他們送到西部，「隨心所欲」對他們做任何事。契羅基人說：「他們一邊看著我們受苦，一邊哈哈大笑。」一名契羅基人用一句話，總結了招募移民的美國官員所提供的交易：「我給你錢，你要讓我殺了你！」[42]

當挫敗的戰爭部官員，和心意已決又不信任官員的原住民，雙方互相僵持不下之時，華爾街的金融家出面了。一位阿拉巴馬州的律師約瑟・鮑德溫（Joseph Baldwin），他回憶起一八三〇年代時，帶著既不贊同又歡欣的語氣大呼：「印地安事務呀！光是提到這件事就讓人浮現偷竊的詩意，是一段瘋狂詭異的竊盜羅曼史！」他說，原住民「遭國家」欺騙，被送去密西西比河、剝奪到「一絲不掛」，並敬祝原住民「哀嚎進入西部荒野時能夠一路順風」。這十年是「破布帝國」（Rag Empire）的時代，人人「有信用卻沒資本、有事業心卻不老實」。約瑟·鮑德溫判斷這是「某種金融生物學」（financial Biology），使得人人都著迷於投機熱潮。他寫道：「只要讓大眾相信骯髒的破布是錢，它就是錢。」[43]

美國公民受到「處女地」、廉價奴隸勞工，和容易獲得信用的承諾所誘惑，湧入喬克托、契卡索和克里克族的土地，數量多到道路直接在人流之下瓦解。以每英畝一點二五美元的價格買下的原住民土地，很快就賣到每英畝三十或四十美元的價格。地價「如黑煙般上升」，讓原住民深陷火焰之中。投機者開始搬入克里克族的土地後不久，尼哈·米柯說：「我們過去六個月都生活在火裡。」[44]長久居住在南方的原住民很快就發現，自己被不斷增長的詐騙、欺瞞與暴力之風暴給吞噬了。

chapter

# 8

# 「一群愛耍計謀的投機者」

紐約人把約瑟．比爾斯看作曼哈頓的顯赫居民之一，他是「高貴的聖公會教徒」和天賦異稟的商人，擁有這座城市最有價值的房地產，包括聯合廣場（Union Square）上的三棟房子及中區（今天無線電城音樂廳〔Radio City Music Hall〕的現址）的多棟房子。一個家族成員說，他的「言行，都是一致的基督徒作風」。同樣地，在喬治亞州的哥倫布，賽歐特雖然有些不太光彩的過去，卻也享有「卓越」的聲譽，是當地的顯要人物和律師公會的成員。一名律師同業稱他是「世紀大人物」。[1]

然而，克里克人鄙視這兩個外人。在那些騷擾尤霍羅家園的「冷血之眾」當中，比爾斯和賽歐特是最土匪的兩個人。尤霍羅這位克里克酋長氣憤地說：「透過我們雙手的辛勞而變得有價值的家園，被一群愛耍計謀的投機者奪走。」他們是「如此凶猛」，沒有人可以安然無事地走過他們身邊；他們搶奪克里克人的土地時是如此堅持不懈，好像被魔鬼上了身似的。他繼續說道：「無助的寡婦和孤兒，以及年邁生病的父親，都是他們貪欲的受害者。」尤霍羅此番話的意象，取自〈馬可福音〉（Book of Mark）一段將殖民者喻作魔鬼，並常被詮釋成反殖民寓言的文字。在這裡，這位克里克酋長把羅馬帝國改成美國、羅馬軍團改成美國軍隊。不是只有他認為一八三〇年代晚期的投機熱潮類似某種中邪的現象，因為部分美國公民，他們也把這狂熱過頭的市場歸因於「催眠的影響」。一名美國官員說，那些投機者「很貪婪」，「拿走眼前的一切」、「吞噬骸骨」。[2]

那些投機者的確是像食屍鬼一樣，在壁爐都還沒變冷之前，就趕著占有原住民的農場，在飢腸轆轆的原住民家庭待在南方的最後一段絕望時期劫掠他們。尤霍羅宣稱，他們不只偷走了田地、房屋和玉米糧倉，連死人也偷：「在我們居住的土地下方，躺著我們的先父、子女、妻子和親屬的遺體分解的桶子殘骸。」一個失去土地的克里克長者「十分悲憤」地說，「我要留在這裡死去，白人可以用我的頭骨當杯子。」這並不是黑暗的想像而已，因為先前確實有骨相學家造訪他的村莊，挖出幾具遺體，把頭蓋骨帶走。有好幾個喬克托、克里克和塞米諾爾人的頭蓋骨，最後被納入知名科學家塞繆爾·莫頓（Samuel George Morton）位於費城的收藏，讓他提出「高加索人種」（Caucasian race）比其他人種更優越的論點。倘若這些投機者不是被魔鬼纏身，至少也是被貪念吞噬。契卡索酋長詹姆斯·柯爾伯特（James Colbert）用一個字形容他們：「資本主義者。」

投機者使用的驅離手法，在各個族都不盡相同，但是卻帶來同等的毀滅。以喬克托人為例，《舞兔溪條約》列出了多種有權利獲得保留地的人：希望成為密西西比公民的喬克托人；他們十歲以上的子女；他們十歲以下的子女；喬克托族的「酋長」；耕作面積超過五十英畝的人；耕作面積介於三十到五十、二十到三十、十二到二十、二到十二英畝的人；「特定的人」（像是羅伯特・柯爾〔Robert Col〕上校、約翰・皮奇林〔John Pitchlynn〕、歐菲霍瑪〔Ofehoma〕等）；上尉；孤兒。這些類別雖然繁瑣，但顯然還是不夠，因此在雙方簽訂條約的隔天，他們又同意進行增補，為更多人安排保留地。驚人的是，這份匆匆協議出來的條約，雖然詳細列舉了各種類別、例外和保留，卻沒有清楚說明不會進行分配的土地的事宜，也就是指那些多達一千萬英畝，總共占了今天密西西比州三分之一面積的喬克托族土地。毋庸置疑地政事務辦公室會將這片土地拿去拍賣，可是得到的收益要怎麼辦？後來跟俄亥俄州的塞尼卡人、秀尼人和渥太華人以及密西西比州的契卡索人所簽訂的條約，都有明確說明，在扣除掉各種支出後原住民會得到剩下的錢。然而，《印地安人遷移法案》通過之後，第一個簽署的《舞兔溪條約》卻沒有這樣的規定。一直要到一八八六年，《舞兔溪條約》簽署的五十年後，最高法院才判決出售土地的收入應屬於喬克托人。[3]

美國忽視了條約上大部分應盡的義務，但是對其公民來說真正重要的事情卻不曾怠慢，也就是割讓喬克托族的土地和驅離喬克托人。[4] 美國政府自己承認，有一千五百八十五個喬克托家庭試圖選擇保留地、成為密西西比州的公民，他們總共可得到兩百到三百萬英畝的土地，結果因為美國官員威廉．華德的無能和壞心，只有一百四十三個家庭得到土地，共計十四萬零兩百四十一英畝。在條約的其他類別下，有權利獲得五十七萬八千九百六十英畝土地的喬克托人，最後也只得到十九萬三千八百六十英畝。5

投機者湧入這個地區。沒有一塊土地在他們的掌握之外，就連屬於喬克托農夫的牛群也是。投機者跟把事情交給兒子全權處理的威廉．華德串通，計畫「幾乎是一毛錢也沒給」就買下這些家畜。一個熟人說：「威廉．華德告訴我，他兒子是個浪子，但上校也說，他覺得他能做好職責。」喬克托人拿到牲畜的估價證明時，入侵者也把握機會從中進行投機。還有一些人想讓印地安人也變成自己的所有物，這個想法，屬於提供法律服務給失土者來交換土地的計謀的一部分。在其中一個這樣的行動中，他們多次「收集印地安人」，要將「隸屬」的人進行編目。當入侵者為了誰「有權得到」哪些家庭而起爭議時，一個參與謀劃的人「同意接受他的那三十二個，其他人也接受他們的部分」。又有一些投機者直接跟喬克托人購買保留地，預付五塊或十塊，承諾等總統准許交易後會付清剩下的一千或兩千美元餘額，如同條約所規定的價碼。然而，等到喬克托人要求付款時，這些投機者已經輾轉買賣這塊土地好幾次，最初賒欠喬克托地主的買家早已消失不見。6

這股熱潮中最龐大的獎品，就是大小跟麻州一樣大的喬克托土地。共和國在剛成立的四十年間設計了一套系統化、有條理的公地拍賣程序，並由地政事務辦公室負責執行。聯邦政府規模小但志氣高的官僚體系成員（稱作「登記員」），則從各地的事務所監督整個流程。喬克托土地的拍賣，將在密西西比州的沙路斯山（Mount Salus）、裘朱瑪（Chocchuma）和哥倫布進行，這三處平時不怎麼重要的地方，在地政事務所開始營業後，都變得熱鬧不已。拍賣日當天，公告員會宣布開放販售的鎮區，投機者喊出自己的出價，贏家接著要到窗口遞交申請。登記員把文件放進箱子裡，然後查看一張地圖表，在相對應的土地寫上一個「S」，表示已經出售。之後，收款人收下款項、寫好收據，在皮革本子上記錄金額。[7]

跟聯邦政府驅離計畫的許多面向一樣，拍賣土地的實際程序，跟規定的程序很不一樣。有的申請文件不見了，有的地圖標示位置錯誤，有的銷售和支付紀錄對不起來。有些錯誤是辦事不力或粗心大意所造成。有一間事務所的收款員常常喝醉，無法做事，還有一間事務所的收款員病得很重，無法完成文書工作。然而，其中有很多錯誤其實是詐騙的成果。「詐欺人士」成功拿到登記員的地圖，把一些土地標示成售出，讓他們可以在之後透過「私下管道」，在沒有其他賣家跟他競爭時買下土地。為了阻止這種事，裘朱瑪的登記員設置了「密閉書桌」，但是投機者還是繼續偷偷摸摸在地圖上做記號。還有一些投機者下標後拒絕完成付款，然後在拍賣品被沒收後，透過私下管道，以較低廉的價格購買同一塊地。[8]

這群投機者使用一個更簡單、屢試不爽的策略，侵吞絕大多數的土地：他們彼此串通。

一八三三年十月，拍賣會在密西西比州開幕時，一個很有野心的律師、之後會當上美國參議員的羅伯特・沃克（Robert J. Walker），他在距離地政事務所幾公尺遠的小酒館，集結了一些投機者，說服他們成立裘朱瑪土地公司（Chocchuma Land Company）。由於缺少競爭出價者，地價隔天馬上就跌了百分之三十。羅伯特・沃克聲稱，透過刻意降低價格，他保護了一般的白人百姓，也就是那些「用自己的血將密西西比的土地浸濕」的堅韌農夫，同時保衛該州不受「狂喜的野蠻人」侵害，這讓他有「說不出的喜悅」。他坦承，在這些利他的活動當中，他的確也讓自己得到「很多土地」，但他堅稱自己對利益沒有興趣。然而，從他一輩子追求財富的行為來看，就知道這個說詞是假的。其他合夥人就比較坦率了。該公司的一名成員兼國會議員吹噓說，他來裘朱瑪的時候身無分文，離開的時候卻帶了四萬到五萬美元。這間公司總共買下了至少三百七十六平方英里的土地，幾乎是該州百分之一的面積。[9]

在喬克托族各地，家家戶戶努力抵禦掠奪者，但在每一個入侵者的背後，都有龐大的政府作為靠山，包括當地的警長，以及美軍和軍隊總司令——美國總統。許多喬克托人一邊耕作土地，一邊錯誤地以為印地安專員威廉・華德有把工作做好，他有將他們的名字記錄起來，並確立他們的所有權，就像條約要求的那樣。結果，地政事務辦公室卻把他們的地，拍賣給白人農夫和莊園主，讓白人拿著鞭子來索要自己的財產。明戈霍瑪的經歷並不少見：他的社區有兩百人跟威廉・華德進行登記，但是在一八三三年，美國官員卻下令他們西遷。明戈霍瑪憶道：「他們說他們會抓住小孩，像豬一樣把他們的腳綁起來、丟到馬車上，並在後面驅趕大人。」這些家庭逃到沼澤裡，一群白人抓住明戈霍瑪，將他囚禁。他逃跑後，喬克托人回到自己的土地上，但是幾年後又被趕走。[10]

在一八三七年，為了安撫喬克托人並粉飾自己的過失，聯邦政府首次（後續還有數次）發出委託，要調查威廉・華德失職的行為，並給予失土者可用來購買阿拉巴馬州、密西西比州、路易斯安那州和阿肯色領地公地的憑證作為彌補。這些憑證建立了另一個貪腐的市場。一個投機者寫道：「只要審慎處理，就可以用二十五到五十分美元的價格買到大量憑證。」他估計，憑證最後將可以轉換成九十五分美元的現金。他可以賺兩倍、甚至三倍的錢。[11]

到最後，這些憑證沒辦法對龐大的土地竊取做出什麼彌補。然而，聯邦聘任的人員，倒是訪問了數百名喬克托人，記下了無數個悲慘的失土故事。失土者被一群不友善的外族人口所圍繞，只有兩個選擇：跟其他喬克托人一起避難到密西西比州的邊緣地帶，或者可能身無分文且孤身一人地展開西遷的危險旅程。[12] 六十五歲的婦人伊瑪卡（Immaka），她跟三個成年的孩子住在一起，後來有個白人在她家附近蓋了一間房子，犁地犁到了她家門口。她還住在裡面時，那個白人將她家的板子橇開，逼她逃到「一棟老舊的廢棄房屋」，靠一小批玉米生存。被形容成「頭髮斑白的獨眼老人」的歐卡拉爾契胡畢（Oakalarcheehubbee），她則是待在家裡，直到希拉姆・沃克（Hiram Walker）用鞭子把他趕走。接著，希拉姆・沃克派他的十五名奴隸在這塊地上幹活。五十歲的伊樂諾瓦（Illenowah）原本跟妻子和三個小孩住得好好的，一個名叫麥卡蒂（McCarty）的白人卻在他家隔壁蓋了一棟房子，把他趕走。一個被說成「年老體弱」的婦人歐克秀薇娜（Okshowenah），她在條約簽訂之時是個寡婦，所有的孩子當中只有一個沒有西遷，但她繼續留在喬克托族的土地，直到後來一名男子在她的房子四周犁地，將她圍住。她逃跑了，在一八三八年準備西遷。一個親戚說：「我不認為她能安全抵達那裡，因為她真的很老了。」[13]

失土時時刻刻都有可能發生。伊利圖畢（Elitubbee）原先跟妻子和八個孩子一起住在喬克托族的土地，但是在一八三五年，他打獵回來後竟發現一名白人女子已經跟她的兩個小孩搬進他家，並耕作他的土地；阿博塔亞（Abotaya）也一樣，他跟妻子、岳母出門打獵，回家後卻發現一個叫做吉布森（Gibson）的男子在他家；一名年長的寡婦秀凱歐（Shokaio）也是，跟兒子外出打獵時，一個白人拆了她的房子，並用拆下來的木頭建造馬廄和玉米糧倉；契帕卡（Chepaka）也在探視父親後，回家發現約翰．皮烏斯（John Pyus）已把他的住家變成馬廄。這些入侵者毫不留情。病重將死的西尤卡契（Hiyocachee），他因為生病而搬到附近，由親朋好友照顧，但同時一名白人卻搶了他的土地，趕走他那即將成為寡婦的妻子；亞拉胡畢（Ahlahubbee）在拜訪親戚時，一個白人搬進他的家，逼迫他「極為悲憤」的家人離開，甚至規定他們只能帶走衣物，其他什麼也無法帶走。他們在附近蓋了一間房子，但也被趕了出去。一個目擊者說，亞拉胡畢似乎「要哭出來了」。在一八三四年八月，彼得・皮奇林的親戚，經過他以前在密西西比州常去的地方時，不禁陷入「沉思」。他說，那片土地「一如往常地自然」，但是他時常去的那個地方，曾經是禮儀和社交中心，總是載歌載舞，現在卻荒廢了。他說：「我看不見喬克托人討喜的面容，只有這裡或那裡，時不時可以看得到人。」大大小小的原住民農場已被棉花種植園取代，而喬克托人也已被白人莊園主和他們的奴隸取代。彼得・皮奇林從另一個人那裡得知：「自從你離開後，這個地方發生很大的改變。假如你回來這裡，你將在自己的家鄉變成一個陌生人。」[14]

• • •

而在契卡索族的土地上，原住民沒有留在密西西比州的選擇。投機者透過兩種方法買地，他們可以直接跟契卡索人購買，因為契卡索人每人可視家庭的大小，分得一到四個地段的暫時土地（一個地段等於一平方英里）；或者，他們可以在地政事務辦公室的拍賣會標下「契卡索領土剩餘的土地」，也就是沒分出去的土地。政府同意，在扣除勘查和販賣土地，以及驅逐這些土地的居民所需花費的支出後，地政事務辦公室將代表契卡索族，使用剩下的拍賣所得。[15]

詹姆斯・柯爾伯特表示，在分配土地這部分，投機者使用能想得到的「所有詭計」，利用契卡索人的「無知」。但，他們能成功不是因為他們很足智多謀，比較是因為他們很冷血無情。用金錢交換土地這件事，從很多方面來說都對投資者較為有利。即將到來的驅離，迫使契卡索人在短短幾個月的時間內快速賣掉土地，而且很多人在賣地的過程中，都沒有充分了解控制買賣的條約細節。大部分的人都看不懂他們簽下的契約，也不能理解用英文寫成的法律行話。此外，當投機者違了法，他們也無從求助，因為美國派任的契卡索專員班傑明・雷諾茲（Benjamin Reynolds），只要自己能得到好處，便很樂意寬容這些情事。詹姆斯・柯爾伯特說，投機者「把條約當成白紙一樣，毫不在乎」。投機者跟牆頭草的「混種」（這是詹姆斯・柯爾伯特說的）聯合起來，要求契卡索人當場把地賣了，簽下空白房契，換得五或十美元的預付金。雷諾茲因為跟土地公司建立了互利關係，如果遇到猶豫不決的原住民農夫，他時常會強迫他們賣地。他不是單方面認定他們沒有行為能力，然後以極低價處理掉他們分得的土地，要不就宣稱他們是「霍亂案例」，完全不讓他們賣地，使他們「緊張不已」，直到他們同意折價。一個評論雷諾茲的人說，他被任命為美國專員時「非常窮」，卸下職務時卻「極富有」。這些勾結得來的收益，可以用奴隸數量來換算：雷諾茲在一八三〇年擁有兩個奴隸，十年後擁有二十一個。16

根據聯邦政府的計算，契卡索人賣了三千五百四十六平方英里的土地，總價三百八十萬美元，平均每英畝一點七三美元，但這個官方數字是假定農夫都有拿到所有的款項，不只是最初的那五或十美元預付金。此外，這些交易通常是以紙幣支付，而紙幣的交換價值，卻會根據發行銀行和國內經濟的健壯程度，出現很大的起伏（美國在一八六〇年代改成單一國家貨幣以前，大部分的生意都是用地區性的鈔票進行）。當一八三七年美國的金融市場崩壞時，契卡索人擁有的那些紙鈔幾乎毫無價值。比爾斯的合夥人哈伯德在龐托托克埋怨：「他們不斷要求硬幣。」他接著又說：「我真的很惱怒，所以我應該不久後就要離開這裡，直到這些可憐的生命搬到西邊為止。」17

除了個別買賣，在一八三六年，地政事務辦公室也開始拍賣六千七百四十五平方英里「剩餘」的契卡索土地。在龐托托克，也就是拍賣的地點，陌生人湧入方圓數英里之內的每一間房子，莊園主爭相跟土地公司購買地段。一個參與者吃驚地說，這簡直是「瘋狂的投機活動」。由於契卡索酋長知道在喬克托土地拍賣會上的買家如何互相串通，因此他們堅持條約增加一個條文，要求總統「盡其所能防範類似的合作」。但該條文完全沒有任何效果。理查·波頓（Richard Bolton）說，紐約與密西西比土地公司，和波士頓與密西西比棉花土地公司，兩方達成了「對雙方利益至關重要」的「良好共識」。理查·波頓的叔叔要他「謹慎沉默」，不要洩露任何不法活動，但又宣稱沒有人被蒙騙。一個觀看著這一切發展的人，厭惡地說，「資本主義者和公司」聯手起來創造獨買壟斷（只有單一買家）的情形，強迫被驅逐

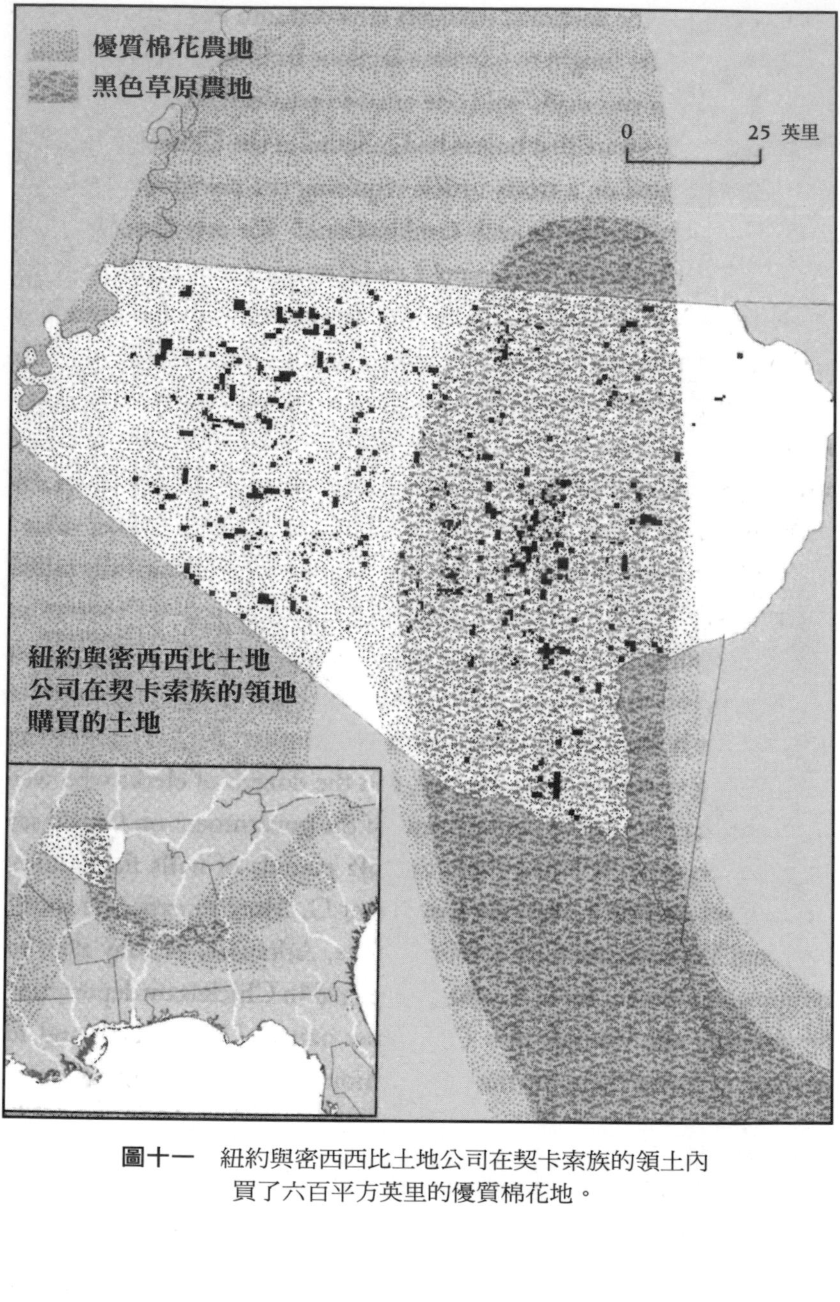


**圖十一**　紐約與密西西比土地公司在契卡索族的領土內買了六百平方英里的優質棉花地。

者用遠遠低於市值的價格賣地。[18]

財政部的會計軍團，他們盡責地記錄土地的銷售，也同樣盡責地扣除驅逐活動中高達一百二十萬美元的開銷，而這些開銷，在應該給契卡索人的四百萬美元土地營收基金中，占了整整百分之三十。聯邦政府要契卡索人負擔的費用包含：人口普查（七百二十五美元）、保留地的證明開列與地點確立作業（兩萬五千七百三十五美元），還有「政府各部門針對契卡索族事宜聘任」的數十名職員人事費用（三萬五千七百一十七美元）。此外，還有在一八三七年七月八日，用來建築倉庫所使用到的五十九點五磅鐵釘；一八三七年五月，莫里斯少尉（Lieutenant G. Morris）從華盛頓市前往阿肯色領地寇菲堡的差旅費；執行契卡索人驅離作業的美國官員，他們所需要的露營設備；替一個名叫烏內朱比（Uneichubby）的契卡索人處理傷口的費用；郵資；為駐在龐托托克的美國專員雷諾茲製造書桌的工錢；雷諾茲的馬匹和僕人寄宿和清洗的費用；以及，在每一份報紙刊登契卡索土地開賣的公告所需要的廣告費。[19]

不僅如此。聯邦政府還要他們負擔鵝毛筆、文具、一萬兩千張地政事務辦公室要用的羊皮便條紙、書櫃、規範和空白表格的列印費、第二稽核室要用的辦公文件櫃，以及財政部長的辦公室要用的桃花心木書櫃。由於需要有人仔細記錄、計算這些所有的支出，財政部辦公室、第一審計室、第二審計室、地政事務辦公室、印地安事務局、登記員辦公室和第二稽核室的職員，他們所進行的「服務」和「額外服務」，也全部都由契卡索人買單。[20]

除此之外，記帳員也在支出帳簿裡，添加了勘查費用的細項。地政事務辦公室連鏈條和鏈環（各為六十六英尺和百分之六十六英尺）的費用，都要契卡索人負擔，甚至以每行走一英里三點五到五美元計價。在超過一百張的勘查收據中，僅僅是挑出三例，便足以看出政府是多麼努力地把驅離活動的開銷，轉移到受害者身上：在一八三三到一八四一年間，地政事務辦公室總共跟契卡索族收取十一萬四千三百二十四美元。[21]

儘管他們都這麼仔細地記帳了，契卡索族後來仍發現，聯邦政府要求的費用中，有超過六十萬美元的費用十分可疑或不老實。這個龐大的金額用今天的錢來算，可以雇用將近八千名的勞工一整年。這些收費從微不足道、毫無根據的二點七五美元（文具），到完全站不住腳的都有。比如說，密西西比農業銀行的總裁約翰．貝爾，他便得到了兩萬美元的契卡索資金，原因不明；汽輪老闆西蒙．巴克納（Simeon Buckner），他因為運送五千三百三十八人，而拿到了七萬七千四百零一美元，但事實上走水路的人數，不到一千五百人；最誇張的一個例子或許是，糧食方面的開銷所登載的人數，比實際被驅逐的人多了兩千四百六十四人。契卡索人懷疑，聯邦政府在人死了以後，還繼續收取配給的費用，像是抵達西部不久後因天花死去的那八百人。[22]

沒有被辦公室職員大軍盜用或榨乾的契卡索土地營收基金，則遭受了另外一種攻擊。在一八三二年，契卡索酋長列維．柯爾伯簽署《龐托托克條約》後不久，便嚷嚷著反對將該族基金交由美國託管的條文，堅持「我們要自己管理這筆錢」。他們宣布：「投資保留地的任何收益，從前被反對，現在也是。」列維．柯爾伯特譴責美國官員高高在上的父權主義：「他說我們不明事理，我告訴他，如果我的族人做了不好的決定，那是我們自己的損失，不是政府的，他卻說他知道什麼對我們最好。」[23]列維．柯爾伯特的謹慎是對的，因為對聯邦政府而言，對被驅逐的家庭而言最好的東西，終究還是不如對銀行家最好的東西。

財政部長用土地買賣所累積的土地信託基金，買了超過兩百五十萬美元的州債券，其中光是阿拉巴馬州的債券就花了一百三十萬美元。在其他時代，這樣的投資算是保守無爭議的，但在一八三〇年代晚期，市場充斥著迅速貶值的州債券。從這些債券的購買時機來看，似乎是為了支持陷入危機的金融家，和設計不良的政府贊助計畫。阿拉

| 勘查員 | 英里數 | 鏈條數 | 鏈環數 | 支出 |
|---|---|---|---|---|
| 亞伯拉罕．雷斯 | 318 | 78 | 16 | 1275.91 美元 |
| 歐西穆斯．金恩德里克 | 326 | 71 | 35 | 1307.56 美元 |
| 沃爾內．皮爾 | 240 | 66 | 22 | 842.89 美元 |

巴馬州的銀行總裁羅伊（B.M. Lowe），他在寫給財政部長的信中，說：「請容我多說一句，若即刻買下這二十五萬美元（債券），您將大大施恩惠給我所代表的機構，以及這個機構所處的地區。」部長同意購買該銀行的債券。遭遇相同困境的比爾斯，他也告訴印地安事務局的局長，希望財政部能馬上購買他簽的阿拉巴馬州債券。「在這樣的處境下，我將把這視為一個大忙。」幾星期後，他講到「這個急需現金的時期」，並對財政部長提出一個計畫，要把「大量」硬幣注入紐約（和他自己的銀行），但前提是，如果華爾街金融家「能在政府活動中分一杯羹」的話。財政部同意以百分之四點五的溢價，跟他買六萬五千美元的債券，雖然這些債券在倫敦是以百分之五的折價賣出。同樣地，肯塔基銀行（Bank of Kentucky）的負責人羅伯特・華德（Robert J. Ward），他也運用人脈從傑克森的顧問法蘭西斯・布萊爾（Francis Preston Blair）那裡，為自己財務出現困難的機構獲得資金。他對同是肯塔基人的布萊爾解釋，他「急著」賣掉三十五萬美元的地方債券，是「為了契卡索印地安人好」。他呼籲：「做了這件事，你將幫你的家鄉一個大忙。」[24]財政部最終買了十五萬美元的肯塔基州債券。

其他政治人脈良好的金融家，透過位於迪凱特（Decatur）的阿拉巴馬州立銀行（Alabama state bank），和財政部之間的特殊安排而受益。硬幣在南方十分稀少，特別是在一八三六年七月，傑克森發行硬幣公告後，規定所有的公地（包括原住民的土地）都只能用金或銀購買。財政部使用販賣契卡索土地後累積的基金，買了五十萬美元的阿拉巴馬州債券，再將硬幣存放在迪凱特分行時，迪凱特分行看見了一個機會。在銀行總裁的要求下，財政部長允許投機者借用代表了契卡土地信託索基金的硬幣證明，再用這些證明，到西邊一百四十英里左右的龐托托克，在公共拍賣會上購買契卡索人的土地。地政事務辦公室接著又把證明重新存入迪凱特的銀行，讓投機者再從補滿的證明中進行借用，購買更多土地。理論上，這樣或許對被驅逐者有利，因為買家越多、出價的人越多、他們的土地價格就越高，但是實際上，就像一個競爭對手所說的，這大部分只是給了一小群投機者「決定性的優勢」。主要的投資者互相串通，透過「資本的力量」消弭零星的競爭，讓他們能用接近一點二五美元的最低價，成功買到一英畝價值十或二十美元的上等土地。一個投機者慶賀：「美國從不曾真正舉辦過拍賣，因為有錢人能用錢賺到更多錢。」[25]

這些敲詐行為的細節雖然很複雜，卻不應該掩飾財政部長的桃花心木書桌、第二稽核室的辦公文件櫃，以及契卡索人販賣土地後放在迪凱特銀行金庫裡的硬幣，這一串事件背後代表的諷刺事實：那就是美國讓契卡索人出錢贊助自己的遷移與驅逐活動。

•

•

•

投機者毀了最多克里克家庭。一名聯邦官員表示，「一方」有「財富」和「活躍的資本」，另一方則有「卑劣的貧窮與極大的痛苦」。第一波入侵者首先在阿拉巴馬州東部奪取寶貴的棉花地（雖然這在當下是違法的），在上面蓋房子、造磨坊、砍樹木、耕田地。納撒尼爾・葛雷爾（Nathaniel Greyer）從「一個束手無策的印地安老婦」那裡，奪走了二十四英畝的土地；有一位羅根（Logan）先生雖然已經擁有了別人已經清好的土地，但是因為不想從事辛苦的農業，於是決定偷走克里克人的馬匹和牛隻。侵占者不理會當地居民，擅闖耕種已久的農地，犁田豎樁。尼哈・米柯和圖斯基尼雅說：「在很多例子中，人們完全被柵欄圍住了。」[26]

第二波入侵者是由投機者組成，他們熱切地想用比市價少上許多的價格，買下克里克人的保留地。有時，他們會找當地警長幫忙，把克里克人抓去關，接著折磨他們，直到他們以微薄的價錢放棄自己的土地。有時，他們會放火燒了克里克人的房子，拿著火把趕走住戶。一個試圖插手的聯邦官員，差點在佈署了炸彈的房子裡被炸死。投機者尤其喜歡找上快死或已死的人，因為要搶奪他們的保留地比較容易，有時只要慫恿年紀還小的孤兒簽下用法律術語寫成、表示入侵者對這片土地擁有權利的「契約」即可。這份契約會伴隨誓言，簽了名的目擊者（「相當值得尊敬的公民」），必須發誓這些孤兒是自願「寫下自己的記號」的。這樣的騙局，卻讓還活著的人不斷挨餓。尤霍羅將克里克人形容成「貪婪的狼群之中無助的羊」。[27]

至於活得好好的人，投機者想出了非常有效的一招，因為許多發放證明的專員都很貪腐，甚至跟他們負責驗證的交易有直接利害關係，因此投機者利用這一點來達到目的。狡猾的投機者可以用少少的錢，雇用一個不正直又走投無路的克里克人，在發放證明的官員面前假冒他的克里克鄰居。尤霍羅說：「靠這個方法，只要幾百美元和四、五個印地安人，就能賣掉克里克族所有的土地。」被控訴耍了這招的賽歐特聲稱，要區分克里克人的名字太難了。他堅稱，就算是最老實的人，「有些時候也很難避免找了錯誤的印地安人」，雖然據說他在別的地方坦承，「找到的印地安人是不是對的，對我來說毫無差別」。克里克農夫陳情自己的土地被冒名頂替者賣掉時，法官卻叫他們帶「白人證人」來，因為法院不允許「有色人種」作證控告白人。[28]

有時，投機者甚至不做雇用假冒者的麻煩事，而是把權利正當的克里克地主當成「罪犯或野獸」那樣追捕，不斷騷擾他們，直到他們簽名賣了自己的家。有一個投機者便把伊爾福加爾（Irfulgar）一路追到了契羅基人的領土，最後終於逼迫這位疲累絕望的難民，答應以市場價值四分之一的價格，賣掉自己的房子。塔基傑西洛（Takhigehielo）並沒有跑這麼遠才賣掉自己的土地，因為一個看似友善的鄰居邀她來拿一些新鮮的桃子，然後在交換三塊手帕和一些麵粉後，要她在一張紙上做記號。那當然是一張房契，雖然她「不知道那張紙的目的是什麼」。另一名婦女，在姪子的協助下被騙走了土地，而作為幫凶的姪子，只得到五「小塊」「極其劣質的棉布」做為報酬。還有一個名叫蘇莉（Suhly）的女子，她在投機者威脅要殺了她後，妥協賣掉自己的土地。她簽下房契，含淚離開。[29]

一個投機者寫到，「收成」即將結束之時，投機者「在印地安人之中耍無賴流氓」，希望趁著最後的機會，吞食該族剩餘的領土。聯邦政府擔心這些詐騙契約會帶來冗長的官司，延遲克里克家庭的驅逐活動，於是揚言中止發證。賽歐特因為買賣即將結束，催促合夥人繼續加把勁。他責備一個夥伴，說：「現在先放下美麗的珍妮小姐」，將詩詞「擺在一邊」。對另一個夥伴，他則斥責道：「戒掉女士的圈子一個月。」他宣布：「最寶貴的土地，才是偉大的挑戰。」他激勵道：「每一個人現在都應該待在崗位上。」賽歐特和他的合夥人，他們把走投無路的克里克人集合在路邊的營地，訓練他們如何騙過發證員，並承諾每簽下一份契約就給他們十美元。這些賣家是不是真正的地主，根本無所謂：「偷竊是當今的王道。」賽歐特的夥伴大呼：「萬歲，小子們！讓我們盡情地偷！」[30]

在一八三五年四月，傑克森暫停發放賣地證明，於是投機者便把注意力從克里克人的土地，轉移到克里克人身上。他們又想到了一個方式，可從南方原住民的驅離計畫中大占便宜，於是他們積極遊說聯邦政府，說服政府將驅逐行動交給民營公司。他們熱愛從克里克族的土地和驅逐行動本身撈油水，而向來節儉的總代理吉布森，剛好也想省錢。於是，在一八三五年九月，聯邦政府把一份不招標的契約贈予約翰・W・A・桑福德公司（John W.A. Sanford and Company），讓他們負責提供被驅逐者食物、交通和醫療照護。喬治亞州的商人和政治家約翰・桑福德（John Sanford）向吉布森解釋：「我們可以賺很大一筆錢，彌補我們所花費的時間」以及「精力」。他保證，這份契約「和政府自己遷移這些人相比，省事很多」。桑福德承諾他能做到不可能的任務，讓驅逐活動變得既便宜又輕鬆，他堅持自己可以「在對政府和印地安人都好」的情況下，把事情完成。[31]

克里克人很氣憤，因為這間公司的合夥人正是偷走他們土地的那些人。他們說，他們「寧願死」，也不同意把自己交給「會欺凌他們」的人。在寫給傑克森總統的信裡，尤霍羅大罵那個「投機承包公司」，但是吉布森和卡斯卻都為外包辯護。吉布森斗膽說道：「有越多資本和力量，公司遷移克里克印地安人的效率越佳。」卡斯訓斥克里克人，說外包對美國「較為經濟實惠」。他以有待商榷的邏輯堅稱：「因此，如果這樣對政府比較好，就不可能對你們比較不好。」[32]

在一八三五年十二月到一八三六年二月間，約翰・W・A・桑福德公司運送了約五百個克里克人到西部。由於這份合約能否延續就看這次試驗，團隊用盡各種努力確保一切順暢。他們受到幸運之神的眷顧，旅程中天氣佳、人員健康狀況良好，所以只有兩人死亡。然而，由於其他克里克人不願讓自己被投機者所控制，這間公司野心勃勃的計畫並未實現。[33]

在阿拉巴馬州，克里克人靠啃樹皮和吃腐敗的動物骸骨維生。一名目擊者指稱：「任何垃圾他們都貪心地狼吞虎嚥吃下肚。」他說，飢腸轆轆的家庭絕望到甚至考慮吃掉死去的同胞，不得不「從生活寬裕的人那裡」偷取東西，也就是周遭的美國聚落裡，那些吃飽喝足的居民。失土者之中最淒慘的那些人，他們餓著肚子、無家可歸又醉醺醺，到處走來走去，雙眼布滿血絲，「衣服上都是血塊血跡」。尤霍羅說：「我跟他們說過話，他們沒有東西可吃。」他抗議道：「我能怎麼辦，他們一定要吃東西，不可能靠空氣過活。」[34]

武裝的白人在哥倫布四周巡邏，據說是為了抵禦餓壞的克里克人，用賽歐特的話來說，這群白人「目中無人、隨心所欲又好戰」。但是，有不只一人像某位聯邦官員那樣，認為巡邏隊是「可鄙的」笑話，是投機者用來驅趕住在查特胡奇河對岸，那些走投無路的家庭的方法。[35] 飢餓的難民和貪婪的殖民者，兩者之間的衝突很快就會達到高峰。

• • •

認為驅離計畫既是對受害者的福佑，同時也能讓美國公民獲得利益，這是一種既是利他、也能利己的幻想，但這種幻想並未輕易破滅。儘管失望了四年，總代理吉布森，在一八三五年仍有辦法幻想創造一套運輸系統，延伸到美國極西地區，讓他那些在第十七街和

G街工作的下屬，能對行動的每一個細節「瞭若指掌」。吉布森和他的許多職員有著頑強的樂觀主義，顯示出他們毫不懷疑地相信，美國優於自己國界內那些未開化的低等族群。如果說，原住民好像時常「不確定是否該搬遷，態度遲緩而躊躇」，那麼他那些勤勞的辦公室職員，只要加倍努力就行了。基於他們的成長背景、受過的訓練，以及他們對傑克森總統的忠誠，很少有人願意承認，原住民有他們自己的欲望和目標。36

約瑟夫·哈里斯（Joseph W. Harris）雖然曾負責監督一次驅逐活動，且那場活動悲慘到大部分的明理人都會沮喪不已，但在那之後，他仍然是吉布森最忠心、最孜孜不倦的現場官員之一。在一八三四年三月，這位剛從西點軍校畢業的年輕人，他啟程沿著田納西河而下，要護送四百五十七位契羅基族的男女老少，逃離處境越來越危險的家鄉，準備西遷。他們在平底船上順流而下九天的時間，接著在阿拉巴馬州東北角的滑鐵盧（Waterloo），他們坐上汽輪湯瑪斯·耶特曼號（Thomas Yeatman），且另外加入了六十八位先前受困在這座河港停滯不前的被驅逐者。由於湯瑪斯·耶特曼號讓乘客感到舒適的最大容納人數只有一百八十人，船長便將其中兩艘平底船跟汽輪綁在一起。這艘笨重的汽輪就像一個水上難民營，將乘客運到俄亥俄河時，又多加了一艘河船。接著，這艘汽輪沿著密西西比河，續行到阿肯色領地東南部的懷特河河口。在那裡，三月三十一日那天，一行人遇到了兩百名自費西遷的契羅基人。這群難民健康衰弱，因此哈里斯同意讓十二或十三個病得最重的人，坐上湯瑪斯·耶特曼號。傳染病可能就是他們帶來的，在不久後，傳染病開始殘害這位官員所負責照顧的被驅逐者。[37]

起初，死亡人數是漸漸增加的，有各種死因，就像哈里斯在日記上所寫的：

四月五日：「葬了契羅基人歐斯寇尼許（Oasconish）的女兒。」
四月六日：「史蒂芬（Stephen）的女兒今早死於痲疹。」
四月七四：「熊爪（Bear Paw）的兒子今早死於痢疾。」
四月九日：「韓森（Henson）的孩子今日死於寄生蟲。」
四月十日：「理查森（ichardson）的兒子今早去世。」[38]

哈里斯抱怨，要維持「這群人的秩序」是不可能的，因此湯瑪斯．耶特曼號上，「充斥著汙穢的氛圍」。四月十一日，這群人在小岩城北方五十五英里的卡德隆溪（Cadron Creek）紮了營，準備後續徒步兩百英里前往吉布森堡（Fort Gibson，今天奧克拉荷馬州東部）。隔天，「大腿兔」（Thigh Hare）出現「劇烈痙攣和水狀排泄物」，是霍亂的典型症狀。他在當天晚上死亡。[39]

這個臨時營地很快就遭到霍亂弧菌汙染。有五、六人幾乎是毫無預警死亡，也開始每天都有小孩子過世。這個細菌殺死了整個家庭。不過短短兩天，「黑狐」（Black Fox）就失去了妻子和三個小孩；威爾．塔克（Will Tucker）失去四個兒子；從四月十七日開始接連三天，共有二十三人死亡。哈里斯絕望地派人送藥來，並試著雇用馬車，但卻沒有成效，因為沒有馬伕敢靠近染疫的營地。當地的一名醫生冒險照顧病患，結果自己得了病，在經歷短暫且痛苦的日子後死去。哈里斯寫道：「他的死亡，是我所看過最痛苦的。」[40]

四月二十八日，哈里斯命令難民拔營，展開為期十七天前往吉布森堡的徒步之旅。抵達目的地時，剛好是他們離開東部的家園後的兩個月，哈里斯所負責照顧的難民也死了八十一個，相當於每六人便有一人死亡，其中包含至少四十五個未滿十歲的孩子。在吉布森堡，哈里斯把要交給戰爭部的文件寫一寫，然後就「經由輕鬆的路程」返回東部。這位官員用他典型的保守口吻寫道：「依照我的經驗，我會說應人道禁止繼續使用水路運輸契羅基人。」[41]

不知怎地，哈里斯沒有受到挫折，反而把注意力轉向了佛羅里達領地的塞米諾爾人身上。他相信，只要這次驅逐行動仿效他在一八三五年擬定的「行動計畫」，將會比較有效率。他說：「這些文件是由我擬定的，因為我相信有必要盡速採取系統化的計畫。」他很抱歉檔案有三十一頁長，因為他希望詳述整個行動的「每一個枝微末節」。[42]就跟在這之前誕生的許多文件一樣，哈里斯的計畫精準而有條理，但是唯一的缺點就是跟現實脫節。

哈里斯的這個「行動計畫」，逼迫數千名塞米諾爾人離鄉背井，被運到美國最遙遠地

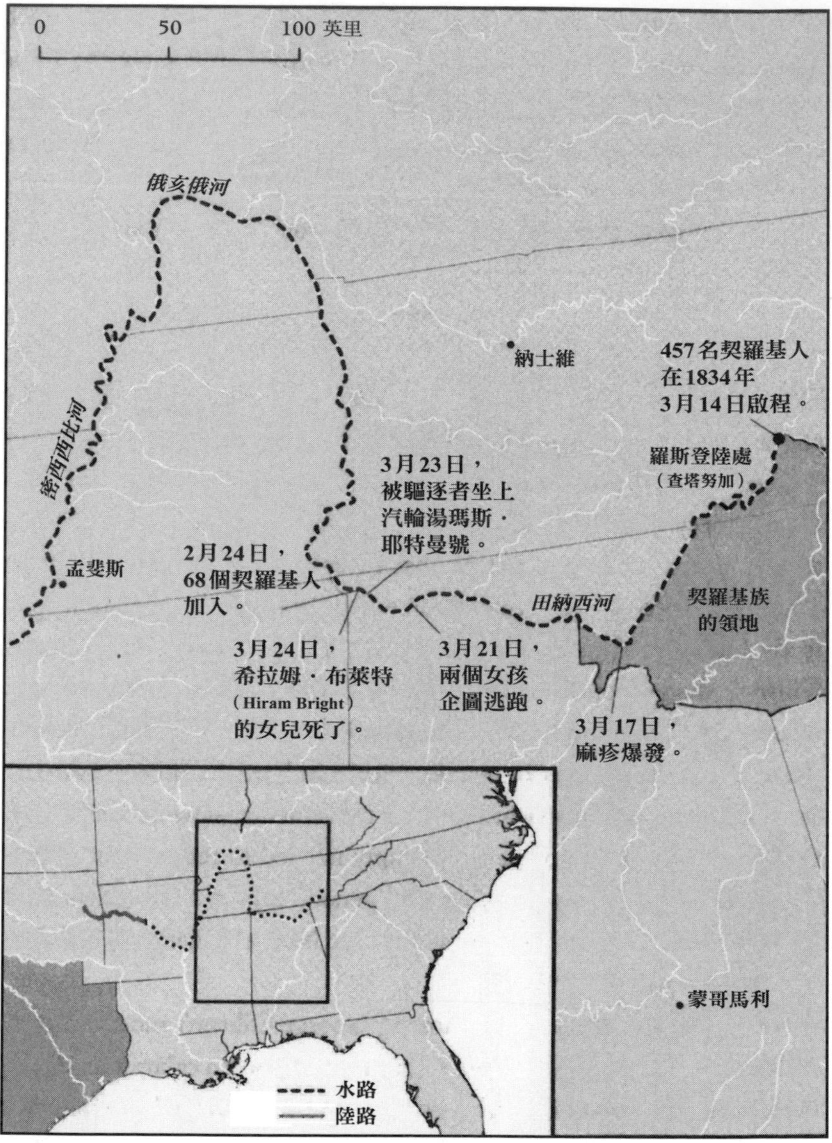


**圖十二**　一八三四年三月十四日到三月三十一日，
哈里斯帶領契羅基難民踏上西遷之旅的頭兩個星期。

區，而哈里斯深信，這是個宛如時鐘般的運作系統。在特定日期，被交代應「快速準時」的難民，要到坦帕灣（Tampa Bay）的營地集合，接著，難民將被分成每五百人為一單位的小組，仔細根據每個人的年齡、膚色和性別進行計數。哈里斯吩咐：「點閱名冊要越準確越好。」接著，第一批難民從坦帕灣坐上運輸船，沿著墨西哥灣往西抵達位於密西西比河河口的港口——貝里斯（Balize）。他們在那裡不會上岸，因為汽輪會靠過來接應每一個小隊，讓每個人都有六平方英尺的甲板空間。汽輪將「毫不中斷地奮力航行」，沿著密西西比河而上，然後接到懷特河。做為防止霍亂或其他致命疾病的保護措施，船隻會「徹底維持秩序」，每天使用氯和石灰進行消毒。在這趟井然有序的上溯之旅後，難民會在阿肯色領地中部下船，展開長達兩百五十英里的跨陸旅程，前往位於美國西部疆界的最終目的地。衛兵會勤加巡邏每一個營地，特別監督茅坑的使用狀況。哈里斯寫道：「要規定印地安人使用茅坑，而且只能使用茅坑。」早上，難民應準時拔營。有了如此精準的規定，「只要計算一下」，就能知道第一批塞米諾爾人將在三月四日晚上抵達目的地，當然，這是假設天氣不會干擾、難民都很配合、全員健康良好、食物補給按照計畫抵達、汽輪上有適當的飲水和木材且無故障問題，以及河川保持水位高漲且沒有障礙物。同一時間，運輸船會回去坦帕灣，在二月三日那天接到第二批難民，然後模範行動就整個再重複一遍。[43]

哈里斯特別指示，要不斷強而有力地監督被驅逐者。這位前西點軍校學生，他在跟這個

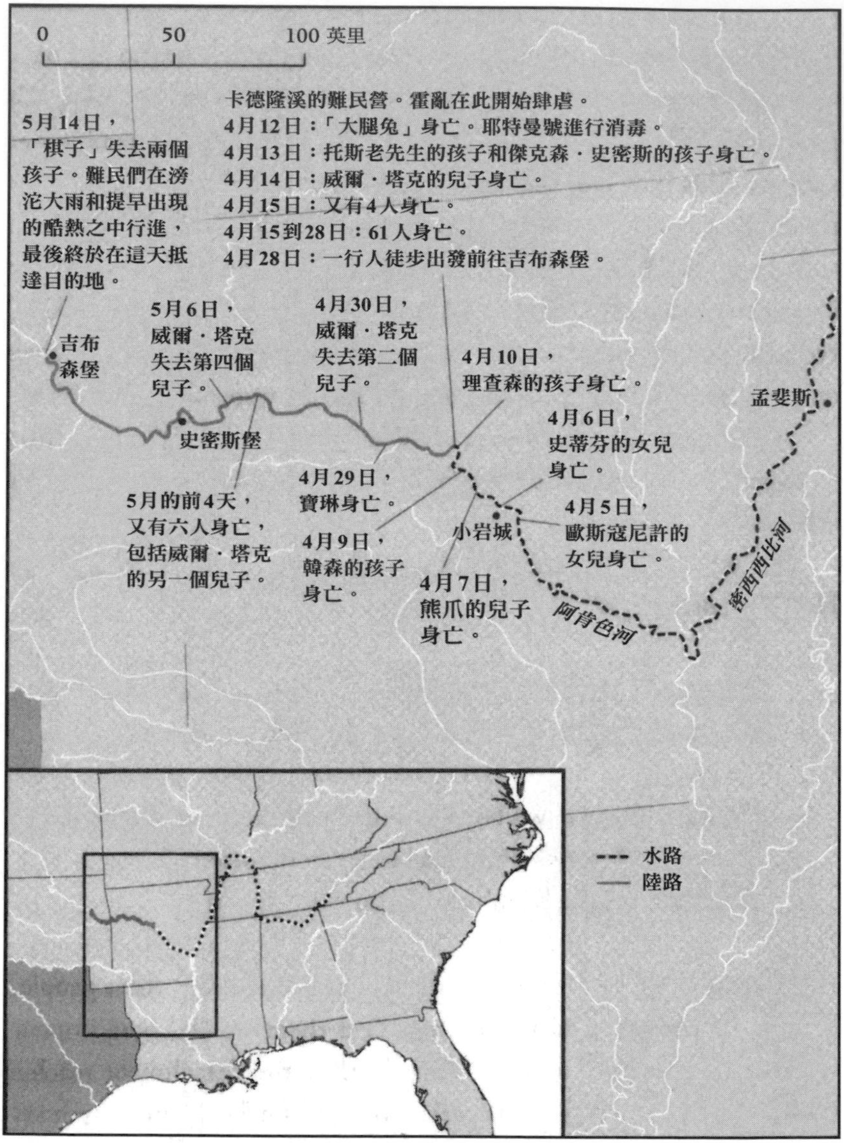
0
50
100 英里
卡德隆溪的難民營。霍亂在此開始肆虐。
4月12日：「大腿兔」身亡。耶特曼號進行消毒。
4月13日：托斯老先生的孩子和傑克森・史密斯的孩子身亡。
4月14日：威爾・塔克的兒子身亡。
4月15日：又有4人身亡。
4月15到28日：61人身亡。
4月28日：一行人徒步出發前往吉布森堡。
5月14日，「棋子」失去兩個孩子。難民們在滂沱大雨和提早出現的酷熱之中行進，最後終於在這天抵達目的地。
吉布森堡
5月6日，威爾・塔克失去第四個兒子。
4月30日，威爾・塔克失去第二個兒子。
4月10日，理查森的孩子身亡。
孟斐斯
4月6日，史蒂芬的女兒身亡。
史密斯堡
4月29日，寶琳身亡。
5月的前4天，又有六人身亡，包括威爾・塔克的另一個兒子。
4月9日，韓森的孩子身亡。
小岩城
4月5日，歐斯寇尼許的女兒身亡。
4月7日，熊爪的兒子身亡。
阿肯色河
密西西比河
水路
陸路

**圖十三**　一八三四年四月一日到五月十四日，
哈里斯帶領契羅基難民踏上西遷之旅的最後六個星期。

主題有關的章節中寫道：「遵循一致的治安維護系統是極其重要的。」負責管理治安的人，要展現「好心，並對他們應負責任的人的福祉，表達男子氣概般的關懷」，但不可「淪落至粗俗的親暱感」。保持衛生、維護和平和發放配給的「規定」，要清楚解釋給失土者聽，讓他們明白「執行這些規定為適當且必須的」。44

哈里斯在狹小的範圍內，做到了立意良善和思慮周詳這兩點，但也是總代理辦公室為了驅逐原住民，所想出的最後一個狂熱卻不切實際的計畫。在一八三五年十一月，也就是哈里斯提出仔細籌劃的提議的幾個月後，吉布森承認「這年的積極行動，並沒有產出所預期的成果」。一群來自俄亥俄州茂米（Maumee，位於伊利湖西邊）的渥太華人完全拒絕遷移，因為他們聽說密西西比州以西的土地「硬得像石頭」，而且那個地區「生病了」；雖然塞米諾爾人的家園出現人數眾多、令人害怕的軍隊，但它們依舊不同意遷移；啟程的克里克人「數量非常微不足道」；至於契羅基族，只有少數幾個家庭已經西遷。不管吉布森多麼「費勁」，原住民就是不配合。45

《印地安人遷移法案》已經通過六年，仍有超過六萬人尚未從東部驅離。投機者、莊園主和政治家，他們個個越來越沒耐性。遊說者出沒國會廳堂，答應只要自己在原住民土地進行的投機買賣能維持穩固，他們就分出一點利潤。46 莊園主政治家殷殷期盼著，可以在驅離原住民之後成功打造的奴隸帝國。利他主義終究必須屈服於速度和自私，這意味著，《印地安人遷移法案》很快就要演變成殲滅戰爭。

# PART 5

# 從驅離到殲滅

chapter

# 9

# 一八三六年：充滿戰火的南方世界

這些獵人原以為獵犬聞到了逃跑奴隸的氣味。一八三〇年代，在塔拉哈西（Tallahassee）及其周遭地區，美國人口幾乎翻倍成長，到了該年代末期，這個縣總共有超過七千名奴隸，由大約三百三十個家庭持有。這些家庭主要是讓這些無薪勞工在棉花田裡工作。有時，當地的蓄奴主也會把奴隸租給塔拉哈西鐵路公司（Tallahassee Railroad Company），協助他們將一捆捆棉花放上馬車，並在不穩固的鐵路上運送到最近的港口聖馬克斯（St. Marks），整段距離約三十英里。奴隸逃跑是常有的事。然而，獵人是在圍困逃犯後，才發現他原來是個原住民，沒有必要保他一命。於是，他們舉起步槍，瞄準好，然後發射。當他們接近受傷的逃亡者時，他的身分也漸漸明朗。他大約十九歲，看起來是克里克族的村民，肯定是在情急之下，從喬治亞州南部逃到佛羅里達領地的狹長地區，並想著要躲起來。其中一位獵人拿出一把刀，把男子的頭髮拉緊，然後割下他的頭皮。[1]

情勢很快就陷入這個暴力的深淵，而最劇烈的轉捩點是發生在一八三六年，也就是傑克森任期的最後一年。在一八三〇年代前半段，政治領袖雖然很虛偽，卻仍保持慈善姿態，但這情況逐漸被扭曲，以合理化後半段的滅族暴力行為。當然，無論是近期或遙遠的過去，其實都有許多發動戰爭攻打這座大陸原始居民的先例。有時，殖民者似乎意圖將所有的原住民徹底消滅。[2]自一八一〇年以來，短短二十五年內，美國便發動了一八一二年之戰（War of 1812，有一部分是要討伐特庫姆塞〔Tecumseh〕）、一八一三至一八一四年的第一次美國與克里克人戰爭（the First U.S.-Creek War of 1813-14）、一八一七至一八一八年的第一次美國與塞米諾爾人戰爭（the First U.S.-Seminole War of 1817-18），以及一八三二年的美國與索克人戰爭（the U.S.-Sauk War of 1832）。可是，儘管美國對原住民懷有根深蒂固的種族歧視，且雙方的衝突歷史悠久，但在一八三〇年代中葉以前，這個國家也不曾制定任何政策，目的是要發動多重陣線的戰爭，以消滅密西西比河以東的原住民。

驅逐和殲滅這兩者的差異，從來就不像美國官員所希望的那樣清楚。將原住民遷至這個國家最邊境的地區，即便他們據稱是有一個慈善的目標存在，但這個目標仍變成動用武力將原住民驅離，或殺害他們的藉口。在一八三〇年，喬治亞州議員蘭普金表示，許多「顯赫人士」相信驅離是將原住民從「毀滅和滅絕」當中拯救出來的唯一希望；但在三年後，在一八三三年，已經當上州長的蘭普金重申，假使原住民繼續留在自己的家園，就有被「迅速殲滅」的可能；又過了五年，也就是一八三八年，蘭普金坐在參議院的席次上表示，他先前的預測就要成真了。他把問題轉向問責。他說，既然原住民拒絕遷移，必然造成的「惡果」，將會是他們自己應負的「責任」。說這句話時，這位喬治亞州的參議員針對的是他的契羅基對手，約翰・羅斯。[3]但，在這十年的下半部，整個南方的美國士兵、州義勇軍和白人自衛隊，他們都認為自己應當殺死原住民。他們的行為驗證了傑克森主義者（Jacksonian）一直以來的預測：留在東部的原住民會遭到殲滅。

隨著離開家園的壓力越來越大，原住民陷入絕望之中。彼得・皮奇林的親戚表示，「白人」現在是如此死纏爛打又難以逃避，使他把原住民面臨的困境喻作《聖經》裡的禍害。殖民者會製造出「五花八門的困難，以便成功讓印地安人搬出這裡」。他最後說，從美國過去對待原住民的方式來看，「我永遠不相信原住民能擁有可以說永遠屬於他們的土地，或是只要做為一個國家存在，就能一直擁有的土地」。[4]

在喬治亞州，騷擾契羅基人的禍害，跟寄生蟲的肆虐或血流成河的景象無關，反而是跟抽中土地大獎的幸運兒有關，因為這些彩券將契羅基族的領土分送給該州的白人了。在一八三四年五月，約翰・羅斯和其他四名契羅基代表寫了請願書給國會，在請願書中，他們把入侵者的出現直接怪到傑克森頭上。他們說，總統的權力「被用來幫助迫害他們的人，跟那些人一起合作摧毀他們。」他們舉了兩個例子。第一，傑克森堅持把契羅基人的土地信託基金（美國販售土地後應該給契羅基族的錢），發給個別的契羅基人，而不是契羅基族的政府。他們表示，這個雙面政策的目的，是要「逼他們淪落到貧窮與絕望之中，再從他們的悲慘處境進行敲詐，要他們讓出他們所獲有的權利」。第二，美國雇用了「不適合的人」，致力讓契羅基人的生活「難以忍受地淒慘」。[5]

他們講的不是別人，正是班傑明・柯里（Benjamin F. Currey）。柯里來自傑克森的家鄉田納西州，因為支持總統而被聘用，唯一符合印地安專員這個職位的資格條件，就是他在納士維曾經擁有的小小政治職務。柯里在一八三一年，他年僅三十一歲時受雇，是一個脾氣差、沒道德、不圓滑又熱忱過了頭的人。他逮捕那些反對他的契羅基人、提議聘請間諜（戰爭部長很明智地拒絕了這項建議）、賄賂契羅基族的主要律師，並要求更多美國軍隊，以及宣布戒嚴的權力（也遭到拒絕）。一八三四年初，他組了一批由騎著馬的武裝份子組成的準軍隊，包圍了報名西遷的契羅基人，並威脅其中一名契羅基男子說，他如果不洩露他的小孩在哪裡，就要鞭打他一百下，甚至還恐嚇另一人，要是敢跟朋友說話，就開槍射他。其中一個家庭的女性奮勇還擊，卻在打鬥中被衛兵咬斷一根手指。約翰・羅斯只用一個字形容柯里：「邪惡。」[6]

跟柯里氣味相投的，是一個來自紐約州斯克內克塔迪（Schenectady）的約翰・謝爾莫恩（John F. Schermerhorn），他是一名畢業於安多佛神學院（Andover Seminary）的荷蘭歸正教會（Reformed Dutch Church）神職人員。謝爾莫恩曾表達想要「成為海外傳教士」的願望，甚至想像自己在把福音傳給「可憐的異教徒」時，遭受「殘酷地殺害而殉教」。然而，他沒有冒險讓自己落得那麼可怕的命運，而是在一八一六年，跟著太太到紐約上州的舒適鄉下教區（離他的出生地二十英里）落地生根，而此地則是一個廣讀《聖經》的「過度覺醒區」。但是，富有上進心的謝爾莫恩，並不滿足只當個「鄉下的教士」。一八一三年，他在俄亥俄河與密西西比河航行時遇見傑克森，並運用這層人脈進入了政壇。一八二四年，他在傑克森競選總統（後來競選失敗）期間，大力鼓勵人們投給傑克森，並提醒這位恩人「你的老朋友約翰．謝爾莫恩」，對於你在河上之旅「所展現的善意與關心永遠不會忘記」。一八二六年，謝爾莫恩轉到教會行政部門，參與了一場激烈的教義辯論，將「黑暗中」（in the dark）的譬喻攻擊，比擬成「印地安人之戰」。顯然，他最接近殉教的經歷就是這樣。[7]

在一八二八年傑克森當選後，謝爾莫恩開始跟總統和戰爭部長卡斯通信，希望能將自己的政治野心和宗教熱忱結合。在一八三一年，他寫了一封阿諛奉承的信給總統，聲稱未來的世代將認為老山核桃的政府（意旨傑克森政府），「僅有開國元首能超越之」。[8] 一年後，傑克森便任命他為西部印地安人專員。這個職位大部分是因為他懂得跟總統培養私交而得來的。

謝爾莫恩跟麥考伊一樣，在政府的驅離政策上，塗上了一層虔誠基督徒的慈善色彩，但是他跟浸信會的麥考伊相反，謝爾莫恩殘忍無情又不擇手段。此外，他也覺得這個時期要用到極端手段，或許是因為他跟其他許多福音傳道者一樣，認為最後的末日將在未來幾十年內來臨。再怎麼樣，福音至少得傳給「所有種族」，且「猶太人要改信基督教」。把原住民帶到西部隔離，並更有效地監督與教化他們，可以部份實現這個目標。謝爾莫恩希望，或許他還可以在末日時代，透過管理自己積極創造的土地，而得到一些好處。[9]

謝爾莫恩有個了不起的特點，便是能夠讓所有遇到他的人都不喜歡他。一名政府職員說他「冥頑不靈、固執己見」，甚至還更不厚道地主張「地球上找不到比他詭計多端、邪惡、惡毒、不開明的人」；傳教士指控謝爾莫恩是表裡不一的偽君子，哀嘆他竟然是一名神職人員；一個聯邦官員則說，他「濫用了自己高尚的職位」；就連麥考伊也不喜歡這個人，覺得他事事都要管，更羞辱他是個「老笨蛋」。[10]

謝爾莫恩的詭計所瞄準的目標群，也十分輕蔑他。塞尼卡酋長馬利斯・皮爾斯（Maris Pierce）嘲諷地說，他是「那個惡名昭彰的教士，喜歡宣揚傑克森將軍遷移印地安人的人道政策」。契羅基人拿他的名字開玩笑，叫他「Sginuhyona」，意為「惡魔的號角」。約翰・羅斯一如往常描述得最精確，說謝爾莫恩是「穿著教士長袍的熱內，有衛兵隨侍」。熱內（Genet）是一七九〇年代干預美國政策的法國神職人員，他曾企圖中傷華盛頓總統和國務卿約翰・亞當斯（John Adams）。[11]

令人震驚的是，在一八三〇年代跟二十個不同原住民族協議條約的場合中，謝爾莫恩都出席了，其中包括奧沙吉人、誇帕人、邁阿密人、齊佩瓦人、渥太華人和帕塔瓦米人。他所參與的協商中，最具爆發性的兩次，分別是跟塞米諾爾人和契羅基人進行的協議。自一八二〇年代以來，美國官員致力限縮塞米諾爾人的生活空間，當時負責簽訂該條約的詹姆斯・蓋茲登（James Gadsden），是一名在查理頓出生、畢業於耶魯大學，且在佛羅里達領地擁有棉花田的人。如果用蓋茲登的話來說，塞米諾爾人被逼到了「生存所需的最小範圍裡」。（蓋茲登後來成為鐵路企業家和擴張主義者，負責從墨西哥手中購買大片土地，被稱為蓋茲登購地〔Gadsden Purchase〕。他也是把奴隸制看作「社會福佑」的分離主義者）。聯邦政府的策略，使塞米諾爾家庭變得一貧如洗，逼他們往南進入不適人居的地帶，同時利用制定條約的過程，成功掩飾了真正的意圖：把塞米諾爾人餓到離開該地區。佛羅里達領地的州長說：「塞米諾爾人的領土中，有二十分之十九的地區，是我目前為止看過最窮困悲慘的地區。」在一八三二年，蓋茲登收穫了成果，他成功跟塞米諾爾人會面，並協商驅逐條約。此時，許多塞米諾爾人都已「餓到剩下半條命」，只能靠樹根和甘藍椰子樹的果實維生。在佩恩登陸處（Payne's Landing）簽訂的條約指出，如果塞米諾爾人在造訪西部後，對那個地方的「性質」很滿意，他們就會西遷。[12]

打從一開始，這個條約就充滿爭議。一位軍官控訴其「嚴苛不合理的條款」，是從「處境困苦」的人身上「逼迫」出來的。參議院整整兩年沒有正式批准這份文件，以至於其中的一些應該要執行的條文，過期了很久。曾任戰爭部長的佛羅里達領地總長約翰．伊頓，他不禁對條約究竟成不成立感到疑惑，但傑克森的司法部長仍判定它成立。塞米諾爾人堅稱那是「白人的條約」，其內容違反了一八二三年《莫爾垂溪條約》（*Treaty of Moultrie Creek*），而該條約承諾了塞米諾爾人可持有土地二十年。伊森．希區考克（Ethan Allen Hitchcock）少校也同意：「塞米諾爾人在這個地區任何一處都擁有所有權，只有對該條約一無所知的那些人，才會提出質疑。」希區考克博學又有節操，他是一個獨立戰爭英雄的孫子。一名駐佛羅里達領地的軍官說，他在「這個粗俗的環境下難以適應」，所以把自己關在房間裡研讀康德的《道德形上學》（*Metaphysics of Morals*）和「其他艱澀難懂的作品」。但是，希區考克只不過是在陳述塞米諾爾人也知道的事實。霍拉塔．米柯（Holata Micco）也響應其他塞米諾爾酋長的想法，他堅稱《莫爾垂溪條約》承諾的二十年還沒有到期。他說：「我從來沒有同意去西部。白人或許是這麼說，但我可從來沒有答應。」[13]

謝爾莫恩雖然沒參與一八三二年的協商，卻仍協助實行了蓋茲登這個備受爭議的條約，他用說服或強迫的方式，讓前往西部的塞米諾爾代表團同意「那片土地令人滿意」。代表團的成員堅稱這位教士「迫使」或「逼迫」他們同意，而待在東部的塞米諾爾人，則否認代表團有權為他們做主。儘管遭到抗議，謝爾莫恩仍為自己的成就喝采。反之，希區考克認為後果會「用血寫下」。[14]

三年後，謝爾莫恩又有第二個備受爭議的成就。在一八三四年秋天，數位顯赫的契羅基人，他們勉強同意，不管約翰．羅斯和契羅基政府願不願意支持，是時候該簽下驅離條約了。這群人後來被稱作「條約團」（Treaty Party），成員包括里奇少校（Major Ridge）、約翰．里奇，以及一八三二年八月在約翰．羅斯的施壓下離開《契羅基鳳凰報》的布迪諾。約翰．羅斯的兄弟安德魯．羅斯也加入其中。他們對「美國的強制措施」、聯邦政府不可信賴的保證，以及美國公民對他們的「語言和膚色」所抱持的「毫不間斷的偏見」，沒有任何好話可說，但是這些明明白白的不公義狀況，也讓他們相信，契羅基人再也不能在南方生存。約翰．里奇說到延伸到自己家園的州法時，他表示，契羅基人被迫害貶低成「點燃木材的點火柴」。他不禁想問，當契羅基族遭到徹底拆解後，他們在「熾熱的火爐中」會變成什麼樣子？他說，遷移「是現在唯一能把他們從毀滅中救出的方法」。[15]

羅斯即便面對這些內部的反對勢力，他依然不為所動，只是想辦法把敵人變成盟友。他寫信給約翰．里奇說，每一個「企圖透過黨派引起不和的做法，都應該拋棄」。他呼籲：「我們的民族、我們的人民才應該是我們的座右銘。」但，柯里和謝爾莫恩完全不尊重合法程序或代議政體，他們決定善用這個政治分裂的情況。一八三五年八月，他們下令喬治亞警衛隊控制住《契羅基鳳凰報》。柯里表示，這份報紙被「黨派政治」給「濫用」了。兩個月後，這兩人又命令喬治亞警衛隊到田納西州逮捕約翰．羅斯，以及紐約出生的演員兼劇作家訪客約翰．佩恩（John Howard Payne）。喬治亞州沒有說明逮人的原因或提出告訴，在幾天後就放了兩人。接著，十二月下旬，謝爾莫恩趁約翰．羅斯人在華盛頓市時，在契羅基族過去的首都新埃喬塔（現在的喬治亞州北部）召開一場會議。出席的契羅基人未滿一百人，但是謝爾莫恩利用這個機會，確立了現在留下臭名的《新埃喬塔條約》（*Treaty of New Echota*），要將契羅基人從他們的家園驅離。有二十個人簽了條約，其中包括里奇少校、約翰．里奇、布迪諾和安德魯．羅斯。他們堅稱自己拯救了契羅基族，說自己是「愛國者」，而非叛國賊。然而，就像他們的主酋長所說，條約團是由自封為契羅基酋長的人所組成，他們沒有正式的頭銜。謝爾莫恩在班傑明．柯里的協助下，跟一群篡位者簽了這條決定性的條約，而不是跟契羅基族政府。[16]

• • •

一八三五年十二月二十八日，在二十位契羅基人簽下《新埃喬塔條約》的前一天，一個名叫奧西奧拉（Osceola）的年輕人，他跟幾個夥伴在佛羅里達領地中北部的金堡（Fort King）襲擊了美國官員威利．湯普森（Wiley Thompson），並將他和其他四人殺害後，割下了他們的頭皮，殘毀屍首。哈里斯擬定了充滿抱負的「行動計畫」，他氣憤地向戰爭部報告，他們的官員遭到「殘酷殺害」。兇手據說還對著威利·湯普森的頭皮做了一番滑稽的講話，模仿威利·湯普森訓斥他們時的動作和高傲態度。[17]

同一天，塞米諾爾人和黑人盟友躲在棕櫚樹和松樹後，突襲一隊一百零九人的美國士兵。這群士兵正在行軍通過坦帕灣的布魯克堡（Fort Brooke，塞米諾爾人遷徙時的集合地點）和金堡之間的不毛之地，卻被這群神槍手單靠一排子彈就毀了半隊人馬。遭到圍困的士兵趁著槍戰中的空檔把樹砍下，建起臨時的障礙物，但突擊者重新集結，把剩下的士兵一一解決。一百八十個塞米諾爾人殲滅了整整兩連的美軍。根據一份紀錄，喬治·加德納（George Washington Gardiner）上尉的狗獨自回到布魯克堡，使駐軍驚覺出事了。不久之後，僥倖存活的三名士兵當中，有一人爬回堡壘。他的肩膀、大腿、太陽穴、手臂和背部都中槍，因此據說他是雙手雙膝跪地爬行六十英里，花了三天的時間才回到布魯克堡。埋葬小組終於在兩個月後抵達戰鬥現場，他們在破碎的彈匣、皮帶和死掉的牛馬之間，尋找腐敗的屍體。他們挖了兩個巨大的墳塚，下葬九十八名士兵的遺體，並另外找地方埋葬八名軍官，其中包括負責指揮的少校法蘭西斯·戴德（Francis Dade）——他的屍首已經腐爛，是透過背心和步兵鈕扣才辨識出他的身分。塞米諾爾人的這場勝利事蹟，在今日通常被稱作戴德大屠殺（Dade Massacre）。[18]

四天後，還不知道戴德戰死的鄧肯．克林奇（Duncan Clinch）將軍，他帶著兩百五十名士兵和七百名騎馬的義勇軍，從今天根茲維南方的德拉恩堡（Fort Drane，位於這位將軍的蔗糖莊園上，十分方便）出發。他帶領軍隊往南前進，希望在威斯拉庫奇河附近找到那支塞米諾爾游擊隊，將之擊潰。但，在坦帕北方七十英里，他們快到達那條河時，他發現河流太過寬深，沒辦法涉水通過。他的手下必須使用現場找到的一艘用樹幹挖成的獨木舟渡河。在這極為耗時的過程中，奧西奧拉和他的追隨者，趁著軍隊分散在河的兩岸時發動攻擊，共殺死了四名士兵、傷了五十九人，這些受傷的人因為塞米諾爾人的彈藥品質較差，而逃過更慘的命運。士氣低沉的軍隊，在那天晚上重新渡河折返，整支縱隊回到德拉恩堡。那裡的醫護人員為傷者治療，用刀子把肉割開，又切又挖地取出鉛彈。[19]

在美國與南方原住民之間爆發的戰爭中，奧西奧拉成為主角，是非常合理的發展。他在一八一三年第一次遇見傑克森時，這位將軍正在克里克族的領土各處進行燒殺擄掠。當時被稱作比利．鮑威爾（Billy Powell）的奧西奧拉年僅九歲。不久，比利和母親逃離殘破不堪的家園，前往佛羅里達領地北部，投靠其他克里克人和塞米諾爾人的親戚。在一八一八年，傑克森跟著他們後面，來到佛羅里達領地的狹長地區和蘇萬尼河（Suwannee River）地區，追殺「美國的野蠻敵人」。這位未來的美國總統，他帶領了三千大兵和兩千個克里克族盟友和傭兵，摧毀了數座城鎮，「沒收」居民的糧食，希望把他們餓死。傑克森之所以能雇用克里克槍手，是因為在一八一三至一八一四年的美國與克里克人戰爭之後，克里克人嚴重分裂。有一份文獻記載，傑克森的軍隊在突襲一處營地、殺害三十七個克里克人後，曾短暫囚禁比利。不過，當時有一個被鎖定的目標逃過了傑克森的手中：比利的舅公彼得・麥昆（Peter McQueen，同時也是出名的克里克先知與反抗美國的領袖之一），沒有被這位將軍抓到。[20]

一生都被傑克森所影響的奧西奧拉，他最後成了總統驅逐塞米諾爾人時，最堅定的反對者。身為一個克里克人，他沒有資格成為佛羅里達領地原住民的酋長，但是他的能言善道和堅毅決心，為他贏得許多追隨者。在一八三四年十月，當美國官員威利・湯普森說，塞米諾爾人要是繼續留在佛羅里達領地，等著他們的會是「全然的孤寂和無望的淒苦」時，當時年紀較長的酋長們都動搖了，但是奧西奧拉依舊堅定。不久之後，傑克森下令美國軍隊派十連士兵進入塞米諾爾人的家園，為奧西奧拉在一八三五年最後一個星期的驚人勝利，埋下了伏筆。[21]

從戴德陣亡，到克林奇在威斯拉庫奇河行動失利，整個過程僅僅四天，但美國驅逐原住民的這段歷史，卻在此時出現了轉捩點。一八三〇年代恰好過了一半，美國也無法再繼續假裝原住民會像專家預測的那樣，當個聽話的乖乖牌；戰爭部再也不能繼續假裝自己是在從事人道活動，要藉由將這座大陸最早的居民遷到開化的原住民國度，以便拯救他們；聯邦政府再也沒辦法期待，使用強迫、引誘、欺騙並施的手段，就能在不用開戰的情況下，完成讓八萬人從東部消失的計畫。在一八三六年一月二十一日，戰爭部長卡斯下令史考特將軍前往佛羅里達領地，指揮對付塞米諾爾人的行動。[22]戰爭部決定，不再提供食物和補給給西遷的失土者，因為他們現在要展開一次軍事行動，目標是讓佛羅里達領地的原住民村民無條件降服。

整個南方的州義勇軍準備出發上戰場，各地城鎮設宴款待自己的志願軍人。在一八三六年的二月，亞歷山大・米克（Alexander Beaufort Meek）帶著三連志願兵離開阿拉巴馬州的塔斯卡盧薩（Tuscaloosa），並前往佛羅里達領地時，當地市民站在黑勇士河（Black Warrior River）兩岸，以禮炮和歡呼歌頌自己的英雄。米克說，那是「我所看過最崇高、了不起、令人動容的一幕」。到了下游六十英里處，這群沒有上過戰場的志願兵停了下來，在「歡笑和開懷」中度過一夜。紐奧良、達連（Darien）和沙凡那的白人居民，也集結在他們的士兵身邊歡慶，而在奧古斯塔，「女士們」自願為她們「英勇的男子」做制服。在查理頓，一名南卡羅來納州的志願兵回想起「美人的最後一眼」，她那明亮的大眼睛，在他那連士兵啟程前往佛羅里達領地時被淚水淹沒。在喬治亞州的米利奇維爾發行的《聯邦聯盟》，呼道：「去吧，勇敢慷慨的士兵！前往榮耀、愛國主義和人道呼喚你的地方！」[23]

史考特將軍不久前才指揮了對抗黑鷹的戰役，而這場戰役甚至遭霍亂侵擾，但現在，史考特收到戰爭部清楚明確的指令：「無條件」「鎮壓」塞米諾爾人，直到他們同意「立即出發前往密西西比河以西的地區」。這位五十歲的將軍，他因為擅長歐洲的軍事策略和戰術而聞名，並策劃了用來對付游擊隊的致命一擊，可是在一連串笨拙又拖延時間的行動後，他所指揮的美國軍隊竟再次受困於威斯拉庫奇河。這條河的蜿蜒支流、小島和沼澤，使這位將軍氣呼呼地把它形容成「克里特島的迷宮」。他說，這條河對白人來說就像「德魯伊人（Druid）神聖的樹林」一樣神祕又難以穿越。塞米諾爾人圍困一千名補給不足的士兵超過一星期，使軍隊只能靠吃自己的馬和狗維生。一名軍官氣憤地說，史考特將軍策劃這場行動時，是躺在「舒服的火堆前，完全沒考慮到無法通行的地區」。他叫道：「印地安人沒有笨到會被人數眾多的兵力吞掉！」[24]

當戰爭部在對佛羅里達領地的危機品頭論足時，原住民則在觀望塞米諾爾人的勝利所帶來的大好機會。《新埃喬塔條約》簽訂數週以前，契羅基人聽說英國人計畫前來幫助塞米諾爾人，就像他們在二十年前的一八一二年戰爭所做的那樣。據說，契羅基人預期「南部和西部將發生起義」，甚至美英兩國之間可能爆發戰爭，這樣他們或許就能讓驅逐計畫延期、甚至中止。更甚之，他們可能早就知道奧西奧拉的計畫，因為有一份文獻顯示，塞米諾爾人在一八三五年十二月發動攻擊前，對於該不該行動爭辯了一整年。[25]

跟南方親戚往來頻繁的克里克村民，也在密切關注佛羅里達領地的情勢。他們位於阿拉巴馬州的家園位置絕佳，使他們可以輕鬆觀察當地義勇軍動員。在莫比爾，人潮聚集在碼頭邊，看著一連連的志願兵通過港口；「克里奧爾人（Criollos）、黑白混血兒、印地安人和水手」經常造訪這座城市，他們全都可能為克里克人提供情報。奧西奧拉傳出捷報後不到數星期，便有人謠傳克里克人也準備加入起義。戰爭部長便警告，「倘若真是如此」，史考特將軍已收到指令要「鎮壓」兩支族群，讓他們「毫無條件臣服」。[26]

美國媒體報導威利．湯普森和戴德遭到殺害的事件時，謠言也在快速散播，說契羅基人企圖「殺光所有的白人」，然後逃到佛羅里達領地。喬治亞州北部的一個居民警告州長，「契羅基人要是變得跟塞米諾爾人一樣棘手，我們也不必意外」，因為契羅基族有「許多」人跟奧西奧拉相似。又或者，一名美國的印地安專員表示，契羅基人說不定會跟克里克人聯合起來。事實上，克里克人最近的確是更頻繁地在騷擾查特胡奇河對岸的喬治亞州，他們可能是受到塞米諾爾人的鼓舞，也可能是太想為挨餓的家人找到食物。[27]

原住民族同仇敵愾的情況，令美國白人十分緊張，但是他們可能跟奴隸聯手的這一點更是嚇壞他們。喬治亞州的公民發現，克里克人在攻擊勞動營時，常常不會傷害裡面的奴隸，因為根據情況不同，這些奴隸可以變成他們盟友或財產，對打劫者來說十分寶貴。在塞米諾爾人的地區，全面性的種族戰爭似乎更有可能發生，因為在過去幾十年來，從佛羅里達領地逃跑的奴隸數也數不清。戰爭部長卡斯命令史考特將軍：「在印地安人交出每一個從白人手中搶走的奴隸之前，不可對他們手軟。」克林奇將軍自己在喬治亞州南部和佛羅里達領地中部，就有數百名奴隸和兩座遼闊的莊園，所以他也跟其他許多莊園主一樣，擔心「頑抗的印地安人、印地安黑人，他們和莊園裡的一些黑人之間，在進行祕密且不適當的交流」。他在一八一六年便曾經見過這種事帶來的嚴重後果，當時他率領美國士兵攻打位於阿帕拉齊科拉河（Apalachicola River）上的「黑人堡」（Negro Fort），此地是由逃亡的奴隸和原住民共同坐鎮保衛。當時，海軍的小船非常幸運地打中了彈藥庫，將堡壘夷為平地，但是即使克林奇因此受到稱頌許久，他卻從未忘記過那次的危機。吉布森向他保證，戰爭部這次絕不允許「目無王法的土匪」和「黑人」結盟，但克林奇還是很害怕殺人和搶劫的「精神」，會「延伸到莊園」。有許多「印地安黑人」參與了戴德大屠殺這點，更是讓人難以放寬心。[28]

一位南卡羅來納州莊園主，他在一八三六年曾匆匆將這場戰爭的記述印製出版，他表示，「南方州溫和的奴隸制，以及黑人對自己主人的感情」，將會防止這樣的聯盟成立。他堅稱，跟塞米諾爾人住在一起的逃亡黑奴，是遭到「印地安戰斧」的威脅，才被迫離開「快樂又安穩的奴役狀態」。但這不過是他一廂情願的想法。克林奇自己就有一個奴隸，在送快報給他就能得到「大量獎賞」的情況下，仍選擇逃到塞米諾爾人那裡。這名奴隸後來被抓回去時，「執拗乖戾」地拒絕洩露任何情報。就像威利・湯普森提早死亡前所說的，奴隸勞工情願在塞米諾爾人那裡擁有「相對自由」的生活，也不要「在蔗糖和棉花莊園被監督者束縛，從事辛苦的勞動」。[29]

莊園主政治家在不斷提倡將原住民從深南部驅逐，並花費數十萬美元以奴隸取代失土者後，他們現在終於面臨了後果。在整個一八三〇年代，阿拉巴馬州的奴隸人口增加了一倍以上，來到二十五萬三千人。年代來到尾聲之時，四名奴隸當中，就有將近一人的工作地，是在幾年前還屬於克里克人的土地上。自由人在該州仍比奴隸多了一些些，只不過是因為北部多山的縣份，無法支持利潤豐厚的奴隸勞動營。在密西西比州，人口的天平則偏向非裔美國人，因為在《印地安人遷移法案》通過的六年間，總共有十萬名奴隸被迫遷移到該州。到了一八三六年，約有十四萬四千個白人住在密西西比州，並有超過十六萬四千個非裔美國人，在該地區迅速擴張的棉花田裡勞動，而他們卻只因自己誕生在這世上就被囚禁終生。[30]

南方白人對於自己難以掌控數十萬名奴隸的事實而感到的焦慮，但這仍敵不過他們想要從原住民的驅離活動中獲利的興趣。[31]一位擁有四十八個奴隸的密西西比莊園主，他懷疑奴隸正在偷偷給主人下毒，這種思維反映出了跟他同一階級的人的高度恐懼。他很害怕這群受虐的勞工「人這麼多」，會犯下「大規模的屠殺」。雖然他很高興自己在喬克托族的領土買到的棉花地，有著豐碩的產量，對屠殺的擔心還是重壓在他的心頭。比爾斯在南方的合夥人哈伯德，他認為這些擔憂是多餘的，並神氣地說：「除了時不時有一兩間小房子被燒、婦孺和手無縛雞的人偶爾遭到割喉，我們不怕其他任何的危險。」有這麼多利益近在眼前，他可以忍受偶爾的犧牲。況且，他吹噓地說，南方的白人會教訓「所有頑抗的奴隸」，對「鼓舞、慫恿他們犯罪的白人煽動者，施以最嚴厲的懲罰」。[32]

然而，再多的裝腔作勢，也無法平息這些莊園主政治家打造的這個一觸即發的世界。在阿拉巴馬州和密西西比州，有近五十萬人受到永久的奴役所束縛，他們對南方不斷擴張的奴隸帝國沒有半點忠心；在佛羅里達領地，有一千個技術高超的塞米諾爾射擊手，拿著武器讓美軍處處碰壁；在阿拉巴馬州和阿帕拉契山脈南部，三萬四千名備受欺凌的克里克人和契羅基人鋌而走險，好像已準備好加入起義。因為驅離原住民而形塑的世界，似乎瀕臨爆炸邊緣，將在暴力之中進入末日。

遙遠的西方又有另一個威脅逼近，可能會點燃使整個地區陷入火海的星火。在一八三五年下旬，在德克薩斯蓄奴的英籍殖民者，發動叛變對抗墨西哥，因為墨西哥在六年前廢奴，威脅到他們的優越地位。安東尼奧．聖塔安娜（Antonio López de Santa Anna）將軍帶著六千名墨西哥士兵從科阿韋拉（Coahuila）出發，要鎮壓贊成奴隸制的分離主義運動。隨著這場墨西哥內戰進入新的一年，美國南方奴隸州的一些莊園主，他們開始擔心大火會延燒到他們的國界內。[33]

在一八三六年春天，國會開始討論越來越嚴重的危機。部分眾議院議員不認為原住民、墨西哥人和奴隸會為南方帶來危險。紐約州的小阿比加．曼恩（Abijah Mann Jr.）認為那是言過其詞。或者，就像南卡羅來納州的小沃迪．湯普森（Waddy Thompson Jr.）所說的，只要展現過人的男子氣概就可以了。根據這個令人半信半疑的思維，南方莊園主只要挺直身子，制伏一切反奴立場即可。他說，古老的斯基泰人（Scythian）面對奴隸群起叛變時，沒有用任何武器，只拿著自己的鞭子，「奴隸一看到，便全數逃跑或投降了」。他吹牛：「奴隸州的人不需要其他幫助或武器。」[34]

然而，其他議員則表達深沉的憂慮。一個來自路易斯安那州的眾議員，他擔心德克薩斯的戰爭會延燒到他的州，使戰爭因為路易斯安那州中人數遠遠超過蓄奴主的奴隸，而火上加油。他說，倘若聖塔安娜將軍拿下了德克薩斯，並募集「大量印地安人」，路易斯安那州有可能瞬間瓦解。喬治亞州的一個議員也表達了自己的恐懼。他說，「我們南部地區的核心地帶」——也就是塞米諾爾人的家園——存在著軍隊尚未成功壓制住的「一股印地安力量」。他警告：「戰爭帶正在從佛羅里達領地擴張到上密西西比河。」任期來到最後一年的傑克森總統，他為了搞定他在任內所推行的最重要政策，堅信發動無差別戰爭將能終結起義，就像他多年前做過的那樣。他說，藉由抓住或殺死塞米諾爾人的婦女和孩童，佛羅里達領地的軍隊可以「充分毀掉塞米諾爾人，然後在三週內摧毀克里克人和契羅基人。」[35]他完全想錯了。

當國會議員在華盛頓市辯論這個議題時，在一八三六年五月的第一個禮拜，有一群克里克人殺害了數個喬治亞州的莊園主，但卻沒有傷害奴隸。在一次特別可怕的攻擊中，他們殺了一家七口，並把其中一個孩童屍首丟到庭院，差點被豬吃得一乾二淨。戰爭部長卡斯受到各方要求他果斷做出行動的壓力，下令湯瑪斯．傑薩普（Thomas S. Jesup）將軍確保克里克人「無條件投降」。史考特將軍剛結束征討塞米諾爾人這場徒勞無功的戰役，不久後就從佛羅里達領地趕來支援。卡斯在五月十九日寫給傑薩普的信中強調：「最大的目標是立即清除他們，為此，其他考量必須加以讓步。」同一天，他傳話給相關人士，告知聯邦政府不再需要總代理的人繼續在克里克族的領土做事，驅離計畫現在已變成軍事行動。一週後，參議院勉強核准了受到高度爭議的《新埃喬塔條約》，卡斯部長不久後即動員一千名士兵到契羅基族的領土，預防起義擴大，並準備在契羅基人動武之時當機立斷。[36]

國會也採取了行動。首先，國會授權總統徵召一萬名志願兵消滅「印地安敵人」，「驅趕入侵者」。這項法案將戰爭部可以運用的地面部隊人數增加了一倍。其次，國會挪用資金建造一堵「防禦遠西的牆」。這條長達一千兩百英里的軍事線，最後會從今天的明尼亞波里斯（Minneapolis）延伸到墨西哥灣沿岸地帶，讓士兵能「持續不斷地堅守」邊界。[37]

打從共和國創建以來，政治人物便一直幻想這樣的一條邊界線，喬治．華盛頓甚至說過，他要在美國和契羅基族之間蓋一座「中國長城」。但是直到一八三〇年代，情況仍如同戰爭部長卡斯在一八三六年二月所說的：「沒有一條線可以讓印地安人待在某一邊、我們的公民待在另一邊。」「從美國內陸」把原住民驅逐到「西部疆界以外」的行動，已經經過六年，現在這條線倒是變得有可能了。[38]

這條線不但有可能形成，還迫切需要形成。國會口中的「內陸邊境」充斥著「野蠻人」，他們是「容易受到激烈情感與一時衝動影響的生物」。密蘇里州的眾議員阿爾伯特·哈里森（Albert G. Harrison）更誇大了危險的程度，警告有「龐大的群體」在西部疆界上。他拿起地圖給東部的國會同僚觀看，說在驅離以前，原住民「散居在二十四個州和三個領地」，跟美國公民住在一起時，他們不過是「會帶來麻煩的鄰居」，不是「危險的敵人」。他呼道：「但是現在，這樣的局勢已經大大改變。」他說：「看看這份地圖。我手中的地圖顯示了我們無法避免的情況。」根據戰爭部的一項預測，隨著驅趕原住民的軍事行動持續進展，位於美國共和國外緣的原住民數量，很快就會逼近二十四萬五千人，包含一些憤怒且充滿敵意的族群，像是克里克人與塞米諾爾人。[39]

一個跟結克森總統通信的對象，他正確地總結了一八三六年春天的局勢：「整個南方世界似乎都處於戰火之中。」[40]

• • •

一八三六年五月，在民兵在前去跟克里克人作戰途中，他們大量湧入了喬治亞州的哥倫布，而當地的氣氛十分歡欣鼓舞。《哥倫布調查員》激昂地說：「我們大力讚賞這些人，他們心中燃燒了愛國主義和高尚的騎士精神。」這份報紙還寫到，貧富之間的差異已經化解。「我們感覺我們仍是四海一家親。」然而，不是人人都感覺到這樣的團結一致。不到一星期，氣氛就惡化了，臨時創建的白人同盟（white alliance）開始出現裂痕。鄰近縣份的志願兵，他們控訴哥倫布的菁英階級，在鄉村農夫被徵召來保護「少數富人的生命和財產」時，躲在他們的「商店和會計室」「做生意」。志願兵甚至直接點名賽歐特。當地一名普世主義（universalist）的神職人員表示，暴力真正的「煽動者」，是想要「得到大量財富」的那「少數幾人」。義勇軍最終必會為征討克里克人時所造成的傷亡進行報復。他說：「我衷心希望也真誠相信，報應會落在該落的地方。」41

隨後，和克里克人發生的衝突十分凶殘混亂。克里克人進入喬治亞州，搶奪附近的玉米穀倉和燻製房，聲稱「我們快餓死了，不得不進行劫掠」。州義勇軍試圖報復，但他們的能力不足、紀律不佳。有些義勇軍未經許可就放下武器離開；有些過於熱忱，難以約束。似乎沒有人願意留在後方保護行李車隊，因為這項任務枯燥乏味、沒人表彰，卻還是很危險。賽歐特「少校」唯一服役過的征討活動，在完全沒交戰的情況下混亂結束，而在那之後，喬治亞州的義勇軍因為州長禁止他們進入阿拉巴馬州，而免於受更多的恥辱。在查特胡奇河對岸，有一整連來自蒙哥馬利縣的士兵集體逃兵，阿拉巴馬州州長因此祭出一顆人頭十美元的獎金，捉拿逃走的義勇軍。42

南方白人被無數有關塞米諾爾人多麼野蠻的敘述，弄得緊張兮兮，例如：一個有志成為詩人的文章作者，他在《沙凡那喬治亞人》上寫道：「就像野狼，他們喜歡看見鮮血／笑看生命遭洪流沖刷而去。」他們開始自己嚇自己。一份報紙便猜測，奧西奧拉隨時有可能挺身而出率領克里克人，但是作者也安撫讀者（雖然讓人半信半疑），要是敵人殺害義勇軍或割下他們的頭皮，同胞會替義勇軍復仇。剛從佛羅里達領地解除任務的威廉・艾爾文（William Irwin）將軍，他想到阿拉巴馬州的奴隸可能加入起義就感到驚恐，因為他自己就擁有六十二名奴隸。他警告喬治亞州的州長，他們「跟印地安人已有長時間不間斷地往來，可能已經醞釀合作計畫。」[43]

在克里克族的家庭裡，叛亂迫使他們做出艱難的抉擇。在一方面，訴諸暴力或許能在短期內餵飽家人，並在日後跟美國找到一個可實行的妥協方式；但是在另一方面，低調一點、見機行事，時而協助美國，時而協助游擊隊員，或許就能阻止最糟糕的可能結局，也就是克里克人的滅亡。克里克族的年輕人，他們不記得傑克森的士兵在一八一三至一八一四年美國與克里克人之間的戰爭中，帶來了多少的破壞，因此對自己的能力可能有比較誇大的想像。一八三六年五月下旬，有一群克里克游擊隊員自誇他們可以「鞭打白人」，得意地說「我們的沼澤充斥著年輕的戰士」。然而，在同樣的對話裡，他們也意識到自己確實有可能遭到「殲滅」。這樣的恐懼導致絕大多數的人試圖坐待衝突結束，而這個決定也導致了相對應的結果。七月初，史考特和傑薩普將軍在發動一連串協調極差的攻擊之後，史考特宣布戰爭「實際上已經結束」。[44]

對美國公民而言，原住民會悄悄前往西部庇護所，這個雖不太可能卻令人安心的論述，已經因為這場戰爭而打破了，戰爭揭露了暗藏在聯邦政策之中的黑暗念頭：消滅原住民的慾望越來越強烈。一八三六年七月四日，一群喬治亞人乾杯說道：「不遷移，就等死。」傑薩普將軍試圖透過武力驅逐原住民，讓他們被消失。七月初，美軍在阿拉巴馬州東部集合了一千六百名男女老少，押著他們前往蒙哥馬利。男性被鎖鏈綁著並排成兩排行走，在為期六天的行進中，他們每天晚上都睡在圓木建成的柵欄內，被守衛監視保衛。因為有美國士兵在場，自衛隊才無法殺害這群原住民囚犯。抵達蒙哥馬利後，這些家庭被關在羈留營，他們日日等待，夜晚被迫排成一排一排睡在地上，男人還得跟其他的家人分開。這些難民沒有人留下這次經歷的相關記述，但他們的絕望被用其他管道記錄了下來。一名男子被綁在拖車上，拖過蒙哥馬利的街道時，他割了自己的喉嚨；另有一人上吊自盡；還有一個人也想割喉，但是因為刀子太鈍而失敗，所以乾脆把刀插入自己的胸膛。負責看守營地的阿拉巴馬州義勇軍為了維持秩序，用刺刀和槍枝殺了一對企圖逃跑的克里克父子。[45]

一星期後，跟聯邦政府簽約負責驅逐克里克人的約翰·W·A·桑福德公司，接下了驅逐任務。阿拉巴馬州義勇軍把人數多達到兩千三百人的難民送上兩艘汽輪，其中一艘名為路易斯．卡斯號（Lewis Cass）。兩艘船各有一排四十人的士兵陪同囚犯往下游前進。士兵在莫比爾下船，載著囚犯的汽輪則繼續沿著墨西哥灣的灣岸前往紐奧良，再上溯到阿肯色河上的岩島。在那裡，他們的鎖鏈被卸下來放入桶子裡，失土者在夜間將桶子滾進河中。至今，那些生鏽的鐵鍊仍在那裡，見證了在一八三〇年代，美國實踐這項狠毒的根本性政策。超過百分之四的難民在這趟旅程中死亡。結果，由私人承包商負責驅逐活動，對聯邦政府來說根本沒有比較省錢，對難民而言也沒有比較安全。[46]

後續又有六組人馬出發，總數將近一萬四千人。約翰．W．A．桑福德公司隨後更名為阿拉巴馬移民公司（Alabama Emigrating Company），負責監督整個行動。為求省時省錢，這間公司將確保西進之旅，秉持著輕快的步調和鐵腕的精神前進。由於從聯邦政府那裡得到的報酬是以人頭計算的，因此只要實際的花費較低，報酬與花費之間的差額，就成為公司可以獲得的利潤，公司自然只想提供難民劣等寒酸的糧食。有一組人乘坐汽輪抵達岩島時，發現公司完全沒有替他們做任何準備。一名聯邦官員愛德華．迪斯（Edward Deas）只好匆匆忙忙跟附近的農夫買玉米。還有一組人在孟斐斯跨越密西西比河之後，發現公司沒有留下足夠的糧食或飼料，讓他們完成前往岩島的九十五英里陸路行程。迪斯說：「整個陸地作業執行地很糟。」一路上很快就可處處看見死掉的馬匹。又累又病又餓的上百位難民脫離自己的隊伍去找食物。尤霍羅說：「老人家的腳在流血，小孩子在哭。」[47]這樣的慘況完全可以預見。

南方大部分的美國公民都很高興，這些在該地區住得最久的居民搭乘汽輪或徒步消失在他們的眼前，前往遙遠的西方，所以那些美國公民並不會問政府使用了什麼方法。但，還有數以千計的克里克人留在當地，這些人也成了難民。許多人試圖從喬治亞州東南部逃到塞米諾爾人的村莊，希望在佛羅里達領地難以穿越的沼澤之中找到平靜。喬治亞州和阿拉巴馬州的公民，因為克里克人拒絕西遷而感到惱怒，便開始殲滅他們。一名田納西州的志願兵說，這些難民需要「像野獸一樣在樹林裡獵捕」，然後將他們一小群一小群地殺死；在哥倫布南方，一個來自格威納特縣（今天亞特蘭大的近郊）的志願兵，把一名克里克人拖到一個小圍場裡，割下他的頭皮；還有個名叫瓦斯沃斯（Wadsworth）的上校，平常喜歡在喬治亞州的哥倫布四處閒晃，總是腰帶上插著兩把大手槍、屁股上塞了一把大波伊刀和兩把較小的手槍。有天，他在城外射了一個原住民，然後再對著原住民的頭射一槍，將他處決。瓦斯沃斯因為類似的行徑而惡名昭彰；而在阿拉巴馬州的拉塞爾縣（Russell County），有一群公民突襲了一個克里克人的營地，雖然這些原住民家庭的男性，其實在佛羅里達領地為美國服役。他們把一個九十歲的老翁逼到木屋的角落，朝他的頭部射擊，然後用槍托擊碎他的頭顱。除此之外，他們還強暴數名女子，追著一個十五歲的少女，在她逃進樹叢時射中她的腳。該營地雖然受到聯邦政府的保護，但是當地的義勇軍卻把好幾個克里克的少年和男子趕在一起。有人問，是誰授權給義勇軍的？他們回答：「人民。」[48]

這些組成義勇軍的「人民」為了追趕難民，跋涉過喬治亞州西南部的泥濘，「獵殺還在沼澤中孳生的印地安人」，驅散倖存者。一名軍官表示：「這些野蠻人再也不該被允許用他們的腳玷汙我們的土地。」這個地區被「感染」了。義勇軍一週接著一週，追捕著絕望無助的難民：七月二日殺死十二人；七月十五日殺死二十二人；七月二十四日殺死二十二人，七月二十六日殺死十八人；八月十三日殺死十八到二十三人。他們沿著血跡和屍體走，一路撿拾倖存者掉落的物品，像是被褥、衣服、火藥和鉛彈。一些克里克孩童因為飢餓而沒有體力，或純粹太過年幼而跟不上逃亡的速度，所以他們的母親便將他們悶死。有一次，婦女把自己哭泣的孩子悶到窒息而亡，以免洩露他們的行蹤。快被抓到時，他們有時會殺了孩子，然後自盡。[49]

克里克難民很少會攻擊農莊，殺害住在裡面的人，但是只要一這麼做，當地報紙就會義憤填膺地報導。[50]南方白人趕走了住在這個地區最久的居民，並在無路可循的沼澤中追殺飢腸轆轆的倖存者，但是這些犯下暴力的行兇者，卻能一邊殲滅克里克家庭，一邊把自己想成受害者。

•

•

•

我們並不知道，比爾斯是否見過有一段時間曾住在曼哈頓下城、距離這位金融家位於華爾街的辦公室不遠的艾培斯，或者他是否有注意到一八三九年四月初，停在離他女兒家兩個路口遠的那輛靈車。這輛靈車載著艾培斯的遺體，要將他葬在一處無名墳。這位皮科特牧師在生了一場突如其來的疾病後，於四十歲過世。在一六三〇年代，比爾斯的祖先隨著大批清教徒移民來到新英格蘭，其中還有一人曾參與一六三七年的皮科特戰爭（Pequot War of 1637），及一六七五至一六七六年的菲利普國王戰爭（King Philip's War of 1675-1676），而這兩場殘暴軍事衝突，被英國殖民地史歌頌為重大勝利。當然，艾培斯在這個地區紮的根比這深上許多，他的史觀便反映了這點。他的最後一本著作《菲利普國王悼詞》（*Eulogy on King Philip*）在一八三六年這關鍵的一年問世，深入探討了新英格蘭與當地原住民之間動盪的關係，而這正是他在生命最後幾年的演說中，經常選擇的主題。一八三七年二月，他在紐約商業圖書館協會（New York Mercantile Library Association）的克林頓廳，發表了一系列跟美洲原住民史有關的演講，檢視了原住民在「為了他們的福祉而提出的辦法」之下，所遭受的「傷害」。艾培斯在描述新英格蘭的第一批殖民者所做的「不人道」行為時，比爾斯絕對有可能就坐在觀眾席上。他在《菲利普國王悼詞》裡寫到，這些清教徒「給自己占據了一部分的土地，給自己蓋了房子，然後變出一份條約，命令原住民要同意。」他完全打破了清教徒迷思，聲稱殖民地的軍事顧問邁爾斯．斯坦迪什（Miles Standish）是「一個卑鄙邪惡之徒」、清教徒很「猥瑣」，甚至就連知名的牧師因克瑞斯．馬瑟（Increase Mather），他也沒有比邀請艾培斯一起用餐、卻把他的晚餐放在另一扇門後的基督徒還要「虔誠」。艾培斯預測，殖民者建造的「偏見之牆」，最終必會「壓倒在他們的子孫身上」。[51]

即使比爾斯沒有聽過艾培斯演講或讀過他的著作，說不定當一八三二年契羅基人布迪諾和約翰．里奇造訪紐約並發表的演說時，比爾斯有出席。這座城市「最受敬重的市民」，跟這些行動主義者會面好幾次，辦了一場募款活動，並通過了一項譴責美國政策、要求契羅基族的權益受到「公平調查和完全維護」的決議。比爾斯的朋友、同時也是紐約與密西西比土地公司共同創辦人之一的莫里斯．凱徹姆（Morris Ketchum），他就有跟布迪諾和約翰．里奇碰面，甚至還加入「將契羅基族的狀況和權利之相關資訊傳播出去」的常委會。[52]

比爾斯在為契羅基人募款的同時，卻又資助原住民的驅離活動，這樣的虛偽行徑，艾培斯應該不會訝異。艾培斯一再重申，無論白人聲稱自己有多虔誠、多照顧原住民，殖民者和原住民之間的關係永遠是以貪欲為基礎。他說：「我要毫不猶豫地說，那些假惺惺的虔誠信徒，他們使用禱告、佈道和以身作則的方式，建立起美國殖民地對有色人種一切奴役和貶低的基礎。」[53]

艾培斯將話題轉到當前的政策，他譏罵持續佯稱自己很照顧原住民的傑克森，因為他同時也在派軍隊對付克里克人和塞米諾爾人。他想像總統說道：「我們想要用你們的土地進行投機買賣，這有助於我們還清國債，支持國會把你們趕走。」他接著繼續用傑克森的口吻說：

我的紅孩兒們，我們的先父實現了把你們的土地做為己用的計畫，因此我們現在變得有錢有勢，有權利隨心所欲處置你們，並聲稱是你們的父親。親愛的子女，我們想幫你們一個大忙，將你們趕走，遠離我們那些文明人的手掌心，因為他們在欺騙你們，而我們沒有法律可以制止，就算你們是我們的孩子，我們也保護不了你們。所以說，沒有用的，你們不用哭，你們一定要走，就算獅子吃掉你們也一樣，因為我們很久以前就把你們的土地承諾給別人了，大概二、三十年前吧。是的，我們沒有經過你們的同意就這麼做了。可是，我們的先父就是這樣養育我們的，要擺脫舊方法很難。因此，你們將不會得到我們的保護。54

金融家帶著虛偽和自欺的心態，在捐助慈善事業的同時，進行原住民土地的投機買賣，美國土地公司的股東便是一例：生意頭腦永遠轉個不停的比爾斯，和他的J．D．比爾斯股份有限公司，便持有美國土地公司八百一十五張的股票，總面額八萬五千美元。有一份報紙嘲諷地說，在南方的原住民土地砸下五十萬美元後，這間公司「虔誠」的那部分，會感覺「良心有點不安」。於是，在一八三六年的第一場年度會議中，他們挪用公司一百萬美元資產當中的一千美元——相當於資本額的百分之零點一——來購買《聖經》，「發放給阿拉巴馬州和密西西比州那些愚昧無知的印地安人」。[55] 用幾箱《聖經》來交換無數塊寶貴的土地，這種做法完美體現了東北部那些自命清高的決策者，他們在兩百年來所使用的奸巧手法。

當華爾街的錢，和數量比金錢少上許多、由華爾街掏錢買的《聖經》，兩者一起流入原住民的土地時，雙方很少有人充分體認到，南方正在瓦解的原住民社區，以及北方欣欣向榮的投資銀行之間，兩者所存在的連結。然而，在一八三六年八月初，喬治亞州西南部的伊查威諾查威溪（Ichawaynochaway Creek）上，兩者的關聯短暫顯露了出來。當時，州義勇軍找到並攻擊了三百個難民，而這些難民預備朝東南方逃亡到塞米諾爾人領土。克里克人好不容易逃走後，義勇軍在甘蔗叢裡找到兩個哇哇大哭的嬰兒和一個六歲的小女孩。我們不知道他們的下場如何，只知道這些孩子據說「被一些紳士帶走了，他們似乎很高興得到他們」。義勇軍還找到了其中一個難民匆忙逃跑時掉落或厭惡丟棄的紙條，上面寫：「我承諾一見此票即支付伊克提亞契（Ectiarchi）一百四十元。嚴禁轉讓。」這張紙是由比爾斯的夥伴，賽歐特簽署。[56]

chapter

# 10

# 刺刀的刀尖下

在一八三六年的夏秋兩季，契羅基人拚了命地要讓自己活命。前一年的早霜凍死了玉米，使農夫沒有任何收成。接著，一場乾旱摧毀了春季種下的作物。數以百計的男女老少在喬治亞州東北部丘麓地帶的哈伯沙姆縣（Habersham County）四處遊蕩、乞討食物，其中，有白人，也有原住民。長久以來，原住民農夫都是透過狩獵來撐過偶爾欠佳的收成，彌補糧食作物的不足。然而，美國公民因為害怕克里克人和塞米諾爾人的動亂會延燒到北部，拒絕販售槍械給契羅基人。負責統領駐紮在契羅基族的美國軍隊的約翰・伍爾（John E. Wool）將軍，他也要求北卡羅來納州西部的武裝契羅基人放棄自己的槍械。與此同時，因為阿拉巴馬州和佛羅里達領地戰火頻仍，喬治亞州的白人更加相信自己有權利把契羅基人趕出自己的土地，並拿著牛皮鞭、山核桃枝條和木棍鞭打他們。里奇少校和兒子約翰・里奇寫信給傑克森說：「我們在自己的家裡也不安全。我們的族人日夜都被長柄耙打。」[1]

約翰・羅斯和另外七個契羅基酋長勘查這淒涼的景象，想起國會在一八三〇年針對《印地安人遷移法案》進行辯論時，反對者曾表示，這項法案的「祕密計畫」是要讓原住民的處境變得「如此悲慘、無法忍受」，迫使他們放棄自己的家園。然而，其他人——尤其是喬治亞州的代表——卻堅持這項計畫是「建立在人道之上」。現在，美國軍隊都駐守在南方各地了，這些契羅基酋長可以大聲宣布：「誰是對的，就讓後續的發展自行說明。」[2]

然而，契羅基人拒絕搬離。在一八三六年秋天，依照《新埃喬塔條約》被派去原住民農場估價的聯邦官員，便記下了遭到迫害但仍堅忍不拔的農夫，他們安靜無聲的決心。吐魯基（Tuelookee）不願給出自己的名字，甚至不跟估價員說話；朱德威克（Chudwelk）和約翰・「亂髮」（John Tatterhair）直接告訴他們，他們不願搬走；約翰・卡胡西（John Cahoossee）的遺孀「怎麼樣也無法理解我們要做什麼」，或許是她不想理解；卡諾索克西（Canowsawksy）很樂意展示自己的農場，說那是「一等的克里克低地」，但卻堅持他無論如何也不會去西邊，「除非羅斯說他該去」。他的決心肯定有受到在場的「射豬人」（Hogshooter）和他的八個家人所強化，因為這一家人自從在一八三三年被美國公民拆了屋頂、趕出家門之後，就一直跟卡諾索克西住在一起。雖然遭遇了這麼大的創傷，射豬人一家子仍堅定地拒絕報名驅逐活動。其他人也有說到，白人入侵者把他們趕出自己的農場，如希克托瓦（Sicktowa）和「白人殺手」（Whiteman Killer）便曾這麼說。[3]

這些四處巡視的估價員，他們穿過山谷、走過小橋，計算房屋、田地、果樹、玉米糧倉、燻製房和馬場的數量，無意間記錄了契羅基族的多元與豐饒。傑克森．達克（Jackson Duck）跟一家六口，他們住在阿拉巴馬州東北部，並擁有一小塊田，以及一間有著木地板和木石混製煙囪的小屋；「蜜袋鼯」（Possum）住在附近的威爾斯溪（Wills Creek），有一間小屋和一塊營地；羅伯特．布朗（Robert Brown）也住在同一條溪上，有一間三十英尺乘以十四英尺的小屋，還有馬廄、燻製房、倉庫、馬場、玉米糧倉和戶外廚房。羅伯特．布朗的農場一到夏天，肯定是果實纍纍，因為上面種了六十四棵桃子樹、二十一棵蘋果樹、一顆櫻桃樹和一棵狹葉李樹。而蘇珊娜（Susannah）則住在附近北威爾斯溪，擁有數間小屋、一個牛圈、一個野炊營地、八棵櫻桃樹、十棵狹葉李樹、三十八棵桃子樹和四十八棵蘋果樹。她有二十五英畝的土地，上頭種植了這些富饒的植栽，並被高高的九横栅欄包圍。4

整體而言，給契羅基人的家估價，對估價員來說肯定十分枯燥，但對要被驅逐的家庭來說則備感威脅和入侵。清單上的東西非常一板一眼，但有一次，某位估價員倒是停下腳步欣賞了周遭的景致（雖然他沒寫到當地居民的困境）。他在喬治亞州北部翻越一條稜線時，被「大概是地表上最壯麗的山景」給震懾住了。他驚歎道：「黃銅鎮山脈（Brasstown Mountains）形成了一個周長可能有五十英里的半圓形山陵，圈住一個約四英里寬的美麗肥沃山谷，其間點綴著清澈的小溪，使整體形成一幅難以超越的稀世美景，那樣的荒野和壯闊恐怕無可匹敵。」[5]

黃銅鎮（Brasstown）這個地名，其實是契羅基語「新綠地」（New green place）的誤譯。對契羅基人來說，這個地方令人陶醉，就跟那位被派來實行驅逐計畫的聯邦官員所認為的一樣。住在黃銅鎮溪溪口的「溺水熊」（Drowning Bear），拒絕帶聯邦官員參觀他的土地，說「他不懂」估價過程；約翰．沃克（John Walker）說，他不會報名，也不想要任何錢，他要繼續留在黃銅鎮溪，耕作十英畝的農田，照顧十八棵桃子樹和八棵蘋果樹；沙拉甲塔西（Salagatahee）拒絕讓估價員參觀他的農場，說他不會去西部；「兩元」（Two Dollar）雖然已經失去五英畝的農地，也說他不會離開；同樣地，蘇特（Sutt）有六英畝的地已遭入侵者奪去，但也堅持他不會搬到西邊。[6]

聯邦政府雇用的估價員將契羅基人的房子、果樹、作物等物件的總價值，估算為一百六十八萬美元。傑克森總統委任的專員，在這個金額上又加了四十一萬六千美元，是他們估計被入侵者毀掉的契羅基財產總額。在帳簿的另一面，他們扣掉聯邦政府預支給契羅基人，或據稱是私人商人借貸給契羅基人的錢，總共多達一百三十五萬美元。因此，最後只剩下七十四萬六千美元，也就是每戶約一百二十五美元。這微不足道的金額，就是在這個地區務農許多個世代的契羅基家庭，可以拿到的所有生活改善費。實際上，很多人什麼也沒拿到，因為他們欠的債，抵銷了房子和農田的價值。[7]

記載這些數字的五大冊皮革帳簿，見證了官僚體制的精準作業程序和愚鈍的道德觀，彷彿勤奮作帳，就能回答驅離數千個家庭的倫理問題。蘭普金繼擔任國會議員、州長和參議員之後，又成為負責監督整個過程的專員，是由傑克森特別委任來監督的兩位專員之一。蘭普金說，他「純粹是因為責任感，以及希望為了滅亡中的契羅基人的利益而著想」，促使他接受這份職務。他和另一位專員「辛辛苦苦」著手進行這項任務，建立起一套複雜的紀錄系統，使用各種付款登記簿、估價本、收據、收據副本、單據、資產負債表等，防止「丟臉和錯誤」。蘭普金自誇，沒有「規模、複雜程度和所有狀況都相當的事情，曾在這麼短的時間內系統化、部分確立好並出現雛形的。」假如幾百萬美元就能讓原住民消失，蘭普金很樂意以正義之名付錢。他吩咐，財產應該「以慷慨和公正之名」估價，避免「吝嗇」和「浪費」。8

對於不願配合的契羅基人，他就沒那麼慷慨了。蘭普金敦促伍爾將軍必要時運用蠻力打擊任何反抗者。最後，他誇下海口宣布，《新埃喬塔條約》「不是一定會被執行，就是會被記錄成『喬治亞州處理好了』」。當伍爾回報飢餓的契羅基人拒絕接受聯邦協助時，蘭普金相當滿意。他堅持，只有願意放棄家園的人才能飽食。他和另一位專員寫道：「我們會邀請所有行將就木的人，前來享用慈善的食物。」他們接著說：「那麼，如果有任何人受苦，就可以公平地說，是他們自己的執拗造成的。」根據令蘭普金滿意的這種道德算法來看，驅趕原住民家庭、餵飽決定西遷的倖存者、把不願西遷的人的下場全怪到他們自己頭上，似乎是值得讚揚的事——當時的莊園主，若要懲罰奴隸時也會仰賴類似的邏輯，把錯怪在受害者身上，雖然犯下原始罪行的人是莊園主自己。但是即便如此，蘭普金仍不太想餵飽飢腸轆轆的難民。在蘭普金看來，專員的目標是用最快的速度集結移民，然後再用最快的速度「送走移民」，可是移民非但沒有被趕去西邊，飢餓的契羅基人還「靠政府的資助變得越來越胖」。他安慰自己，等帳目結清了，契羅基人就會臣服於聯邦政府的「命令」：「往西邊前進、前進。」9

• • •

當戰爭部在加強對契羅基族的掌控時，約翰・羅斯持續孜孜不倦地想辦法破壞《新埃喬塔條約》。驅離活動的爆炸性之大，已經變成不喜歡傑克森政府的北方政客，他們的凝聚點之一，就連一些南方政客也開始小心地反對總統的印地安政策，雖然他們的目的只是為了支持自己全國性的野心。約翰・羅斯希望撐得比這位長久以來的對手還要久，因為傑克森即將在一八三七年三月四日第二屆總統任期屆滿時卸任。傑克森從他漫長的公職生涯之初，就一直對原住民很不友善。他說他對他們其實是像父親那般付出，但如同這位鐵腕家長自己說的，這跟他對他的奴隸所表達的父愛關懷是一樣的。面對一些不聽話的小孩，他拿鞭子管教，而其他不聽話的孩子，他則是派出武裝義勇軍對付。[10]

在公眾場合上，原住民偶爾會表示自己很欣賞傑克森總統。就像美國白人，他們也稱頌了他軍事上的勇猛，因為即便他們未曾親身經歷過他毫不留情的力量，也應該有聽說過。然而，如果把他們的尊敬話語以字面意義解讀，那就太天真了。在一八三〇年，契卡索人跟傑克森在田納西州的富蘭克林協商時，契卡索人曾質疑過他的家長姿態，塞尼卡人、喬克托人和克里克人在別的時候也曾如此。這些公開的非難雖然說得謹慎，卻透露了原住民對傑克森自詡的慈愛所抱持的懷疑態度。原住民在私底下對彼此說了什麼，我們大體上無法得知，但是從一些現存的信件可以看出他們的怨恨有多深。約翰．羅斯說到，傑克森自稱「從未對紅皮膚的弟兄說過謊，也不曾欺瞞他們」，但是這位契羅基酋長又接著說：「然而，我們也有權利，自己從他的行為來判斷這樣的自誇是否為真。」沒有人比契羅基人約翰．里奇更直接，他在寫給同胞的一封信中，說傑克森總統是一條「雞蛇」，躲在「由邪惡的虛偽之心長成的茂盛草叢裡」。他強力呼籲，有必要「砍下這條蛇的頭，然後丟到塵土中。」[11]

欣賞和詆毀傑克森的人，他們很多都說他具有強大的意志，但有一個契羅基代表團卻對這位總統產生不同的印象。他們在一八三四年跟他會面，問他是不是決定無視美國與契羅基族的條約中，那些「具有約束力的義務」。其中一個代表說：「他不想回答。」傑克森不僅沒有堅定立場，反而「一副想要含糊其辭的樣子」，「好像很怕」給一個坦白的回答。契羅基人對此一點也不訝異，因為他們「不是不知道這位白人酋長的真實面目」。[12]

有一段時間，契羅基人希望傑克森的副總統，同時也是他擇定的繼承人范布倫會在一八三六年的大選中落敗，而這或許可以讓對印地安人頗有情感的田納西州參議員休・懷特（Hugh Lawson White）勝選。懷特因為擔任參議院印地安事務委員會的主席，曾在一八三〇年向參議院推介《印地安人遷移法案》，但是他跟其他許多田納西州的政治人物一樣，後來就跟總統斷絕往來。一八三四年，他曾支持一項決議，建議聯邦政府替契羅基族在喬治亞州購地。這項提議讓傑克森很丟臉，也鼓舞了約翰・羅斯和他的同黨。[13]然而，最後還是范布倫贏得選舉，而且懷特後來也被證實了，他不是個可靠的盟友。

雖然如此，還有其他管道可以嘗試。在全國政治中聲量越來越大的廢奴主義者，他們大聲說出了莊園奴隸制和原住民驅逐活動之間的關聯。麻州反奴隸制協會在一八三八年的年報中聲明：「南方的主要目標，透過了國家政府的手段實施變得雙重可惡。」第一，莊園主政治家想要「強行占有」原住民的土地。然後，他們打算在偷來的土地上，建立「帶來各種痛苦與可怕」的奴隸制。這項指控針對的對象覺得沒有理由替自己辯解，因為他們對自己在北美大陸各地建立的奴隸勞動營帝國感到很驕傲。一個蓄奴的田納西州議員控訴，反驅離運動「其實就是廢奴主義的分支」。北方的一個行動主義者想讓南方人改變想法，寄了好幾份提倡廢奴主義的報紙《人權》(*Human Rights*)到契羅基族。[14]約翰．羅斯和其他許多蓄奴的契羅基人，他們自己雖然也反對解放，但是只要有任何可以分裂南北政治人物的機會，都能協助達到他們的目的。

一直到一八三七年的十一月，也就是參議院批准《新埃喬塔條約》十八個月之後，約翰．羅斯仍在跟美國政府協商，讓他們在南方能有一個永久的家園。他甚至拒絕美國一開始讓契羅基人留在北卡羅來納州和田納西州，以交換喬治亞州和阿拉巴馬州土地的提議。他說那個地區太小、太多山了，希望能等到更好的協議。他保證，如果談判失敗，國會在思考這件事時，還是會「處在比之前任何時候都對我們有利的情勢下」。[15]

約翰．羅斯猜中了北方州會出現極力反對《新埃喬塔條約》的聲浪。例如，紐約上州的支持者夏洛克．格雷戈里(Sherlock Gregory)要求國會廢除他的公民資格，直到美國為對待原住民的方式表示懺悔，並廢除奴隸制。光是在一八三七年十二月的某一天，格雷戈里便勢不可擋地發起五個請願，要求國會調查原住民受到的待遇。他不是在協助原住民和奴隸獲得自由，就是在抱怨婦女的權利和天主教。顯然，像這位慷慨激昂的格雷戈里一樣，既兼容並蓄又愛大聲嚷嚷的人很少，但仍有數千名美國人連署要求廢除該條約。在紐約州的坎多爾(Candor，位於伊薩卡〔Ithaca〕南邊十英里的鄉村地區)，有七十個男女表示，這個條約是「透過詐欺的手段取得」；緬因州波特蘭(Portland)的市民要求，為了維持公平正義，「因為相信上帝會為受迫害者復仇」，美國不應該使用「任何手段強迫該部族離開」；麻州荷利斯頓（Holliston，位於波士頓西邊三十英里）的七十二名女性，她們要求國會保護契羅基人，免受「國人的貪念以及非法殘酷的侵犯」所傷害；同樣地，康乃狄克州布里斯托（Bristol）的市民也主張，強制執行該條約，會「違反正義原則和現有的條約」，並且「有損這個結盟共和國的特質」，讓美國遭受「萬國之神的審判」。16

在紐約州的尤寧（Union），人們表示傑克森和約翰．卡爾宏都有跟原住民族簽訂條約。他們問：「他們那個時候有懷疑這些條約是否合憲，或是條約在好幾個州或整個政府都具有約束力嗎？」他們又接著說：「若連國家的信仰都拋棄，我們吹噓的共和主義（republicanism）就沒有任何東西值得我們奮鬥了，共和國的滅亡也近了。」他們寫道：「我們知道政府堅稱遷移印地安人是出自對他們的友誼，可是用武力把人們從他們鍾愛的家園驅離，這樣叫做友誼嗎？」他們最後表示，從當下所有的跡象來看，這些計畫並不是「為了印地安人的福祉著想」。這項聯邦政策會存在，顯然是「為了滿足白人鄰居的貪慾」。17

康乃狄克州的沃倫（Warren）、紐約的布魯克林（Brooklyn）和紐澤西州的奧蘭治（Orange）都有發起請願。麻州康科特（Concord）的居民（包括文學家愛默生〔Emerson〕在內）告訴國會，《新埃喬塔條約》是「可惡的詐欺」和「違反正義與人道的暴行」。在參議院，一個疲憊的職員將連署簽名的數量點算好後，記錄在每一份請願書的背面：

四十五、一〇六、一一四、一六四、八十八、一四六、一九七、五十五、二十一、一〇八、二一三、二四五、四〇四等等。[18]然而，因為南方參議員的反彈很大，所以這些抗議書只被「擱置在桌上」，阻絕任何辯論的空間。顯然，約翰．羅斯算錯了。

最長的請願書就來自契羅基族，而這些請願書在急迫性上也超越了其他請願書。契羅基人在請願書上寫道：「一杯希望從我們的唇邊被打掉；我們的前途黑暗可怕；我們的心充滿哀怨。難道我們要像野獸般在山谷之間遭到獵殺，我們的婦女、孩童、長者、病患，他們要像犯罪者一樣從家裡被拖出來，堆上可鄙的船隻，運送到致病的地區嗎？」這份請願書共有一萬五千六百六十五人連署，跟契羅基人在一八三六年遞交的那份，含有一萬四千九百一十份簽名的請願書一樣，引起不可置信的反應。現在屬於認為遷移為必要那一派的布迪諾，他便曾說先前那份請願書是「全世界的騙局」。他說，畢竟現在只有約一萬五千個契羅基人還留在東部。謝爾莫恩指控約翰．羅斯「言過其實」，說根據他的估算，該地區只剩下四千名契羅基男性。對贊成西遷的條約團而言，請願書體現了約翰．羅斯的過失，因為這位酋長沒有對契羅基同胞坦承，而是創造了一種「假象」。約翰．羅斯問選民「你愛你的土地嗎？」、「你希望白人被趕出這個國度嗎？」答案當然是一致肯定的。若是用另一種方式問——「你會選擇在這悲慘的處境下，住在白人之間嗎？」——答案可能會很不一樣。有兩個契羅基人控道，約翰．羅斯是跟一般人利害關係不同的「富有混血兒」，但是諷刺的是，這兩個控訴的人，他們自己也很有錢，也結合了一種以上的血統。[19]

這樣一個暴君羅斯的形象，很合莊園主政治家的意，他們甚至把這位契羅基酋長看成自己的翻版。蘭普金寫信給志趣相投的傑克森時，說到絕大多數的原住民就像奴隸，「太過無知墮落」，沒辦法替自己想，「無法治理自己」。他們「應該被當成孩子對待」。約翰・羅斯統治他們，「就像奴隸被主人的意見主宰」，蘭普金和他的同輩，他們就像那些奴隸慈愛的父親，而約翰・羅斯卻是暴君。要是契羅基人能明白真正替他們著想的人是蘭普金，而不是羅斯，他們就會放棄家園，遷移到西部。當然，這種自大自欺的思維所做出的合理結論，便是「美國莊園主應該為了原住民好而奴役他們」。這樣的主張不只一個南方人提出。[20]

另有一個南方白人則認為約翰・羅斯是「契羅基族的奴隸，而非領袖」，因為他被契羅基族反對驅離的高昂情緒給牽著走。這個相反的論點，或許比較正確地反映出許多原住民社會的領導本質，包括約翰・羅斯的族群。約翰・羅斯被選為領袖，是契羅基族過渡到立憲政府的一部分，但他的權威仍建立於傳統的來源，像是母系社會制度，而他的權力則仰賴他的說服能力。一個在契羅基族住了很久的傳教士曾說，有個男子啟程前往西部沒多久，便停下來，把槍上膛，射死了自己。他寫道：「認為羅斯先生阻止人們前往西部的說法是錯誤的，因為要讓他們願意前往西部，完全在他的能力範圍之外。」[21]

• • •

在一八三八年初，南方的原住民只剩下契羅基人和塞米諾爾人的數量還很多。美國在霍亂時期驅逐了喬克托人；幾年後，美國征討、擊敗並驅離克里克人；接著，在一八三七年下旬，契卡索人西遷。跟其他南方原住民相比，契卡索人從密西西比州的家園西遷，只需要移動相對短的距離，而且他們健康狀況不錯，也因為自己出錢而避開了政府的承包商。基於這些原因，他們比其他人少受很多苦。22

由於約翰・羅斯和絕大多數的契羅基人依然堅定反對西遷，美國開始準備運用武力進行驅逐。到了一八三八年年初，工程兵團已經在契羅基族的領土標出道路，準備入侵。戰爭部尤其擔心位於今天北卡羅來納州的西部地帶。假如契羅基人要反擊的話，這個地區肯定變成他們的重要據點，因為這裡到處是險峻的山巒和狹窄的溪谷，很適合藏匿。地形工程師威廉・威廉斯（William G. Williams）寫到，一些地方的溪流「滿是雜林」，山徑有時則上升得太陡峭，不利軍隊移動。位於今日楠塔哈拉國家森林區（Nantahala National Forest），從林賽堡（Fort Lindsay）到德拉尼堡（Fort Delany）之間那二十五英里的山徑「極度艱難」，要爬過「極為高聳危險的懸崖峭壁，上有陡峭的岩石和山脈」。有的山徑緊貼著山壁，沒有好走的下坡路。威廉斯寫道：「下坡路全都又長又花錢。」還有的路被高聳的河岸包圍，「在這些地方很容易受到伏兵攻擊」。威廉斯表示，要在這樣詭譎的山區部署部隊和軍需品，勘查地形是必要的。「緊急所需」的數據，將「大力協助我們快速鎮壓惡魔」。[23]

戰爭部從地形工程師那裡得知，「自古以來」就在阿帕拉契的綠谷耕作的人們，他們跟「印地安人」有一些共通的特性。契羅基人「跟白人往來時很嚴肅，根據他們得到的待遇，他們可能脾氣很好，也可能乖戾不悅」（有人——可能是戰爭部裡的人——後來在這個沒用的資訊底下畫了線）。他們既「狡詐、語帶保留」，又「貧窮、不懂省時省錢」。印地安人喜歡「追著鹿跑或什麼事也不做，不喜歡從事更有用的活動」。此外，他們不意外地比較喜歡自己的語言。從外表來看，印地安男子「健壯」、「身體柔軟」，儀態挺直，「步伐輕快」。年齡適合戰鬥的契羅基男性，雖然大概只有四、五千人，但是他們還有人數同樣多的女性在支持他們。這些女性「習慣艱苦」，「戰時可提供很大的協助」。短暫離題寫下這段人類學敘述後，威廉斯最後說：「關於這些人，沒什麼需要說的了。」[24]

契羅基人雖然決意留在阿帕拉契南部的「山寨」家園，可是美國確實有一項關鍵優勢。在聯邦政府的默許下，那些未經允許就定居下來的人、投機商人和入侵者，他們已經把契羅基人壓榨到「極度貧窮困苦的狀態」。因此，任何對付他們的軍事策略的首要目標，就是侵占仍在契羅基人控制下的肥沃谷地、搶奪他們的作物和牛隻。簡單來說，就是把他們餓跑。威廉斯預測，契羅基人在極度困乏的情況下會逃進山區。牛豬已經毀掉許多可使契羅基人存活下去的根莖類和植物，因此難民將會被迫靠白橡的內層樹皮維生。然而，這種不恰當的飲食，會讓他們「很快就生病了」。在這樣「不安穩」的處境中，他們很容易就會屈服。[25]約翰・羅斯想得沒錯，政府打從《印地安人遷移法案》通過開始，一直到計畫性入侵契羅基族的領土，當中設想的「祕密計畫」，就是要讓他們的生活變得「如此悲慘、無法忍受」，逼他們放棄自己的家園。

四月六日，戰爭部下令史考特前往契羅基族統領軍事行動，授權他在鄰近的州招募多達三千名志願兵。另外還有一千五百名士兵將從佛羅里達領地的戰爭調來加強史考特的兵力，然而最終而言，大部分的正規軍都來得太遲，沒發揮任何作用。在籌備期間，軍方已經在契羅基族建設二十三個軍事據點，軍需官也從莫比爾運來軍械。史考特馬上動身前往田納西州的雅典，開始研究當地地形，為驅逐契羅基人的「初期劇烈行動系統」做準備。根據軍方得到的情報指出，當地原住民雖然表現出「極為無害的樣子」，看起來卻全體都很堅定。「他們普遍的態度是，『他們不會抵抗，但他們也不會自願離開』。」[26]

・・・

美國政治人物為什麼要這麼堅持？到了一八三八年，南方白人已經奪走了最珍貴的原住民土地，也就是位於阿拉巴馬州和密西西比州的肥沃黑色草原。他們不可能會覬覦位於阿帕拉契南部、遙遠多山的契羅基族家園，想在那裡進行集約的棉花種植。沒錯，一八二九年八月，在契羅基族的領土上意外發現黃金，引起了美國最有權勢的人的興趣。到處都可見到身影的比爾斯，在契羅基族南方邊界內的一座礦場買了股份，也得到周遭礦業活動的產出利益；在同一個社區，約翰．卡爾宏也在一座礦場買了股權，運用奴隸勞工完成苦力，就像他在東邊一百英里、位於南卡羅來納州的棉花莊園所做的那樣。在英國出生的地理學家喬治．費瑟斯頓霍（George William Featherstonhaugh），他曾在一八三五年的秋天跟約翰．卡爾宏一起造訪喬治亞州北部遍布黃金的礦山，注意到那裡的山谷「都被挖光了」。在為了致富的狂熱掏金浪潮中，礦工將幾百歲的古老樹木連根拔起、重新改變山區溪流的河道，並把礦渣堆成一座一座巨大難看的小山。他說，阿帕拉契山麓曾經蓊蓊鬱鬱的山谷，現在成了「一幅絕對淒涼的景象」。[27]

然而，根據大部分的紀錄，採金的高峰期是在一八三〇年代初期，而美國卻是在好幾年後，才強迫契羅基人踏上「血淚之路」。有一個學者在研究這個主題時，認為集中在喬治亞州和北卡羅來納州的南方採金業，在一八三四到一八三七年間減少了百分之三十一。這些有點算是半猜測的數字偏向保守，實際的衰退可能還更大。一八三八年，一份喬治亞州的報紙為了復興這個產業，坦承「棉花和勞力的高價收穫，導致南方的金礦幾年來相對受到了忽

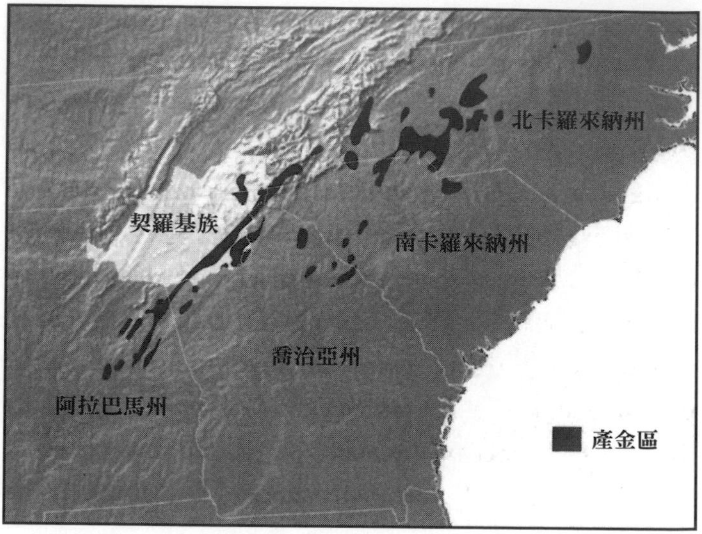


**圖十三**　南方產金區。

視。」[28]

無論實際數字為何，一八三〇年代初期的採礦高峰期證明，即使契羅基人還在他們的家園上，喬治亞州的公民仍能開採黃金。事實上，南方大部分的產金地帶並不位於契羅基族的領土內，契羅基族大部分的領土也不產金。因此，殖民者對這個地區大部分沒什麼興趣。雖然有數千位喬治亞州土地彩券的幸運得主，他們搬進了契羅基族的領土領取他們的獎賞，但也有很多人拒絕領獎，導致州議會每年都得延長遞交文件的截止日，直到一八四二年才停止。眾議院印地安事務委員會主席、來自田納西州的約翰．貝爾，他甚至在一八三八年五月表示，他的選民打算默許契羅基人「永久居住」在他們「古老的土地」上，雖然他後來強調，局勢發展排除了這樣的可能。[29]

莊園主政治家要趕走南方的原住民，當然有棉花和黃金以外的理由，正如同一八三八年的五月，喬治亞州的眾議員威廉・道森（William Dawson）在眾議院發表一場激昂演說時所指出的那樣。那時候，范布倫總統的戰爭部長喬爾・波因塞特（Joel Poinsett），他不久前剛提議將契羅基人的驅離活動延期兩年，而反對美國印地安政策的議員，也暫時推遲一項資助塞米諾爾戰爭（Seminole war）和驅離契羅基族的法案。威廉・道森憤怒攻擊自己的同僚時，約翰・羅斯和一個契羅基代表團也在座位席上聆聽。他說，捍衛印地安人的人不是無知，就是「有某種荒淫的傾向，想要被當成那些所謂的迫害者的大膽攻擊者，及受迫害族群的維護者」。這位喬治亞州的議員說，北方人都很偽善。他故意刺激北方的同僚，叫他們「去讀讀你們自己發動的印地安戰爭的歷史吧。」[30]

威廉・道森細數了該地區長久的居民必須被驅逐的理由：契羅基人目無法紀，所以喬治亞州的白人婦女想拜訪田納西州的女兒時，就得穿越契羅基族的領土，冒著被強暴的風險；企業家無法造橋鋪路通過該地區；駕著馬匹、騾子或豬隻的人被迫走一大段路繞過契羅基族地區；最後，政府無法進行「用鐵路將西部水域和大西洋連接起來的偉大工程」。他說，這些不便和不公會出現，全是「因為契羅基人擁有這個地區毫不受限的所有權」。他揚言，如果喬治亞州沒有得到它想要的，就要脫離合眾國；要是聯邦部隊跨越州界「懲戒」他們，喬治亞州的公民會帶著武器在邊界等著他們來。[31]

威廉·道森雖然說得義正辭嚴，但他列出來的理由，卻沒有恰當地解釋喬治亞州的莊園主政治家，他們將契羅基人從阿帕拉契南部驅離的決心，為何如此難以動搖，或者他們面對每一個挑戰他們的人時，他們所表現出來的憤怒為何如此龐大無邊。雖然他們擺出堅守州的權利的姿態，白人至上主義其實才是他們政治立場的基礎。就如位於喬治亞州西北方一角的沃克縣（Walker County）的縣民所說，契羅基人「激發了我們外在和內在的敵人做出行動」。這些堅決捍衛白人至上主義的人決定，每位公民都要獲取一把槍和五十發彈藥，迎戰奴隸起義的內憂與外族入侵的外患，並在適當的時機「在刺刀的刀尖下」趕走該地區最古老的居民。[32]

或許，沃克縣縣民的恐懼心理，背後含有一點理性的成分。從現實層面來說，契羅基族是位於南方核心的一個競爭主權實體，其統治者顯然不認同該地區白人統治階級所依循的意識形態。除此之外，「國內從屬國」的地位使它跟華盛頓市之間存在一種特殊關係，讓聯邦力量進入這個地區。然而，沃克縣稱不上是奴隸起義的最佳地點，那裡大概有一千個奴隸，並以十比一的比例被白人超越。[33]而契羅基人跟外國力量聯手的可能性更是渺小。

一定有比理性更強大的原因，在激勵沃克縣的縣民。傑佛遜雖然跟被奴役的非裔美國人之間的關係充滿動盪（或者正是因為如此），卻曾點出答案。他說，奴隸制把莊園主變成習慣統治他人、不習慣受到統治的專制暴君。這樣的習慣，也延伸到沒有蓄奴的南方白人身上，因為他們獲得法律賦予的權利，可以擺布「有色人種」。契羅基族的存在冒犯了他們。一八三八年五月，喬治亞州眾議員喬治·華盛頓·波拿巴·托恩斯（George Washington Bonaparte Towns）警告國會，他的州絕不會在受到「懲戒之後屈服」，被迫承認契羅基人的權利，有趣的是，他的名字裡同時有一位莊園主和一位暴君。他宣布，那樣的懲罰是「奴隸或農奴」應得的，不是謹慎保護「自己的榮譽和自由」、擁有尊嚴的奴隸州該承受的。[34] 藉由這樣堅持自己「權益」的方式，威廉·道森和托恩斯等莊園主政治家，他們將成功讓他們在一八三〇年所推行的計畫開花結果。他們不會讓任何一個原住民留在這個地區，因為他們要使白人成為南方每一吋土地的主人。驅離契羅基人後，喬治亞州的「蘇格拉底」，他在一八二五年所描繪的願景就會實現了。「我們喬治亞人」將會變成「我們喬治亞州的白人」。沒有擁有主權的原住民干擾，莊園主就能安心地統治非裔美國人奴隸，不會受到挑戰。

我們並不知道約翰·羅斯在眾議院的座位席上聆聽時，對於威廉·道森暴躁的演說有什麼想法，也不知道隔天約翰·貝爾和一名田納西州的同僚，兩人因為持續爭辯《印地安資助法案》（*Indian funding bill*）而大打出手的畫面，約翰·羅斯有沒有目睹。六月五日，人還在華盛頓市的約翰·羅斯認命地寫道：「無論對錯，這個政府看樣子是決意要將契羅基人驅離他們的原生土地了，不會改變想法；現在，就等美國公布這項命令了。」[35] 約翰·羅斯並不曉得，史考特早在十天前，就發動把契羅基人趕出東部家園的行動。

・・・

眾議院以五票之差通過《印地安人遷移法案》，將驅逐八萬人變成聯邦政策的八年後，契羅基人的驅離行動，正式在一八三八年五月二十六日星期六的早晨展開。史考特將軍向部隊下達的指令非常清楚。他命令手下包圍、逮捕「越多印地安人」越好，並將他們放在最近的堡壘中派人看守，然後再回來抓更多人。他下令：「不斷不斷地重複這些行動」，直到每一個原住民都被囚禁起來。[36]

喬治亞州義勇軍的指揮官誇耀地說，集結的士兵陣容龐大到「可以把契羅基人烤熟、灑上胡椒後吃掉」。有了三千五百名士兵，史考特將軍要求一個士兵要對付四個原住民。一個軍官寫到，這樣的兵力「如此龐大、如此難以招架」，反抗將會「毫無希望」。單靠人數眾多這一點，似乎就能確保驅逐將以閃電的速度完成。州義勇軍雖然沒有紀律、時常酒醉，他們仍然翻山越嶺，白天「捕捉印地安人」，讓失土者連收拾財物或甚至叫回自己的孩子的時間都沒有，州義勇軍甚至會在晚上叫醒住在屋子裡的原住民家庭，派人看守他們，然後睡在他們還溫熱著的床鋪上。隔天，他們繼續家家戶戶搜索，最後用刺刀押著囚犯到各地的堡壘。數百人在各個堡壘等著被送到三大拘留營之一，也就是阿拉巴馬州的佩恩堡（Fort Payne）以及田納西州兩個較大的軍事據點——羅斯登陸處（Ross's Landing）和卡斯堡（Fort Cass）。一名志願兵怨道，這是一件很累的工作，不是「聲稱的那個樣子」。[37]

大部分的契羅基人都服從士兵的命令，決心不要惹怒某位將軍口中，那些認為「殺害印地安人不是罪」的武裝男子。但，也有很多人在部隊抵達時逃進山區，特別是來自北卡羅來納州西南角裘阿谷（Cheoah Valley）的原住民。一名欽佩的士兵說：「除了住在這座山谷的族群之外，其他地方找不到更虔誠的人了。他們的傳道者會提到他們很快就要遷移的可能性，而這個主題總讓他們淚流滿面。」儘管戰爭部做了小心翼翼的準備，以讓軍火和士兵穿越北卡羅來納州的高山地形，他們的官員卻抓不到契羅基人。這些難民形成後來的契羅基印地安人東支（Eastern Band of Cherokee）的核心，在一八六八年被聯邦政府承認為獨立的印地安族。[38]

士兵穿越這個地區時散播的恐怖氛圍，只能透過零碎的紀錄一窺究竟。他們在契羅基人進行日常生活的平凡事件——拜訪朋友、照顧牲畜、務農——時抓住他們；他們在一個又聾又啞的人看見武裝人侵者想要逃跑時，將他射殺；在滂沱大雨中，他們驅趕身上幾乎連一件毯子也沒有的兩百名男女老少；一名士兵拿槍對著一個男子，命令他上船，即使男子要求等等他的兒子。嬰幼兒和年長者受的苦非常多，因為受到風吹日曬雨淋的影響後，他們比較容易羅患痢疾。士兵們強迫一個據說年近百歲的老婦人從早到晚行進，使她精疲力盡。這些士兵也被懷疑殺害了另一個無法繼續行走下去的人，並將屍體帶離道路掩藏。39

六月中，軍事行動才展開幾個星期，喬治亞州義勇軍的指揮官便宣布任務已完成。偵察兵不久前在喬治亞州北部搜遍「四面八方，沒有看見任何印地安人或印地安人新留下的蹤跡」，但是為了保險起見，騎著馬的志願兵又再巡了一次。整片土地杳無人煙。一週後，史考特將軍宣布：「喬治亞州的紅人已經完全肅清。」將近一萬五千人的當地居民，已全數集中在田納西州和阿拉巴馬州的拘留營，

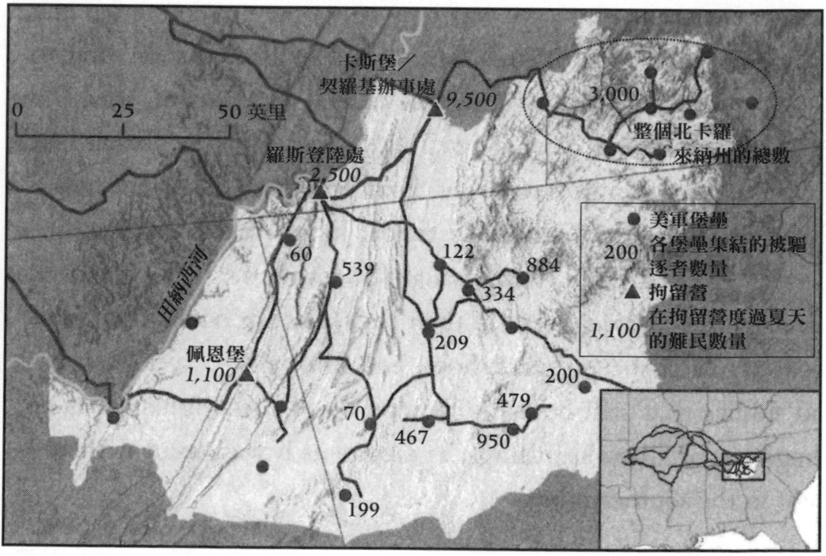


**圖十四**　一八三八年五月到十二月的軍事堡壘和拘留營位置圖。標示出來的被驅逐者人數為概略數字。

等待遷移。許多人都「衣衫襤褸，十分悽慘」，促使聯邦政府添購衣物給他們在西遷的路上穿戴。難民拒絕了這假惺惺的好意，聲稱他們有自己的衣服，卻不被允許帶著走。[40]

整個地區四處可見空無一人的房屋，日常生活的物品卻仍安靜地待在原地：提琴、椅子、床、紡車、湯鍋、一袋果乾、號角等。不過，空有物沒有人的詭異現象只是短暫的一幕。士兵偷走許多屬於契羅基人的財物，「黑手」也很快就跟進，撿走剩下的東西，要拿去聯邦政府的拍賣會上拍賣。約翰．道森（John Dawson）買了四把屬於特利斯卡（Teliska）的斧頭，這些工具後來大概都轉交給他的九個奴隸使用了；史隆先生（Mr. Sloan）買了奇威（Chewey）的提琴；麥斯派登先生（Mr. McSpadden）買了「螃蟹草」（Crabgrass）的獨木舟；約翰．奧克斯福德（John Oxford）買了阿瑪蒂斯卡（Amateeska）的鍋；高達小姐（Miss Godard）買了索皮思（Sopes）的床。[41] 美國公民搬進契羅基人的家，睡他們的床、用他們的鍋子吃飯。這些侵占者所使用的羊毛剪、鋤頭、魚叉、螺鑽、籃子和提琴，上面都還有原主人的掌紋。契羅基人的東西遭到霸占雖然是件很怪異的事，南方的報章雜誌卻不曾提及。

那年六月，美軍使用汽輪送走了將近三千人。運輸船依循哈里斯的隊伍前一年所採取的路線，沿著田納西河抵達俄亥俄河和密西西比河。接著，他們順著密西西比河而下，來到了阿肯色河，再上溯這條河到接近吉布森堡的地方。這些夏季進行的驅離活動中，在擁擠又有疾病肆虐的汽輪上，死亡率超過了百分之十。當西部的河流水位下降、汽輪運輸變得不牢靠時，契羅基人跟軍隊協商在東部的拘留營待到秋天。契羅基人承諾，等涼爽的秋季到來，他們會自己遷移，不依靠反覆無常又不老實的政府承包商。在炎熱的南方夏季，至少有三百五十三人死在擁擠又不衛生的拘留營裡。[42]

在營區裡被武裝士兵看守了四個月後，衰弱的契羅基人終於在一八三八年的十月和十一月出發前往西部。將近一萬一千名難民分成十一隊，往西北方穿越田納西州的納士維，經過傑克森占地一千英畝的莊園「隱士居」（Hermitage）西邊十英里的地方（這位退休的總統在那裡指揮超過一百名奴隸）。他們繼續往西北方前進，跨越結冰的俄亥俄河後，接著往西穿過伊利諾州的南端。他們在開普吉拉多（Cape Girardeau）跨過密西西比河，然後走兩條些許不同的路線穿越密蘇里州。在距離目的地一百英里的地方，他們轉到幾乎正南的方向，接著又轉向西方進入今天的奧克拉荷馬州。這趟七百英里長征，跋涉過泥濘、雨水和冰雪，並花了四個月才完成，全部只靠徒步的方式，極為艱辛。從不完整的數據來推斷，在依循這條北部路線的將近一萬一千名難民當中，似乎有百分之六左右的人在路途中喪命，也就是超過六百人。[43]而有另一群人數較少的難民，是走水路或依循稍微更直接一點的陸路路線。但，就算是走幾乎最短路徑的那六百六十名被驅逐者，在朝正西方穿過田納西州和阿肯色領地這條路上，他們也靠雙腳走了六百五十英里。

如果把軍隊六月時使用汽輪完成的驅逐行動，和契羅基人秋天時自行完成的徒步旅程全算在內，約有一千人直接死於這為期數個月的活動，將近整個族群人口的百分之七。倘若用另一種計算方式，將拘留營的死亡人數以及流產、不孕和其他導致出生率下降的因素包含在內，死亡人數會是這個數字的三倍，相當於三千五百人。這些數字無法看出被驅離者所受的苦。隨便舉三個駭人聽聞，但跟數百起類似的事件相差無幾的死亡案例來說，就包括一個死於痢疾的嬰兒、一個被翻倒的拖車壓死的女子，還有一個因為凍到骨子裡、在太靠近營火的位置睡著而被火燒死的老人。[44]

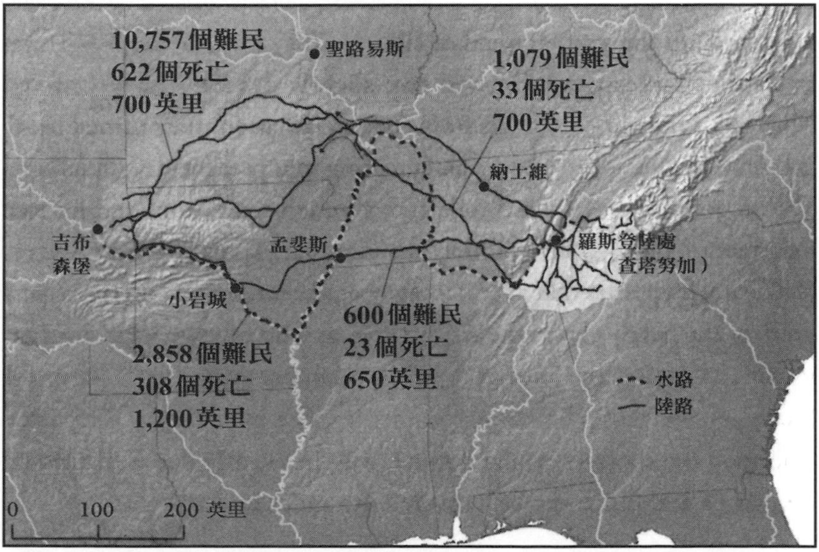


**圖十五**　「血淚之路」是契羅基人在一八三八年的夏秋兩季從位於東邊的家園啟程出發後所依循的路線。某些死亡人數我是以採取同一條路線的隊伍的死亡率來推斷。

約翰．羅斯的一個朋友喬治．西克斯（Georgo Hicks），他負責帶領最後一批契羅基人離開家園。他寫道：「我們很傷心自己被白人當局強迫離開童年時期的景色。」此外，他還描述了當一千零三十一個難民、六十輛馬車、六百匹馬、四十對牛隻，這樣的大隊人馬從契羅基族啟程時，美國公民竟在光天化日之下搶劫他們。這趟依循北方路線的漫長冬季旅程，耗費超過四個月，共有七十九人死在路途中。倖存者終於抵達西部時，接應他們的聯邦官員卻給他們不適合人吃的玉米和牛肉做為補給。喬治．西克斯諷刺地說，根據「我們在東部國土得到的承諾，我們沒想到會得到這樣的待遇。」[45]

chapter

# 11

# 這不是罪

在喬治．西克斯率領的契羅基難民抵達印地安領地的兩週前，第二步兵師的塞繆爾．羅素（Samuel Russell）上尉和七名手下打算沿著邁阿密河順流而下，前往位於今日邁阿密市中心的達拉斯堡（Fort Dallas）。塞米諾爾族的槍手等到毫無防備的船隻出現在射擊範圍內後，子彈齊發，擊中羅素的胸膛。羅素下令把船停靠在對岸，他接著爬上岸，卻被射中太陽穴，當場死亡。伍卓夫（Woodruff）少尉接下指揮權。這個寡不敵眾的部隊經歷了一個小時的槍戰、又折損一人後，才取回羅素的屍首，繼續往達拉斯堡前進。一名軍官寫到，塞米諾爾人一如往常「憑著對該地區的完美認識而得以脫逃」。[1]

自從一八三六年年初，南方公民大張旗鼓地派出義勇軍到佛羅里達領地的沼澤作戰，並歷經令人震撼的那幾天後，戰爭的艱苦，就已經讓輕鬆贏得勝利的期盼在他們心中破滅。卡斯曾自信滿滿地說，「展現數量可觀的兵力」，就能讓「被騙」的塞米諾爾人領悟自己錯得有多離譜。結果，原來卡斯的這番話才是錯得離譜。[2] 塞米諾爾人比這位戰爭部長所預期的還要頑強許多，也比許多志願兵所以為的還要可怕許多。

佛羅里達領地的原住民，他們繼承了反抗殖民力量的悠久傳統。十八世紀中葉，他們的曾祖父母首次來到這座半島開闢村落，跟北方不斷擴張的英屬殖民地保持安全距離，同時又跟西班牙人維持夠近的距離，以便進行互利互惠的貿易活動。克里克族之中，時不時會有反美派遷到此地，補充、強化了塞米諾爾人的戰鬥能力——最近期的例子是一八一三至一八一四年的美國與克里克人戰爭，及一八三六年的美國與克里克人戰爭。在一八三〇年代，新來的克里克人往往是沒有家眷的青年男子，背後的動機是想為阿拉巴馬州的部落所遭受的損失復仇。這些男性雖然得到美國媒體極大的關注，因為他們就是讓東北部讀者興奮不已、南部讀者驚懼萬分的典型嗜血戰士，但是女性在抗美活動中也扮演了同樣重要的角色。沒有在生產子彈時，她們就在佛羅里達領地的沼澤，和高於周遭水域的零星土地上努力掙取生計，耕作、採集糧食作物，然後把食物藏好。她們成功打破了美軍「讓野蠻人餓到受不了後跑出來」的主要戰略。[3]

當然，不是每個人都認為挑戰美軍是明智的做法。一個遷到塞米諾爾地區的克里克酋長查理・埃馬斯拉（Charley Emathla），他就鼓勵他的族人西遷，即使他知道自己「在路上會失去很多人」。奧西奧拉在查理・埃馬斯拉尚未啟程前將他處決，但是他的手足霍拉塔・埃馬斯拉（Holata Emathla）還是跟其他四百零七人在坦帕灣集合後踏上旅途。他們遭遇的苦難，成了不要信任聯邦政府的實證。他們在一八三六年四月出發不到三個星期，載著他們跨越墨西哥灣的汽輪就爆發麻疹，使移民人數減到三百八十二人。到了阿肯色領地西部，由於溪流水位下降，他們被迫下船，以徒步的方式繼續旅程。病患人數持續攀升，來到一百五十人，在持續不斷的雨勢中，他們也常常不想拔營。負責護送的美國官員傑佛遜·霍恩寫道：「我們遇到了各種困難。」他對吉布森抱怨道：「這些人似乎被寵溺到，沒有任何東西可以滿足他們或媲美他們奢侈的期待。」馬車沒入泥巴裡，最後終於來到不可能繼續前進的地步。在營地，每天都有人死亡，在傑佛遜·霍恩和他的助手用槍威脅移民和車夫後，旅程繼續展開，生病和快死的人必須被抬上馬車，然後就這樣「躺在自己的穢物之中」。傑佛遜·霍恩毫無同情心地抗議，馬車裡的「臭氣和令人生病的氛圍」及營地裡「受到汙染的空氣」，「幾乎讓人無法忍受」。他寫道：「若當初讓他們自生自滅或用刺刀趕他們，感覺一定很舒暢。」[4]

在接近位於今日奧克拉荷馬州東部的目的地時，霍拉塔·埃馬斯拉生病了。他相信自己幾個小時之內就會死，於是要求整個隊伍停下來，等他死了、遺體安放好了再繼續走，但是傑佛遜·霍恩拒絕這項要求，埋怨難民已經「讓路途一路充滿困難」。然而，一行人就是拒絕移動。根據一名目擊者的紀錄，他們的「父親、保護人和朋友」，以及「他們未來的一切希望」在兩天後逝世，使這群移民「悲慟不已，傷心欲絕」。霍拉塔．埃馬斯拉的家人與追隨者，他們在得以俯瞰小溪的高處清出一塊區域，把他的遺體和物品放在五英尺高的木棺內，然後在附近生了火。[5]

這起令人悲傷的事件發生後幾天，一行人抵達了目的地，人數只有三百二十人。短短兩個月內，每五人當中就有將近一人死去，而且死亡率似乎沒有下降的趨勢。傑佛遜．霍恩回報：「就連在算人數的過程中，我也還得從寫好的名單上把死去的人的名字擦掉。」悲傷的倖存者貧困又不健康，在陌生的新環境中只能奮力維生。態度始終不變的傑佛遜．霍恩，則責怪這些情緒低落的難民，說他們「放蕩、懶惰、魯莽」。[6]

在手邊幾乎沒有真實資訊的情況下，留在佛羅里達領地的塞米諾爾人，他們只能假定他們的親戚已經消失在地平線的那端，音信全無。又或者，旅途出現重重困難，因此他們死了很多人，在新家也仍繼續生活在絕望之中。這兩種情況都讓佛羅里達領地的原住民不想要降服於美國。一位塞米諾爾酋長坦言，他們什麼都願意做，就是不要坐上前往西部的汽輪。[7]

每當決心動搖時，親朋好友就會鼓舞他們。考古證據顯示，塞米諾爾聚落在戰爭期間找不到歐裔美國人的瓷器，表示當地居民拒絕受到美國影響，並將此做為復甦和淨化部落的宗教運動的一部分（就算是在戰爭期間，他們仍有機會從商人那裡獲得外國商品）。過去五十年來，類似的運動也激勵了東部各地的起義。對塞米諾爾人來說，受到這持續多年的衝突和背後的宗教啟發，讓村民因為有了共同目標而團結一致，並協助形塑鮮明的民族認同。[8] 放棄這場戰鬥，就等於放棄信仰，背叛自己的族群。

• • •

戰爭部長卡斯低估了塞米諾爾人留在家園的意志，他手下的將軍則是沒有意會到佛羅里達領地的原住民擁有一項巨大的軍事優勢，足以擊潰美軍，讓他們敗興而歸。據說，在一八三六年衝突重新展開前，塞米諾爾人曾看見美國士兵練習射擊，確信自己的能力更加優越。就連士兵們自己也能看出，沒有受過不規則戰爭型態訓練的他們，在樹林裡練習「印地安戰鬥」時看起來「十分可笑」。美軍移動時往往帶了太多行囊、太多馬匹，發出太多聲音。相關數字也對他們很不利。根據軍需官的計算，一千個士兵若行軍十二天，總共會需要兩萬四千磅的糧食，由六十四匹拉著十六輛馬車的馬運送，其中四輛完全用來運載這些動物的草料。這些笨重的馬車、馬匹、牲畜和士兵，還沒算入軍用品及馬伕的食物。假如這樣一個部隊發出的聲音沒有告訴塞米諾爾人美軍的動向，他們在黎明和夜晚吹號的慣例，也愚蠢地宣告了自己的所在位置。[9]

美軍對塞米諾爾人的領土一無所知，軍官只能仰賴錯誤百出，並被史考特描述成「由不可靠的猜測填滿的輪廓線」的書店地圖。開戰一年了，指揮官傑薩普還是沒有任何地形資訊或可靠的嚮導。他嘆道：「我們對佛羅里達領地內陸的認識，大概就像對中國內陸的認識一樣少。」令人驚訝的是，軍官在一八四〇年也有說出類似的怨言，但那時已經是塞米諾爾人突襲摧毀戴德軍隊的事件的四年後了。一位偵察兵坦承：「我對預計要偵察的這個地區完全一無所知。」他也說到，現有的地圖「在很多重要的地方都出現錯誤」。[10]

即使對這片土地的第一手知識漸漸取代了臆測，當地地形仍充滿挑戰。一名來自南卡羅來納州的人寫到，這個地區就像是「一座巨大的森林城堡，被護城河包圍，有著難以突破的入口」。高處、低地、灌木叢林地和茂密的森林，都讓行進艱辛萬分，而若真像一名士兵所說，「移動迅速」對美軍「不可或缺」，那也同樣代表著美軍不可能做到。士兵的士氣在這個地區被水淹沒的小徑上崩垮。需要通過盤根錯節的林間沼澤時，美軍部隊必須將馬繩解開，自己把馬車拖過水域。莖幹邊緣銳利的鋸棕櫚（名字取得很貼切），劃破了他們的鞋子和衣服，劃傷他們的肌膚。一名海軍軍官在大沼澤地地區，拖著獨木舟追殺塞米諾爾人好幾個星期，最後差點因為傷口感染失去兩條腿。同一時間，原住民槍手朝部隊射擊，再悄悄撤離。一名士兵坦承，那真的非常可怕。[11]

塞米諾爾人的游擊隊，在每一個困難點燒毀橋梁、突襲部隊，他們非常理解如何把該地區的河川變成自己的優勢。美軍只得依靠匆忙建造的舟筏和臨時搭建的橋梁，但舟筏有時候

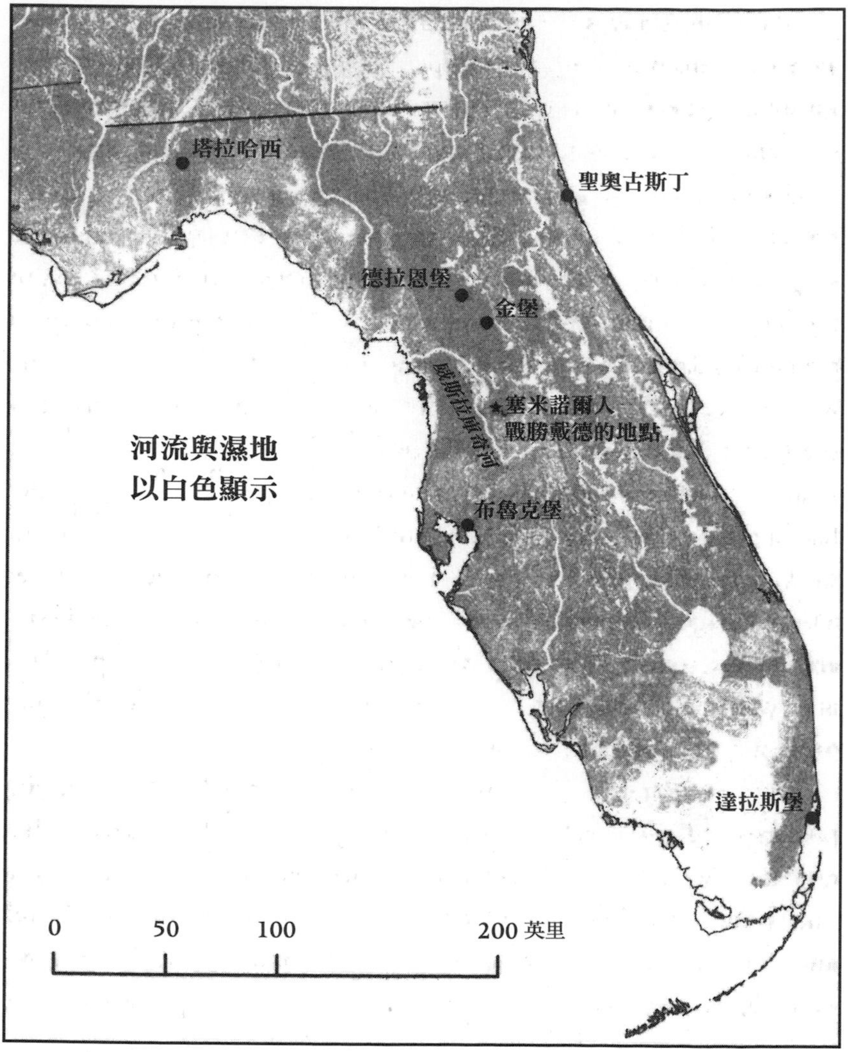


**圖十六**　塞米諾爾人的家園有很多廣大的地區會季節性或永久性氾濫，為美軍部隊帶來很大的挑戰。塞米諾爾人沿著威斯拉庫奇河避難，那裡的多沼低窪河岸被茂密的植被覆蓋。一名士兵寫到，大自然彷彿將這條河設計成「野蠻人的藏匿處和防衛牆」。

會沒入水中，而橋梁則難以勝任需要完成的任務。一座搭在歐克拉瓦哈河（Ocklawaha River，位於佛羅里達領地中部）上的「脆弱又瘋狂的橋梁」，無法同時支持一輛馬車及其車隊，因此士兵必須先引領馬兒過橋，再回頭用手拖馬車。馬車共有七十輛，所以穿越六十英尺寬的河川總共花了一天半的時間。他們使用橡膠布將馬車圍起來，希望能以漂浮的方式把馬車運過河，最後也失敗了，雖然起初在克里克族領土使用的浮橋比較有效，但是尚未受到廣泛應用。就連小支的機動部隊也無法有效率地過河。艾倫（G. W. Allen）率領四十名手下乘坐輕帆船，順著墨西哥灣沿岸而下，然後上溯坦帕灣北方的水晶河（Crystal River）。部隊下船後，發現一個大村莊，他們隨即追逐數名原住民，直到追過了高處地帶和河口，最後卻發現自己陷入困境。他們發現一塊長而窄的陸地，結果直接走進槍林彈雨，趕忙撤退。這次軍事行動帶回來的成果，只有中士之死。[12]

然而，縱使有這重重困難，美國表面上在科技方面仍有一項決定性的優勢。誠如一名田納西州的志願兵所說的，「文明的自由與法律、服務與藝術的進步」當然會戰勝原始的野蠻人和他們的「火把和割頭皮的刀」。然而，這一番自滿的描述並未成真。由於有來自古巴的進口商品，塞米諾爾人擁有的槍枝，比軍隊標準配給的前膛式燧發槍（standard-issue flintlock muzzleloading musket）還要好，這使軍隊擁有先進武器的優勢沒辦法發揮效果。「毀滅性強大的彈筒」（一種裝滿鉛彈的錫罐）射往高處，大人小孩一律都會遭砲彈碎片擊中。有一次，一名士兵發現一個老人被無差別轟炸打死，頭顱「被切成四塊帶走」。但，拖著笨重的軍火穿越林間沼澤或跨越河流所帶來的不便，遠遠超過這些武器可怕致命的效果。象徵當時科技進步的汽輪，雖然可以為沿岸的軍隊補給站進行補給，但遇上佛羅里達領地的淺流時，卻一點用處也沒有。戰爭部對吃水僅二點五英尺的輕量船伊札德號（Izard）抱有很大的希望，但它卻在威斯拉庫奇河河口的沙洲擱淺，不出幾個小時就完全毀壞。船上的二十八名船員終於安全上岸之後，卻「因為疾病而變得虛弱無力」，僅僅四人無恙。連傳奇的軍火製造師塞繆爾・柯特（Samuel Colt）也愛莫能助。他帶著新式的連發步槍來到佛羅里達領地，但是這三十把槍有五把在十天內爆炸，重傷了在爆炸範圍內的人員。13

最有前途的軍事科技或許是熱氣球。歐洲的軍隊雖然很熟悉熱氣球，但美國先前卻從未運用過這項工具。按照一八四〇年提出的構想，熱氣球可以在夜晚升到半島的沼澤和高處上方，找出營火的所在地，並在隔天早上帶著畫有敵人位置的地圖回到地面。一位將軍認為這個空中裝置，也能應用在「遠西地區高低起伏的大平原」上，因為在那裡常常會發生「數千個印地安人」就在附近但美軍卻不曉得的狀況。不過，在一開始的鼓勵後，這項計畫因為「完全不可行」遭到拒絕。14

話雖如此，這樣的空想確實是因為這場戰爭而被設想出來。在許多美國公民的眼裡看來，這是文明與大自然的較量。佛羅里達領地的一個國會委派人吹牛說，凡是「野蠻人」被

「驅離」的地方，森林「就會在產業的斧頭前倒下」，棉花田則將「欣欣向榮」。他說：「我會讓你看看城市如何取代棚屋，而印刷機又是如何取代不久前的戰爭喊叫聲，印製共和主義溫和的訓誡。」[15]在不斷出現的美國軍武主題之中，文明的藝術，將為文明贏得這場戰爭。

美軍自認擁有的科技優勢始終沒有發揮成效，戰爭部只好迫切尋找勝利之道，因此在七年內迅速撤換掉了七個指揮官。史考特是第一位，他憑著自己對法國步兵戰略的專長（他曾以這個主題撰寫美軍訓練手冊），構想一個靠歐洲式戰爭取勝的計畫。他的後繼者籌畫其他策略，但全都因不同的原因宣告失敗：理查・卡爾將軍想在佛羅里達領地瘧疾肆虐的夏季發動軍事行動，當然不明智；傑薩普將軍運用小支機動部隊的策略還算有效果，但是面對比他更機動、更堅定的原住民，卻仍無法獲得最後的勝利。情急之下，傑薩普以休戰的名義抓住奧西奧拉，並將他囚禁。這個違反戰爭規則的行為，讓他在二十年後都還在替自己辯白。最後，傑薩普放棄了任何「遷移塞米諾爾人」的希望，宣布這項提案「任何情況下都不可行」。他說：「要擺脫他們，只能殲滅他們。」他問：政府是否準備好採取這麼極端的手段？答案是：是的。傑薩普的朋友，同時也是他的同僚的楚門・克洛斯（Truman Cross）表示，身為富裕南卡羅來納州人的戰爭部長波因塞特，他「贊成『殲滅』」。[16]

數名軍官、甚至還有一名指揮官都秉持著波因塞特的鐵石心腸原則，告訴士兵不要抓戰俘。從西點軍校畢業的自由思想者納撒尼爾・杭特（Nathaniel Wyche Hunter），他鄙視地寫到，「當今那些說了又說的措辭」，完全「無法令人滿意」。這位喬治亞人漸漸厭惡起那些很有問題的陳腔濫調：「我沒有權力探討任何指令妥不妥當，因為士兵的義務就是服從；政府只是在履行條約；我們的敵人是殘殺婦孺的野蠻人；最後，我拿錢是要做事，不是要思考。」他控訴，政府命令他犯罪，要他維護一個含有「人類或惡魔所能想出最卑鄙的詭計」的詐欺條約。還有一個士兵對塞米諾爾人感到同情，說他們在自己的土地上「像狼一樣被獵捕」。即便如此，當他追了一個家庭一整天，到了必須射殺他們的時候，他還是選擇聽從長官的指令。他嘲諷地引用莎士比亞筆下的法斯塔夫（Falstaff）所說的話：「這是『我們的職業，哈爾』，不是基於責任、名譽、榮耀、需要等那些東西。」在《亨利四世》（*Henry IV*）這部戲劇中，致力當個好強盜的法斯塔夫說：「一個人在自己的行業中努力奮鬥並沒有錯。」[17]

即使士兵獲得允許殲滅原住民，傑薩普的繼任者仍無法成功終結戰爭。扎卡里・泰勒將軍決定把半島分成二十英里的方塊，每一塊由居中的駐防要塞負責巡邏。一名軍官被下令巡視第二十和第十七個方塊時，不禁大呼：「真是可笑！」他嘲弄道：「這聽起來很好，紙上看起來也很好。」可是實際上，這所謂的「木樁之戰」在進行後勤時是行不通的。這些駐防要塞通常夠大，在胸牆後方能夠抵禦得了敵人，但是一旦士兵要巡視自己分配到的方塊時，卻不可能不被「大卸八塊」。總而言之，扎卡里・泰勒的超理性計畫完全不可行，但直到在辛辛苦苦豎立五十三根新木樁、建造八百四十八英里的馬車路，和三千六百四十三英尺的堤道和橋梁後，美軍才終於承認這點。[18]

在一八三八年的年初，扎卡里・泰勒主持了這場戰爭較有爭議的軍事行動之一。戰爭部向古巴購買三十三隻尋血獵犬（bloodhound），用來在佛羅里達領地的沼澤之間追殺塞米諾爾人。然而，這些狗在多沼地帶無法有效發揮功用，牠們的存在也對有關這場戰爭的公開辯論十分不利。納撒尼爾・杭特希望塞米諾爾人為「偉大的獵犬征伐」進行報復。這些狗「根本一點價值也沒有」。他氣沖沖地說：「即便我們沒有從這場『實驗』中得到任何好處，仍得承受惡評。」佛羅里達領地的一份報紙無恥地建議把這些狗重新取名叫「和平獵犬」，但是牠們跟抓奴隸之間的關聯還是無法打破。[19]北方人不願遵從用狗追捕原住民的做法，大官最後也悄悄收回這些獵犬。

在扎卡里・泰勒之後接任的沃克・亞米斯德（Walker Keith Armistead），他則計畫在半島上畫出一條貫穿金堡（位於今天的奧卡拉〔Ocala〕）的東西向界線，將塞米諾爾人趕到界線以南的地方。然而，即使有六千五百名士兵，這項計畫最後也被證實是不可行的。說話毒辣的希區考克說，亞米斯德情願把時間拿來在薩拉索塔（Sarasota）的海灘上撿貝殼。希區考克認為，亞米斯德「很沒用」，是「很危險的人」。另一個軍官也說，亞米斯德是個「愚蠢的老糊塗」。在他的指揮下，美軍部隊在一次和平協議中，竟把白旗插在冒著煙的斷垣殘壁上，附近還有遭殺害的塞米諾爾人屍首，結果如何當然可想而知。[20]

•

•

•

輕鬆致勝的美夢在佛羅里達領地的烈日下蒸發，士兵也喪失了曾經對這件事抱持的熱忱。在這場戰爭中服役的義勇軍共有三萬人左右。他們是美軍非常需要的人力來源，因為美軍一次只能派遣一萬一千名士兵的其中幾千人到佛羅里達領地。有些義勇軍雖然在前往前線時十分熱切，但他們的熱忱鮮少維持下去。有一些人甚至到了前線就幻滅了。南卡羅來納州舉行徵兵時，窮苦的高地農夫據說認為徵兵，以及「那些說志願入伍有多光榮、有必要為自己和州添光的冠冕堂皇之詞，都是胡說」。負擔得起的人乾脆付錢找一個健壯的人代替自己。在全國最大型、最殘暴的奴隸勞動營所在地的低地地區，當地的莊園主則找理由不入伍。一名南卡羅來納州的白人說：「這件事有一個很重要的考量，就是低地有非常密集的黑人人口。」該地區的奴隸和白人數量為四比一，因此他解釋道：「這個地區移除太多白人會不安全。」[21]

美國的正規軍雖然較為訓練有素，卻沒有比較投入。他們每個月可拿到六到七美元的酬勞，用今天的錢來算相當於一年兩萬零四百美元，在一八三〇年代晚期和一八四〇年代初期的全國經濟衰退期間，這個酬勞是很不錯的數字，卻不足以將按日計酬的勞工、農夫和最近移入的移民變成專心致志的軍人。軍官可以不用參與致命的佛羅里達戰爭（Florida campaign），他們只要辭職就好（確實有許多軍官這樣做），但是二等兵除了完成責任沒有別的辦法，即使心不甘情不願也是得做下去。[22]

在第二次美國與塞米諾爾人戰爭（Second U.S.-Seminole War）期間，每日上演的暴力事件既令人驚駭又讓人麻木。米克從坦帕灣的布魯克堡行軍到內陸建立武器補給站時，描述了幾個禮拜前才像英雄一樣離家的志願兵，他們所遭遇會打擊士氣的可怕經歷。塞米諾爾人的槍手射中一名志願兵的後腦勺，突襲另一名志願兵後割下他的頭皮，又射中另一名志願兵的後腦勺，並擊中第四名志願兵的上半身。威脅似乎無所不在，可是他們卻「看不見印地安人」。田納西州的威廉・坎貝爾（William Bowen Campbell），他因「興奮之情」和「愛國主義」入伍，甚至宣稱他唯一的遺憾是「我們沒有戰鬥的機會」。他嘆到，由於志願兵「不會從印地安人那裡得到危險」，戰爭殊榮就很難獲得。然而，四個月後，他卻淪落到「瓦解、挨餓、累垮，且不適合繼續服役」的下場。他在威斯拉庫奇河與塞米諾爾的神槍手交戰時，跟他距離短短幾英尺的朋友因為被子彈打中，數分鐘內就死了。威廉・坎貝爾一開始相信，原住民得知田納西州的志願兵到來時，肯定會馬上投降，但結果卻是，在威斯拉庫奇河交戰後沒多久，他所屬連隊的士兵，有一部分逃兵了。[23]

比起時時刻刻懼怕被子彈射中，更可怕的或許是佛羅里達領地「凶惡的氣候」所帶來的「永無止盡的死亡」。一個入伍從軍的士兵約瑟夫・史密斯（Joseph Smith）在寫給妻子的訣別書中嘆道：「醫生還是無法控制我腸胃的活動。」一個十七歲的德國移民逃家入伍後，在一邊出血、一邊呼喊母親的神智不清狀態下死去。還有一名士兵在站崗時發瘋，大叫「印地安人！印地安人！」從此沒有恢復正常。士兵說到「全身系統的沉陷、體格『經常性地凹下』」，加上瘧疾肆虐，最終使他們「身體和心靈完全屈服」。[24]

在匹茲堡開業的律師威廉・皮尤（William Pew），他自願到佛羅里達領地服役，並出征過兩次。他跟第一步兵一起被派去到塔拉哈西東方約二十英里的地方，預計興建一座堡壘，但他親眼看著數十人紛紛生病，最後整連有三分之二的人都病了。在一八三九年六月二日，他的日記寫到指揮官生病後就突然中斷。該指揮官不久便死去，皮尤也是。日記的最後一頁，單獨寫了一句福音的引文：「就像那在曠野呼喊的聲音。」[25]

塞米諾爾人跟他們的非裔美國人盟友，因為很早就頻繁接觸瘧疾，因此對這種疾病具有後天免疫，鮮少染病。可是，絕大部分的美國白人除了奎寧（quinine）之外，沒有其他預防措施。一位醫師助手坦承，這種從金雞納樹（cinchona tree）樹皮萃取出來的藥物，被「整批整批地販賣」，士兵吃奎寧像吃飯一樣。然而，「把他放好」的指令（也就是準備埋葬某個人）依舊十分常見，到了軍官可以不加思索便下達這項命令的地步。[26]

除了瘧疾，士兵還會得到各種感染和戰鬥時造成的傷害，使得橄欖油、松節油和硝酸銀也都算在內的各種「藥物」，幾乎或根本沒有緩解的作用，不過當截肢器具、拔罐用的玻璃罐、切除工具、姆指小刀（抽血用）、疝帶、夾板和頭部穿孔工具等美軍申請調撥的各項器具上場時，至少鴉片可以止住器具帶來的疼痛。儘管有這些治療工具（或者正是因為這些東西），大體數量依然不斷增加。在佛羅里達領地中部的德拉恩堡，勉強做為醫院使用的木屋都裝滿了屍體和快死的人，部隊只得匆匆在尖木樁外面搭設單坡棚屋，以貯存更多遺體。有時，他們被迫將死者跟生者一起留在帳篷裡，因為這樣總比把遺體放在倉庫，讓聚集在發臭的屍體上的蒼蠅汙染糧食還要安全。[27]

根據一八四一年九月的數據，便可看出傷亡有多慘重，而該年的數據，若從發病率來說，算是最接近平均值的。駐守在佛羅里達領地的美軍士兵大約有四千一百位，其中有超過一千八百人生病。根據一份文獻估計，約百分之三十沒有康復。那些永遠「殘弱被毀」的人遭到解雇，從此過著「貧窮、悽慘又悲痛」的日子。有的就這樣死了。戰場上每陣亡一個士兵，就有另外四人因病身故。[28]

這些按日計酬勞工、農夫和想要尋求榮耀的人數以千計，他們來到佛羅里達領地跟原住民打仗，然後藉由酒精來治療身上的傷與心中的愁。一位代理軍需官據說是從日出醉到日落。在距離今天的傑克遜維爾（Jacksonville）不遠的海勒曼堡（Fort Heileman），士兵經常飲酒過量，而在佛羅里達領地中部的卡明斯堡（Fort Cummings），士兵甚至會翻醫藥箱找酒精。有一連義勇軍收到命令，要在上完教會後集合，但是到了那時候，這些志願兵已經醉到無法現身。上級長官也有出現自行用藥的情況。曾經一度擔任整場戰爭總指揮官的理查・卡爾，他聽說是個「醉到不行的酒鬼」，連作戰時也還在喝。田納西州志願兵的羅伯特・阿姆斯壯（Robert Armstrong）將軍，有時候甚至會連續醉好幾天，他的手下常常必須把他帶到路上，讓他遠離酒精。[29]

當酒精沒有用的時候，士兵會尋求更強效的藥物。在佛羅里達領地服役五年的杭特，他描述了自己是如何沉淪到幻滅、病苦和憂鬱的生活之中。他在一八四二年的三月曾短暫駐守在喬治亞州，發現一具燒了一半的屍體，據說是原住民的傑作，但他懷疑白人也有牽涉其中。這「駭人的景象」令他無法忘懷。他寫道：「那味道真是糟透了，聽見那老婦人在燙紅的煤炭上灼燒，那聲音真是恐怖！」「稍稍想起那件事，就讓我反胃。」痛苦不斷的他訴諸大量的「安眠藥」，以便在夜裡睡一下子也好。他也嘗試過飲酒和玩女人，但這些分散注意力的事物沒有讓他好過一些。最後，在健康毀壞、心靈破碎的情況下，他找上鴉片。[30]他後來在一八四九年死於喬治亞州的雅典，時年三十八歲。

連恩在佛羅里達領地服役期間，也受到永無止盡的死亡所折磨。年輕時的他，曾在一八三二年以傲慢自大的出納員的身分，驅逐了俄亥俄州的秀尼人，因而晉升到上校。一八三六年十月，他率領九百名士兵到威斯拉庫奇河，跟塞米諾爾人發生小型衝突，之後撤退到德拉恩堡進行補給。二十六歲的連恩受到熱病與疲累所苦，在自己的帳篷中「透過自我毀滅結束生涯」，他拿劍貫穿右眼，插入大腦。[31]

•••

美國士兵雖然忍受極大的痛苦，原住民承受的苦難卻更大。兩方有一個根本上的差異：沒有任何原住民入侵美國國土、驅離美國居民，也沒有任何美國公民因此挨餓。一名官員抗議道：「我們燒了他們的家、毀了他們極其薄弱的維生方式，卻也替他們樹立了暴力的範本。」[32]

原住民從一個營地逃到另一個營地，努力不讓那些穿越了數英里水位及腰的沼澤、跨過了林木茂密的高地也要追殺他們的士兵超前。原住民若被抓到，將生死未卜。一連來自南卡羅來納州的義勇軍，在死了好幾個隊友之後，才終於殺到人。一位目擊者指出，受害者被「割了頭皮，屍首赤裸裸地插在竿子上，帶回營地給好奇的人觀看」。距離今天迪士尼神奇王國北方一百英里的地方，有一連田納西州的義勇軍突襲三個人，把他們追到一處深潭，然後將之殺害。還有一次，同一批志願兵射中三個人的頭部和胸部，讓他們「在自己的鮮血中打滾」。一天晚上，他們找到一群紮營的原住民，射殺了其中八人，抓走了四名女子、八個小孩。其中一位士兵亨利・霍林斯沃斯（Henry Hollingsworth）寫到，這些俘虜「用最可憐悲痛的聲音」哭喊。他對他們沒有任何同情心，甚至還比較憐憫自己餓壞了的馬兒，問道：「看到這幅景象誰能忍住不掉淚？」[33]

包圍、捕捉塞米諾爾人變成一種常態，士兵甚至把這件事稱作「抓人遊戲」或「獵物入袋」。有一次，部隊抓到一個五歲的小女孩和她十歲的哥哥，孩子的父母則游泳過河順利脫逃，幾乎可以肯定再也不會看見自己的骨肉。女性俘虜經常會被「另外檢視」以獲取情報，但是沒有任何審問者或受害者曾提及審訊的手段。還有一次，士兵涉過十英里的沼澤，趁著一個家庭的一家之主在修補鹿皮軟鞋時襲擊他們。他的妻子跑了十幾、二十公尺後被抓到，兩個孩子也很快在雜草中被發現。士兵在回程路上乾了一瓶酒，可能是在慶祝，也可能是出於絕望。[34]

一名軍醫說，塞米諾爾族的女人是「悲慘、黝黑、枯槁、皺巴巴的魔鬼」，他們的孩童則是「醜陋赤裸的小東西」。這些鄙視的描繪有幾分真實。塞米諾爾人總是在逃亡，被迫依靠野生植物維生。契羅基人理查・菲爾德（Richard Fields）比較同情塞米諾爾族，在曾經嘗試透過協商結束這場衝突但卻沒有成功的代表團之中，菲爾德便是成員之一，他對於自己親眼看到的景象感到相當驚駭。他寫道：「我從未如此深刻地感受到戰爭所製造的慘況。」他接著說：「是的，看到這麼多匱乏與悲慘的情景，我感到噁心，內心沉了下去。」當他在今天西棕櫚灘（West Palm Beach）北方十五英里的地方，跟美國官員會面時，塞米諾爾族的女性穿著被丟棄的穀物袋，懇求部隊給她們食物吃，甚至撿走從軍隊馬匹的口中掉落的玉米粒。[35]

今天被認為是典型的塞米諾爾人房屋的奇基木亭（chickee），是使用六到八根柱子撐起茅草屋頂所建成，但這其實是失土者被迫建造臨時住所，是這段暴力和困乏時期下的產物。從一八三六年十二月開始算起，美軍在短短十八個月內殺害和捕捉了兩千四百人、燒毀數十座村莊、屠殺數千頭牛和多達八百匹馬，並將塞米諾爾人的廚具、家具和其他財物幾乎全數毀掉，包括無可取代的種子庫。倖存者除了槍枝，一無所有。[36]

暴力迅速失控。一名軍官寫到，他在一座廢棄的塞米諾爾村莊裡，在舒適的房屋和欣欣向榮的花園之中漫步，途中，他找到一張乾掉的頭皮，使他對這些失土的居民所擁有的同情心瞬間消失，並暗自歡喜「命運已經把怪物從我們的土地上剷除」。休戰協議被打破後，一個通常思考很多的旁觀者做出了這樣的結論：「奸詐的野蠻人不值得同情。」他說：「對他們仁慈，就是對白人殘忍。」瓦克西哈鳩（Waxehadjo）殺害並斬首一名要前往塔帕灣的快捷騎士之後，引發了一次非常可怕的事件。吃完早餐後，瓦克西哈鳩把騎士的頭放在炭火上。士兵後來找到他，將他逼入一座池塘，然後射死他。之後，他們把他的屍體打撈上岸，綁在樹上。[37]

• • •

第二次美國與塞米諾爾人戰爭，徹底抹滅了《印地安人遷移法案》中，所有虛假的人道主義說詞。貪婪的美國公民根本沒打算將原住民送到什麼西部的原住民天堂，而是覬覦住在塞米諾爾社區裡的逃亡奴隸，並希望讓該地區變得可以安全從事奴隸種植事業。一名南卡羅來納州的老兵，甚至訓斥聯邦政府沒有努力「找出從莊園被帶走的奴隸的所在位置」。他認為，那才應該是這場戰爭最首要的目標。一個旁觀者寫到，從喬治亞州前來的投機者「口袋裝滿律師的權力」，要占據「印地安人的奴隸財產」。有一個士兵對於一八三八年元旦那天，在塔拉哈西北邊的契卡索哈奇溪（Chickasawhatchee Creek）所發生的事件感到厭惡：他親眼看見，第二少尉（second lieutenant）讓兩個黝黑的塞米諾爾人父女同意終身為奴。女孩被「出價最高的人買走後」，她的父親哭了。[38]

其他軍官則是進行土地買賣，而非活人交易，甚至還會為了找尋理想的土地籌畫軍事行動。一名士兵寫道：「我說的完全是事實，我們大部分的偵察行動都是在找這些東西，不是在找敵人的位置。」軍隊的一個分支「地形工程兵團」（The Core of Topographical Engineers），他們所勘查、繪製的地圖，是「為了讓他們進一步從事該死的投機買賣」；甚至有人提議使用第一步兵（First Infantry）挖掘運河，藉以抬高地價。比爾斯（除了他不會有別人）買下了八百萬英畝塞米諾爾人土地的股份，面積是康乃狄克州的兩倍。幻滅的官員斯普拉格，他為這場衝突寫下忿忿不平的記述，認為驅使戰爭的是「獲利的精神」，而不是「為了維護任何原則」。[39]

可是，因為圖利而打這場仗，理由似乎不夠充分。傑薩普建議，應該要將佛羅里達領地的一小塊區域讓給塞米諾爾人，因為這個「充滿沼澤和貧瘠砂質丘陵的國度」，他越看越不喜歡。他的朋友也贊成：「假如上天的旨意是要把這座半島整個沒入海底，從地理方面所得到的成果，肯定比農業方面失去的要多得多。」戰爭部長波因塞特馬上拒絕了傑薩普的建議。他表示，妥協會使得密西西比河以東的其他原住民想要反抗，「洩露很大的弱點」，「玷汙」軍隊的聲譽。傑薩普違反了軍事禮節，再次介入政府的決策，仍堅持這個目標不值得這麼大的犧牲。波因塞特二度回絕傑薩普的建議，指示難民「應該被抓住或消滅」。不久後，他就換掉這位悲觀的將軍，改聘扎卡里·泰勒。希區考克說，到了一八四〇年的年底，美國打仗完全只是「因為不想戰敗丟臉」。[40]

等到一八四二年五月，第二次美國與塞米諾爾人戰爭劃下句點時，美國已驅逐三千八百二十四人，花了三千到四千萬美元，留下數百個塞米諾爾人在大沼澤地地區，而今天，這些人的後代，組成了佛羅里達塞米諾爾部族（Seminole Tribe of Florida），以及佛羅里達米科蘇基印地安部族（Miccosukee Tribe of Indians of Florida）。參與這場戰爭的一萬名正規軍當中，有一千四百六十六人喪生。在這場衝突中服役的三萬三千名義勇軍，雖然他們死於沙場的人數比正規軍少，但是就算他們死於疾病的人數只有一半，美方的總死亡人數也有將近三千兩百人。[41]

很遺憾的是，由於人口數據不完全，我們沒辦法準確判定究竟有多少塞米諾爾人失去了生命。這個數字可能高達一千人，也就是人口的百分之二十。若單論數字，十九世紀的其他戰爭、傳染病和天災造成的死亡，遠遠超過了在第二次美國與塞米諾爾人戰爭中喪命的人數。然而，塞米諾爾人的人口本來就沒有很龐大，他們的小村莊，在美國孜孜不倦追殺他們所帶來的生命與資源的巨大損失下，顯得更加無助。相關數據讓美國看起來不是很體面：每驅離四個人，美國就殺害一個原住民、喪失三名士兵、浪費三萬兩千美元。用今天的錢換算，這相當於每送一個塞米諾爾人到西部，就花掉八百五十萬。[42]

美軍把原住民趕到西部的同時，也將士兵和軍官一起送到密西西比河對岸。打過黑鷹戰爭、第二次美國與塞米諾爾人戰爭以及美墨戰爭（U.S.-Mexican War）的夏尼，他便是其中一人。在一八五〇年代，夏尼將成為征討蘇族（Sioux）的軍事行動中的統領，為美國擴張到南北達科他州（South & North Dakotas）的事業做準備。但在一八四〇年，夏尼則忙著把小船拖過大沼澤區的泥巴和草叢，將塞米諾爾人追到這座大陸的最邊緣。十年前，美國的原住民驅離政策在這麼多虛假的鎂光燈下通過立法；十年後，佛羅里達領地南部的軍事行動，標誌了這項政策的殘忍高峰。發現兩艘獨木舟後，夏尼的部隊開始跋山涉水地追逐。夏尼在一旁觀看助陣，士兵成功「阻擋」兩名男子、「意外傷了」一名背上背著小孩逃跑的女子，然後又「追上」另一名帶著一個年輕女孩和兩個年幼孩童的女子。隨後，被一個藐視他的士兵描述成「衝動的生物」和「對自己的激動情緒不加以抗拒的受害者」的夏尼，他將男子吊死在一棵很高的樹上，任由屍體慢慢腐爛。受傷的女子隔天死亡，她的孩子面臨什麼樣的命運，沒有文獻記載。[43]

這些士兵還沒完。他們在附近發現了有名的塞米諾爾酋長恰凱卡（Chakaika），追上他後將他射殺，割下頭皮。那天晚上，他們一共殺了和抓了二十五人。夏尼又在一棵高大的樹上吊死兩個俘虜，並把恰凱卡被割了頭皮的屍體吊在旁邊。一名士兵寫道：「今夜很美。」疲累的部隊就在這些屍體下方入睡，明亮升起的皓月映照著生者與死者。[44]

後記

# 驅離的代價

麥考伊死於一八四六年六月，距離他萌生打造「印地安迦南地」的念頭的年代，已過了二十三年。他成功實現了這個遠景的第一部分，也就是將八萬人遷移到密西西比河對岸。然而，創造西部原住民天堂的第二部分，卻依舊遙不可及。麥考伊直到最後還是非常天真。他在一八四〇年仍堅持地說：「看不出印地安人現在持有土地的權利有什麼不同的人，肯定是瞎了。」麥考伊聲稱，自從歐洲人來到北美洲之後，原住民頭一次安安穩穩地居住在自己的領土上。[1]但，在他死後四十一年，美國將通過一八八七年的《戴維斯法案》（*Dawes Act of 1887*），再次把原住民趕離自己的家園。《戴維斯法案》分裂了部落的領土，將土地分給個別的原住民公民，讓地主屈服在掠奪成性的投機商人手中。

卡斯在離開傑克森的戰爭部長一職後，仍是顯赫的民主黨政治家，一有機會就努力安撫南方的蓄奴主。一八五〇年，他在惡名昭彰的《逃奴追緝法》（*Fugitive Slave Act*）起草時，扮演了關鍵角色，而這項法案將在北方各州建立起聯邦政府的抓奴隸網絡。兩年後，他提議美國「吞沒古巴」，這樣南方種植者就能從那座島嶼三十萬以上的奴隸當中獲利。一八五七年，他大力支持最高法院針對「德雷德．史考特案」（*Dred Scott*）所做出的裁決，也就是非裔美國人永遠不能變成美國公民，且國會不得禁止州政府實行奴隸制。他的邏輯是，「克制自己，冷靜公正地看待這整件事，讓這個分心的國家恢復和諧」（做法是捍衛永久的世襲奴隸制），比「照顧到我們居住的地區的民意」（即反對這項制度）需要「更大的道德勇氣」。卡斯在一八五〇年代實踐的溫和政治立場，是指讓四百萬人繼續受到奴役，就像在一八三〇年代，所謂的溫和政治立場指的是驅逐八萬名原住民一樣。他在南北戰爭期間雖然對聯邦始終忠心耿耿，卻痛責北方提起「那萬惡的黑奴問題」。[2]他死於一八六六年。

曾任喬治亞州眾議員、州長和參議員的蘭普金，因為他實在太喜歡自己在驅離原住民的活動中所扮演的角色，因此在兩大冊字數約二十七萬字（幾乎是本書篇幅的三倍）的手稿中，詳實記錄了這起勝利事蹟。他在書中寫到，他「發揮作用的特殊使命，就是做點什麼來讓喬治亞州擺脫累贅的印地安人口，同時讓印地安人可以獲得益處」。他親眼目擊了他位於喬治亞州雅典的十五名奴隸獲得解放，後來死於一八七〇年。現在的喬治亞大學有一部分便座落在他先前的莊園上。蘭普金的喬治亞同鄉、那個貪婪的哥倫布土地投機者賽歐特，他則死於一八三六年。一輩子辛辛苦苦累積這麼財富之後，卻這麼早過世，不禁令人想起刻西塔・米柯（Cusseta Micco）說過的永恆真理：在一七七一年，刻西塔・米柯這位克里克酋長曾規勸貪得無厭的英國人，一個人無論得到多少土地，死後他「也只能在其中一角腐爛」。[3]

吉布森一直掌管軍餉總代理辦公室，直到他於一八六一年過世。在他的晚年，人們常常看見他坐在賓夕法尼亞大道和十四街（14th Street）交叉口的「麥克萊里與克萊門茨」（McClery & Clements）藥房門口，不是雙手拄著金頭拐杖，就是在削一塊木頭。一名友人說：「他是個心地單純、老派守舊的軍人，大家都很喜歡他。」鄰居會停下來跟這位八十幾歲的老總代理說說話，這些人當中，包含了密西西比州的參議員傑佛遜・戴維斯（Jefferson Davis）、曾任喬治亞州眾議員的亞歷山大・史蒂芬斯（Alexander Stephens），以及喬治亞州的參議員羅伯特・托姆斯（Robert Toombs）。[4] 在一八六一年九月，吉布森逝世的幾個月前，這三人分別當上了美利堅邦聯的總統、副總統和國務卿。吉布森曾負責監督將白人至上主義擴及南方各處的驅離活動，進而協助創造了可能跨越整座大陸的奴隸帝國。

這些美國政治人物與商業領袖所壓迫的受害者，就沒有這麼多值得慶賀的成就了。黑鷹在一八三二年的美國與索克人戰爭中被擊敗之後，美軍便將這位索克酋長帶到位於密西西比河下游、聖路易斯南方的傑佛遜軍營（Jefferson Barrack）。汽輪行經「高級的房屋」和「豐盛的收成」時，黑鷹不禁「想起不知感恩圖報的白人」。他說，索克人「從沒收到一毛錢」，「白人卻要把我們的村子和墓地從我們手中搶走，再將我們遷移到密西西比河對岸，才覺得滿足。」[5]

傑佛遜軍營的守衛將黑鷹銬上綁了鐵球的腳鐐，他和另外十個憔悴的索克人，就這樣在拘禁中度過一八三二年漫長的冬天。到了春天，戰爭部將這些戰俘送到華盛頓市跟傑克森總統會面，接著沿著東岸一一造訪巴爾的摩、費城和紐約。這位蓄奴的總統告訴戰俘們：「你們會見識白人的力量。」傑克森威脅說，要是索克人敢殺「幾個婦女和孩童」，「跟樹林裡的樹葉」一樣多的白人會「摧毀」他們的「整個部族」。[6]這趟旅程後，戰爭部釋放了黑鷹，他便退隱到密西西比河以西的愛荷華河（Iowa River）周圍。

造訪過人口眾多的東岸後，這位年邁的酋長決定採納約翰．羅斯的策略，靠「智慧戰」對抗美國。他不拿起武器，而是記錄、出版他的生命故事。提到他的老對手阿特金森將軍時，黑鷹追憶起「在我土生土長的森林裡……曾經跟你一樣傲氣膽大」。他希望，這位將軍「永遠不會經歷美國以政府力量迫使我經歷的那種屈辱」。黑鷹在一八三八年過世，時年七十二歲，後來當地的一位醫生挖出他的遺體，送到聖路易斯。最後，愛荷華州的州長取得遺體，將它存放在伯靈頓地質與歷史協會（Burlington Geological and Historical Society）。協會建築在一八五五年燒毀，黑鷹的遺體也被大火吞噬。[7]

把投機者比喻成魔鬼的克里克酋長歐波斯雷．尤霍羅，他試圖用好好講的方式，帶領族人度過一八三六年的美國與克里克人戰爭。他告訴傑薩普將軍，雖然「我們的膚色有所差異」，「雖然一方的皮膚是白的、另一方的皮膚是紅的，我們依然是兄弟」。他說，儘管雙方不一樣，「他們全都屬於人性這個家族」。搬到西部後，尤霍羅仍是克里克族當中地位最高的酋長，並累積了大量奴隸。但，跟深南部那些不自由的勞工不同，尤霍羅的奴隸擁有自己的田，只是要將一部分的收成交給主人。南北戰爭爆發、南方邦聯政府入侵印地安領地時，克里克族分裂了。七十多歲的尤霍羅寫信給總統林肯，說美國承諾過要保護他們，可是「都沒有人來」。他說：「陌生人踩在我們的土地上，我們的孩子很害怕、為人母的族人因為恐懼而睡不著。」尤霍羅釋放自己的奴隸，率領他們和其他三千名追隨者，在極度的寒冷與凍雨之中往北進入堪薩斯。在一八六一至一八六二年間的那個寒冬，有超過一百個穿著破爛、飢腸轆轆的難民因為截肢，而失去了「凍傷的四肢」。[8] 一八六三年三月，尤霍羅在堪薩斯的難民營中過世。

約翰·羅斯雖然認為原住民「得到正義的唯一機會」就是「透過歷史」，但他仍然孜孜不倦地為自己的族群奮鬥。對他而言，驅離活動不僅是政治上的挫敗，他的妻子夸蒂（Quatie）甚至在前往印地安領地的旅途中死於小岩城。他在西部，開始著手修復一八三〇年代分裂契羅基族的派系之爭，重新建立起美國之前努力破壞的立憲政府。在一八四〇年代，他以主酋長的身分在契羅基族指揮創立了公共學校體系，是密西西比河以西第一個取得許可證的機構。南北戰爭期間，他展現了三十年前令傑克森總統為之氣結的政治手腕，他根據戰時情勢，先是跟邦聯、後來跟聯邦建立起有名無實的盟友關係，藉此保護契羅基族的主權。[9]約翰・羅斯死於一八六六年。

在一八三七年十月，被傑薩普將軍的白旗蒙騙而被抓住的奧西奧拉，跟其他兩百三十七人一起被帶到聖奧古斯丁（St. Augustine），囚禁在瑪莉詠堡（Fort Marion）中。不出幾個月，這些困頓的戰俘，有十五人在擁擠的住處中罹患痲疹而死。後來又有十六人逃跑，傑薩普將軍便將奧西奧拉和剩餘的俘虜送上波因塞特號（Poinsett，此船以那位決心殲滅他們的戰爭部長的名字命名），前往沙利文的島（Sullivan's Island），也就是那些途經查爾斯頓（Charleston）、要進入南方奴隸勞動營的十六萬名非洲奴隸，他們上岸的其中一個點。囚禁在莫爾垂堡（Fort Moultrie）的奧西奧拉變成了奇觀，當地居民會大批湧入，要觀賞這位同時受長期和急性病痛所苦的原住民戰士。將死之前，三十四歲的他，要求照顧他的醫生弗雷德里克・維登（Frederick Weedon）把他的遺體運回佛羅里達「安息」。奧西奧拉告訴維登，他「很懊悔自己的國家被奪走」，塞米諾爾人的「天生權利，被白人強大又迫害的手搶去」。[10]奧西奧拉在隔天，一八三八年一月三十日死去。

維登切下奧西奧拉的頭，塗上防腐劑，將無頭的屍首留在沙利文的島安葬。這位醫生帶著叫人毛骨悚然的戰利品來到聖奧古斯丁，並將戰利品展示在自己的藥房。一八四三年，知名的紐約外科醫生瓦倫泰・莫特（Valentine Mott）收下了這個樣本，放在他「收藏頭顱的櫃子裡」。這顆頭一直留在莫特位於曼哈頓下城布里克街（Bleecker Street）與湯普森街（Thompson Street）交叉口西南角的家中，直到他在一八六五年逝世。其後，奧西奧拉的頭就消失了。[11]

除了這些對外代表原住民族群的政治大人物，還有八萬人承受了《印地安人遷移法案》的苦果。一個喬克托族的女孩埃爾齊拉（Elzira）在西遷的旅程中發生意外，必須截肢一隻手臂（沒有文獻記載她是否存活下來）；一群無名的秀尼族婦女，她們在密蘇里州西部酷寒的雪地中摸黑搭帳生火；一名克里克族的女子，她在一八三六年一月七日在阿爾法號（Alpha）上溯阿肯色河時，於船上產下一子；蒂托拉席（Tetolahih）的三個孩子，在他們被驅離北卡羅來納州的山區後，死於半路；露西（Lucy）的丈夫、南西・長子彈（Nancy Long Bullet）的孩子和契思夸（Cheesquah）的三個小孩也是。這些以及數以千計相似的故事，就是美國在一八三〇年代所推動的「實驗」成果。[12]

• • •

聯邦政府花了大約七千五百萬美元將原住民趕出家園，在今天相當於一兆美元，也就是每位被驅逐者約花了一千兩百五十萬美元。龐大的資金進入戰爭部，都是為了資助驅離行動。在一八三六年這關鍵的一年，聯邦政府的每一塊錢，就有百分之四十以上是用來實行《印地安人遷移法案》。數字在一八三八年驅離契羅基人期間，又出現了一次高峰。戰爭部並沒有用這些錢公平地補償失土者、安全地把難民送到西部，或是建立麥考伊想在密西西比河對岸打造的「印地安迦南地」。反之，政府把驅離活動，標給供應糧食的公司、汽輪的船長和其他想趁機大撈一筆的美國人，試圖用便宜快速的方式完成驅逐計畫，結果卻是徒勞。然後，時候到了，政府又添購軍火和補給品，動員美軍和州義勇軍，攻打塞米諾爾人長達七年。十年驅離活動期間所支出的龐大花費，肯定跟聯邦政府在這十年藉由販賣徵收到的原住民土地後，所得到的近八千萬美元相去不遠。[13]不意外地，即使地政事務辦公室以便宜的價錢賣出原住民土地，販賣原住民土地——聯邦政府稱作「公地」——的收入，跟驅離活動的支出依然並駕齊驅。

驅離活動為共和國及其公民帶來了額外的利益。聯邦政府在十年的驅逐活動期間所徵收的土地，在一八五〇年產出了將近一億六千萬磅軋好的棉花，等於是全美棉花總產值的百分之十六。原住民土地產出的作物，占了密西西比州和阿拉巴馬州農業生產總值的百分之四十，甚至占了全國農業生產總值的百分之六。[14]顯然，從獲利的角度來看，一八三〇年代的大規模驅離活動是合理的。

然而，單靠一張資產負債表，並無法看出美國人必須付出的成本。白人殖民者實施的種族階級制度，比過去在原住民的土地上存在的任何制度都還要壓迫許多。被聯邦專員描述成「半黑人、半印地安人」、「黑得像黑人一樣」的吉姆．湯姆（Jim Tom），他便親眼目睹了這個轉變。一八三〇年代初期，他跟喬克托族的妻子席姆瑪霍雅（Shim-mah-ho-ya）和他們的四個孩子，一起住在喬克托族東緣的湯比格比河（Tombigbee River）河邊，大約在阿拉巴馬州塔斯卡盧薩西南方四十英里處。他們跟席姆瑪霍雅的母親莎拉霍尤（Salla Ho Yo）一起種植一塊共有地，而莎拉霍尤與他們比鄰而居，住在雙棟房屋的另一側。湯姆

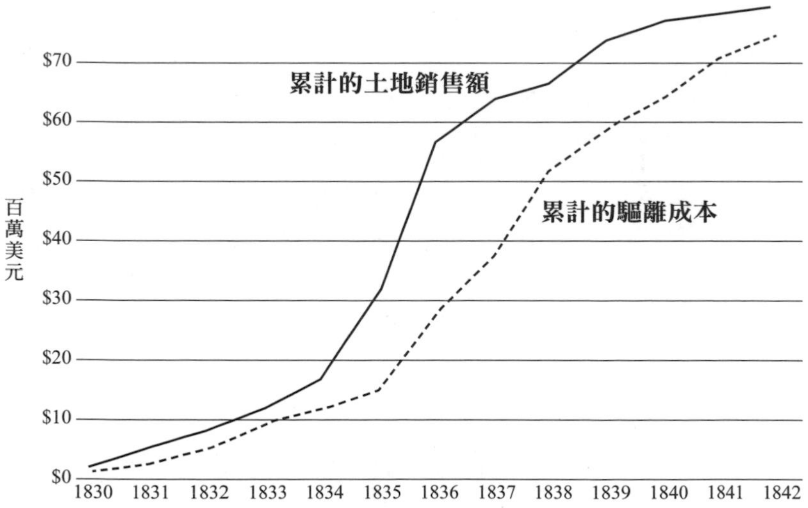


**圖十七**　販賣原住民土地的收益跟驅離活動的支出並駕齊驅。

的父親是個自由黑人，也住在附近。這個由喬克托人和非裔美國人組成的大家庭，他們「用同一個鍋煮飯，共享食物」。當一八三二年阿拉巴馬州建立薩姆特縣（Sumter County），並將管轄權延伸到他的土地上後，湯姆便趁自己還沒遭到驅離之前聰明地將農場賣了。相較之下，他的妻子、小孩和岳母則跟聯邦專員威廉・華德提出申請，要根據《舞兔溪條約》的條款獲得土地所有權。然而，就跟其他許多案例一樣，這位醉醺醺的官員沒有登記他們的名字。15

沒了自己繼承的土地，這家人依靠屬於湯姆父親的土地生存了一段時間，但是在阿拉巴馬州瞄準「有色人種」的迫害法律之下，這個混合了喬克托人和非裔美國人的社群漸漸縮小。到了一八四〇年，薩姆特縣有一萬三千九百個左右的白人和約一萬五千九百個奴隸勞工，全都是在喬克托人被驅離後才來到這裡的。他們在數量上，大大超過那一百一十六個自由的「有色人種」。這種不平等的現象持續惡化。富有的地主持續增加自己手上的土地、擴張他們的奴隸勞動營，白人居民的數量也跟著下降，被奴役的人口則往上攀升。到了一八六〇年代，薩姆特縣約有五千九百個白人，他們統治著一萬八千一百個受到囚禁的勞工。自由黑人的人數縮減到二十五人，美國人口普查清單上更是一個原住民也沒有，至今，位於阿拉巴馬州的小鎮根茲維南方的湯姆溪（Tom River），仍標誌出了湯姆一家人以前居住的地點。16

來自北卡羅來納州，相當有生意頭腦的年輕人詹姆斯・南斯（James Nance），他便是新來的白人之一。他在距離湯姆的農場北方約三十英里的地方，買下三百二十英畝的土地之後，他寫信回家力促父親賣掉位於北卡羅來納州羅里（Raleigh）附近的土地，以換取二十五歲以下的「年輕黑奴」。南斯派他的奴隸著手改造他位於黑色草原上的肥沃土地。這群勞工砍下二十英尺高的巨竹，把野生動物趕盡殺絕。四年後，也就是一八三六年時，南斯誇耀自己的莊園「長了你所看過最棒的棉花」。不過，有一點讓他抱怨，那就

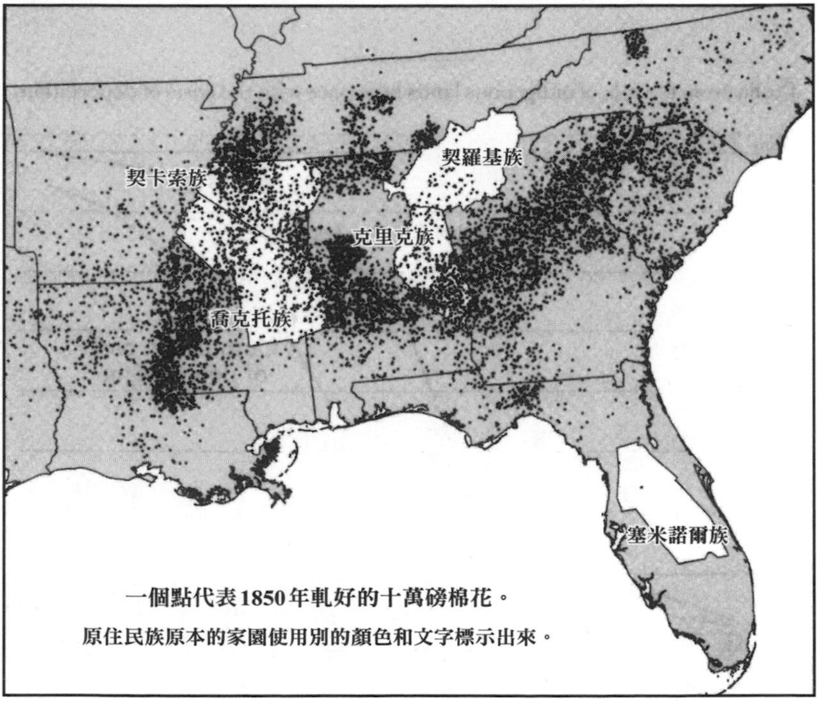


**圖十八**　一八五〇年在失土者的土地上種植的棉花。

是「黑奴」太貴了，一個要價一千五百美元。儘管如此，到了一八五〇年，南斯擁有的不自由勞工仍增加到二十四人，而這個數字還會繼續增長，直到十五年後奴隸獲得解放為止。[17]

南斯的奴隸，就跟一八五〇年密西西比州和阿拉巴馬州的那二十三萬六千名奴隸（占了這些州不自由人口的整整百分之三十六）一樣，他們在土地上辛勤耕耘著，只不過這些土地，在二十年前還屬於原住民族。《印地安人遷移法案》改造了這個地區和整個共和國。為了滿足勞動營所有者的需求，奴隸商人強制乞沙比克（Chesapeake）和南北卡羅來納州的奴隸勞工跟他們的家人分開，並帶他們去西部那些剛獲取的土地。[18]這些美國人為了驅離原住民，付出了難以計算的成本。

投機者、殖民者和棉花大亨得到的財富維持了好幾代，對受害者做出的傷害也是。在一八三八年，比爾斯使用從原住民的土地賺來的資本（包括紐約與密西西比土地公司股份的五萬兩千五百美元），建立了北美信託與銀行公司（North American Trust and Banking Company）。這間公司就像一間卡片屋，是用虛假的存款證明所建造的，目的是為了給比爾斯和他的合夥人帶來利益。這間公司在一八四一年倒閉後，清算人在公司的財物中找到桃花心木的辦公室時鐘、綠色桌巾覆蓋的餐桌、圓形書桌和紐約奧本（Auburn，一座龐大監獄的所在地）的地圖。一個愛說笑的人問道：「公司的管理階級是否曾想過，他們自己建立的那座巨大州級監獄？」[19]然而，雖然遭遇了這個挫折，比爾斯仍持續在華爾街坐穩紐約最顯赫金融家的位子。

比爾斯在一八六三年去世時，他的家人光是販賣家具（餐桌、花瓶、黃檀木椅子、紅色錦緞扶手椅、錦緞窗簾、戈貝林地毯、黃檀木鋼琴、歐布桑地毯、水晶吊燈等等），就賣了三萬一千美元，在今天相當於五百四十萬美元。比爾斯也持有多家鐵路公司的股份、後來的紐約地鐵的股份，以及數十間曼哈頓的房地產。南北戰爭結束時，他在紐約與密西西比土地公司持有的一萬五千美元股份，只剩下

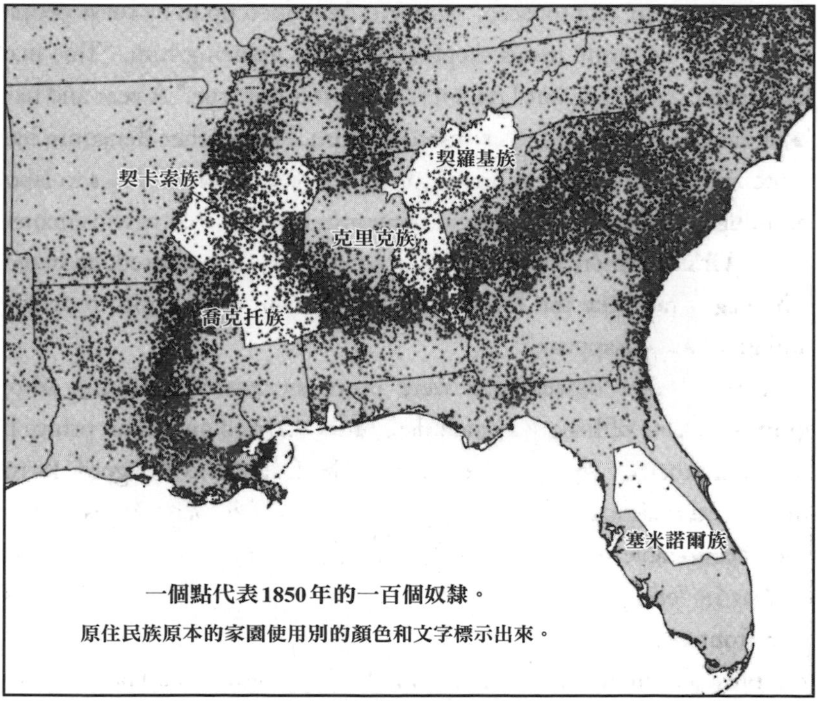


**圖十九**　一八五〇年奴隸制在失土者的土地上擴張的情形。

一千美元的價值。這是他在契卡索族持有的最後一點財富。[20]

這份財富，一部分藉由驅逐原住民所累積而成，使他的子嗣十分富裕。比爾斯放蕩的孫子下場並不好，因為他就算每年拿到三千美元（換算成今天的金錢超過五十萬美元），也不夠支持他在巴黎奢侈的生活習慣。比爾斯位於佛羅里達領地狹長地區的土地，他的孫子便擁有一部分所有權。一八六五年，他在德國黑森林（Black Forest）的佛萊堡（Freiburg）所寫的一封信裡，便熱血沸騰地描述了把德國移民送到該地區種植棉花、玉米、大麻和菸草的計畫。他寫信給半信半疑的手足，向他保證：「你會被這些人當成王一樣崇拜。這聽起來好像很瘋狂，但我不覺得這為何做不到。」一年半後，他被送進瘋人院。他的手足班傑明（Benjamin），反而比較像爺爺。就像比爾斯在一八三〇年代，曾設想奴隸會在原住民的土地上勞動一樣，班傑明也堅信剛獲得解放的非裔美國人，必須要有活可做。他說，如果他們不要，「黑人種族就會像在他們之前的印地安族一樣開始衰退，最後逐漸消失。」[21]

比爾斯的其他後裔，比那位生病的孫子還要有成就。他的其中一個曾孫女在一八八五年嫁給一個義大利王子，還有一個則嫁給塔列朗－佩里戈爾侯爵（Marquis de Talleyrand-Perigord），被社會版面形容成是撼動「時尚界」的國際聯姻。比爾斯的曾曾孫女在一九二三年嫁人時上了頭版新聞，被描寫成「本季最驚人的社交婚姻之一」：新郎畢業於哈佛大學（Harvard College）和麻省理工學院（MIT），是一間工程公司的總裁。兩人的婚禮，在比爾斯位於曼哈頓的家曾經擺放的傳家物（一張窄桌和一面大鏡子）面前完成。[22]

用艾培斯最不饒人的一篇文章的標題來說，這面鏡子就像「印地安人給白人用的鏡子」。這位皮科特族的牧師舉起這面譬喻的鏡子，讓美國白人看見自己犯下的罪行：他們幾乎奪走原住民族的「整座大陸」、殘害「他們的婦孺」，並剝奪倖存者「合法的權利」。接著，他們又強迫非洲人耕作土地，「在鞭子下度日」。比爾斯的那面鏡子，至少有一部分是用在原住民的土地上進行投機買賣所得的收益買下，它還實現了另一個不同的目的。在新娘宮殿般的宅邸裡，鏡子藉著搖曳的燭光，映照出了將近一百年前，比爾斯透過骯髒污穢的原住民驅離傳奇事蹟，所創造的攙雜各種來源的巨大家族財富。比爾斯的曾曾孫女在結婚六十七年後，於一九九〇年去世時，《紐約時報》（*New York Times*）報導這位「九十三歲的銀行業繼承人」，留下了一座價值一千八百萬美元的豪宅。[23]

跟這份財富對照的是失土者的窮困。根據一項保守估計，契卡索人販賣分配到的土地時，損失了四百萬美元，因為販售後的利潤被投機商人而非原本的地主賺走。由於有些人收到的是貶值的紙鈔，而且是預付金，不是合約上規定的金額，當中的損失可能逼近七百萬美元或更多。同一項保守估計指出，契卡索族在地政事務辦公室舉辦的拍賣會上，損失了三百萬美元，使得出售個人分配到的土地與國家的土地，兩者加起來的損失達到七百到一千萬美元。這個數字如果沒有轉移到投機者手中，而是用來投資，將能成為供應當時全美三大企業其中一間的資本，等同每個被驅逐的家庭，都損失了四千兩百美元。用今天的幣值換算，每個家庭的損失，會落在十一萬七千到超過一百萬美元之間（看是使用哪一種貨幣轉換的方式），差不多是美國最富有的家庭擁有的淨值。同樣地，保守估計顯示，喬克托人的損失大約是一千萬美元，克里克人則損失了四百到八百萬美元。[24] 這些龐大的數字，還沒算入短短幾年內失去多代傳承的土地所造成的心理和情感創傷，也沒算到許多提早離世、失去生命的失土者。

此外，真正完整的計算，還必須算進原住民喪失的東部家園特有的文化知識。在某些例子中，這件事影響不大，因為遭到驅離的目標近期才遷移該地區，像是俄亥俄州混合了塞尼卡人、莫霍克人、卡尤加人和奧奈達人的社群。但是在其他例子中，失土者失去了累積千年的地方知識，像是東南部的原住民族。

• • •

驅離活動重新塑造了原住民與美國之間的地緣關係。在這項政策推行的前八年，密西西比河以東的原住民人口，從將近十萬人驟減到一萬五千人出頭。這十年過了一半時，參議院印地安事務委員會審視了共和國內的原住民族狀態，開心地說：「他們現在在我國國土之外，一個永遠屬於外頭的地方。」[25]

的確，還有數十個原住民小聚落留在東部：北卡羅來納州的山區仍住了幾千個契羅基人；阿拉巴馬州、密西西比州和佛羅里達領地仍有數百個克里克人、喬克托人和塞米諾爾人生存在邊緣地區；密西根領地和威斯康辛州（Wisconsin）依然住著數十個渥太華族、奧吉布瓦族（Ojibwa）、斯托克布里奇族（Stockbridge）和美濃米尼族（Menominee）的家庭；超過四千名易洛魁人仍然留在紐約州。然而，從整個國家來看，原住民族和美國公民現在已經被大陸中間的一條線分割開來了。在一八三四年，契羅基族遭到驅離以前，約翰．羅斯曾把自己的族群比喻成「開闊地帶的唯一一棵樹」。他說，「周遭的樹」全都被「一個猛烈的龍捲風吹倒，唯獨一棵依然屹立」。[26]然而，四年後，南方沒有任何一棵樹屹立。

《印地安人遷移法案》所創造出來的地理分隔狀況，具有深遠的意涵，因為這就像是把共和國對種族的偏執心理刻在土地上，塑造出一條有美軍巡邏、後來繼續往太平洋推進的軍事前線。曾有一段時間，戰爭部從一八三六年開始建造的軍事帶，被做為原住民族和美國聚落之間的分界。然而，就像其他許多野心勃勃但卻經費不足的政府計畫一樣，這條界線所做到的，跟政府官員為它設定的目標相差甚遠。興建工程零零星星持續了十年，一個部分完成了，別的地方已失修損壞。[27]到了一八五〇年代，「內陸邊疆」早已躍過設想不周的「防禦牆」，美軍已經來到這條，一度做為邊界的那條線的西邊四百英里處，發動軍事行動。

從逃亡黑奴轉變成公眾知識分子和美國最尖刻的種族評論家的弗雷德里克・道格拉斯（Frederick Douglass），他便曾點出地理如何塑造黑人和原住民的命運。一八六九年，在西部發生一連串的原住民屠殺事件後，他告訴美國反奴隸制協會：「黑人沒有像印地安人那樣被殺光的唯一原因，就是他們太靠近你們的手臂內側，所以你們傷不到他們。」他接著說：「倘若我們建立起獨立的國族，前往你們文明的外緣地區，就在你們刀劍的正前方，我們肯定會像印地安人那樣被趕走。」[28]

待在這個擴張中的共和國「外頭」，會帶來致命的下場。夏尼是眾多執行地理分隔的「界內人」之一。

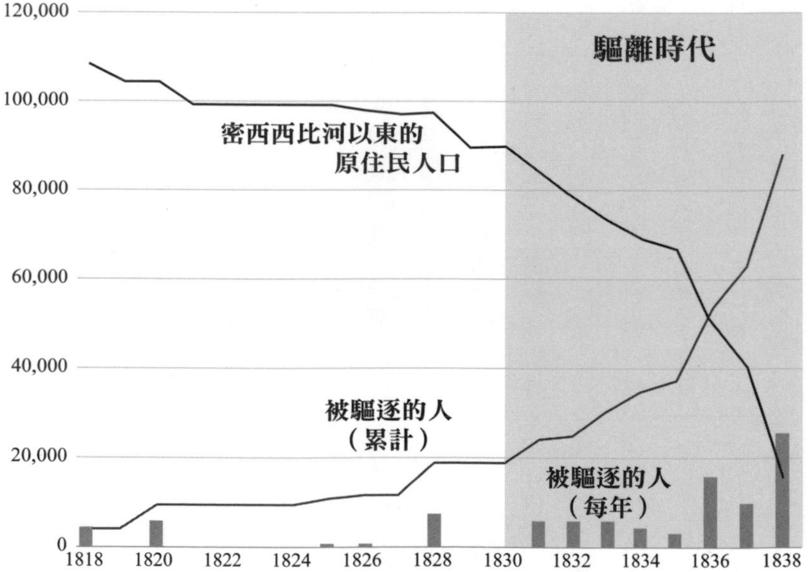


**圖二十**　驅離政策趕走了大部分住在美國境內的原住民。

一八五五年九月，他率領六百大兵來到內布拉斯加州（Nebraska）西部，在破曉時分，攻擊了兩百五十個布胡勒（Brulé）和奧格拉拉（Oglala）家庭的營地。配有長程步槍的士兵，射殺了八十六個要從一處窄溝匆忙逃跑的原住民。就像十五年前在佛羅里達領地大沼澤區的時候一樣，夏尼這次也是在高處觀看這一切的發生。[29]

•
•
•

美國白人喜歡把一八三〇年代的大規模驅離活動，以及其創造出來的那條不斷往西移的界線，想成是不可避免的結果。他們堅稱，聯邦政府力量太弱，保護不了原住民；白人太過激進，不可能不去碰原住民的土地；原住民族太過落後，幫不了自己。即使從今天的觀點來看，根據十九世紀所發生的一切，驅離活動看起來似乎也是勢不可擋，只是原因不太一樣：美國公民太過貪婪；資本的力量太過強大無情；聯邦政府力量太弱，無法遏止好鬥的南方州。可是，也曾有人這樣說過奴隸制，但奴隸制在實行幾個世代之後，卻有夠多的美國白人跟奴隸團結起來，迫使聯邦政府插手干預。

奴隸制和驅離活動背後有著相互交織的成因，相似處比相異處多。兩者都能創造龐大的利益；兩者都獲得北方人的支持，因為他們贊成白人至上主義，而且很多人都有在這些迫害政策中進行投資；兩者都在國會引起反對聲浪，但是這股反對力量始終屬於小眾，一部分的原因是「五分之三妥協條文」，讓代表偏向南方奴隸州。南方蓄奴主諷刺、譴責反驅離運動人士的程度，和反對廢奴主義者一樣強烈，當他們跨大陸的野心遭到抵抗時，則揚言脫離聯邦。就像聯邦政府處處保護奴隸制一樣，政府也藉由監督驅離活動的後勤事宜、挪出西部的土地給失土者，以及把整件事變成莊園主政治家和其北方盟友的假人道勝利事蹟，最終促成了原住民的驅逐。雖然奴隸制和驅離活動有這些相同點，這兩件事卻有很不相同的結局：政府贊助的大規模驅逐行動不會受到懲罰，蓄奴主也在驅離這場戰爭中獲勝了。

驅離美國原住民和奴役非裔美國人，這兩件事有一個根本上的區別。美國往西擴張時，基於對土地的共同興趣，美國白人聯手將傑克森送入白宮，驅離了長久居住在這座大陸的居民。相較之下，奴隸帝國往西擴張時，自我利益卻讓美國白人分裂，因為北方的農夫和有薪勞工，他們擔心自己在農田和工廠的地位，會被不用支薪的勞工取代。但，跟驅離有關的政治，並沒有那麼簡單。美國公民從來沒有面臨完全驅逐原住民族，和完全承認原住民土地所有權，這樣的兩個極端選擇。極少原住民堅持維護每一吋剩餘的領土，甚至是提出許多妥協與折衷，像是只割讓部分地區、接受個人的土地所有權、信奉基督教（至少表面是如此）、採納美國的農業做法，甚至是同意成為美國公民。這些既實際又可行的讓步措施，是為了應付一八三〇年代那些不公正的政治挑戰所想出來的。約翰．羅斯不接受提倡驅離者所推廣的決定論論述，堅持認為驅離跟政策有關，驅離並不像有些人所說的那樣，是美國白人無可避免地征服世界時所寫下的一個章節，他認為驅逐原住民是一個政治決定。[30]

這個決定，可以有另一個選擇。原住民族雖然常常用自己獨特的傳統和價值觀反對驅離政策，卻也時常會訴諸美國革命的價值觀。這種言詞上的借用是一種策略，不是虛偽；是一種習俗，不是天真。在一八三〇年，克里克族的酋長稍微改編了一下《獨立宣言》，同時放入他們的最高神祇，說：「偉大的氣息之王……創造人類時是平等的，讓他們擁有不受打擾的生命喜悅及自治的福氣。」他們說，「受到啟蒙的偉大共和國」會堅守這些價值觀。同樣地，塞尼卡人的酋長用羅馬帝國的前例，提點了一下傑克森總統，因為羅馬帝國的故事在革命時期，常被做為令人心生恐懼、具有教化意味的警惕，用來告誡暴君制有多危險。契卡索人引用了喬治．華盛頓贈予美國人的「自由」。最後，早在一八二四年，契羅基酋長在要求自己的權利時，便訴諸「那句值得紀念的宣言：『人皆生而平等，享有造物主賦予給他們的不可剝奪的權利，包括生命、自由和追求幸福的權利。』」[31]

美國公民呼籲政府要尊重自己跟原住民族的條約時，也使用了類似的手法。賓州路澤恩縣（Luzerne County）的居民寫道：「我們享受的自由，最初是透過不斷在永恆正義的祭壇獻上生命與財產，以及人類原始不可剝奪的權利，才得到的。」緬因州切斯特菲爾德（Chesterfield）的居民警告，要是聯邦政府驅離原住民，「我們擔心我們的前人在革命戰爭

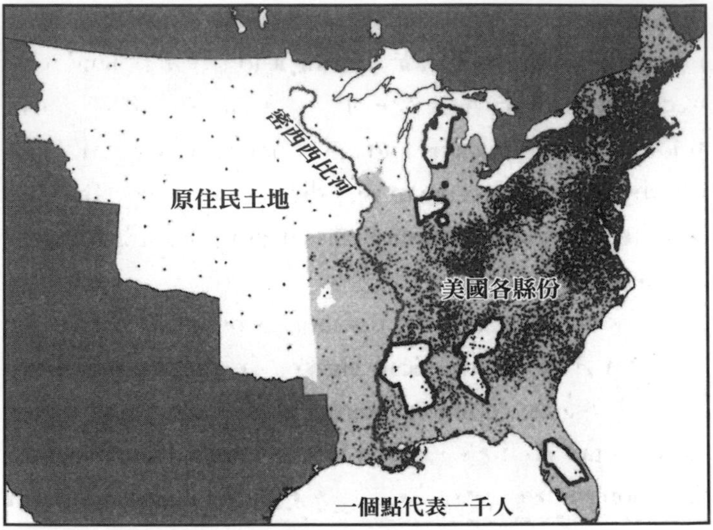


**圖二十一**　一八三〇年的美國領土和領地。
此時，還有很多原住民族存在於美國聚落之中。
我有標出一些較大的原住民族領土。
中西部和紐約的小型原住民社區在這個比例下看不出來。

期間，他們奮鬥流血所要爭取的人類基本權利會被踩在腳下，我國的公眾信仰、共和國的榮耀都要變成恥辱。」在紐約州的拉法葉（Lafayette），公民們引用《獨立宣言》，說從原住民手裡「搶走」土地的政策是「殘暴迫害」的行為；在緬因州的林肯縣（Lincoln County），公民們警告，如果驅逐原住民族，「地球上唯一的自由政府」將會「變成最可怕的專制政府」。[32]這些美國公民，他們按照自己心裡的希望重新想像了共和國的早期歷史（雖然那段歷史對原住民並沒有比較友善）時，他們也引用了從美國革命開始，就根深蒂固

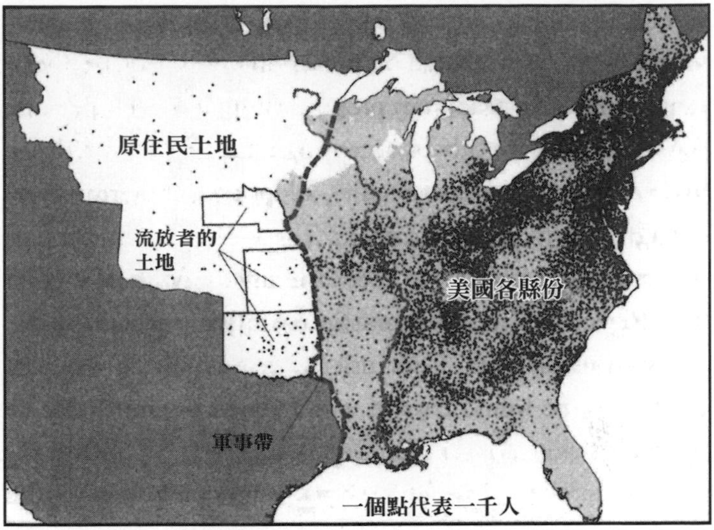


**圖二十二**　一八四二年的美國領土和領地。
此時，《印地安人遷移法案》催生的「猛烈的龍捲風」，
已經把東部幾乎所有的原住民族吹垮。
戰爭部從一八三六年開始建設區隔美國公民和原住民族的軍事帶。

的真實存在過的激進傳統。這股在美國政壇上曾經強大無比的洪流，到了一八三〇年代已經退潮，淹沒於流入南方莊園主政治家、北方紡織坊主人和投資銀行家口袋裡的龐大利潤之中。

要想像那十年的驅離活動，是否能以不同的方式發展或許很難，但是就連最有決心、最為專橫的政府官員，都有可能被自己的政策定下的目標反咬一口。倘若共和國的革命價值觀成功影響了眾議院五張票的選擇，原住民族就能留在東部，用各種想像力豐富又難以預測的方式，進行抗拒與調適，用我們無從得知的方法，改變美國政治的

方向。

在軍事帶以外的那片土地上，原住民重建了社群，但是損失數個世代的財產和數以千計的人命這件事，依舊在他們心中揮之不去。撰寫〈新顎骨〉的喬克托人，他在西遷的路上寫道：「印地安問題結束了／印地安問題結束了」，他故意諷刺政府官員的危險語言。他不願接受驅逐政策的各種合理化藉口，如待在東部注定滅亡、遷移西部保證獲得救贖、政府是真心誠意的、原住民太過懶惰放蕩、一切都是不可避免等，他仍然堅信著：

我們前往西部的時候
你會說這樣是最好的
我們永遠不會這麼想
我們永遠不會這麼想。33

# 謝辭

我要感謝以下這許多替我攻陷全美各地檔案庫和圖書館的人：密西西比州里普利（Ripley）的費莉西亞·卡普爾斯（Felecia Caples）、堪薩斯州托皮卡（Topeka）的布萊恩·卡納比（Brian Carnaby）、紐約州加里森（Garrison）的羅斯·寇舍爾（Ross Corsair）、德州奧斯汀（Austin）的艾哈邁德·德拉托雷（Ahmed Deidán de la Torre）、賓州費城的寇特妮·德菲利斯（Courtney DeFelice）與梅妮卡·德克森（Menika Dirkson）、加州奧克蘭（Oakland）的瑪麗瑟拉·埃斯帕薩（Marisela Emperatriz Esparza）、康乃狄克州紐哈芬（New Haven）的安德魯·艾普斯汀（Andrew Epstein）、北卡羅來納州德罕（Durham）的梅根·法里許（Meggan Farish）、喬治亞州雅典的妮可·嘉路奇（Nicole Gallucci）、麻州劍橋（Cambridge）的妮娜·哈爾蒂（Nina Halty）、威斯康辛州麥迪遜（Madison）的傑夫·哈伯斯（Jeff Hobbs）、紐約州奧爾巴尼（Albany）的伊拉娜·克里舍爾（Elana Krischer）、印地安納州費舍爾（Fishers）的拉娜·紐沃特–凱倫（Lana Newhart-Kellen）、喬治亞州雅典的詹姆斯·歐文（James Owen）、紐哈芬和紐約市的莎拉・皮克曼（Sarah Pickman）、加州奧克蘭的艾力克斯・波斯特（Alex Post）、華盛頓特區的許雪麗（Sherri Sheu）、喬治亞州克萊頓（Clayton）的亞當・泰德（Adam Tate）、阿拉巴馬州蒙哥馬利的柯特・溫迪施（Kurt Windisch），以及阿拉巴馬州鳳凰城（Phenix City）的蘿莉・伍德森（Laurie Woodson）。

我也想要謝謝另外幾位透過各種方式對本計畫做出貢獻的人士：謝謝紐貝里圖書館達西・麥克尼克美國印地安和原住民研究中心（D'Arcy McNickle Center for American Indian and Indigenous Studies at Newberry Library）的派翠克・佩西奧（Patrick Del Percio），願意完成數個深具挑戰性的契羅基語翻譯；謝謝奧克拉荷馬州歷史協會（Oklahoma Historical Society）的會長、同時也是契羅基史專家的傑克・貝克（Jack Baker）大方跟我分享血淚之路的死亡率數據；謝謝安德魯・扎瓦基（Andrew Zawacki）不只一次幫我一把，也謝謝他拍了那張作者相片。

在這項為期多年的計畫期間，W・W・諾頓（W. W. Norton）的編輯湯姆・梅爾（Tom Mayer）始終保持熱情與樂觀。他既嚴厲又願意通融，在這兩個很難達成平衡的特質之間做到了平衡。同樣地，加拉蒙經紀公司（Garamond）的麗莎・亞當斯（Lisa Adams）也是從頭到尾都很支持我，在我需要她給予經驗豐富的建議時，她總是很樂意。我還要謝謝恩內瑪・阿馬迪–奧比（Nneoma Amadi-obi）讀完稿件，引導書稿順利完成出版流程。

我在喬治亞大學有好幾位同事在我向他們請教時，分享了他們的專業知識，包括：瑟吉奧・貝納迪斯（Sergio Bernardes）、史蒂夫・貝瑞（Steve Berry）、奧斯卡・查莫薩（Oscar Chamosa）、潔咪・克雷納（Jamie Kreiner）、史蒂芬・米姆（Stephen Mihm）、史考特・尼爾森（Scott Nelson）、丹・魯德（Dan Rood）、史蒂夫・索珀（Steve Soper）和傑斯・韋弗（Jace Weaver）。除此之外，其他地方的朋友和同事也有不少人幫助我釐清思緒，特別是關於驅離計畫資金來源的部分，包括：約翰・霍普金斯研討會（Johns Hopkins Seminar）和二〇一七年哈佛資本主義會議（capitalism conference）的參與者，以及斯文・貝克特（Sven Beckert）、安・達利（Ann Daly）、克莉絲汀・德山（Christine A. Desan）與羅伯特・萊特（Robert Wright）。我還想要感謝麥可・克瓦斯（Michael Kwass）提供必要的電腦協助；彼得・伍德（Peter Wood）在準備時間非常短的情況下，大方同意主持二〇一九年三月下旬在喬治亞州的雅典舉辦的重要「非正式會議」。

最重要的是，我要感謝瑞秋（Rachel）給我無條件的支持和深情的伴侶關係，以及李歐（Leo）和米洛（Milo）的幽默感、魔術表演、環義自由車賽的最新消息、義大利麵和披薩，還有好多好多他們帶到我生命中的那些美妙又難以預測的娛樂。

# 引用書目縮寫

*ASPIA*　*American State Papers: Indian Affairs* (Washington, D.C., 1832 and 1834), 2 vols.／《美國國家文件：印地安事務》。華盛頓特區：一八三二和一八三四年。兩冊。

CGLR　Records Relating to Indian Removal, Records of the Commissary General of Subsistence, Letters Received, 1830–36, RG 75, entry 201／印地安人遷移紀錄、軍餉總代理紀錄、收到的信件。一八三〇至一八三六年。第七十五紀錄組，第二〇一條。

CGLS　Records Relating to Indian Removal, Records of the Commissary General of Subsistence, Letters Sent, 1830– 36, RG 75, entry 202／印地安人遷移紀錄、軍餉總代理紀錄、發出的信件。一八三〇至一八三六年。第七十五紀錄組，第二〇二條。

COIA　Committee on Indian Affairs／印地安事務委員會。

*CSE*　*Correspondence on the Subject of the Emigration of Indians* (Washington, D.C., 1834– 35), 5 vols.／《關於印地安人遷移的通信紀錄》。華盛頓特區：一八三四至一八三五年。五冊。

DMR　David M. Rubenstein Rare Book and Manuscript Library, Duke University／大衛．魯賓斯坦古籍善本圖書館，杜克大學。

EAH　Ethan Allen Hitchcock Collection on Indian Removal, Western Americana Collection, Beinecke Rare Book and Manuscript Library, Yale University／希區考克的印地安人遷移收藏，西部美國文物藏品，拜內

克古籍善本圖書館，耶魯大學。

HCP　Hitchcock-Coit Papers, Special Collections and Archive, F.W. Olin Library, Mills College, Oakland, California／希區考克－科伊特文件，特殊收藏和檔案，F．W．奧林圖書館，密爾斯學院，奧克蘭，加州。

IRW　Indian Removal to the West, 1832–1840, Files of the Office of the Commissary General of Subsistence (LexisNexis microfilm)／印地安人西遷，一八三二至一八四〇年，軍餉總代理辦公室檔案（律商聯訊縮微膠片）。

LC　Library of Congress, Manuscript Division, Washington, D.C.／國會圖書館，手稿區，華盛頓特區。

LPC　Lewis Perry Curtis Family Papers (MS 587), Manuscripts and Archives, Yale University Library／路易斯・佩里・柯提斯家族文件（MS 587），手稿檔案區，耶魯大學圖書館。

LR　Letters received／收到的信件。

LS　Letters sent／發出的信件。

MP　Isaac McCoy Papers, Kansas State Historical Society／麥考伊文件，堪薩斯州歷史協會。

NA　National Archives, Washington, D.C.／國家檔案館，華盛頓特區。

NACP　National Archives, College Park, Maryland／國家檔案館，大學公園市，馬里蘭州。

NYMS　New York and Mississippi Land Company Records, Letter book, State Historical Society of Wisconsin, Archives Division, Madison／紐約與密西西比土地公司紀錄，書信簿，威斯康辛州歷史協會，檔案區，麥迪遜。

OIA　Office of Indian Affairs／印地安事務辦公室。

*PAJ*　*The Papers of Andrew Jackson Digital Edition*, ed. Daniel Feller (Charlottesville: University of Virginia Press, 2015– )／《安德魯・傑克森文件，數位版》，丹尼爾・費勒編。夏律第鎮：維吉尼亞大學

出版社，二○一五年迄今。

*PCJR* *The Papers of Chief John Ross*, ed. Gary E. Moulton (Norman: University of Oklahoma Press, 1985), 2 vols.／《約翰・羅斯酋長文件》，蓋瑞・莫爾頓編。兩冊。諾曼：奧克拉荷馬州大學出版社，一九八五年。

PM Petitions and memorials／請願和連署書。

PPP Peter Pitchlynn Papers, Helmerich Center for American Research, Gilcrease Museum, Tulsa, Oklahoma／彼得・皮奇林文件，赫梅里奇美國研究中心，吉爾克里斯博物館，塔爾薩，奧克拉荷馬州。

RG Record group／紀錄組。

*RDC* *Register of Debates in Congress* (Washington, D.C., 1825–37), 14 vols.／《國會辯論紀錄》。十四冊。華盛頓特區：一八二五至一八三七年。

SHC Southern Historical Collection, Wilson Library, University of North Carolina at Chapel Hill／南方歷史藏品，威爾森圖書館，北卡羅來納大學教堂山分校。

Protection of Indians, SEN21A- H3, NA.

33. 關於重建與生存，請見：David Treuer, *The Heartbeat of Wounded Knee: Native America from 1890 to the Present* (New York: Penguin, 2019). "A poem composed by a Choctaw of P.P. Pitchlynn's party while emigrating last winter to the West," [1832], 4026.8176, PPP.

*Redskins, Ruffleshirts, and Rednecks: Indian Allotments in Alabama and Mississippi, 1830- 1860* (Norman: University of Oklahoma Press, 1961), 107- 12.

25. 24th Cong., 1st sess., S.Doc. 246, p. 5.
26. John R. Finger, *The Eastern Band of Cherokees, 1819- 1900* (Knoxville: University of Tennessee Press, 1984); J. Anthony Paredes, "Back from Disappearance: The Alabama Creek Indian Community," in *Southeastern Indians since the Removal Era*, ed. Walter L. Williams (Athens: University of Georgia Press, 1979), 123- 41; John P. Bowes, *Land Too Good for Indians: Northern Indian Removal* (Norman: University of Oklahoma Press, 2016), 208- 10; Lawrence M. Hauptman, *Conspiracy of Interests: Iroquois Dispossession and the Rise of New York State* (Syracuse: Syracuse University Press, 1999), 191- 220; John Ross et al. to the Seneca Delegation, Apr. 14, 1834, *PCJR*, 1:284- 86.
27. Louise Barry, "The Fort Leavenworth- Fort Gibson Military Road and the Founding of Fort Scott," *Kansas Historical Quarterly* 9, no. 2 (May 1942): 115- 29.
28. Frederick Douglass, "Let the Negro Alone," in *The Frederick Douglass Papers*, ed. John W. Blassingame and John R. McKivigan (New Haven: Yale University Press, 1991), 4:206.
29. George Rollie Adams, *General William S. Harney: Prince of Dragoons* (Lincoln: University of Nebraska Press, 2001), 120- 32.
30. Lewis Cass to Jonathan Jennings, John W. Davis, and Marks Crume, July 14, 1832, *CSE*, 2:876; John Ross to Lewis Cass, Feb. 14, 1833, *PCJR*, 1:262.
31. Memorial of Creeks, Feb. 3, 1830, PM, Protection of Indians, SEN21A- H3, NA; Big Kettle, Seneca White, and Thomson Harris to Andrew Jackson, Jan. 11, 1831, *PAJ*; Memorial of the Chickasaw Chiefs to the President of the United States, Nov. 22, 1832, LR, OIA, reel 136, frame 276, M- 234, NA; *Georgia Journal* (Milledgeville, Ga.), May 11, 1824, 2.
32. Memorial of Inhabitants of Luzerne County, Pennsylvania, Feb. 14, 1831, PM, Protection of Indians, SEN21A- H3, NA; Memorial of Inhabitants of Chesterville, Maine, Feb. 15, 1831, PM, Protection of Indians, SEN21A- H3, NA; Memorial of the Inhabitants of Lafayette, New York, Jan. 7, 1830, PM, Protection of Indians, SEN21A- H3, NA; Memorial of Inhabitants of Lincoln County, Maine, Feb. 19, 1831, PM,

Benjamin Curtis, Sept. 12, 1865, box 27, folder 823, LPC; Benjamin Curtis to Joseph Curtis, Feb. 3, 1866, box 27, folder 823, LPC.

22. "American Women Near European Thrones," *Evening Star* (Washington, D.C.), Sept. 12, 1908, 6 ("fashionable"); "Heirlooms and Flowers Mark Society Wedding," *Bridgeport Telegram* (Bridgeport, Conn.), Aug. 17, 1923, 1 ("one of the most brilliant").

23. William Apess, "An Indian's Looking Glass for the White Man," in *On Our Own Ground: The Complete Writings of William Apess, a Pequot*, ed. Barry O'Connell (Amherst: University of Massachusetts Press, 1992), 157; "Garrison Journal; At the Fish Library, a Chronicle of Death and Taxes," *New York Times*, Jan. 6, 1992, B4.

24. 根據某位投機者的帳本，其一百二十平方英里的土地具有百分之八十的利潤，但是紐約與密西西比土地公司的董事堅持有百分之兩百的最小利潤。計算契卡索人的損失時，我預設投機者用他們購入價格的兩倍重新賣出土地，這樣的估算相當保守，一定能抵消做生意的成本。個別保留地總共賣了三百八十二萬七千二百三十六美元。至於非保留地的部分，我只算到一八四一年（土地公司最活躍的時期）所賣掉的那三百萬英畝，一共賣出三百零七萬三千五百七十美元。On profits: David Hubbard to J.D. Beers, Jan. 10, 1835, box 39, folder 1058, LPC; Richard Bolton to Lewis Curtis, Dec. 9, 1836, box 1, NYMS; Richard Bolton to John Bolton, Sept. 25, 1835, box 1, NYMS. On reserve sales:Records Relating to Indian Removal, Records of the Commissary General of Subsistence, Chickasaw Removal Records, Reports of Land Sales and Deeds, 1836- 39, RG 75, entry 255, box 1, NA。On the size of corporations in the 1830s: Robert E. Wright, "US Corporate Development 1790- 1860," *The Magazine of Early American Datasets (MEAD)*, https://repository .upenn .edu/mead/7/ (accessed Sept. 25, 2018)。我使用一八四七年的契卡索族普查，假定一個家庭有三點六人，不包含奴隸，因為奴隸被視為財產的一種。關於喬克托人的損失，美國參議院在一八六〇年估計喬克托人被積欠將近三百萬美元，但是這個數字沒有算入投機者之間進行勾結的部分及強迫賣掉的那幾百萬英畝土地，而這些都降低了市價。假設投機者平均獲得百分之百的利潤，我們很容易就能得出超過一千萬美元的損失金額。克里克人的損失必須把投機者賣掉克里克土地的價格（每英畝兩到四美元）扣掉他們支付給克里克人的錢（假如他們每一塊地平均拿到十美元，就等於每英畝拿到三分錢）。44th Cong., 1st sess., H.Misc. Doc. 40, pp. 31- 32; Mary Elizabeth Young,

Sobek, IPUMS USA: Version 8.0 [dataset] (Minneapolis, Minn.: IPUMS, 2018), https://doi.org/10.18128/D010.V8.0.

15. Records Relating to Indian Removal, Records of the Commissary General of Subsistence, Choctaw Removal Records, Claiborne, Graves, Tyler, Gaines, and Rush, Journal of Proceedings, 1842- 45, RG 75, entry 274, box 2, NA.
16. 一八四〇年和一八六〇年的美國普查資料：Steven Manson, Jonathan Schroeder, David Van Riper, and Steven Ruggles, *IPUMS National Historical Geographic Information System: Version 13.0* [Database] (Minneapolis: University of Minnesota, 2018), http://doi.org/10 .18128/D050 .V13 .0; Virginia O. Foscue, "The Place Names of Sumter County, Alabama," *Publication of the American Dialect Society* 65, no. 1 (1978): 62.
17. 詹姆斯・南斯購買的前兩筆土地位於喬克托族領土外，但是地政事務辦公室的公有土地轉讓資料庫顯示，他後來又在該族先前的範圍內購買兩百英畝的土地。James Nance to George Nance, Sept. 10, 1832, James Nance to his sister, Jan. 7, 1833, and James Nance to George Nance, Sept. 11, 1836, James Nance Letters, Alabama Department of Archives and History, Montgomery; U.S. Census of 1850 and 1860.
18. Michael Tadman, *Speculators and Slaves: Masters, Traders, and Slaves in the Old South* (Madison: University of Wisconsin Press, 1989), 133-78.
19. *David Leavitt Reciever &c. against Richard M. Blatchford, John L. Gramham, & Lewis Curtis . . . Million and First Half Million Trusts* (New York, 1852), 100, 403; Fritz Redlich, *Molding of American Banking: Men and Ideas* (New York: Hafner, 1951), 2:342- 43; William L. MacKenzie, *The Lives and Opinions of Benj'n Franklin Butler* (Boston, 1845), 147 ("did some").
20. 我將勞工購買這些商品所需的平均薪資進行加乘，得到此處的金額換算。Statement of Sales of Furniture at No. 30 West 14th St, box 30, folder 867, LPC; Williamson, "Seven Ways to Compute the Relative Value of a U.S. Dollar Amount"; Assets belonging to the Estate of J.D. Beers, August 1865, box 30, folder 867, LPC; Inventory of real estate, box 30, folder 867, LPC.
21. 在這邊，我使用相對勞工薪酬來換算成二〇一八年的金錢。Lewis Curtis to William Giles,n.d., box 29, folder 857, LPC; Joseph Curtis to

年就開始運作，比契羅基人早將近十年。William G. McLoughlin, *After the Trail of Tears: The Cherokees' Struggle for Sovereignty, 1839-1880* (Chapel Hill: University of North Carolina Press, 1993), 86- 120; Christina Snyder, *Great Crossings: Indians, Settlers, and Slaves in the Age of Jackson* (New York: Oxford University Press, 2017), 272- 96; John Ross to John Howard Payne, Mar. 5, 1836, *PCJR*, 1:390 ("the only chance");; Clarissa W. Confer, *The Cherokee Nation in the Civil War* (Norman: University of Oklahoma Press, 2007).

10. "Trans- Atlantic Slave Trade Database," https://www.slavevoyages.org/voyages/SzPhOxXs (accessed May 8, 2019); Patricia R. Wickman, *Osceola's Legacy* (Tuscaloosa: University of Alabama Press, 1991), 89-103 (quotation on 100).
11. Wickman, *Osceola's Legacy*, 144- 53 (quotation on 150).
12. John T. Fulton, Records of the Accounting Officers of the Department of the Treasury, Settled Indian Accounts, RG 217, entry 525, box 240, account 20610, NA; "Journal of John Shelby," *A Sorrowful Journey*, ed. Randall L. Buchman (Defiance, Ohio: Defiance College Press, 2007), 49; Journal of Edward Deas, Feb. 4, 1836, CGLR, box 9, Creek, NA; Census of North Carolina Cherokees, 1840, William Holland Thomas Papers, DMR; "To Philanthropists in the United States, Generally, and to Christians in Particular, on the Condition and Prospects of the Indians," [Dec. 1, 1831?], reel 7, frame 861, MP ("experiment").
13. 要計算驅離活動的成本沒有一個準確的方法，因為部分花費被美軍吸收，用來跟原住民族打仗或發動軍事行動對付原住民。軍隊和印地安部門在驅離活動尚未開始的一八二〇～一八二九年間及一八三〇～一八四二年的驅離活動期間平均年花費總額的差距約為七千五百萬美元。為了概略估算一八三六年和一八三八年聯邦在驅離活動上支出的花費，我將一八三六年和一八三八年的支出減掉一八二〇年和一八二九年間戰爭部和印地安部門的平均年支出。預算統計數字可在這裡找到：U.S. Bureau of the Census, *Historical Statistics of the United States, 1789- 1945* (U.S. Department of Commerce, 1949). 我計算了驅離成本在整個經濟輸出中所佔的比例，然後依此換算成二〇一八年的金額。Samuel H. Williamson, "Seven Ways to Compute the Relative Value of a U.S. Dollar Amount, 1790 to Present," MeasuringWorth, 2019.
14. 計算出來的數字所使用的數據來自：Steven Ruggles, Sarah Flood, Ronald Goeken, Josiah Grover, Erin Meyer, Jose Pacas, and Matthew

1840), 581- 82 ("He must be"); George A. Schultz, *An Indian Canaan: Isaac McCoy and the Vision of an Indian State* (Norman: University of Oklahoma Press, 1972), 182- 203.

2. Leonard L. Richards, *The Slave Power: The Free North and Southern Domination, 1780- 1860* (Baton Rouge: Louisiana State University Press, 2000), 162- 64, 179- 84; Leslie Friedman Goldstein, "A 'Triumph of Freedom' After All? Prigg v. Pennsylvania Re- examined," *Law and History Review* 29, no. 3 (Aug. 2011): 786n81; Rebecca J. Scott, *Slave Emancipation in Cuba: The Transition to Free Labor, 1860- 1899* (Pittsburgh: University of Pittsburgh Press, 1985), p. 7, table 1; W.L.G. Smith, *The Life and Times of Lewis Cass* (New York, 1856), 702 ("greater moral"); Willard Carl Klunder, *Lewis Cass and the Politics of Moderation* (Kent, Ohio: Kent State University Press, 1996), 289 ("swallow Cuba"), 296- 97, 310 ("the abominable").

3. Wilson Lumpkin, *The Removal of the Cherokee Indians from Georgia* (New York: Dodd, Mead, 1907), 1:40("particular mission"); Head men and warriors of Upper Creeks to James Wright, May 1, 1771,enclosed in Memorial of James Wright to the Lords of Trade, 1771, *Colonial Records of the State of Georgia* (Athens: University of Georgia Press, 1976), vol. 28, 2:806- 15.

4. Virginia Miller, "Dr. Thomas Miller and His Times," *Records of the Columbia Historical Society* 3 (1900): 308- 9.

5. Black Hawk, *Black Hawk's Autobiography*, ed. Roger L. Nicholas (1833; Ames: Iowa State University Press, 1999), 79.

6. "The President's Visit," *Niles' Register*, June 15, 1833, 256; Black Hawk, *Black Hawk's Autobiography*, 80- 85.

7. Black Hawk, *Black Hawk's Autobiography*, 7, and introduction, xiv- xv; Roger L. Nichols, *Black Hawk and the Warrior's Path*, 2nd. ed. (Malden, Mass.: Wiley & Sons, 2017), 164.

8. Hopoethle- Yoholo to T.S. Jesup, June 12, 1836, Correspondence, Thomas Sidney Jesup Papers, DMR; Opoithleyahola to Abraham Lincoln, Aug. 15, 1861, LR, OIA, reel 230, frames 595- 596, M- 234, NA; A.B. Campbell to Joseph K. Barnes, Feb. 5, 1862, and George W. Collamore to William P. Dole, Apr. 21, 1862, *The War of the Rebellion: A Compilation of the Official Records of the Union and Confederate Armies* (Washington, D.C., 1899), series 2, 4:6- 7, 11- 12.

9. 喬克托人比契羅基人晚一年發給教育機構許可證，但是在一八四二

"South Carolina Volunteers," 226 ("to discover"); Samuel Forry, "Letters of Samuel Forry, Surgeon U.S. Army, 1837: Part I," *Florida Historical Quarterly* 6, no. 3 (Jan. 1928): 134 ("pockets"); Diary of Nathaniel Wyche Hunter, Nov. 1839, pp. 28- 29, HCP ("knocked").

39. Robert M. McLane to Louis McLane, Jan. 6, 1838, Box 2, Louis McLane Papers, LC ("I speak"); *Articles of Agreement and Association of the Florida Peninsula Land Company* (New York, 1836); John Lee Williams, *The Territory of Florida* (New York, 1837), 301; Sprague, *Origin, Progress, and Conclusion of the Florida War*, 287 ("spirit").
40. Thomas S. Jesup to J.R. Poinsett, June 16, 1837, LR, OIA, reel 290, frame 158, M- 234, NA; Truman Cross to Thomas Jesup, July 27, 1837, box 5, EAH; J.R. Poinsett to Thomas S. Jesup, July 25, 1837, *Court of Inquiry— Operations in Florida*, 25th Cong., 2nd sess., H.Doc. 78, serial 323, no. 3, p. 33; Thomas Jesup to J.R. Poinsett, Feb. 11, 1838, 25th Cong., 2d sess., H.Exec.Doc. 219, pp. 5- 7; Sprague, *Origin, Progress, and Conclusion of the Florida War*, 202 ("ought to be"); Ethan Allen Hitchcock to Samuel Cooper, Oct. 22, 1840, box 2, folder 7, EAH ("to avoid").
41. 28th Cong., 1st sess., H.Doc. 82, p.2; Mahon, *History of the Second Seminole War*, 325; Williamson, "Seven Ways to Compute the Relative Value of a U.S. Dollar Amount."
42. 關於塞米諾爾族的人口規模有各種差異頗大的估算數字。假如塞米諾爾族有五千人，那麼約有百分之二十死於這場戰爭，但是這個數字可能估得太高了。這個不確定性反映了美國對於他們要攻打的對象有多麼少的認識。關於換算成二〇一八年的金錢這部分，我使用的是以非專業勞工的平均薪資加乘後算出來的勞動成本。Williamson, "Seven Ways to Compute the Relative Value of a U.S. Dollar Amount."
43. George Rollie Adams, *General William S. Harney* (Lincoln: University of Nebraska Press, 2001); "Notes on the Passage Across the Everglades," *Tequesta* 20 (1960): 57- 65.
44. "Notes on the Passage Across the Everglades," 57- 65.

### 後記：驅離的代價

1. Isaac McCoy, *History of Baptist Indian Missions* (Washington, D.C.,

28. Mahon, *History of the Second Seminole War*, 325; Sprague, Origin, Progress, and Conclusion of the Florida War, 401, 447.
29. Horn, "Tennessee Volunteers," 174; "Recollections of a Campaign in Florida," *Yale Literary Magazine* 11, no. 11 (Dec. 1845): 76; Diary of Nathaniel Wyche Hunter, Dec. 20, 1840, p. 102, HCP; Heintzelman diary, Dec. 22, 1840, reel 3, Samuel Peter Heintzelman Papers, LC; William Bowen Campbell to David Campbell, Correspondence, Nov. 2, 1836, Campbell Family Papers ("drunkard").
30. Diary of Nathaniel Wyche Hunter, Mar. 7, 1842, p. 166, ("harrowing"), Mar. 7, 1842, p. 168, ("soporifics"), and July [?], 1845, p. 152, HCP.
31. John W. Phelps, "Letters of Lieutenant John W. Phelps, U.S.A., 1837-1838," *Florida Historical Quarterly* 6, no. 2 (Oct. 1927): 70.
32. Potter, *War in Florida*, 40.
33. Cohen, *Notices of Florida and the Campaigns*, 189- 90; [Smith], *Sketch of the Seminole War*, 247 ("scalped"); Horn, "Tennessee Volunteers," 356 ("weltering"), 358, 360 ("Who . . . can suppress"), 366 ("in a most").
34. Electus Backus, "Diary of a Campaign in Florida, in 1837- 8," *The Historical Magazine* 10 (Sept. 1866): 282 ("grab game");Diary of Nathaniel Wyche Hunter, Dec. 19, 1840, HCP ("bagging the game"); Phelps, "Letters of Lieutenant John W. Phelps," 67- 84; Heintzelman diary, Oct. 29, 1836, reel 2, Samuel Peter Heintzelman Papers ("examined"); Diary of Nathaniel Wyche Hunter, Dec. 16, 1840, HCP.
35. Motte, *Journey into Wilderness*, 120 ("miserable"), 205, 218- 19; Frank L. White, Jr., "The Journals of Lieutenant John Pickell, 1836- 1837," *Florida Historical Quarterly* 38, no. 2 (Oct. 1959): 165; Richard Fields to John Ross, Dec. 6, 1837, *PCJR*, 1:564- 66 ("I never").
36. Nathan R. Lawres, "Reconceptualizing the Landscape: Changing Patterns of Land Use in a Coalescent Culture," *Journal of Anthropological Research* 70, no. 4 (2014): 563- 64; Thomas Jesup, June 6, 1838, letter book 7, Thomas Sidney Jesup Papers, LC; Mahon, "Letters from the Second Seminole War," 345.
37. "Recollections of a Campaign in Florida," *Yale Literary Magazine* 11, no. 111 (Jan. 1846): 130- 37("fate"); Heintzelman diary, Aug. 7, 1839, reel 3, Samuel Peter Heintzelman Papers ("treacherous"); Sprague, *Origin, Progress, and Conclusion of the Florida War*, 254.
38. John Eaton to Lewis Cass, Mar. 8, 1835, LR, OIA, reel 806, frame 101, M- 234, NA; Horn, "Tennessee Volunteers," 248; Denham and Brown,

22. W.S. Steele, "The Last Command: The Dade Massacre," *Tequesta* 46 (1986): 9; James M. Denham, " 'Some Prefer the Seminoles': Violence and Disorder among Soldiers and Settlers in the Second Seminole War, 1835- 1842," *Florida Historical Quarterly* 70, no. 1 (July 1991): 39. 美元是以相對勞力薪酬進行換算。Samuel H. Williamson, "Seven Ways to Compute the Relative Value of a U.S. Dollar Amount, 1774 to Present," MeasuringWorth, 2019.
23. Alexander Beaufort Meek, "Journal of the Florida Expedition, 1836," Alexander Beaufort Meek Papers, DMR ("Indians"); William Bowen Campbell to David Campbell, Correspondence, June 19, 1836, Campbell Family Papers ("excitement"); William Bowen Campbell to Fanny Campbell, Correspondence, Oct. 23, 1836, Campbell Family Papers ("broken down").
24. Diary of Nathaniel Wyche Hunter, July 1845, p. 151, HCP ("eternal dripping"); John K. Mahon, "Letters from the Second Seminole War," *Florida Historical Quarterly* 36, no. 4 (Apr. 1958): 339 ("The Dr."); "Recollections of a Campaign in Florida," *Yale Literary Magazine* 11, no. 11 (Dec. 1845): 77; Bemrose, *Reminiscences of the Second Seminole War*, 102 ("Indians, Indians!"); Sprague, *Origin, Progress, and Conclusion of the Florida War*, 379 ("general sinking"); Capt. P. Morrison to J.R. Poinsett, July 26, 1838,LR, OIA, reel 290, frame 436, M- 234, NA ("completely prostrated").
25. "The Last Days of Fort Roger Jones," 1839, William W. Pew Papers, DMR, Duke University.
26. James D. Elderkin, *Biographical Sketches and Anecdotes of a Soldier of Three Wars* (Detroit, 1899), 35 ("whole stock"); Bemrose, *Reminiscences of the Second Seminole War*, 94, 99 ("lay"); Denise L. Doolan, Carlota Dobaño, and J. Kevin Baird, "Acquired Immunity to Malaria," *Clinical Microbiology Reviews* 22, no. 1 (Jan. 2009): 13- 36.
27. C. Casey, Records of the Accounting Officers of the Department of the Treasury, Settled Indian Accounts, RG 217, entry 525, box 240, account 20458, NA; I. Clark, Records of the Accounting Officers of the Department of the Treasury, Settled Indian Accounts, RG 217, entry 525, box 260, account 629, NA; L.B. Webster, Records of the Accounting Officers of the Department of the Treasury, Settled Indian Accounts, RG 217, entry 525, box 260, account 638, NA; Bemrose, *Reminiscences of the Second Seminole War*, 94, 102.

14. Michael G. Schene, "Ballooning in the Second Seminole War," *Florida Historical Quarterly* 55, no. 4 (Apr. 1977): 480- 82 ("entirely impracticable" on 481); F. Stansbury Haydon, "First Attempts at Military Aeronautics in the United States," *Journal of the American Military Foundation* 2, no. 3 (Autumn 1938): 131- 38 (Gaines quotation on 135).
15. James M. White to James Barbour, June 4, 1831, LR, OIA, reel 290, frame 68, M- 234, NA.
16. Thomas Jesup's account of the Capture of Osceola, 1858, box 5, EAH; Thomas S. Jesup to C.A. Harris, June 5, 1837, LR, OIA, reel 290, frame 149, M- 234, NA (Jesup quotations); Thomas S. Jesup to J.R. Poinsett, June 7, 1837, LR, OIA, reel 290, frame 151, M- 234, NA; Truman Cross to Thomas Jesup, July 27, 1837, box 5, EAH.
17. Diary of Nathaniel Wyche Hunter, Apr. 14, 1840, HCP; Diary of Nathaniel Wyche Hunter, Apr. 15, 1840, HCP ("hackneyed"); Robert M. McLane to Catherine Mary McLane, Nov. 24, 1837,Box 2, Louis McLane Papers, LC; *Henry IV*, part 1, 1.2.99- 100.
18. Diary of Nathaniel Wyche Hunter, Mar. 17, 1842, pp. 169- 70, HCP ("How absurd!"); J.R. Vinton to Thomas S. Jesup, May 10, 1844, Correspondence, Thomas Sidney Jesup Papers, DMR ("war of posts"); Mahon, *History of the Second Seminole War*, 119, 261, 282.
19. Diary of Nathaniel Wyche Hunter, Apr. 2 and 15, 1840, HCP; John Campbell, "The Seminoles, the 'Bloodhound War,' and Abolitionism, 1796- 1865," *Journal of Southern History* 72, no. 2 (May 2006): 281 ("Peace- Hounds"); Mahon, *History of the Second Seminole War*, 265- 67.
20. Mahon, *History of the Second Seminole War*, 119, 261, 282; Ethan Allen Hitchcock to Samuel Cooper, Dec. 16, 1840, box 2, folder 7, EAH; Diary of Nathaniel Wyche Hunter, May 18, 1840, HCP ("imbecile dotard").
21. Department of Defense, *Selected Manpower Statistics, Fiscal Year 1997* (Washington, D.C.: U.S. Government Printing Office, 1997), 46- 47; Sprague, *Origin, Progress, and Conclusion of the Florida War*, 103- 6; [Smith], *Sketch of the Seminole War*, 112- 13"all the specious talk"); James M. Denham and Canter Brown, Jr., "South Carolina Volunteers in the Second Seminole War: A Nullifier Debacle as Prelude to the Palmetto State Gubernatorial Election of 1836," in *America's Hundred Years' War*, 213- 15; John Burbidge to Rosina Mix, Feb. 23, 1836, folder 1, Rosina Mix Papers #02201- z, SHC ("A great consideration").

2011), 155- 80.

9. 我將以下文獻的數字加以更改：Erna Risch, *Quartermaster Support of the Army: A History of the Corps, 1775- 1939* (1962; reprint, Washington, D.C.: Center of Military History, U.S. Army, 1989), 228; Bemrose, *Reminiscences of the Second Seminole War*, 25（「十分可笑」）; Reynold M. Wik, "Captain Nathaniel Wyche Hunter and the Florida Indian Campaigns, 1837- 41," *Florida Historical Quarterly* 39, no. 1 (July 1960): 68.
10. Sprague, *Origin, Progress, and Conclusion of the Florida War*, 143 ("outlines"); Thomas S. Jesup to J.R. Poinsett, Apr. 9, 1837, LR, OIA, reel 290, frame 138, M- 234, NA; Diary of Nathaniel Wyche Hunter, Feb. 27, 1840, HCP ("Wholly ignorant").
11. [W.W. Smith], *Sketch of the Seminole War and Sketches During a Campaign, by a Lieutenant* (Charleston, S.C., 1836), 69 ("one vast"), 73 ("celerity"); Myer M. Cohen, *Notices of Florida and the Campaigns* (Charleston, S.C., 1836), 154; Motte, *Journey into Wilderness*, 189, 300; George Henry Preble, "A Canoe Expedition into the Everglades in 1842," *Tequesta* 5 (1945): 44, 49; William Bowen Campbell to David Campbell, Correspondence, Nov. 9, 1836, Campbell Family Papers, DMR.
12. Motte, *Journey into Wilderness*, 32, 124; Frank Laumer, *Dade's Last Command* (Gainesville: University Press of Florida, 1995), 2; Horn, "Tennessee Volunteers," 244; Motte, *Journey into Wilderness*, 68- 69 ("slight"); Risch, *Quartermaster Support of the Army*, 229; Proceedings of the Board of Examination, Aug. 23, 1836, letter book 6, Thomas Sidney Jesup Papers, LC; G.W. Allen to William S. Foster, Feb. 10, 1837, box 3, folder 15, EAH.
13. John Campbell to David Campbell, Correspondence, July 10, 1836, Campbell Family Papers ("the progress"); [Smith], *Sketch of the Seminole War*, 28; Woodburne Potter, *The War in Florida* (Baltimore, 1836), 143, 147 ("quartered"); John K. Mahon, *History of the Second Seminole War, 1835- 1842* (1967; revised ed., Gainesville: University of Florida Press, 1985), 120; Edward A. Mueller, "Steamboat Activity in Florida during the Second Seminole War," *Florida Historical Quarterly* 64, no. 4 (Apr. 1986): 407- 31; *Army and Navy Chronicle*, July 1 to Dec. 31, 1836, vol. 3, 299 ("enfeebled"); Sprague, *Origin, Progress, and Conclusion of the Florida War*, 379.

2. Lewis Cass to John H. Eaton, Mar. 27, 1835, CGLS, vol. 3, pp. 42- 44, NA.
3. Claudio Saunt, *A New Order of Things: Property, Power, and the Transformation of the Creek Indians, 1733- 1816* (New York: Cambridge University Press, 1999), 34- 37; John T. Sprague, *The Origin, Progress, and Conclusion of the Florida War* (New York, 1848), 94, 272- 73, 283; John Bemrose, *Reminiscences of the Second Seminole War*, ed. John K. Mahon (Gainesville: University of Florida Press, 1966), 88 ("famish").
4. Wiley Thompson to Elbert Herring, Oct. 28, 1834, LR, OIA, reel 806, frame 84, M- 234, NA ("lose many"); J.W. Harris to George Gibson, May 11, 1836, CGLR, box 15, Creek, NA; J. Van Horne to George Gibson, May 23, 1836, CGLR, box 15, Creek, NA ("These people"); J. Van Horne to George Gibson, June 5, 1836 [mistakenly dated May 5], CGLR, box 15, Creek, NA ("It would have had a wholesome effect"); other Van Horne quotations: Journal of a party of Seminole Indians conducted by Lieut. J. Van Horne, May 23, 1836, CGLR, box 15, Creek, NA.
5. Joseph W. Harris to Lewis Cass, July 25, 1836, LR, OIA, reel 290, frame 91, M- 234, NA (quotations) ; Journal of a party of Seminole Indians conducted by Lieut. J. Van Horne, May 23, 1836, CGLR, box 15, Creek, NA.
6. Journal of a party of Seminole Indians conducted by Lieut. J. Van Horne, May 23, 1836, CGLR, box 15, Creek, NA; J. Van Horne to George Gibson, June 5, 1836 [mistakenly dated May 5], CGLR, box 15, Creek, NA ("even while"); Joseph W. Harris to Lewis Cass, July 25, 1836, LR, OIA, reel 290, frame 91, M- 234, NA; J. Van Horne to George Gibson, Aug. 23, 1836, CGLR, box 15, Creek, NA ("dissipated").
7. Jacob Rhett Motte, *Journey into Wilderness: An Army Surgeon's Account of Life in Camp and Field during the Creek and Seminole Wars, 1836- 1838*, ed. James F. Sunderman (Gainesville: University of Florida Press, 1953), 205.
8. Brent R. Weisman, "Nativism, Resistance, and Ethnogenesis of the Florida Seminole Indian Identity," *Historical Archaeology* 41, no. 4 (2007): 198- 212; Samuel Watson, "Seminole Strategy, 1812- 1858: A Prospectus for Further Research," in *America's Hundred Years' War: U.S. Expansion to the Gulf Coast and the Fate of the Seminole, 1763- 1858*, ed. William S. Belko (Gainesville: University Press of Florida,

County, Georgia, and Return of Property for the Counties of Cherokee, AL, and Cobb, Gilmer, Floyd . . . in Georgia, Records Relating to Indian Removal, Records of the Commissary General of Subsistence, Cherokee Removal Records, First Board, Returns of Property, 1838, RG 75, entry 227, box 1, NA; Return of Property left by the Indians in Macon County, North Carolina ("work hands"), Records Relating to Indian Removal, Records of the Commissary General of Subsistence, Cherokee Removal Records, First Board, Returns of Property, 1838, RG 75, entry 227, box 2, NA.

42. Matthew T. Gregg and David M. Wishart, "The Price of Cherokee Removal," *Explorations in Economic History* 49, no. 4 (Oct. 1, 2012): table 4, p. 431.
43. 由於走北方路線和希爾德布蘭路線的三支小隊相關數據不足，我是用採取相同路線的其他隊伍的死亡率來進行推斷。Gregg and Wishart, "The Price of Cherokee Removal," table 4, p. 431; Robert Remini, *Andrew Jackson and the Course of American Democracy* (New York: Harper & Row, 1984), 435- 36.
44. 羅素・桑頓（Russell Thornton）預估總共有八千人死亡，是最常被引用的數字，但是奧克拉荷馬州歷史協會的會長、同時也是契羅基族成員的傑克・貝克卻指出桑頓的計算有誤，因為他假定一八五一年的德倫儂名單包含了所有住在西部的契羅基人，可是事實上該名單只有囊括在新埃喬塔條約簽訂後進行遷移的那些人和他們的後代。一八五一年的舊拓居名單必須加進德倫儂名單，才能得到完整的契羅基族人口。貝克也有提到，由於一八五一年的舊拓居名單列出三千兩百七十三人，桑頓預估一八三五年有五千人死亡似乎是不太可能的。修正這些錯誤後重新得到的數字約為三千五百人。一千人這個數字是從已知數據推斷出來的。關於那三個死亡個案，請見：*Butrick, Cherokee Removal*, 41, 43, 45, 46, 47。
45. Grant Foreman, *Indian Removal* (Norman: University of Oklahoma Press, 1932), 305, 311; George Hicks and Collins McDonald to John Ross, Mar. 15, 1839, *PCJR*, 1:701.

## 第十一章：這不是罪

1. *Pensacola Gazette* (Pensacola, Fla.), Mar. 16, 1839, 2 ("*perfect* knowledge").

32. Stephen Neal Dennis, *A Proud Little Town: LaFayette, Georgia: 1835-1885* (Walker County, Georgia Governing Authority, 2010), 209, 211.
33. 根據一八五〇年的美國普查，奴隸共有一千六百六十四人，白人共有一萬一千四百零八人。
34. Thomas Jefferson, *Notes on the State of Virginia* (Philadelphia, 1788), 172- 73; *Congressional Globe*, vol. 6, Appendix, 361.
35. *Congressional Globe*, 6:423; John Ross to Mrs. Bayard, June 5, 1838, *PCJR*, 1:644.
36. Orders, No. 34, May 24, 1838, 25th Cong., 2d sess., H.Doc. 453, pp. 14-15; *Federal Union*, Apr. 24, 1838, 2.
37. 史考特抵達時，契羅基族的領土內有三十一連的義勇軍。最後共有二十六連的正規軍加入他們，不過史考特這時已經開始遣散志願軍。Winfield Scott to Joel Poinsett, May 18, 1838, and Winfield Scott to Joel Poinsett, June 15, 1838, 5th Cong., 2d sess., H.Doc. 453, pp. 7- 8, and 22- 23; Sarah H. Hill, " 'To Overawe the Indians and Give Confidence to the Whites': Preparations for the Removal of the Cherokee Nation from Georgia," *Georgia Historical Quarterly* 95, no. 4 (Winter 2011): 473 ("so large"); N.W. Pittman and H.P. Strickland to Henchin Strickland, June 6, 1838, folder 1, in the John R. Peacock Collection #1895- Z, SHC ("taking Indians" and "what it was cracked up"); Butrick, *Cherokee Removal*, 1- 2. Sarah H. Hill, "Cherokee Removal Scenes: Ellijay, Georgia, 1838," *Southern Spaces*, Aug. 23, 2012, http://southernspaces .org/2012/cherokee -removal -scenes -ellijay -georgia -1838 (accessed July 7, 2016).
38. Hill, " 'To Overawe the Indians," 490 ("no crime"); John Gray Bynum to J.H. Simpson, June 5, 1838,folder 25, in the William Preston Bynum Papers #117, SHC ("A more religious"); John R. Finger, *The Eastern Band of Cherokees, 1819- 1900* (Knoxville: University of Tennessee Press, 1984), 20- 40, 105; Sharlotte Neely, *Snowbird Cherokees: People of Persistence* (Athens: University of Georgia Press, 2002), 11- 35.
39. Butrick, *Cherokee Removal*, 1- 3, 6, 8, 9.
40. Dennis, *A Proud Little Town*, 256- 57 ("in every direction"); Winfield Scott to A.P. Bagby, June 26, 1838, LR, OIA, reel 82, M- 234, NA; John Kennedy, Thomas W. Wilson, and James Liddell to C.A. Harris, May 4, 1838, LR, OIA, reel 82, M- 234, NA ("ragged"); Butrick, *Cherokee Removal*, 4.
41. Return of Property left by Indians and sold by the Agents in Cass

M- 234, NA ("slave"); Theda Perdue, "Clan and Court: Another Look at the Early Cherokee Republic," *American Indian Quarterly* 24, no. 4 (Autumn 2000): 562- 69; Daniel S. Butrick, *Cherokee Removal: The Journal of Rev. Daniel S. Butrick* (Park Hill, Okla.: Trail of Tears Association, 1998), 36 ("How vain").

22. Amanda L. Paige, Fuller L. Bumpers, and Daniel F. Littlefield, Jr., *Chickasaw Removal* (Ada, Okla.: Chickasaw Press, 2010), 115- 70.
23. W. Williams to J.J. Abert, Feb. 8, 1838, Records of the Office of the Chief of Engineers, Map File, RG 77, U.S. 125- 6, NACP.
24. W. Williams to J.J. Abert, Feb. 8, 1838, Records of the Office of the Chief of Engineers, Map File, RG 77, U.S. 125- 6, NACP.
25. W. Williams to J.J. Abert, Feb. 8, 1838, Records of the Office of the Chief of Engineers, Map File, RG 77, U.S. 125- 6, NACP.
26. Alexander Macomb to Winfield Scott, Apr. 6, 1838, and Alexander Macomb to Winfield Scott, May 3, 1838, 25th Cong., 2d sess., H.Doc. 453, pp. 1- 2; Winfield Scott to Joel Poinsett, May 18, 1838, 25th Cong., 2d sess., H.Exec.Doc. 219, pp. 7- 8 ("an early"); W. Williams to J.J. Abert, Feb. 8, 1838, Records of the Office of the Chief of Engineers, Map File, RG 77, U.S. 125- 6, NACP ("the most inoffensive")
27. .John Niven, *John C. Calhoun and the Price of Union: A Biography* (Baton Rouge: Louisiana State University Press, 1988), 215; *Federal Union* (Milledgeville, Ga.), June 6, 1833, 3; *Washington News* (Washington, Ga.), April 6, 1830, p. 3; George Washington Featherstonhaugh, *A Canoe Voyage up the Minnay Sotor* (London, 1847), 2:255- 56.
28. 砂礦開採在一八三〇年代初期枯竭之後，一八四〇年代又出現第二次由硬岩開採引起的採礦潮。Otis E. Young, "The Southern Gold Rush, 1828- 1836," *Journal of Southern History* 48, no. 3 (1982): 391; *Georgia Constitutionalist* (Augusta, Ga.), Aug. 2, 1838, 2 ("high price"). 在一八三〇年代初期的喬治亞州，主導金礦產業的不是別人，正是比爾斯，但他不願透露自己輸出多少黃金到國外。我要謝謝安・達利跟我分享她對一八三〇年代金礦產業的知識。
29. *Southern Banner*, Nov. 25, 1842, p. 2; *Congressional Globe* (Washington, D.C., 1838), vol. 6, Appendix, 562 ("permanent residence").
30. *Congressional Globe*, vol. 6, Appendix, 480, 484- 85.
31. *Congressional Globe*, vol. 6, Appendix, 480, 484- 85.

15. Conference of John Ross, Edward Gunter, and John Mason, Jr., Nov. 6, 1837, *PCJR*, 1:537- 40; John Ross to Lewis Ross, Nov. 6 - Nov. 11, 1837, *PCJR*, 1:542 ("under circumstances").
16. John Quincy Adams to Sherlock S. Gregory, Nov. 23, 1837, Adams Family Papers, Massachusetts Historical Society, reel 153; Sherlock Gregory to the Senate and House, Feb. 13, 1838, COIA, HR25A-G7.2, NA; Sherlock Gregory to the Senate and House, Dec. 3, 1837, COIA, HR25A- G7.2, NA;COIA, HR25A- G7.2, NA; John L. Brooke, *Columbia Rising: Civil Life on the Upper Hudson from the Revolution to the Age of Jackson* (Chapel Hill: University of North Carolina Press, 2010), 594n76; Memorial of Citizens of Condor, New York, Apr. 30, 1838, PM, COIA, SEN25A- H6, NA; Memorial of Citizens of Portland, Maine, May 7, 1838, PM, COIA, SEN25A- H6, NA; Memorial of Citizens of Holliston, Massachusetts, May 7, 1838, PM, COIA, SEN25A- H6, NA; Memorial of Citizens of Bristol, Connecticut, May 11, 1838, PM, COIA, SEN25A- H6, NA.
17. Memorial of Citizens of Union, New York, May 11, 1838, PM, COIA, SEN25A- H6, NA.
18. Memorial of Citizens of Concord, Massachusetts, May 11, 1838, PM, COIA, SEN25A- H6, NA.
19. 25th Cong., 2nd sess., H.Doc. 316, pp. 2, 3 ("cup of bitterness"); 24th Cong., 1st sess., H.Doc. 286; 25th Cong., 2nd sess., S.Doc. 121, p. 36 ("fraud" and "delusion"); John F. Schermerhorn to Lewis Cass, Mar. 3, 1836, LR, OIA, reel 80, M- 234, NA ("overshot"); John Ridge and Stand Watie to John F. Schermerhorn, Feb. 28, 1836, enclosed in Schermerhorn to Lewis Cass, Feb. 27, 1836, LR, OIA, reel 80, M- 234, NA ("Do you love" and "rich").
20. Wilson Lumpkin to Andrew Jackson, Sept. 24, 1836, LR, OIA, reel 80, M- 234, NA ("too ignorant"); Wilson Lumpkin, *The Removal of the Cherokee Indians from Georgia* (New York: Dodd, Mead, 1907), 1:167 ("treated as children"); Wilson Lumpkin to Andrew Jackson, Sept. 24, 1836, LR, OIA, reel 80, M- 234, NA ("just as much"); *Southern Banner* (Athens, Ga.), Nov. 12, 1835, 2; William Drayton, *The South Vindicated from the Treason and Fanaticism of the Northern Abolitionists* (Philadelphia, 1836), 102; Chancellor Harper, *Memoir on Slavery* (Charleston, 1838), 11- 12.
21. William Lindsay to C.A. Harris, July 20, 1837, LR, OIA, reel 114,

Wilson Lumpkin and John Kennedy to Nathaniel Smith, Oct. 24, 1837, Records Relating to Indian Removal, Records of the Commissary General of Subsistence, Cherokee Removal Records, First Board, LS, 1836- 39, RG 75, entry 223, box 1, pp. 77- 78, NA ("the imperative command").

10. Fred S. Rolater, "The American Indian and the Origin of the Second American Party System," *Wisconsin Magazine of History* 76, no. 3 (Spring 1993): 180- 203; Michael Paul Rogin, *Fathers and Children: Andrew Jackson and the Subjugation of the American Indian* (New York: Knopf, 1975), 56- 57.
11. John Ross to Richard Taylor et al., Apr. 28, 1832, *PCJR*, 1:242- 43; John Ridge to Stand Watie, Apr. 6, 1832, *Cherokee Cavaliers: Forty Years of Cherokee History as Told in the Correspondence of the Ridge- Watie- Boudinot Family*, ed. Edward Everett Dale and Gaston Litton (1939: reprint, Norman: University of Oklahoma Press, 1995), 8.
12. Richard Taylor to Elijah Hicks, Mar. 12, 1834, LR, OIA, reel 76, M- 234, NA.
13. Steven D. Byas and Stephen D. Byas, "James Standifer, Sequatchie Valley Congressman," *Tennessee Historical Quarterly* 50, no. 2 (Summer 1991): 90- 97; Nancy N. Scott, ed., *A Memoir of Hugh Lawson White* (Philadelphia, 1856), 154, 170; W.H. Underwood to Benjamin F. Currey, Mar. 7, 1836, enclosed in Currey to Herring, Apr. 6, 1836, LR, OIA, reel 80, M- 234, NA; Benjamin F. Currey to Andrew Jackson, Nov. 24, 1834, LR, OIA, reel 76, M- 234, NA; Hugh Lawson White to J.A. Whiteside, Sept. 17, 1835, *National Banner and Nashville Whig* (Nashville, Tenn.), Sept. 17, 1835, 3.
14. Linda K. Kerber, "The Abolitionist Perception of the Indian," *Journal of American History* 62, no. 2 (Sept. 1975): 271- 95; Manisha Sinha, *The Slave's Cause: A History of Abolition* (New Haven: Yale University Press, 2016), 378; *Sixth Annual Report of the Board of Managers of the Massachusetts Anti- Slavery Society* (Boston, 1838), 4 ("primary object"); Hopkins Turney in the *Congressional Globe* (Washington, D.C., 1838), vol. 6, Appendix, 358 ("nothing more"); Joshua Holden to Benjamin F. Currey, Feb. 11, 1836, enclosed in Currey to Herring, Apr. 6, 1836, LR, OIA, reel 80, M- 234, NA; Rezin Rawlings to Benjamin F. Currey, Feb. 18, 1836, enclosed in Currey to Herring, Apr. 6, 1836, LR, OIA, reel 80, M- 234, NA.

RG 75, entry 224, box 3, Hutchins, Shaw, and Kellog, p. 74, NA.

6. James Mooney, *Myths of the Cherokee* (1900; reprint, New York: Dover, 1995), 523; Yohnuguskee or Drowning Bear, Oct. 21, 1836, p. 74, John Walker and Salagatahee, Oct. 21, 1836, p. 73, Two Dollar, Oct. 22, 1836, p. 75, Sutt,Oct. 22, 1836, p. 76, Records Relating to Indian Removal, Records of the Commissary General of Subsistence, Cherokee Removal Records, First Board, Property Valuations, 1835- 39, RG 75, entry 224, box 3, Hutchins, Shaw, and Kellog, NA.
7. Book E, Records Relating to Indian Removal, Records of the Commissary General of Subsistence, Cherokee Removal Records, First Board, General Abstract of Valuations and Spoliations, RG 75, entry 238, box 1, NA.
8. Wilson Lumpkin to B.F. Butler, Oct. 26, 1836, Records Relating to Indian Removal, Records of the Commissary General of Subsistence, Cherokee Removal Records, First Board, LS, 1836- 39, RG 75, entry 223, box 1, pp. 32- 34, NA ("but a sense"); Wilson Lumpkin to Martin Van Buren, June 19, 1837, LR, OIA, reel 82, M- 234, NA ("with great labour" and "business"); Wilson Lumpkin and John Kennedy to Lieutenant Van Horne, May 31, 1837, LR, OIA, reel 114, M- 234, NA ("embarrassment and error"); John C. Mullay to C.A. Harris, Apr. 19, 1837, LR, OIA, reel 82, M- 234, NA; Wilson Lumpkin and John Kennedy to Messrs. Welch and Jarrett, Nov. 22,
9. Wilson Lumpkin to J.E. Wool, Sept. 24, 1836, Records Relating to Indian Removal, Records of the Commissary General of Subsistence, Cherokee Removal Records, First Board, LS, 1836- 39, RG 75, entry 223, box 1, pp. 18- 19, NA ("will be executed"); Wilson Lumpkin to C.A. Harris, Oct. 26, 1836, Records Relating to Indian Removal, Records of the Commissary General of Subsistence, Cherokee Removal Records, First Board, LS, 1836- 39, RG 75, entry 223, box 1, pp. 28- 31, NA; Wilson Lumpkin and John Kennedy to John E. Wool, Jan. 23, 1837, Records Relating to Indian Removal, Records of the Commissary General of Subsistence, Cherokee Removal Records, First Board, LS, 1836- 39, RG 75, entry 223, box 1, pp. 70- 72, NA ("We would invite"); Wilson Lumpkin and John Kennedy to C.A. Harris, June 5, 1837, Records Relating to Indian Removal, Records of the Commissary General of Subsistence, Cherokee Removal Records, First Board, LS, 1836- 39, RG 75, entry 223, box 1, pp. 23- 26, NA ("to carry off");

305.
52. *New-York Observer* (New York, N.Y.), Feb. 11, 1832, 2 ("most respectable"); "Meeting in Aid of the Cherokees," *New- York Observer*, Feb. 11, 1832, 2 ("diffuse").
53. Apess, *Eulogy on King Philip*, 304, 308.
54. Apess, *Eulogy on King Philip*, 307.
55. American Land Company, *First Annual Report of the Trustees of the American Land Company* (New York, 1836), 27; "Government Land Speculators," *Alexandria Gazette* (Alexandria, Va.), Nov. 23, 1839, 2 ("pious").
56. H.W. Jernigan to J.W.A. Sanford, Aug. 5, 1836, John W.A. Sanford Papers, Alabama Department of Archives and History, Montgomery.

## 第十章：刺刀的刀尖下

1. J.R. Mathews et al. to Lewis Cass, June 24, 1836, LR, OIA, reel 80, M-234, NA; George M. Lavender to John Ridge, May 3, 1836, LR, OIA, reel 80, M- 234, NA; Josiah Shaw to Lewis Cass, June 28, 1836, LR, OIA, reel 80, M- 234, NA; Spencer Jarnigan to C.A. Harris, Aug. 26, 1836, LR, OIA, reel 80, M- 234, NA; Major Ridge and John Ridge to Andrew Jackson, June 30, 1836, LR, OIA, reel 80, M- 234, NA.
2. Memorial of the Cherokee Nation, May 17, 1833, PM, COIA, SEN23A-G6, NA; John Ross et al. to the Senate and House of Representatives, June 21, 1836, *PCJR*, 1:437.
3. Tuelookee, Oct. 24, 1836, p. 84, John Cahoossee's widow, Oct. 19, 1836, p. 66, Canowsawsky, Oct. 24, 1836, p. 83, Tatterhair, Oct. 24, 1836, p. 85, Whiteman Killer, Oct. 24, 1836, p. 88, Records Relating to Indian Removal, Records of the Commissary General of Subsistence, Cherokee Removal Records, First Board, Property Valuations, 1835- 39, RG 75, entry 224, box 3, Hutchins, Shaw, and Kellog, NA.
4. Nos. 8, 9, 10, and 11, Records Relating to Indian Removal, Records of the Commissary General of Subsistence, Cherokee Removal Records, First Board, Property Valuations, 1835- 39, RG 75, entry 224, box 1, NA.
5. Yohnuguskee or Drowning Bear, Oct. 21, 1836, Records Relating to Indian Removal, Records of the Commissary General of Subsistence, Cherokee Removal Records, First Board, Property Valuations, 1835- 39,

C.A. Harris, June 17, 1837, enclosure, J.W.A. Sanford, Records of the Accounting Officers of the Department of the Treasury, Settled Indian Accounts, RG 217, entry 525, box 261, account 691, NA.

47. Contract with the Alabama Emigrating Company, Aug. 13, 1836, *Bending Their Way Onward: Creek Indian Removal in Documents*, ed. Christopher D. Haveman (Lincoln: University of Nebraska Press, 2018), 226- 31; Edward Deas to George Gibson, Nov. 22, 1836, LR, OIA, frames 553- 556, reel 237, M- 234, NA; Opothle Yoholo et al. to Andrew Jackson, Dec. 25, 1836, box 3, folder 13, EAH.
48. William Bowen Campbell to David Campbell, Correspondence, June 20, 1836, Campbell Family Papers, DMR ("hunted"); *Southern Banner*, July 2, 1836, 2; Heintzelman diary, Aug. 18, 1836, reel 2, Samuel Peter Heintzelman Papers, LC; Jonathan G. Reynolds to Henry Wilson, Mar. 31, 1837, box 5, EAH ("The people").
49. William Bowen Campbell to Fanny Campbell, Correspondence, July 29, 1836, Campbell Family Papers, DMR ("hunting"); *Georgia Journal* (Milledgeville, Ga.), Aug. 2, 1836, 3 ("The savage"); *Georgia Journal*, Feb. 7, 1837, 3 ("infected"); Benjamin Young to Thomas Jesup, July 6, 1836, box 12, The Office of the Adjutant General, Generals' Papers and Books, General Jesup, entry 159, RG 94, NA; J.S. McIntosh to Thomas Jesup, Aug. 13, 1836, box 12, The Office of the Adjutant General, Generals' Papers and Books, General Jesup, entry 159, RG 94, NA; *Southern Recorder* (Milledgeville, Ga.), Aug. 23, 1836, 2; *Federal Union*, Aug. 23, 1836, 3; *Southern Banner*, Aug. 27, 1836, 3; Jacob Rhett Motte, *Journey into Wilderness: An Army Surgeon's Account of Life in Camp and Field during the Creek and Seminole Wars, 1836- 1838*, ed. James F. Sunderman (Gainesville: University of Florida Press, 1953), 69- 70; Ellisor, *Second Creek War*, 268, 271- 72, 284, 288, 292, 293, 301.
50. Ellisor, Second Creek War, 267, 379.
51. Drew Lopenzina, *Through an Indian's Looking-Glass: A Cultural Biography of William Apess, Pequot* (Amherst: University of Massachusetts Press, 2017), 238- 40, 243- 45; Alice Curtis Desmond, *Yankees and Yorkers* (Portland, Maine: Anthoensen Press, 1985), 34; *Christian Intelligencer* (New York, N.Y.), Feb. 18, 1837, 4 ("injuries"); William Apess, *Eulogy on King Philip*, in Barry O'Connell, ed., *On Our Own Ground: The Complete Writings of William Apess, a Pequot* (Amherst: University of Massachusetts Press, 1992), 279, 280, 284, 288,

*Expansion* (Princeton: Princeton University Press, 2017), 45; James P. Ronda, " 'We Have a Country': Race, Geography, and the Invention of Indian Territory," *Journal of the Early Republic* 19, no. 4 (Dec. 1999): 739- 55; Lewis Cass to Thomas H. Benton, Feb. 19, 1836, *American State Papers: Military Affairs*, 6:150- 52; *American State Papers: Military Affairs*, 6:149 ("from the interior"), 154.

39. Residents of Jackson County, Missouri, to the Senate and House, May 10, 1836, COIA, HR25A- G7.2, NA; *RDC* (1836), vol. 12, 3:3337- 39（引文）; *American State Papers: Military Affairs*, 6:154.
40. A.R. Turk to Andrew Jackson, June 13, 1836, LR, OIA, reel 76, M- 234, NA.
41. *Columbus Enquirer* (Columbus, Ga.), May 20, 1836, 3 ("We cannot"); *Columbus Enquirer*, May 27, 1836, 3 ("store and counting- houses"); *Columbus Enquirer*, June 9, 1836, 3; *Columbus Enquirer*, June 16, 1836, 2 ("instigators").
42. John Page to George Gibson, May 16, 1836, CGLR, box 9, Creek, NA; John Page to George Gibson, May 30, 1836, CGLR, box 9, Creek, NA ("we were starving");Diary of Thomas Sidney Jesup, box 2, folder 6, EAH; John T. Ellisor, *The Second Creek War: Interethnic Conflict and Collusion on a Collapsing Frontier* (Lincoln: University of Nebraska Press, 2010), 205- 10.
43. *Macon Weekly Telegraph* (Macon, Ga.), Mar. 17, 1836, 1 (quoting the *Savannah Georgian*); Ellisor, *Second Creek War*, 210- 11, 260; John Hope Franklin and Loren Schweninger, *Runaway Slaves: Rebels on the Plantation* (New York: Oxford University Press, 1999), 88 ("have had uninterrupted").
44. John Page to George Gibson, May 30, 1836, CGLR, box 9, Creek, NA ("whip"); Ellisor, *Second Creek War*, 211- 21, 245- 47, 257- 58, 263 ("virtually over").
45. *Columbus Enquirer*, July 14, 1836, 3 ("removal"); ylvester Churchill Journals, July 3 to July 11, 1836, Sylvester Churchill Papers, LC; *Southern Banner*, July 16, 1836, 2; Christopher D. Haveman, *Rivers of Sand: Creek Indian Emigration, Relocation, and Ethnic Cleansing in the American South* (Lincoln: University of Nebraska Press, 2016), 186- 87.
46. 第二稽核室判定路上共有九十七人死亡，最後的成本為每人二十八點五美元，比聯邦政府自己執行的驅離活動還糟。J. Waller Barry to George Gibson, Aug. 10, 1836, CGLR, box 9, Creek, NA; A. Iverson to

32. Isham Harrison to James T. Harrison, July 27, 1835, folder 4, James T. HarrisonBrian DeLay, *War of a Thousand Deserts: Indian Raids and the US- Mexican War* (New Haven: Yale University Press, 2008), 71-75. Papers #02441, SHC ("so numerous"); Isham Harrison to James T. Harrison, Oct. 14, 1834, folder 3, James T. Harrison Papers; David Hubbard to John Bolton, Aug. 23, 1835, p. 62, NYMS.
33. Brian DeLay, *War of a Thousand Deserts: Indian Raids and the US-Mexican War* (New Haven: Yale University Press, 2008), 71- 75.
34. *RDC* (1836), vol. 12, 3:3335- 36.
35. *RDC* (1836), vol. 12, 3:3342 ("hordes"); 3345- 47 ("the very heart"). Jackson wrote one response on the back of a letter from Georgia governor William Schley, and Secretary of War Cass conveyed it to the Governor. William Schley to the President, Feb. 23, 1836, LR, OIA, reel 76, frame 936, M- 234, NA; Lewis Cass to William Schley, Feb. 23, 1836, *American State Papers: Military Affairs*, 6:628; Extract of a private letter from General Andrew Jackson to the Secretary of War, Oct. 1, 1837, letter book 6, Thomas Sidney Jesup Papers, LC.
36. John Page to George Gibson, May 8, 1836, CGLR, box 9, Creek, NA; John Page to George Gibson, May 16, 1836, CGLR, box 9, Creek, NA; Lewis Cass to Thomas Jesup, May 19, 1836, LR, OIA, reel 225, frames 26- 30, M- 234, NA; Lewis Cass to George Gibson (memorandum), May 19, 1836, CGLR, box 9, Creek, NA; Laurence M. Hauptman, "John E. Wool in Cherokee Country, 1836- 1837: A Reinterpretation," *Georgia Historical Quarterly* 85, no. 1 (Spring 2001): 1, 10- 11.
37. "An Act Authorizing the President of the United States to accept the service of volunteers, and to raise an additional regiment of dragoons or mounted riflemen," Chapter 80, 24th Cong., 1st sess., *U.S. Statutes at Large* 5 (1836): 32- 33; Department of Defense, *Selected Manpower Statistics, Fiscal Year 1997* (Washington, D.C.: U.S. Government Printing Office, 1997), 46- 47, table 2; 24th Cong., 1st sess., S.Doc. 77, p. 3 ("a continual"); "An Act to provide for better protection of the western frontier," Chapter 258, 24 Cong., 1st sess., *U.S. Statutes at Large* 5 (1836): 67.
38. George Washington to Timothy Pickering, July 1, 1796, *Founders Online*, National Archives, https://founders.archives.gov/documents/Washington/99-01-02-00674 (accessed April 11, 2019); Paul Frymer, *Building an American Empire: The Era of Territorial and Political*

and Forts, box 15, The Office of the Adjutant General, Generals' Papers and Books, General Jesup, entry 159, RG 94, NA; Mahon, *History of the Second Seminole War*, 103.

26. John K. Mahon, "The Journal of A.B. Meek and the Second Seminole War, 1836," *Florida Historical Quarterly* 38, no. 4 (Apr. 1960): 305 ("Creoles"); Lewis Cass to John B. Hogan, Jan. 21, 1836, CGLS, vol. 3, p. 417, NA.
27. A Cherokee to William Schley, Feb. 1, 1836, LR, OIA, reel 76, M- 234, NA ("massacre"); Isaac Baker to William Schley, Feb. 1, 1836, LR, OIA, reel 76, M- 234, NA; Sarah H. Hill, " 'To Overawe the Indians and Give Confidence to the Whites': Preparations for the Removal of the Cherokee Nation from Georgia," *Georgia Historical Quarterly* 95, no. 4 (Winter 2011): 469; Isaac Baker to William Schley, Feb. 1, 1836, LR, OIA, reel 76, M- 234, NA ("We need").
28. John Page to George Gibson, May 12, 1836, CGLR, box 9, Creek, NA; Lewis Cass to Winfield Scott, Jan. 21, 1836, *American State Papers: Military Affairs*, 6:61- 63; Duncan Clinch to Roger Jones, Oct. 9, 1835, order book, 1834- 35, Duncan Lamont Clinch Papers, LC; Claudio Saunt, *A New Order of Things: Property, Power, and the Transformation of the Creek Indians, 1733- 1816* (New York: Cambridge University Press, 1999), 273- 90; George Gibson to D.L. Clinch, Oct. 22, 1835, CGLS, vol. 3, pp. 312- 13, NA; Duncan Clinch to Roger Jones, Dec. 9, 1835, order book, 1834- 35, Duncan Lamont Clinch Papers, LC ("spirit"); John C. Casey to Thomas Basinger, Jan. 2, 1836, folder 1, in the William Starr Bassinger Papers #1266- Z, SHC ("Indian negroes"); Laumer, *Dade's Last Command*, 235- 39.
29. [Smith], Sketch of the Seminole War, 20- 22 ("mild character"); J.W. Phelps to Helen M. Phelps, Jan. 16, 1837, John Wolcott Phelps Papers, LC ("large reward"); Wiley Thompson to Lewis Cass, Apr. 27, 1835, LR, OIA, reel 806, frame 105, M- 234, NA.
30. 關於在克里克族的土地上勞動的奴隸數量，我是用縣級數據判定的，遇到跨越克里克族和美國國界的情況時，便按比例計算。John Hebron Moore, *Agriculture in Ante- Bellum Mississippi* (New York: Bookman Associates, 1958), 69.
31. Joshua D. Rothman, *Flush Times and Fever Dreams: A Story of Capitalism and Slavery in the Age of Jackson* (Athens: University of Georgia Press, 2012).

*War* (New York, 1848), 91("cruelly").
18. Frank Laumer, *Dade's Last Command* (Gainesville: University Press of Florida, 1995), 9, 16, 180, 192- 96; [W.W. Smith], *Sketch of the Seminole War and Sketches During a Campaign, by a Lieutenant* (Charleston, 1836), 39.
19. J.W. Harris to George Gibson, Dec. 30, 1835, CGLR, box 15, Creek, NA; Frank Laumer, "Encounter by the River," *Florida Historical Quarterly* 46, no. 4 (Apr. 1968): 322- 39; [Smith], *Sketch of the Seminole War*, 46; John Bemrose, *Reminiscences of the Second Seminole War*, ed. John K. Mahon (Gainesville: University of Florida Press, 1966), 58.
20. Andrew Jackson to Jose Masot, May 23, 1818, *PAJ* ("savage"); Robert V. Remini, *Andrew Jackson and His Indian Wars* (New York: Viking, 2001), 150- 52, 154 ("confiscated"); Mark F. Boy, "Asi- Yaholo or Osceola," *Florida Historical Quarterly* 33, no. 3/4 (Jan.- Apr. 1955): 257- 58.
21. Patricia R. Wickman, *Osceola's Legacy* (Tuscaloosa: University of Alabama Press, 1991), 1- 22; Wiley Thompson to Elbert Herring, Oct. 28, 1834, LR, OIA, reel 806, frame 84, M- 234, NA; John K. Mahon, *History of the Second Seminole War, 1835- 1842* (Gainesville: University of Florida Press, 1967), 93- 94.
22. Lewis Cass to Winfield Scott, Jan. 21, 1836, *American State Papers: Military Affairs* (Washington, D.C., 1861), 6:61- 63.
23. Alexander Beaufort Meek, "Journal of the Florida Expedition, 1836," Alexander Beaufort Meek Papers, DMR; Potter, *War in Florida*, 60- 62 ("ladies" and "gallant men"); Myer M. Cohen, *Notices of Florida and the Campaigns* (Charleston, S.C., 1836), 115（「美人」）; *Federal Union* (Milledgeville, Ga.), Feb. 12, 1836, 3.
24. 史考特曾著有《步兵戰略》（*Infantry Tactics*）三冊，在一八三五年出版，目的是要提升「美國步兵的操練和行動」。Lewis Cass to Winfield Scott, Jan. 21, 1836, *American State Papers: Military Affairs*, 6:61- 63; "Major General Scott's Address," *American State Papers: Military Affairs*, 7:197 ("a Cretan labyrinth"); Mahon, *History of the Second Seminole War*, 147- 49; Bemrose, *Reminiscences of the Second Seminole War*, 77, 88- 89; James Barr, *A Correct and Authentic Narrative of the Indian War in Florida* (New York, 1836), 17.
25. *Federal Union*, Dec. 11, 1835, 2; John B. Hogan to Thomas Jesup, June 24, 1836, Letters Received during the Creek War, 1836- 38, from Camps

Andrew Jackson, Nov. 14, 1829, LR, OIA, reel 806, frame 8, M- 234, NA; Leonard L. Richards, The California Gold Rush and the Coming of the Civil War (New York: Vintage Books, 2007), 125 ("a social blessing"); W.S. Steele, "The Last Command: The Dade Massacre," Tequesta 46 (1986): 6 ("19/20"); James Gadsden to Lewis Cass, June 2, 1832, CSE, 3:368- 69 ("half- starved"); Treaty with the Seminoles, 1832, Charles J. Kappler, ed., Indian Affairs: Laws and Treaties (Washington, D.C., 1903- ), 2:344.

13. Woodburne Potter, *The War in Florida* (Baltimore: Lewis and Coleman, 1836), 38 ("hard and unconscionable"), 60 ("I never"); John Eaton to Lewis Cass, Mar. 8, 1835, LR, OIA, reel 806, frame 101, M- 234, NA; Lewis Cass to John H. Eaton, Mar. 27, 1835, CGLS, vol. 3, pp. 42- 44, NA; James Gadsden to Lewis Cass, Nov. 1, 1834, LR, OIA, reel 806, frame 81, M- 234, NA ("White man's treaty"); Ethan Allen Hitchcock to Samuel Cooper, Oct. 22, 1840, box 2, folder 7, EAH; Diary of Nathaniel Wyche Hunter, Dec. 23, 1840, HCP ("out of his element");C.S. Monaco, " 'Wishing that Right May Prevail': Ethan Allen Hitchcock and the Florida War," *Florida Historical Quarterly* 93, no. 2 (Fall 2014): 167- 94.
14. Treaty of Dancing Rabbit Creek and supplement, 1830, Kappler, ed., *Indian Affairs*, 2:395; Monaco, " 'Wishing that Right May Prevail,' " 181- 82 ("made"); Ethan Allen Hitchcock to Samuel Cooper, Oct. 22, 1840, box 2, folder 7, EAH.
15. Major Ridge et al. to the Senate and House, Nov. 28, 1834, COIA, HR23A- G7.2, NA; John Ridge et al. to Benjamin F. Currey, Nov. 1, 1834, enclosed in Currey to Herring, Nov. 10, 1834, LR, OIA, reel 76, M- 234, NA; Memorial of the Cherokee Indians, Nov. 28, 1834, PM, COIA, SEN23A- G6, NA ("can now alone"); John Ross to John H. Eaton, May 29, 1834, *PCJR*, 1:294- 95.
16. John Ross to John Ridge, Sept. 12, 1823, "*PCJR*, 1:303; Valliere, "Benjamin Currey . . . Part II," 251("prostituted"); Memorial of the Cherokee Indians, Nov. 28, 1834, PM, COIA, SEN23A- G6, NA ("patriots"); John Ross to Lewis Cass, Feb. 9, 1836, *PCJR*; Thurman Wilkins, *Cherokee Tragedy: The Story of the Ridge Family and the Decimation of a People* (New York: MacMillan, 1970), 254- 78.
17. J.W. Harris to George Gibson, Dec. 30, 1835,CGLR, box 15, Creek, NA; John T. Sprague, *The Origin, Progress, and Conclusion of the Florida*

G6, NA.

6. Kenneth L. Valliere, "Benjamin Currey, Tennessean Among the Cherokees: A Study of the Removal Policy of Andrew Jackson, Part I," *Tennessee Historical Quarterly* 41, no. 2 (Summer 1982): 140- 58; Benjamin F. Currey to Elbert Herring, Nov. 13, 1831, *CSE*, 2:681; John Robb to Benjamin F. Currey, Nov. 24, 1831, p. 487, LS, OIA, reel 7, M-21, NA; Benjamin F. Currey to Elbert Herring, Apr. 20, 1833, LR, OIA, reel 75, M- 234, NA; Benjamin F. Currey to Elbert Herring, Sept. 9, 1833, LR, OIA, reel 75, M- 234, NA; Lewis Ross to John Ross, Feb. 23, 1834, LR, OIA, reel 76, M- 234, NA; Extract of a letter from Lewis Ross to John Ross, Mar. 5, 1834, enclosed in Currey to Herring, Feb. 7, 1834, LR, OIA, reel 76, M- 234, NA; Kenneth L. Valliere, "Benjamin Currey, Tennessean Among the Cherokees: A Study of the Removal Policy of Andrew Jackson, Part II," *Tennessee Historical Quarterly* 41, no. 3 (Fall 1982): 251- 59; John Ross to a Gentleman of Philadelphia, May 6, 1837, *PCJR*, 1:490- 503; John Ross to John Howard Payne, Mar. 5, 1836, *PCJR*, 1:390 ("demonical").
7. James William Van Hoeven, "Salvation and Indian Removal: The Career Biography of the Rev. John Freeman Schermerhorn, Indian Commissioner" (PhD diss., Vanderbilt University, 1972), 27- 28 ("foreign missionary"), 35- 36, 56, 69- 70, 94 ("in the dark"), 97; John Freeman Schermerhorn to Andrew Jackson, May 14, 1824, *PAJ* ("your old friend").
8. John Freeman Schermerhorn to Andrew Jackson, June 23, 1831, *PAJ*.
9. Van Hoeven, "Salvation and Indian Removal," 21.
10. Van Hoeven, "Salvation and Indian Removal," 141 ("bigoted"), 166 ("more designing"), 204 ("prostituted"); Isaac McCoy, Journal (typescript), Dec. 14, 1834, p. 389, MP; George A. Schultz, *An Indian Canaan: Isaac McCoy and the Vision of an Indian State* (Norman: University of Oklahoma Press, 1972), 140.
11. Laurence M. Hauptman, *Conspiracy of Interests: Iroquois Dispossession and the Rise of New York State* (Syracuse: Syracuse University Press, 1999), 181 ("certain notorious"); Van Hoeven, "Salvation and Indian Removal," 204 ("Sginuhyona"); Patrick Del Percio to the author, Dec. 13, 2018; John Ross in answer to inquiries from a friend, July 2, 1836, *PCJR*, 1:427- 44.
12. Van Hoeven, "Salvation and Indian Removal," 270; James Gadsden to

Indian Accounts, RG 217, entry 525, box 274, account 1109- A(13), NA; Joseph W. Harris to George Gibson, May 9, 1834, CGLR, box 1, Cherokee, NA; Journal of Occurrences of a Company of Cherokee Emigrants, for the months of February, March, April, May 15, 1834, CGLR, box 1, NA ("easy journeys"); Joseph W. Harris to George Gibson, June 5, 1834, CGLR, box 1, Cherokee, NA.
42. J.W. Harris to Wiley Thompson, Aug. 23, 1835, CGLR, box 15, Creek, NA.
43. J.W. Harris to Wiley Thompson, Plan of Operations in Detail for the Removal of Florida Indians, Aug. 23, 1835, CGLR, box 15, Creek, NA.
44. J.W. Harris to Wiley Thompson, Aug. 23, 1835, CGLR, box 15, Creek, NA.
45. George Gibson to Lewis Cass, Nov. 12, 1835, CGLS, vol. 3, pp. 338-50, NA; J.P. Simonton to George Gibson, Sept. 2, 1834, CGLR, box 12, Creek, NA ("hard and flinty" and "sickly").
46. S. Grantland to Farish Carter, Apr. 3, 1836, folder 12, Farish Carter Papers; Samuel Gwin to the Commissioner of the General Land Office, May 7, 1835, *Report from the Secretary of the Treasury*, 24th Cong., 1st sess., S.Doc. 69; John B. Hogan to Andrew Jackson, Apr. 22, 1836, LR, OIA, reel 243, frame 892, M- 23

## 第九章：一八三六年：充滿戰火的南方世界

1. Larry E. Rivers, "Leon County, Florida, 1824 to 1860," *Journal of Negro History* 66, no. 3 (Autumn 1981): 235- 45; Heintzelman diary, Nov. 15, 1839, reel 3, Samuel Peter Heintzelman Papers, LC.
2. Jeffrey Ostler, " 'To Extirpate the Indians': An Indigenous Consciousness of Genocide in the Ohio Valley and Lower Great Lakes 1750s- 1810," *William and Mary Quarterly* 72, no. 4 (Oct. 2015): 587-622.
3. *RDC* (1828), vol. 4, 2:1584- 85 ("distinguished individuals"); Wilson Lumpkin to Lewis Cass, May 31, 1833, LR, OIA, reel 75, M- 234, NA ("speedy extermination"); *Southern Banner* (Athens, Ga.), Apr. 14, 1838, 2 ("evil").
4. [?] to Peter Pitchlynn, Aug. 8, 1834, 4026.3351, PPP.
5. Memorial of the Cherokee Nation, May 17, 1833, PM, COIA, SEN23A-

NA; Cass quoted in Haveman, *Rivers of Sand*, 139.

33. Christopher D. Haveman, ed., *Bending Their Way Onward: Creek Indian Removal Documents* (Lincoln: University of Nebraska Press, 2018), 118-76.
34. George F. Salli to Lewis Cass, May 13, 1836, LR, OIA, reel 225, frames 151- 52, M- 234, NA ("There was no garbage"); David Hubbard to Lewis Cass, May 1, 1834, LR, OIA, reel 237, frames 425- 28, M- 234, NA ("clotted"); John Page to C.A. Harris, May 8, 1836, LR, OIA, reel 243, frame 1327, M- 234, NA ("I talk to them").
35. *Columbus Enquirer*, May 1, 1835, 2; Copy of petition drafted by Eli Shorter, Feb. 14, 1836, LR, OIA, reel 243, frame 744, M- 234, NA ("insolent"); John B. Hogan to George Gibson, Jan. 23, 1836, CGLR, box 9, Creek, NA ("contemptible").
36. George Gibson to Jacob Brown, Oct. 20, 1835, CGLS, vol. 3, pp. 307-11, NA ("perfectly"); George Gibson to Lewis Cass, Nov. 12, 1835, CGLS, vol. 3, pp. 338- 50, NA ("uncertain").
37. This small contingent of Cherokees was about half of what Harris had expected. The rest remained in their cabins or took refuge in the mountains. Joseph W. Harris to George Gibson, Mar. 8, 1834,CGLR, box 1, Cherokee, NA; March 23 and 31, Journal of Occurrences of a Company of Cherokee Emigrants, for the months of February, March, April, May, 1834, CGLR, box 1, NA.
38. April 5, 6, 7, 9, and 10, Journal of Occurrences of a Company of Cherokee Emigrants, for the months of February, March, April, May, 1834, CGLR, box 1, NA.
39. Joseph W. Harris to Drs. Alders Sprague and Bushrod W. Lic, Records of the Accounting Officers of the Department of the Treasury, Settled Indian Accounts, RG 217, entry 525, box 274, account 1109- A(13), NA ("a proper police"); April 11 and 12, Journal of Occurrences of a Company of Cherokee Emigrants, for the months of February, March, April, May, 1834, Records of the Commissary General of Subsistence, Letters Received, 1831- 36, RG 75, entry 201, box 1, NA.
40. April 14, 15, 16, and 30, May 5 and 6, Journal of Occurrences of a Company of Cherokee Emigrants, for the months of February, March, April, May, 1834, CGLR, box 1, NA.
41. Joseph W. Harris to Drs. Alders Sprague and Bushrod W. Lic, Records of the Accounting Officers of the Department of the Treasury, Settled

NA; William Moor to Nehah Micco, Dec. 6, 1831, *CSE*, 2:710 ("an old helpless"); List of white intruders living in the Creek Nation, Dec. 13, 1831, LR, OIA, reel 222, frames 549- 51, M- 234, NA; Neah Micco and Tus- Ke- Neah- Haw to the Secretary of War, Dec. 20, 1832, *CSE*, 3:565-66.

27. John B. Hogan to Uriah Blue, Apr. 3, 1835, CGLR, box 8, Creek, NA; U. Blue to George Gibson, Dec. 21, 1835, CGLR, box 8, Creek, NA; Extract of a letter from Jeremiah Austill to the Secretary of War, July 26, 1833, *CSE*, 4:487; Jeremiah Austill to Lewis Cass, July 31, 1833, *CSE*, 4:493; Copy of bond and oath, 1836, LR, OIA, reel 243, frames 908- 09, M- 234, NA ("indenture" and "highly respectable"); Opothle Yoholo et al. to the President of the United States, Jan. 7, 1836, LR, OIA, reel 243, frame 505, M- 234, NA.
28. Opothle Yoholo et al. to Dr. McHenry, Mar. 23, 1835, box 3, correspondence of certifying agents, entry 293, RG 75, NA; Eli S. Shorter to Lewis Cass, May 2, 1834, "Documents Relating to Frauds," 129; Deposition of John Taylor, Jan. 16, 1837, *The New American State Papers* (Wilmington, Del.: Scholarly Resources, 1972), 10:58- 61 ("it made no difference"); John B. Hogan to Uriah Blue, Apr. 3, 1835, CGLR, box 8, Creek, NA ("white proof").
29. "Documents Relating to Frauds," 181("malefactors"), 182, 222, 228, 236.
30. Elijah Corley to Scott and Cravens, Mar. 25, 1835, *New American State Papers*, 9:513- 514 ("rogued"); Eli Shorter to John S. Scott and M.M. and N.H. Craven, Jan. 28, 1835, *New American State Papers*, 9:510- 11 ("Give up" and "Swear off"); Eli Shorter to John S. Scott and E. Corley, and M.M. and N.H. Craven, Mar. 1, 1835, *New American State Papers*, 9:511- 13 ("*Stealing*"); Benjamin P. Tarver to M.A. Craven, Mar. 1, 1835, *New American State Papers*, 9:513 ("Hurrah").
31. J.W.A. Sanford to George Gibson, Sept. 30, 1835, CGLR, box 8, Creek, NA; Christopher D. Haveman, *Rivers of Sand: Creek Indian Emigration, Relocation, and Ethnic Cleansing in the American South* (Lincoln: University of Nebraska Press, 2016), 138- 39.
32. William Hunter to John B. Hogan, Aug. 12, 1835, CGLR, box 8, Creek, NA ("would die"); Opothle Yoholo et al. to the President of the United States, Jan. 14, 1836, LR, OIA, reel 225, frames 38- 41, M- 234, NA; George Gibson to John B. Hogan, Jan. 25, 1836, CGLS, vol. 3, p. 426,

23. Memorial of the Chickasaw Chiefs to the President of the United States, LR, OIA, reel 136, M- 234, NA.
24. B.M. Lowe to Levi Woodbury, May 3, 1836, Correspondence of the Secretary of Treasury Relating to the Administration of Trust Funds for the Chickasaw and Other Indian Tribes, S Series, 1834- 72, RG 56, M- 749, NA; J.D. Beers to Elbert Herring, Mar. 4, 1836, LR, OIA, Stocks, reel 853, RG 75, M- 234, NA ("Under the circumstances"); J.D. Beers to Levi Woodbury, Mar. 21, 1836, no. 29, Correspondence of the Secretary of Treasury Relating to the Administration of Trust Funds for the Chickasaw and Other Indian Tribes, S Series, 1834- 72, RG 56, M- 749, NA ("this pressing time"); "Chickasaw Fund," 29th Cong., 1st sess., H.Doc. 8, p. 67; Richard E. Sylla, Jack Wilson, and Robert E. Wright, "Price Quotations in Early United States Securities Markets, 1790- 1860," Inter- university Consortium for Political and Social Research (New York: New York University, Stern School of Business, 2002), table DS5; Robert J. Ward to F.P. Blair, Oct. 27, 1836, p. 130, Correspondence of the Secretary of Treasury Relating to the Administration of Trust Funds for the Chickasaw and Other Indian Tribes, S Series, 1834- 72, RG 56, M- 749, NA.
25. The total Chickasaw investment in the Decatur bank was $750,000, but only $500,000 was loaned out in the form of specie certificates. 35th Cong., 2nd sess., S.Misc.Doc. 8, pp. 8- 9; Levi Woodbury to Charles Macalester and J.D. Beers, Jan. 28, 1836, no. 13, J.W. Garth to Levi Woodbury, March 25, 1836, no. 39, and Levi Woodbury to Andrew Jackson, June 30, 1836, Correspondence of the Secretary of Treasury Relating to the Administration of Trust Funds for the Chickasaw and Other Indian Tribes, S Series, 1834- 72, RG 56, M- 749, NA; James Durno to Levi Woodbury, July 28, 1836, 24th Cong., 2nd sess., H.Rpt. 194, pp. 79- 80; "State Bonds created for the Branch Bank at Montgomery," Bank of the State of Alabama, Branch Bank at Montgomery, General Financial Statements, 1839- 1848, Alabama Department of Archives and History, Montgomery; Charles C. Mills to Farish Carter, Sept. 11, 1836, folder 12, Farish Carter Papers #2230, SHC ("decided advantage" and "There has never been").
26. Opinion of Alfred Balch on the contract of Aug. 28, 1836, LR, OIA, reel 243, frame 320, M- 234, NA ("On one side"); Creek chiefs to the President, May 21, 1831, LR, OIA, reel 222, frames 441- 43, M- 234,

Reuben H. Grant to Peter Pitchlynn, Nov. 12, 1836, 4026.3436, PPP ("There is a great").

15. U.S.-Chickasaw treaties of 1832 and 1834, Kappler, ed., *Indian Affairs*, 2:356- 62, 418- 23.
16. James Colbert to Lewis Cass, June 29, 1835, LR, OIA, reel 136, frame 614, M- 234, NA; William S. Colquhoun to Lewis Cass, Sept. 20, 1833, *CSE*, 4:566; Statement of Gordon D. Boyd, Mar. 7, 1837, LR, OIA, reel 146, frame 548, M- 234, NA ("cholera cases"); Statement of Samuel Ragsdale, May 17, 1838, LR, OIA, reel 146, frame 581, M- 234, NA ("very poor"); U.S. Censuses of 1830 and 1840.
17. Records Relating to Indian Removal, Records of the Commissary General of Subsistence, Chickasaw Removal Records, Reports of Land Sales and Deeds, 1836- 39, RG 75, entry 255, box 1, NA; William S. Colquhoun to Lewis Cass, Sept. 20, 1833, *CSE*, 4:566; David Hubbard to Lewis Curtis, June 2, 1837, box 1, NYMS; Benjamin Reynolds to C.A. Harris, June 2, 1837, LR, OIA, reel 146, M- 234, NA.
18. 地政事務辦公室在一八三六到一八四〇年間賣掉大約四千四百平方英里的契卡索土地；剩下的土地大部分都在一八五〇年以前拍賣完。31st Cong., 2nd sess., S.Exec.Doc. 2, p. 14; "Chickasaw Fund," 29th Cong., 1st sess., H.Doc. 8, p. 75("residue"); Richard Bolton to Lewis Curtis, Sept. 8, 1835, p. 67, letter book, NYMS; Isham Harrison to James T. Harrison, July 27, 1835, folder 4, James T. Harrison Papers #02441, SHC ("speculation"); Article 7, U.S.- Chickasaw treaty of 1832, Kappler, ed., *Indian Affairs*, 2:358- 59; Richard Bolton to Lewis Curtis, July 27, 1835, p. 55, NYMS; John Bolton to Lewis Curtis, July 16, 1835, NYMS; Statement of Gordon D. Boyd, March 7, 1837, LR, OIA, reel 146, M- 234, NA ("capitalists").
19. "Chickasaw Fund," 29th Cong., 1st sess., H.Doc. 8.
20. "Chickasaw Fund," 29th Cong., 1st sess., H.Doc. 8.
21. "Chickasaw Fund," 29th Cong., 1st sess., H.Doc. 8, pp. 75- 86.
22. 我用聘僱一個非專業勞工的費用來換算。Samuel H. Williamson, "Seven Ways to Compute the Relative Value of a U.S. Dollar Amount, 1774 to Present," MeasuringWorth, 2019, www.measuringworth.com/uscompare/; *Exceptions to the Account stated, under the direction of the Secretary of the Interior, exhibiting in detail all the moneys which from time to time had been placed, in the Treasury to the credit of the Chickasaw Nation* (Washington, D.C., 1869), 1, 2, 3, 7.

Malcolm Rohrbough, *The Land Office Business: The Settlement and Administration of American Public Lands, 1789- 1837* (New York: Oxford University Press, 1968).

8. 23rd Cong., 2nd sess., S.Doc. 22, serial 267, vol. 2, pp. 151- 53; "Message from the President of the United States, with Documents relating to the Character and Conduct of Samuel Gwin," 24th Cong., 2nd sess., S.Doc. 213, serial 298, vol. 2, pp. 1- 2 ("Fraudulent" and "confined"), 4.
9. 23rd Cong., 2nd sess., S.Doc. 22, serial 267, vol. 2, pp. 11- 12, 99, 117; "Message from the President of the United States, with Documents relating to the Character and Conduct of Samuel Gwin," 24th Cong., 2nd sess., S.Doc. 213, serial 298, vol. 2, pp. 73 and 76（引文）; James P. Shenton, *Robert John Walker: A Politician from Jackson to Lincoln* (New York: Columbia University Press, 1961), 11- 13, 25- 26, 33, 121, 127- 30, 148, 158, 160; *Vicksburg Register* (Vicksburg, Miss.), Oct. 8, 1835, 1. 裘朱瑪土地公司的買地紀錄是使用美國土地管理局的公有土地轉讓資料庫彙整而來，包含屬於以下四個合夥人的所有密西西比公有土地轉讓證書：羅伯特・沃克、湯瑪斯・艾利斯（Thomas G. Ellis）、馬爾坎・吉爾克里斯特（Malcolm Gilchrist）和羅伯特・傑米森（Robert Jemison）。
10. Deposition of Captain Bob, alias Mingohomah, July 12, 1844, Records Relating to Indian Removal, Records of the Commissary General of Subsistence, Choctaw Removal Records, Pray, Murray, and Vroom, Evidence, 1837- 38, RG 75, entry 270, box 3, NA.
11. Choctaw Claims, n.d., box 10, folder 79, in the Fisher Family Papers #258, SHC.
12. Claims 160 (Immaka), 187 (Oakalarcheehubbee), 196 (Illenowah), and 199 (Okshowenah), Records Relating to Indian Removal, Records of the Commissary General of Subsistence, Choctaw Removal Records, Pray, Murray, and Vroom, Evidence, 1837- 38, RG 75, entry 270, box 1, NA.
13. Claims 242 (Elitubbee), 251 (Abotaya), 205 (Shokaio), 245 (Chepaka), 250 (Hiyocachee), Records Relating to Indian Removal, Records of the Commissary General of Subsistence, Choctaw Removal Records, Pray, Murray, and Vroom, Evidence, 1837- 38, RG 75, entry 270, box 1, NA; Case 20 (Ahlahubbee), J.F.H. Claiborne, Minutes, 1842- 43, folder 40, J.F.H. Claiborne Papers #00151, SHC.
14. [?] to Peter Pitchlynn, Aug. 8, 1834, 4026.3351, PPP ("deep reflection");

24th Cong., 1st sess., S.Doc. 425, serial 445, p. 318; Opothle Yoholo et al. to the House and Senate, Jan. 24, 1832, COIA, HR22A- G8.2, NA; Samuel George Morton, *Catalogue of Skulls of Man and the Inferior Animals*, 3rd. ed. (Philadelphia, 1849); Cameron B. Strang, *Frontiers of Science: Imperialism and Natural Knowledge in the Gulf South Borderlands, 1500- 1850* (Chapel Hill: University of North Carolina Press, 2018), 225- 26, 308- 14; Robert E. Bieder, *Science Encounters the Indian, 1820- 1880: The Early Years of American Ethnology* (Norman: University of Oklahoma Press, 1986), 55- 103; James Colbert to Lewis Cass, June 29, 1835, LR, OIA, reel 136, frame 614, M- 234, NA.

4. Treaty of Dancing Rabbit Creek and supplement, 1830, Charles J. Kappler, ed., *Indian Affairs: Laws and Treaties* (Washington, D.C., 1903- ), 2:310- 19; 44th Cong., 1st sess., H.Misc.Doc. 40, p. 73; *Choctaw Nation v. United States*, Nov. 15, 1886, 119 U.S. 1 (7 S.Ct. 75, 30 L.Ed. 306), https://www.law.cornell.edu/supremecourt/text/119/1 (accessed Oct. 23, 2018).
5. 喬克托人應該要得到兩到三百萬英畝（看你怎麼估算家庭大小的）。"Claims of the Choctaw Nation," 44th Cong., 1st sess., H.Misc.Doc. 40, p. 23; 43rd Cong., 2nd sess., H.Exec.Doc. 47, p. 17; 44th Cong., 1st sess., H.Misc.Doc. 40, p. 23.
6. The speculators' schemes are summarized in Mary Elizabeth Young, *Redskins, Ruffleshirts, and Rednecks: Indian Allotments in Alabama and Mississippi, 1830- 1860* (Norman: University of Oklahoma Press, 1961), 47- 72. John Coffee to Andrew Jackson, Sept. 23, 1831, *CSE*, 2:600 ("almost nothing"); William S. Colquhoun to Samuel S. Hamilton, Nov. 19, 1831, *CSE*, 2:687; John W. Byrn to the Secretary of War, Dec. 18, 1831, *CSE*, 2: 717; John W. Byrne to the Indian Office, Apr. 18, 1832, LR, OIA, reel 170, M- 234, NA ("His sun"); John W. Byrne to the Secretary of War, Dec. 18, 1831, *CSE*, 2:717; Records Relating to Indian Removal, Records of the Commissary General of Subsistence, Choctaw Removal Records, Journal of Pray, Murray, and Vroom, pp. 215- 34, RG 75, entry 268, box 1, NA ("collected"); William S. Colquhoun to Lewis Cass, Sept. 20, 1833, *CSE*, 4:566.
7. 23rd Cong., 2nd sess., S.Doc. 22, serial 267, vol. 2, pp. 33, 49- 50, 95, 105, 128; "Message from the President of the United States, with Documents relating to the Character and Conduct of Samuel Gwin," 24th Cong., 2nd sess., S.Doc. 213, serial 298, vol. 2, pp. 1- 4, 17;

44. Isham Harrison to James T. Harrison, Feb. 10, 1836, folder 4, James T. Harrison Papers #02441, SHC ("Virgin lands"); Baldwin, *Flush Times*, 83 ("rose"); Neah Micco at al. to Lewis Cass, Sept. 27, 1832, *CSE*, 3:464.

## 第八章：「一群愛耍計謀的投機者」

1. Walter Barrett, The Old Merchants of New York City (New York, 1866), 110 ("hightoned"); Map of real estate, box 38, folder 1031, LPC; Inventory of real estate, box 30, folder 867, LPC; Joseph Curtis to Lewis Curtis, July 6, 1863, box 27, folder 821, LPC ("a consistent"); Columbus Enquirer (Columbus, Ga.), Dec. 13, 1836, 2 ("distinguished"); Stephen F. Miller, The Bench and Bar of Georgia (Philadelphia, 1858), 2:248 ("a man").
2. Opothle Yoholo's exact words: "The homes which have been rendered valuable by the labor of our hands, are torn from us by a combination of designing speculators, who haunt your office, and who, like the man among the tombs, are so fierce that no one can pass that way." Opothle Yoholo et al. to Robert W. McHenry, Mar. 23, 1835,Records Relating to Indian Removal, Records of the Commissary General of Subsistence, Creek Removal Records, Reports, 1836- 38, RG 75, entry 293, box 3, NA; Joseph Glover Baldwin, *The Flush Times of Alabama and Mississippi: A Series of Sketches* (New York, 1853), 82 ("mesmeric"); Samuel Gwin to the Commissioner of the General Land Office, Nov. 24, 1835, *Report from the Secretary of the Treasury*, 24th Cong., 1st sess., S.Doc. 69, pp. 18- 19 ("ravenous"); Elizabeth Arnold and James McConnell, "Hijacked Humanity: A Postcolonial Reading of Luke 8:26- 39," *Review & Expositor* 112, no. 4 (Nov. 1, 2015): 591- 606; Christopher Burdon, " 'To the Other Side': Construction of Evil and Fear of Liberation in Mark 5.1- 20," *Journal for the Study of the New Testament* 27, no. 2 (2004): 149- 67; Joshua Garroway, "The Invasion of a Mustard Seed: A Reading of Mark 5.1- 20," *Journal for the Study of the New Testament* 32, no. 1 (Sept. 1, 2009): 57- 75. 謝謝潔咪・克雷納提供有關格拉森惡魔附身的文獻。
3. Opothle Yoholo et al. to Lewis Cass, Sept. 4, 1835, "Documents Relating to Frauds, &c., in the sale of Indian Reservations of Land,"

2, 4; L. Atkison to Farish Carter, June 5, 1833, folder 9, in the Farish Carter Papers #2230, SHC("the best"); John Bolton to the Trustees of the New York and Mississippi Land Company, May 6, 1835,p. 22, NYMS。

36. Poem regarding the Treaty of Dancing Rabbit, [1843], 4026.3162, PPP; Nehah Micco et al. to John H. Eaton, Apr. 8, 1831, *CSE*, 2:424- 25; Opothle Yoholo et al. to Lewis Cass, Sept. 4, 1835, "Documents Relating to Frauds, &c., in the sale of Indian Reservations of Land," 24th Cong., 1st sess., S.Doc. 425, serial 445, p. 318; "The Late Treaty," *Georgia Journal*, Nov. 8, 1825, 2.
37. Bonhage-Freund, "Botanical Remains," 150- 56.
38. R. Alfred Vick, "Cherokee Adaptation to the Landscape of the West and Overcoming the Loss of Culturally Significant Plants," *American Indian Quarterly* 53, no. 3 (Summer 2011): 394- 417; Steven G. Platt, Christopher G. Brantley, and Thomas R. Rainwater, "Native American Ethnobotany of Cane (Arundinaria spp.) in the Southeastern United States: A Review," *Castanea* 74, no. 3 (Sept. 2009): 271- 85.
39. Peter Pitchlynn[?] to David Folsom, May 19, 1830, 4026.3186, PPP; Opothle Yoholo et al. to the House and Senate, Jan. 24, 1832, COIA, HR22A- G8.2, NA ("white brethren"); John Ross, Annual Message, Oct. 10, 1832, *PCJR*, 1:255.
40. *Cherokee Phoenix* (New Echota, Cherokee Nation), Nov. 18, 1829, 2- 3; Thomas L. McKenney to John Cocke, Jan. 23, 1827, Library of Congress Collection, RG 233, entry 756, NA box 57 of LC box 184, NA; Opothle Yoholo et al. to the House and Senate, Jan. 24, 1832, COIA, HR22A- G8.2, NA ("slowly and reluctantly").
41. Isaac McCoy, Journal (typescript), Apr. 15, 1838, p. 483, MP; William Armstrong to George Gibson, Sept. 14, 1833, *CSE*, 1:414.
42. G.J. Rains to George Gibson, July 29, 1834, CGLR, box 7, Choctaw, 1834, NA; Abraham Redfield to David Greene, Aug. 25, 1834, frames 846- 847, reel 779, Unit 6, ABC 18.4.4, Letters from Officers of the Board, American Board of Commissioners for Foreign Missions, Houghton Library, Harvard College Library; David Carter to Hugh Montgomery, Aug. 30, 1834, LR, OIA, reel 76, M- 234, NA ("government and government agents"); Benjamin F. Currey to Lewis Cass, Sept. 15, 1834, LR, OIA, reel 76, M- 234, NA ("Let me").
43. Joseph Glover Baldwin, *The Flush Times of Alabama and Mississippi: A Series of Sketches* (New York, 1853), 81- 83, 238.

30. Callie B. Young, ed., *From These Hills: A History of Pontotoc County* (Fulton, Miss.: Pontotoc Woman's Club, 1976), 69- 76; John Bolton to the Trustees of the New York and Mississippi Land Company, Apr. 25, 1835, p. 16, NYMS ("rather bitter"); John Bolton to the Trustees of the New York and Mississippi Land Company, June 16, 1835, p. 39, NYMS ("really Hot").
31. John Bolton to thc Trustees of the New York and Mississippi Land Company, Mar. 25, 1835, p. 3, NYMS ("immense profits"); John Bolton to the Trustees of the New York and Mississippi Land Company, Apr. 20, 1835, p. 15, NYMS ("the rich planter"); John Bolton to the Trustees of the New York and Mississippi Land Company, Apr. 25, 1835, p. 16, NYMS ("deep rich"); John Bolton to the Trustees of the New York and Mississippi Land Company, May 25, 1835, p. 33, NYMS.
32. Wendy Cegielski, "A GIS- Based Analysis of Chickasaw Settlement in Northeast Mississippi: 1650- 1840" (M.A. thesis, University of Mississippi, 2010), 64; John Howard Blitz, *An Archaeological Study of the Mississippi Choctaw Indians*, vol. 16, Archaeological Report (Jackson: Mississippi Department of Archives and History, 1985), 34- 35; Robbie Ethridge, *Creek Country: The Creek Indians and Their World* (Chapel Hill: University of North Carolina Press, 2003), 120- 21; William G. Siesser, "Paleogene Sea Levels and Climates: U.S.A. Eastern Gulf Coastal Plain," *Palaeogeography, Palaeoclimatology, Palaeoecology* 47 (1984): 261- 75.
33. *Public Dinner Given in Honor of the Chickasaw and Choctaw Treaties* (Mississippi, 1830), 3 ("exchange"); David Hubbard to J.D. Beers, Jan. 10, 1835, box 39, folder 1058, LPC ("sought for"); *Columbus Enquirer*, Apr. 24, 1835, 3 ("It is confidently").
34. Ethridge, *Creek Country*, 96, 132- 33, 155, 170- 71, 280n24; Mary Theresa Bonhage-Freund, "Botanical Remains," *Archaeology of the Lower Muskogee Creek Indians, 1715-1836*, ed. Mary Theresa Bonhage-Freund, Lisa D. O'Steen, and Howard Thomas Foster (Tuscaloosa: University of Alabama Press, 2007), 190- 92; Blitz, *Archaeological Study of the Mississippi Choctaw Indians*, 17 (names of months); Cegielski, "A GISBased Analysis of Chickasaw Settlement," 27; John Bolton to the Trustees of the New York and Mississippi Land Company, June 1835, p. 35, NYMS.
35. *Public Dinner Given in Honor of the Chickasaw and Choctaw Treaties*,

(New York: Oxford University Press, 2003), 123- 54, 219- 48; Fritz Redlich, *Molding of American Banking: Men and Ideas* (New York: Hafner, 1951), 2:333- 35; "State Bonds Sold," *Alexandria Gazette* (Alexandria, Va.), Sept. 11, 1833, 2; Account Sales, 1833- 34, box 40, folder 1077, LPC.

25. George R. Gilmer, *Sketches of some of the First Settlers of Upper Georgia, of the Cherokees, and the Author* (New York, 1840), 468 ("cotton"); *An Act to Establish a Branch of the Bank of the State of Alabama in the Tennessee Valley* (New York, 1833), 27 ("Indian titles"), 31- 32.
26. Nathan Mitchell and J.B. Toulmin to Baring Bros, Nov. 3, 1832, p. 2636, reel C- 1372, Baring Papers, LR, General, Public Archives, Canada ("Like all new states"); William H. Brantley, *Banking in Alabama, 1816- 1860* (privately printed, 1961), 1:267- 73; Daniel Bell and Son to Frederick Huths and Co., May 22, 1833, Daniel Bell and Son Letter, Alabama Department of Archives and History, Montgomery; *Dublin Morning Register*, May 29, 1833, 2; Thomas Wilson and Co. to J.D. Beers and Co., Sept. 14,
27. David Hubbard to J.D. Beers, Nov. 17, 1834, box 39, folder 1058, LPC ("Our sections"); David Hubbard to J.D. Beers, Jan. 10, 1835, box 39, folder 1058, LPC ("pouring in"); Articles of Association, Mar. 2, 1835, box 39, folder 1058, LPC.
28. For a history of land companies during Indian Removal, see Mary Elizabeth Young, *Redskins, Ruffleshirts, and Rednecks: Indian Allotments in Alabama and Mississippi, 1830- 1860* (Norman: University of Oklahoma Press, 1961); Boston and Mississippi Cotton Land Company Papers, DMR.
29. Report of John Bolton, Sept. 18, 1835, p. 48 and 60, Letter book, NYMS; John D. Haeger, *The Investment Frontier: New York Businessmen and the Economic Development of the Old Northwest* (Albany: State University of New York Press, 1981), 110, 156- 57; Memorandum of Agreement, Oct. 15, 1835, box 36, folder 989, LPC; Thomas M. Barker to Lewis Cass, July 17, 1834, LR, OIA, reel 136, M-234, NA ("at the Cost").給公司排名時，我沒有算入最大授權資本未知的公司。Robert E. Wright, "US Corporate Development 1790- 1860," *The Magazine of Early American Datasets* (MEAD), https://repository.upenn.edu/mead/7/ (accessed Sept. 25, 2018).

to J.D. Beers, Jan. 30, 1825, box 26, folder 790, LPC; Sven Beckert, *Empire of Cotton: A Global History* (New York: Knopf, 2015), 117-20; Walter Johnson, *River of Dark Dreams: Slavery and Empire in the Cotton Kingdom* (Cambridge: Harvard University Press, 2013), 259-62; J.D. and Mary Beers to Eliza and Lewis Curtis, Jan. 25, 1835, box 26, folder 795, LPC; J.D. and Mary Beers to Eliza and Lewis Curtis, Jan. 10, 1835, box 26, folder 795, LPC ("The poor Negroes"); William Wilberforce, *An Appeal to the Religion, Justice, and Humanity of the Inhabitants of the British Empire in behalf of the Negro Slaves in the West Indies* (London, 1823), 1.

21. 「奴隸勞動營」是彼得・伍德（Peter H. Wood）愛用的說法。J.D. and Mary Beers to Eliza and Lewis Curtis, Mar. 27, 1835, box 26, folder 796, LPC ("don't think"); J.D. and Mary Beers to Eliza and Lewis Curtis, Feb. 6, 1835, box 26, folder 795, LPC ("Oh you don't know"); J.D. and Mary Beers to Eliza and Lewis Curtis, Feb. 28, 1835, box 26, folder 795, LPC ("is all done"); J.D. and Mary Beers to Eliza and Lewis Curtis, Jan. 25, 1835, box 26, folder 795, LPC ("makes it another"); Desmond, *Yankees and Yorkers*, 37; Peter H. Wood, "Slave Labor Camps in Early America: Overcoming Denial and Discovering the Gulag," in *Inequality in Early America*, ed. Carla Gardina Pestana and Sharon V. Salinger (Hanover, N.H.: University Press of New England, 1999), 222-39.
22. Eric Kimball, " 'What have we to do with slavery?' New Englanders and the Slave Economies of the West Indies," and Calvin Schermerhorn, "The Coastwise Slave Trade and a Mercantile Community of Interest," in *Slavery's Capitalism: A New History of American Economic Development*, ed. Sven Beckert and Seth Rockman (Philadelphia: University of Pennsylvania Press, 2016), 181- 94, 209- 24; *Niles' Register*, Sept. 5, 1835, 9.
23. Poem regarding the Treaty of Dancing Rabbit, [1843], 4026.3162, PPP.
24. 在戰前時期，南方州很常跟政府發照核准的銀行購買大量債券。*Laws of the State of Mississippi Embracing All Acts of a Public Nature from January Session, 1824, to January Session 1838, Inclusive* (Jackson, Miss., 1838), 237("give impulse"), 298- 99, 436; Charles Hillman Brough, "The History of Banking in Mississippi," *Publications of the Mississippi Historical Society* (1900), 3:317-40; Howard Bodenhorn, *State Banking in Early America: A New Economic History*

15. Ishtehotopa King to Andrew Jackson, July 17, 1835, LR, OIA, reel 136, frame 608 M- 234, NA; Claudio Saunt, *Black, White, and Indian: Race and the Unmaking of an American Family* (New York: Oxford University Press, 2005); Thomas J. Abbott to Lewis Cass, Sept. 29, 1832, *CSE*, 3:471; B.S. Parsons to Lewis Cass, Oct. 16, 1832, LR, OIA, frames 281-282, reel 223, M- 234, NA ("in Every way"); B.S. Parsons to Lewis Cass, Oct. 21, 1832, LR, OIA, frames 283- 285, reel 223, M- 234, NA ("negro woman").
16. Thomas J. Abbott to Lewis Cass, May 1833, *CSE*, 4:236; Tuckabatchee Hadjo and Octeahchee Emathla to Andrew Jackson, Feb. 18, 1831, *PAJ*.
17. Creek Census, 1832, *CSE*, 4:334, 394; Choctaw Census, *CSE*, 3:149; Arrell Gibson, *The Chickasaws* (Norman: University of Oklahoma Press, 1971), 179.
18. 給公司排名時，我沒有算入最大授權資本未知的公司。我是用一八四〇年美國普查的奴隸人口進行計算的。如果某些縣在一八三〇年代跟克里克、喬克托和契卡索族的領土只有部分重疊，我便按比例計算。關於奴隸的價值，我採用一八三六年的平均價格五百四十七美元。Robert E. Wright, "US Corporate Development 1790-1860," *The Magazine of Early American Datasets (MEAD)*, https://repository.upenn.edu/mead/7/ (accessed Sept. 25, 2018); Richard Sutch, "Slave prices, value of the slave stock, and annual estimates of the slave population: 1800- 1862," table Bb209- 214 in *Historical Statistics of the United States, Earliest Times to the Present: Millennial Edition*, ed. Susan B. Carter, Scott Sigmund Gartner, Michael R. Haines, Alan L. Olmstead, Richard Sutch, and Gavin Wright (New York: Cambridge University Press, 2006).
19. Walter Barrett, *The Old Merchants of New York City* (New York, 1870), vol. 2, 2:107- 10 ("a clever man," "quick," "as affable," and of "great wealth"); Andrew Beers to Joseph D. Beers, Oct. 1801, box 26, folder 787, LPC ("all manner"); Joseph D. Beers to Starr, Feb. 24, 1812, box 26, folder 787, LPC; Alice Curtis Desmond, Yankees and Yorkers (Portland, Me: Anthoensen Press, 1985), 14- 23, 69 ("became the best customer"); J.D. Beers to Benjamin Curtis, Jan. 2, 1857, box 27, folder 818, LPC; J.D. Beers to Joseph Curtis, July 1, 1861, box 27, folder 819, LPC.
20. Henry Reed Stiles, *Genealogies of the Stranahan, Josselyn, Fitch and Dow Families in North America* (Brooklyn, 1868), 77- 78; E. Mils

2:290; Opothle Yoholo et al. to the House and Senate, Jan. 24, 1832, COIA, HR22A- G8.2, NA ("We admit").

5. Tuskeneah to Andrew Jackson, May 21, 1831, *PAJ*.
6. Garland B. Terry et al. to Andrew Jackson, May 31, 1831 *PAJ* ("intense suffering"); *Southern Recorder*, June 23, 1831, 3 ("beyond description").
7. For a modern- day analogue in which states privatized indigenous lands, see Joe Bryan and Denis Wood, *Weaponizing Maps: Indigenous Peoples and Counterinsurgency in the Americas* (New York: Guilford Press, 2015), 96- 126. John H. Eaton to George R. Gilmer, June 17, 1831, *CSE*, 2:307- 8; Samuel S. Hamilton to John Crowell, July 25, 1831, p. 306, LS, OIA, reel 7, M- 21, NA ("regrets"); Lewis Cass to the Chiefs of the Creek Tribe, Jan. 16, 1832, *CSE*, 2:742- 43;Michael D. Green, *The Politics of Indian Removal: Creek Government and Society in Crisis* (Lincoln: University of Nebraska Press, 1982), 169- 73.
8. *Columbus Enquirer*, Feb. 25, 1832, 3.
9. Allan Greer, *Property and Dispossession: Natives, Empires and Land in Early Modern North America* (New York: Cambridge University Press, 2018), 27- 64, 311- 54; Andro Linklater, *Measuring America: How the United States Was Shaped by the Greatest Land Sale in History* (New York: Penguin, 2002), 160- 75; C. Albert White, *A History of the Rectangular Survey System* (Washington, D.C.: Bureau of Land Management, 1983), 18- 96.
10. Elijah Hayward to F.W. Armstrong, Apr. 28, 1832, *Report from the Secretary of the Treasury*, 24th Cong., 1st sess., S.Doc. 69, p. 6.
11. John Robb to Enoch Parsons, Oct. 14, 1833, *CSE*, 3:787; Peter S. Onuf, "Liberty, Development, and Union: Visions of the West in the 1780s," *William and Mary Quarterly* 43, no. 2 (Apr. 1986): 186- 88.
12. George W. Martin to Lewis Cass, Aug. 9, 1833, LR, OIA, reel 188, M- 234, NA; "TO THOSE WHO CLAIM RESERVATIONS," 1831, 3026.337, PPP.
13. B.F. Butler to Lewis Cass, Dec. 28, 1833, LR, OIA, reel 188, M- 234, NA; Records Relating to Indian Removal, Records of the Commissary General of Subsistence, Choctaw Removal Records, Journal of Pray, Murray, and Vroom, RG 75, entry 268, box 1, NA.
14. B.S. Parsons and Thomas Abbot to Lewis Cass, Sept. 7, 1832, LR, OIA, frames 307- 9, reel 223, M- 234, NA; Ne- Hah Micco et al. to the Secretary of War, Nov. 15, 1832, *CSE*, 3:527- 28.

sale of Indian Reservations of Land," 24th Cong., 1st sess., S.Doc. 425, serial 445; Shorter, Tarver, & Co. et al. to Lewis Cass, Nov. 18, 1835, "Documents Relating to Frauds," 363 ("bare- naked"); Opothle Yoholo et al. to the House and Senate, Jan. 24, 1832, COIA, HR22A- G8.2, NA; Eli S. Shorter to John B. Hogan, Feb. 24, 1836, LR, OIA, reel 243, frame 768, M- 234, NA ("scrupulously regardful").

## 第七章：金融家

1. Stephen F. Miller, The Bench and Bar of Georgia (Philadelphia, 1858), 2:256 ("I have been"), 260 ("itched"); Oliver H. Prince, A Digest of the Laws of the State of Georgia (Athens, Ga., 1837), 90; *Savannah Georgian* (Savannah, Ga.), Dec. 9, 1831, 2 ("more real capital," quoting the *Columbus Enquirer*).
2. John H. Martin, *Columbus, Geo., from its Selection as a "Trading Town" in 1827, to its Partial Destruction by Wilson's Raid, in 1865* (Columbus, Ga., 1874), 8 ("strip"); *Savannah Georgian*, June 15, 1831, 4; *Federal Union* (Milledgeville, Ga.), May 2, 1833, 3; *Columbus Enquirer* (Columbus, Ga.), Nov. 23, 1833. 1; *Georgia Journal* (Milledgeville, Ga.), Nov. 10, 1831, 3.
3. 有一次，蒙哥馬利縣的警長帶著一群義勇軍進入克里克族的領土，「印地安人集體恐慌」。部隊往前進，發現「所有的小屋和遮蔽所都沒有人，看不見任何印地安人」。*Georgia Journal*, Feb. 27, 1830, 3; *Southern Recorder* (Milledgeville, Ga.), Mar. 27, 1830, 3; *Southern Recorder* (Milledgeville, Ga.), Mar. 27, 1830, 3; William Moor to Nehah Micco, Dec. 6, 1831, and Neha Micco, Tuskemhow, and Nehah Locko Opoy to John Crowell, Dec. 13, 1831, *CSE*, 2:708- 9; Neha Micco et al. to the President, Jan. 21, 1830, frame 274, John Crowell to Lewis Cass, Dec. 15, 1831, frame 545, John Crowell to John H. Eaton, June 30, 1830, frames 315- 316, and John Crowell to John H. Eaton, Aug. 8, 1830, frames 319- 324, LR, OIA, reel 222, M- 234, NA; Sandy Grierson vs. the Creek Nation, box 10, 1st series, no. 31, Creek Removal Records, entry 300, RG 75, NA; Abraham Smith vs. Sandy Grayson, 1831, box 10, 1st series, no. 19, Creek Removal Records, entry 300, RG 75, NA.
4. Nehah Micco et al. to John H. Eaton, Apr. 8, 1831, *CSE*, 2:424- 25; John H. Eaton to the Red Men of the Muscogee nation, May 16, 1831, *CSE*,

and the Fourteenth Amendment," Duke Law Journal 53 (2003): 897 and n135.

44. Elisha W. Chester to John Ross, July 20, 1832, *CSE*, 3:424; Elisha W. Chester to Lewis Cass, Aug. 11, 1832, LR, OIA, reel 75, M- 234, NA ("pressing evils").
45. H. David Williams, "Gambling Away the Inheritance: The Cherokee Nation and Georgia's Gold and Land Lotteries of 1832- 33," *Georgia Historical Quarterly* 73, no. 3 (Fall 1989): 519- 39; David A. Nichols, "Land, Republicanism, and Indians: Power and Policy in Early National Georgia, 1780- 1825," *Georgia Historical Quarterly* 85, no. 2 (Summer 2001): 199- 226226; John Ridge to John Ross, Feb. 2, 1833, *PCJR*, 1:259.
46. William W. Freehling, *Prelude to Civil War: The Nullification Controversy in South Carolina, 1816- 1836* (New York: Harper & Brothers, 1965), 250- 51, 254- 59 (quotation on 257); Richard Sutch, "Slave prices, value of the slave stock, and annual estimates of the slave population: 1800- 1862," table Bb209- 214 in *Historical Statistics of the United States, Earliest Times to the Present: Millennial Edition*, ed. Susan B. Carter, Scott Sigmund Gartner, Michael R. Haines, Alan L. Olmstead, Richard Sutch, and Gavin Wright (New York: Cambridge University Press, 2006).
47. William Wirt to John Sergeant, Dec. 22, 1832, reel 23, William Wirt Papers, Maryland Historical Society; Norgren, *The Cherokee Cases*, 126- 30; Tim Alan Garrison, *The Legal Ideology of Removal: The Southern Judiciary and the Sovereignty of Native American Nations* (Athens: University of Georgia Press, 2002), 191- 97.
48. John Ross, Annual Message, Oct. 10, 1832, *PCJR*, 1:255。
49. *Columbus Enquirer* (Columbus, Ga.), Mar. 31, 1832, 3; John H. Martin, *Columbus, Geo., from its Selection as a "Trading Town" in 1827, to its Partial Destruction by Wilson's Raid, in 1865* (Columbus, Ga., 1874), 7, 8, 10, 35.
50. Stephen F. Miller, *The Bench and Bar of Georgia* (Philadelphia, 1858), 2:202, 248- 54.
51. *Columbus Enquirer*, Apr. 14, 1832, 3 ("the dearest interest"); Memorial of Creeks, Feb. 3, 1830, PM, Protection of Indians, SEN21A- H3, NA.
52. Columbus Enquirer, Aug. 25, 1832, 2 ("system"); Eli S. Shorter et al. to Lewis Cass, Oct. 16, 1835, "Documents Relating to Frauds, &c., in the

Press, 1995), 8 ("intellectual warfare").

35. 喬治亞警衛隊的隊長威脅布迪諾，說他要是針對這支武裝兵力發表「過於放肆」的評論，他就會被「好好鞭打一番」。根據一七八九年司法條例的第二十五條，最高法院擁有複審管轄權。*Cherokee Phoenix* (New Echota, Cherokee Nation), Mar. 12, 1831, 3, and Sept. 3, 1831, 2- 3; *Samuel A. Worcester v. the State of Georgia*, 31 U.S. Reports 515, 516 (1832).
36. John Sergeant's notes, box 5, file 18, pp. 16- 19, John Sergeant Papers, Historical Society of Pennsylvania, Philadelphia("a State"); *Cherokee Phoenix*, Oct. 21, 1829, 2, and Apr. 14, 1830, 1; Memorial of the Cherokees, Dec. 1829, Committee of the Whole House, Petitions, "Various Subjects," HR21A- H1.1, NA; Jill Norgren, *The Cherokee Cases: The Confrontation of Law and Politics* (New York: McGraw-Hill, 1996), 117.
37. *Samuel A. Worcester v. the State of Georgia*, 31 U.S. Reports 515, 559, 561 (1832).
38. William M. Davis to Lewis Cass, June 24, 1832, *CSE*, 3:381 ("It was trumpted"); Elias Boudinot to Stand Watie, Mar. 7, 1832, *Cherokee Cavaliers*, 4- 6; John Ridge to Stand Watie, Apr. 6, 1832, *Cherokee Cavaliers*, 10.
39. John Ridge to Stand Watie, Apr. 6, 1832, *Cherokee Cavaliers*, 8; *RDC* (1833), vol. 8, 2:2013- 14.
40. *RDC* (1833), vol. 8, 2:2027- 28.
41. *The Constitutionalist* (Augusta, Ga.), Apr. 2, 1830, 2; John Brown, *Slave Life in Georgia: A Narrative of the Life, Sufferings, and Escape of John Brown, A Fugitive Slave* (London, 1855), 21, 27- 30, 45- 48 (quotations); F.N. Boney, "Thomas Stevens, Antebellum Georgian," *South Atlantic Quarterly* 72 (1973): 226- 42.
42. Georgia Journal (Milledgeville, Ga.), Apr. 12, 1832, 3 ("the perpetuity"); Southern Recorder (Milledgeville, Ga.), Apr. 19, 1832, 3 ("A palpable"); The Constitutionalist, May 4, 1832, 2 ("rights and interests"); Georgia Journal, May 24, 1832, 2 ("local concerns").
43. William M. Davis to Lewis Cass, June 24, 1832, *CSE*, 3:381- 82 ("perilous"); Copy of letter from John McLean to Chief John Ross, May 23, 1832, 4026.107- a.1, John Ross Papers, Helmerich Center for American Research, Gilcrease Museum, Tulsa, Oklahoma; U.S. Statutes at Large 2 (1802): 141; Gerard N. Magliocca, "The Cherokee Removal

*Made: Migration and Violence in Early America* (Chapel Hill: University of North Carolina Press, 2014), 200- 201; "Journal of John Shelby," *A Sorrowful Journey*, ed. Randall L. Buchman (Defiance, Ohio: Defiance College Press, 2007), 15- 16 ("offending").

27. Daniel R. Dunihue to Alexander R. Dunihue, Sept. 29, 1832, "Removal of Indians from Ohio," 420 ("tawney"); James B. Gardiner to Lewis Cass, Oct. 1, 1832, *CSE*, 3:478- 79 ("miserable"); Dunihue, Diary, Oct. 3, 1832.
28. James B. Gardiner to Lewis Cass, Feb. 25, 1833, *CSE*, 4:115; Daniel R. Dunihue to Alexander R. Dunihue, Oct. 23, 1832, "Removal of Indians from Ohio," 423.
29. "The Cholera," *Arkansas Gazette* (Little Rock, Ark.), Oct. 31, 1832, 2 ("Keep cool" and "trust," quoting the *Republican*); "The Cholera," *Alexandria Gazette* (Alexandria, Va.), Nov. 5, 1832, 4; "The Cholera," *Rochester Union and Advertiser* (Rochester, N.Y.), Nov. 17, 1832, 2; Dunihue, "Journal of Occurrences," Oct. 25, 1832.
30. James B. Gardiner to William Clark, Oct. 25, 1832, *CSE*, 4:118; "Journal of John Shelby," 42, 44; J.J. Abert to George Gibson, Nov. 9, 1832, *CSE*, 1:396- 97; J.J. Abert to George Gibson, Nov. 17, 1832, *CSE*, 1:399; "Journal of John Shelby," 47- 50 ("wept bitterly").
31. Dunihue, Diary, Sept. 28, Nov. 9, Nov. 15, 1832("laughing"), Dec. 9, 1832.
32. "Journal of John Shelby," 62- 65; James B. Gardiner to William Clark, Oct. 25, 1832, *CSE*, 4:117; Sami Lakomäki, "From Ohio to Oklahoma and Beyond: The Long Removal of the Lewistown Shawnees," *The Eastern Shawnee Tribe of Oklahoma: Resilience through Adversity*, ed. Stephen Warren (Norman: University of Oklahoma Press, 2017), 48; "Journal of John Shelby," 57- 59, 62（「路上出現的」）.
33. Reuben Holmes to B. McCary, *Black Hawk War, 1831- 32*, vol. 2, 1:414- 16.
34. Black Hawk, *Black Hawk's Autobiography*, ed. Roger L. Nicholas (1833; Ames: Iowa State University Press, 1999), 13, 82- 84 ("war chiefs"); "From the Seat of War," *American* (New York, N.Y.), June 12, 1832, 2 ("of undoubted bravery"); John Ridge to Stand Watie, Apr. 6, 1832,*Cherokee Cavaliers: Forty Years of Cherokee History as Told in the Correspondence of the Ridge- Watie- Boudinot Family*, ed. Edward Everett Dale and Gaston Litton (1939; Norman: University of Oklahoma

of J.P. Simonton, Nov. 16, 1832 to Dec. 19, 1832, CGLR, box 6, Choctaw, 1833, NA ("suffered dreadfully"); F.W. Armstrong to George Gibson, Dec. 2, 1832, *CSE*, 1:401- 2 ("We have been"); Journal of J. Van Horne, Nov. 2, 1832 to Dec. 18, 1832, CGLR, box 6, Choctaw, 1833, NA.

21. Isaac McCoy to the Commissioners West, Oct. 15, 1832, *CSE*, 3:497 ("the path"); G.J. Rains to George Gibson, Apr. 5, 1833, *CSE*, 1:841- 42 ("except by age"); G.J. Rains to George Gibson, June 10, 1833, *CSE*, 1:831; J.H. Hook to G.J. Rains, May 6, 1833, *CSE*, 1:255 ("much to be lamented").
22. G.J. Rains to George Gibson, June 19, 1833, *CSE*, 1:845; F.W. Armstrong to Elbert Herring, Sept. 20, 1833, LR, OIA, reel 170, M- 234, NA ("Will the Government"); F.W. Armstrong to Elbert Herring, Nov. 8, 1833, LR, OIA, reel 170, M- 234, NA; George Gibson to G.J. Rains, Jan. 21, 1834, CGLS, vol. 2, p. 141, NA ("This is a disagreeable"); G.J. Rains to George Gibson, Apr. 18, 1834 to Dec. 18, 1832, CGLR, box 7, Choctaw, 1834, NA ("let to starve").
23. G.J. Rains to George Gibson, Nov. 4, 1833, *CSE*, 1:851; John Campbell to Elbert Herring, Nov. 20, 1833, *CSE*, 4:722.
24. George Gibson to J.B. Gardiner, June 28, 1832, *CSE*, 1:102 ("the plan of removal"); Daniel Dunihue, "Journal of Occurrences," Aug. 21, 1832, Conner Prairie Museum Archives, Fishers, Indiana ("It will [be] but a short time"); George Gibson to J.B. Gardiner, Sept. 1, 1832, *CSE*, 1:153; James B. Gardiner to Lewis Cass, Feb. 25, 1833, *CSE*, 4:113.
25. J.F. Lane to George Gibson, Sept. 25, 1832, *CSE*, 1:730; J.J. Abert to George Gibson, Oct. 2, 1832, *CSE*, 1:384 ("swelled"); Carl Wittke, ed., *History of the State of Ohio* (Columbus: Ohio State Archaeological and Historical Society, 1941), 3:36; James B. Gardiner to George Gibson, Oct. 8, 1832, *CSE*, 1:706 ("settled plan"); Daniel R. Dunihue to Alexander R. Dunihue, Sept. 11, 1832, "Removal of Indians from Ohio: Dunihue Correspondence of 1832," *Indiana Magazine of History* 35, no. 4 (Dec. 1939): 419; J.B. Gardiner to Daniel R. Dunihue, July 28, 1832, "Removal of Indians from Ohio," 414 ("flowery"); Henry Harvey, *History of the Shawnee Indians, From the Year 1681 to 1854, Inclusive* (Cincinnati, 1855), 227- 28 ("they would get to see" and "My friend").
26. Daniel Dunihue, Diary, Sept. 2, 5, and 13, 1832, Conner Prairie Museum Archives, Fishers, Indiana; Stephen Warren, *The Worlds the Shawnees*

1838), 358; William Armstrong to George Gibson, Sept. 1, 1832, *CSE*, 1:376- 78; Journal of William S. Colquhoun, Sept. 13, 1832 to Dec. 20, 1832, CGLR, box 6, Choctaw, 1833, NA; William Armstrong to George Gibson, Sept. 10, 1832, *CSE*, 1:378- 79; F.W. Armstrong to George Gibson, Oct. 28, 1832, *CSE*, 1:391; F.W. Armstrong to George Gibson, Oct. 21, 1832, *CSE*, 1:388- 89 (quotations).

14. Journal of William S. Colquhoun, Sept. 13, 1832 to Dec. 20, 1832, CGLR, box 6, Choctaw, 1833, NA.
15. A.S. Langham to George Gibson, Nov. 8, 1832, *CSE*, 1:737- 38; William Armstrong to George Gibson, Nov. 10, 1832, *CSE*, 1:398- 99; F.W. Armstrong to George Gibson, Nov. 21, 1832, *CSE*, 1:400 ("Scarce a boat"); Roads 51 (1833), Civil Works Map File, RG 77, NACP; Roads 1 (Dec. 10, 1827), Civil Works Map File, RG 77, NACP; William Howard to J.J. Abert, May 3, 1834, 23rd Cong., 2nd sess., H.Doc. 83, serial 445, pp. 1- 14.
16. William Armstrong to George Gibson, Nov. 10, 1832, *CSE*, 1:398 ("*cholera times*"); Journal of J.P. Simonton, Nov. 16, 1832 to Dec. 19, 1832, CGLR, box 6, Choctaw, 1833, NA ("sheer want" and "Having received"); Journal of J. Van Horne, Nov. 2, 1832 to Dec. 18, 1832, CGLR, box 6, Choctaw, 1833, NA ("old, lame").
17. Journal of J. Van Horne, Nov. 2, 1832 to Dec. 18, 1832, CGLR, box 6, Choctaw, 1833, NA.
18. George Strother Gaines to Anthony Winston Willard, Aug. 8, 1857, in Gaines, *Reminiscences of George Strother Gaines: Pioneer and Statesman of Early Alabama and Mississippi*, ed. James P. Pate (Tuscaloosa: University of Alabama Press, 1998), 123 ("pet"), 124 ("useless agencies"); Carolyn Thomas Foreman, "The Armstrongs of Indian Territory," *Chronicles of Oklahoma* 30, no. 4 (1952): 294 ("talked loudly"); Lieut. Montgomery to F.W. Armstrong, Mar. 22, 1833, reel 3, IRW ("spoiled" and "largely economised"); F.W. Armstrong to George Gibson, Mar. 31, 1833, reel 3, IRW; Journal of William S. Colquhoun, Sept. 13, 1832 to Dec. 20, 1832, CGLR, box 6, Choctaw, 1833, NA ("naked"); F.W. Armstrong to Lewis Cass, Nov. 21, 1832, reel 2, IRW ("tyrant and cruel" and "outrageous").
19. Copy of Lieut. J.A. Phillips' Journal, Nov. 14, 1832 to Dec. 9, 1832, CGLR, box 6, Choctaw, 1833, NA.
20. A.S. Langham to George Gibson, Nov. 8, 1832, *CSE*, 1:737- 38; Journal

5. Jung, *Black Hawk War of 1832*, 79, 98- 100, 115, 127; Jackson's endorsement of John Robb to Andrew Jackson, June 12, 1832, *PAJ* ("must be chastised").
6. "Asiatic Cholera Pandemic of 1826- 37," George Childs Kohn, ed., *Encyclopedia of Plague and Pestilence, from Ancient Times to the Present* (New York: Facts on File, 2008), 15; G.F. Pyle, "The Diffusion of Cholera in the United States in the Nineteenth Century," *Geographical Analysis* 1 (1969): 59- 75; J.S. Chambers, *The Conquest of Cholera: America's Greatest Scourge* (New York: MacMillan, 1938), 86- 88.
7. Chambers, *Conquest of Cholera*, 95; David A. Sack et al., "Cholera," *Lancet* 363 (Jan. 17, 2004): 223- 33.
8. "The Cholera Epidemic of 1873 in the United States," 43rd Cong., 2nd sess., H. Ex. Doc. 95, pp. 572- 76 ("paper barrier" and "brought disease"); Chambers, *Conquest of Cholera*, 90, 94, 97, 577; Charles E. Rosenberg, *The Cholera Years: The United States in 1832, 1849, and 1866* (1962; Chicago: University of Chicago Press, 1987), 74- 79; Trask, *Black Hawk*, 275.
9. 有些溫尼巴哥人、帕塔瓦米人和美濃米尼人基於各自的策略原因協助美國打仗，請參見：John W. Hall, *Uncommon Defense: Indian Allies in the Black Hawk War* (Cambridge: Harvard University Press, 2009); Trask, *Black Hawk*, 270- 71, 277 ("extracted"), 282- 89 ("work of death" on 284); Jung, *The Black Hawk War of 1832*, 172; Hall, *Uncommon Defense*, 195- 205.
10. "Indian War," *Baltimore Gazette and Daily Advertiser* (Baltimore, Md.), June 18, 1832, 2 ("dispassionate"); *Commercial Advertiser* (New York, N.Y.), Aug. 17, 1832, 2 ("in the injustice").
11. "The Cholera Epidemic of 1873 in the United States," 43rd Cong., 2nd sess., H. Ex. Doc. 95, p. 577. Ramon Powers and James N. Leiker, "Cholera among the Plains Indians: Perceptions, Causes, and Consequences," *Western Historical Quarterly* 29, no. 3 (Autumn 1998): 320- 21, 331- 33; Chambers, *Conquest of Cholera*, 102- 3.
12. J. Brown to George Gibson, Apr. 20, 1832, *CSE*, 1:443- 44.
13. "An Act, to amend an act entitled, 'an act further to define and carry into effect the act to extend the laws of this state over the persons, and property of the persons called Indians, in this state,' " Dec. 9, 1831, *Laws of the State of Mississippi Embracing All Acts of a Public Nature from January Session, 1824, to January Session 1838, Inclusive* (Baltimore,

47. John McElvain to S.S. Hamilton, Feb. 21, 1832, *CSE*, 3:213- 14; F.W. Armstrong to Lewis Cass, Apr. 20, 1832, *CSE*, 3:302- 3.
48. Lewis Cass, Regulations Concerning the Removal of the Indians, May 15, 1832, *CSE*, 1:343- 49.
49. Steve R. Waddell, *United States Army Logistics: From the American Revolution to 9/11* (Santa Barbara: ABC- CLIO, 2010), 30- 45; Risch, *Quartermaster Support of the Army*, 143- 44, 181- 83, 202; 13th Cong., 3rd sess., H.Doc., 53, p. 9 ("palm"); "A poem composed by a Choctaw of P.P. Pitchlynn's party while emigrating last winter to the West," [1832], 4026.8176, PPP.
50. Lewis Cass, Regulations Concerning the Removal of the Indians, May 15, 1832, *CSE*, 1:343- 49.
51. George Gibson to George S. Gaines, Aug. 13, 1831, *CSE*, 1:32; J. Brown to George Gibson, Dec. 15, 1831, *CSE*, 1:427.

## 第六章：霍亂來襲

1. Kerry A. Trask, *Black Hawk: The Battle for the Heart of America* (New York: Henry Holt, 2007), 32.
2. John A. Walthall, *Galena and Aboriginal Trade in Eastern North America*, Illinois State Museum Scientific Papers, vol. 17 (Springfield: Illinois State Museum, 1981), 12; Lucy Eldersveld Murphy, *Gathering of Rivers: Indians, Métis, and Mining in the Western Great Lakes, 1737-1832* (Lincoln: University of Nebraska Press, 2000), 97, 102, 105, 117.
3. Alexander Macomb to Henry Atkinson, May 5, 1832, *The Black Hawk War, 1831-32* (Springfield: Illinois State Historical Library), vol. 2, 1:351; Alfred A. Cave, *Sharp Knife: Andrew Jackson and the American Indians* (Santa Barbara: Praeger, 2017), 133-34; Patrick J. Jung, *The Black Hawk War of 1832* (Norman: University of Oklahoma Press, 2007), 70- 72; George Rollie Adams, *General William S. Harney: Prince of Dragoons* (Lincoln: University of Nebraska Press, 2001), 37- 42.
4. 《加利納人》的編輯實踐了自己的倡議，曾加入義勇軍，割下好幾個印地安人的頭皮，之後放在家中展示。Murphy, *Gathering of Rivers*, 162- 65; Jung, *The Black Hawk War of 1832*, 89, 149- 51; Lewis Cass to William Clark, *Black Hawk War, 1831- 32*, vol. 2, 1:405; Trask, *Black Hawk*, 262.

*Genealogical Quarterly* 6 (Jan. 1903): 69; Foreman, *Indian Removal*, 62n24; George Gibson to Joseph Kerr, July 21, 1832, *CSE*, 1:126.

38. Petition of citizens of county of Seneca, Ohio, December 1829, COIA, Petitions, "Various Subjects," HR21A- G8.2, NA("useless"); To the Honorable the Senate and House of Representatives, Jan. 31, 1831, *CSE*, 2:403- 4; *History of Seneca County, Ohio* (Chicago, 1886), 310.
39. List of Sales, Mar. 20, 1832, *CSE*, 3:328, 331, 332, 333, 335, 338, 339, 343, 345, 348, 353; "Indian Sale," Sept. 8, 1831, *CSE*, 2:597; Henry C. Brish to S.S. Hamilton, Nov. 28, 1831, *CSE*, 2:691- 92; John McElvain to Elbert Herring, Feb. 7, 1832, *CSE*, 3:190.
40. List of Sales, Mar. 20, 1832, *CSE*, 3:332, 335, 338; Henry C. Brish to William Clark, July 16, 1832, *CSE*, 5:118- 20 ("immense quantity").
41. 被驅逐者的準確人數在不同的文獻中有些許差異。William Clark to William B. Lewis, Nov. 18, 1833, *CSE*, 5:113; Henry C. Brish to S.S. Hamilton, Nov. 28, 1831, *CSE*, 2:691- 92; Mary Stockwell, *The Other Trail of Tears: The Removal of the Ohio Indians* (Yardley, Pa.: Westholme, 2014), 207- 12; Henry C. Brish to S.S. Hamilton, Nov. 16, 1831, *CSE*, 2:725; Henry C. Brish to William Clark, Nov. 26, 1831, *CSE*, 2:723- 24 ("extremely dissipated" and "blood- thirsty").
42. Steve Ehlmann, *Crossroads: A History of St. Charles County, Missouri* (Marceline, Mo.: Walsworth Publishing Company, 2004), 45- 61; Henry C. Brish to William Clark, Dec. 13, 1831, *CSE*, 2:725- 26; William Clark to Elbert Herring, Dec. 20, 1831, *CSE*, 2:722- 23.
43. John McElvain to Lewis Cass, Nov. 15, 1831, *CSE*, 2:684- 85 ("live well"); Small Cloud Spicer et al. to William Clark, Dec. 10, 1831, *CSE*, 3:9- 10; Henry C. Brish to Samuel S. Hamilton, Jan. 20, 1832, *CSE*, 3:24- 25; Henry C. Brish to Samuel S. Hamilton, Jan. 20, 1832, *CSE*, 3:24- 25; Postscript to Small Cloud Spicer et al. to William Clark, Dec. 10, 1831, *CSE*, 3:9 ("what then remains").
44. Henry C. Brish to William Clark, May 8, 1832, Henry C. Brish to William Clark, May 16, 1832, and Henry C. Brish to William Clark, July 16, 1832, *CSE*, 5:116- 20 (quotations).
45. Of the 398 deportees who left Ohio, only 352 reached their destination, but some families turned back along the way. Henry C. Brish to William Clark, July 16, 1832, *CSE*, 5:118- 20; Stockwell, *The Other Trail of Tears*, 211.
46. J. Brown to George Gibson, Sept. 13, 1832, *CSE*, 1:476- 77.

George Gibson, Dec. 29, 1831, *CSE*, 1:431- 32 (“horrid”); J. Brown to George Gibson, Jan. 4, 1832, *CSE*, 1:432; J. Brown to George Gibson, May 4, 1832, *CSE*, 1:447- 48 (“indifferently made”).

31. “A poem composed by a Choctaw of P.P. Pitchlynn’s party while emigrating last winter to the West,” [1832], 4026.8176, PPP.
32. F.W. Armstrong to Lewis Cass, Feb. 8, 1832, *CSE*, 3:191- 92; Grant Foreman, *Indian Removal: The Emigration of the Five Civilized Tribes of Indians* (Norman: University of Oklahoma Press, 1932), 58.
33. Foreman, *Indian Removal*, 58- 59, 59n16.
34. 二十五美元的人均支出不包含驅逐後要支付的一年補給費用。*RDC* (1830), vol. 6, 2:1076 (“five times five millions”); “Estimate of the expense of removing seven thousand Chaktaw from their old to their new homes by waggons,” reel 2, frame 456, IRW; George Gibson to Lewis Cass, Apr. 18, 1836, CGLS, vol. 3, p. 511, NA.
35. Records Relating to Indian Removal, Records of the Commissary General of Subsistence, Estimates, 1832- 36, RG 75, entry 205, NA; Elbert Herring to Col. William Ward, Mar. 19, 1832, *CSE*, 2:800 (“What amount”); William S. Colquhoun to George Gibson, Apr. 15, 1832, *CSE*, 1:604 (“quite insufficient”).
36. Greenwood LeFlore to the Secretary of War, June 7, 1831, reel 2, William S. Colquhoun to George Gibson, Jan. 3, 1832, reel 2, and F.W. Armstrong to Elbert Herring, Mar. 8, 1833, reel 3, IRW; Peter Pitchlynn[?] to David Folsom, May 19, 1830, 4026.3186, PPP (“in a precipitate manner”); “A poem composed by a Choctaw of P.P. Pitchlynn’s party while emigrating last winter to the West,” [1832], 4026.8176, PPP (“tyrant”); Mushulatubbe at al. to John Henry Eaton, June 2, 1830, *PAJ*; Greenwood LeFlore to Lewis Cass, Mar. 6, 1834, LR, OIA, reel 170, M- 234, NA (“compensate”); Records Relating to Indian Removal, Records of the Commissary General of Subsistence, Choctaw Removal Records, Journal of Pray, Murray, and Vroom, RG 75, entry 268, box 1, pp. 212- 13, NA (“We dreaded”); R. Halliburton, Jr., “Chief Greenwood LeFlore and His Malmaison Plantation,” in *After Removal: The Choctaw in Mississippi*, ed. Samuel J. Wells and Rosseana Tubby (Jackson: University of Mississippi Press, 1986), 56- 63.
37. 約有三百人進入沼澤區，但是托爾瑪號的船長回報只救出兩百六十五人。Joseph Kerr to Lewis Cass, June 14, 1832, *CSE*, 1:1719- 20; William A. Taylor, “Senator Joseph Kerr,” *The “Old Northwest”*

52, no. 4 (Fall 2011): 389- 416; Benjamin Reynolds and George S. Gaines to John H. Eaton, Feb. 7, 1831, *CSE*, 1:674- 75.

24. J.H. Hook to P.G. Randolph, July 2, 1831, *CSE*, 1:21- 22; George Gibson to J.R. Stephenson, Aug. 27, 1831, *CSE*, 1:36- 37; George Gibson to John B. Clark, Apr. 5, 1831, *CSE*, 1:8- 9 ("proper intervals"); J.H. Hook to Greenwood LeFlore, June 23, 1831, *CSE*, 1:15- 17; J.H. Hook to Wm. S. Colquhoun, July 5, 1831, *CSE*, 1:27- 28; George Gibson to T.S. Jesup, Sept. 21, 1831, *CSE*, 1: 43; George Gibson to Jacob Brown, Nov. 4, 1831, *CSE*, 1:49- 50; J.B. Clark to George Gibson, Oct. 19, 1831, *CSE*, 1:586; J.B. Clark to George Gibson, July 30, 1831, *CSE*, 1:561- 62 ("No one").

25. I am excluding for the moment those who tried to stay in Mississippi. Approximately 2,400 Choctaw families were expelled, and, assuming 6 people per family on average, only 100 families were compensated under Article 19 of the Treaty of Dancing Rabbit Creek. *Liabilities of Choctaw Indians to Individuals*, 43rd Cong., 2nd sess., H.Exec.Doc. 47, pp. 12- 13; John Coffee to Andrew Jackson, Sept. 23, 1831, *CSE*, 2:600 ("almost nothing").

26. George Wilson Pierson, *Tocqueville in America* (Baltimore: Johns Hopkins University Press, 1938), 595- 98.

27. Walter Johnson, *River of Dark Dreams: Slavery and Empire in the Cotton Kingdom* (Cambridge: Harvard University Press, 2013), 73- 96; Michael Chevalier, *Society, Manners, and Politics in the United States* (Boston, 1839), 223- 24 ("So much"); Robert H. Gudmestad, *Steamboats and the Rise of the Cotton Kingdom* (Baton Rouge: Louisiana State University Press, 2011), 80- 82.

28. 汽輪爆炸並不少見：Gudmestad, *Steamboats and the Rise of the Cotton Kingdom*, 105- 11. William S. Colquhoun to George Gibson, Dec. 10, 1831, *CSE*, 1:593 ("disgusting sight"); James B. Gardiner to George Gibson, June 20, 1832, *CSE*, 1:690 ("their native modesty"); [?] to Lewis Cass, May 2, 1832, 4026.3220, PPP ("well agree"); James B. Gardiner to George Gibson, June 2, 1832, *CSE*, 1:687- 88 ("scalded").

29. William S. Colquhoun to George Gibson, Dec. 10, 1831, *CSE*, 1:427; J. Brown to George Gibson, Dec. 15, 1831, *CSE*, 1:593; Thomas Nuttall, *Journal of Travels into the Arkansas Territory During the Year 1819* (Philadelphia, 1821), 75- 78.

30. J. Brown to George Gibson, Dec. 22, 1831, *CSE*, 1:428; J. Brown to

Tribes and Jacksonian Justice," *American Historical Review* 64, no. 1 (Oct. 1958): 38.

20. 根據一份文獻的估計，遲至一八三八年，仍有五千名喬克托人留在密西西比州，距離驅離法案通過已經整整七年，顯示整個民族約有三分之一到一半的人口意圖留在該地區，變成該州的公民。這個數字跟喬克托族在一八五〇年代所給的數據相符。James Murray and Peter D. Broom to the President of the United States, Records Relating to Indian Removal, Records of the Commissary General of Subsistence, Choctaw Removal Records, Pray, Murray, and Vroom, Evidence, 1837-38, RG 75, entry 270, box 3, NA; "Claims of the Choctaw Nation," 44th Cong., 1st sess., H.Misc.Doc. 40, p. 23, Records Relating to Indian Removal, Records of the Commissary General of Subsistence, Choctaw Removal Records, Journal of Pray, Murray, and Vroom, RG 75, entry 268, box 1, NA ("to suffer"); William Ward to Samuel Hamilton, June 21, 1831,4026.3194, PPP; "On Claims to Reservations under the Fourteenth Article of the Treaty of Dancing Rabbit Creek, with the Choctaw Indians," 24th Cong., 1st sess., H.Doc. 1523, *American State Papers: Public Lands*, 8:691 ("emigrating agents"); Deposition of Adam Jones, Jan. 31, 1838, Records Relating to Indian Removal, Records of the Commissary General of Subsistence, Choctaw Removal Records, Journal of Pray, Murray, and Vroom, RG 75, entry 268, box 1, NA ("there were too many"); Deposition of Captain Bob, alias Mingohomah, July 12, 1844, Records Relating to Indian Removal, Records of the Commissary General of Subsistence, Choctaw Removal Records, Pray, Murray, and Vroom, Evidence, 1837- 38, RG 75, entry 270, box 3, NA.
21. Records Relating to Indian Removal, Records of the Commissary General of Subsistence, Choctaw Removal Records, Journal of Pray, Murray, and Vroom, RG 75, entry 268, box 1, NA; Mahlon Dickerson to George W. Martin, Sept. 5, 1833, U.S. Congress, Senate, *Report from the Secretary of the Treasury*, 24th Cong., 1st sess., S.Doc. 69, pp. 13- 14; J.H. Eaton to Lewis Cass, Sept. 20, 1833, *CSE*, 4:565 ("so torn").
22. [?] to Peter Pitchlynn, Aug. 8, 1834, 4026.3351, PPP.
23. Patrick B. McGuigan, "Bulwark of the American Frontier: A History of Fort Towson," in *Early Military Forts and Posts in Oklahoma*, ed. Odie B. Faulk, Kenny A. Franks, and Paul F. Lambert (Oklahoma City: Oklahoma Historical Society, 1978), 9- 25; Robert Gudmestad, "Steamboats and the Removal of the Red River Raft," *Louisiana History*

money").

14. William Armstrong to George Gibson, Oct. 13, 1832, *CSE*, 1:386- 87 ("every exertion"); John Page to George Gibson, Jan. 6, 1835, CGLR, box 8, Creek, 1834, NA ("incur"); John Page to George Gibson, Apr. 25, 1835, CGLR, box 8, Creek, 1834, NA ("enormous"); John Page to George Gibson, May 1, 1835, CGLR, box 8, Creek, NA ("I never did"); A.M.M. Upshaw to C.A. Harris, Aug. 1, 1838, LR, OIA, reel 143, frame 689, M- 234, NA ("We are moved").
15. 阿普肖雖然偶爾對契卡索人表示同情，卻也騙過他們的經費。Amanda L. Paige, Fuller L. Bumpers, and Daniel F. Littlefield, Jr., *Chickasaw Removal* (Ada, Okla.: Chickasaw Press, 2010), 253; Gibson to Templin W. Ross, Oct. 1, 1834, CGLS, vol. 2, pp. 314- 18, NA ("with every regard"); George Gibson to Joseph Kerr, July 21, 1832, *CSE*, 1:126 ("consistent"); George Gibson to Lewis Cass, Nov. 12, 1835, CGLS, vol. 3, pp. 338- 50, NA ("With respect"); Davis, "An Administrative Trail of Tears," 92。
16. Davis, "An Administrative Trail of Tears," 99; George Gibson to William Clark, Oct. 13, 1834, CGLS, vol. 2, pp. 334- 37, NA.
17. Thomas L. McKenney to James Barbour, Jan. 4, 1828, LS, OIA, Miscellaneous Immigration, RG 75, entry 84, M21, book D, 229, NA; J.T. Sprague, Oct. 23, 1836, Records of the Accounting Officers of the Department of the Treasury, Settled Indian Accounts, RG 217, entry 525, box 257, account 547, NA.
18. Ronald N. Satz, *American Indian Policy in the Jacksonian Era* (1974; reprint, Norman: University of Oklahoma Press, 1975), 73; "On Claims to Reservations under the Fourteenth Article of the Treaty of Dancing Rabbit Creek, with the Choctaw Indians," 24th Cong., 1st sess., H.Doc. 1523, *American State Papers: Public Lands* (Washington, D.C., 1861), 8:691- 93 ("negro servant"); Records Relating to Indian Removal, Records of the Commissary General of Subsistence, Choctaw Removal Records, Journal of Pray, Murray, and Vroom, RG 75, entry 268, box 1, p. 167 ("soured") and p. 168 ("confused and impaired"), NA; James Murray and Peter D. Broom to the President of the United States, Records Relating to Indian Removal, Records of the Commissary General of Subsistence, Choctaw Removal Records, Pray, Murray, and Vroom, Evidence, 1837- 38, RG 75, entry 270, box 3, NA ("arbitrary").
19. Mary E. Young, "Indian Removal and Land Allotment: The Civilized

79; George Gibson to Jacob Brown, Jan. 16, 1835, CGLS, vol. 2, p. 417, NA "(It will not do"); Ethan Davis, "An Administrative Trail of Tears: Indian Removal," *American Journal of Legal History* 50, no. 1 (Jan. 1, 2008): 49- 100.

10. George Gibson to J.P. Simonton, July 11, 1832, *CSE*, 1:117 ("of the size"); George Gibson to Jacob Brown, Jan. 14, 1835, CGLS, vol. 2, pp. 413- 15, NA ("numbers"); George Gibson to William Clark, Oct. 13, 1834, CGLS, vol. 2, pp. 334- 7, NA ("muster roll"); George Gibson to William Clark, May 6, 1834, CGLS, vol. 2, pp. 190- 92, NA ("with a view"); George Gibson to John Page, July 15, 1834, CGLS, vol. 2, pp. 229- 38, NA ("detachment"); George Gibson to William Armstrong, July 19, 1834, CGLS, vol. 2, pp. 257- 61, NA; J.H. Hook to William Armstrong, Oct. 1, 1832, *CSE*, 1:171 ("It is not warranted"); Lewis Cass, Regulations Concerning the Removal of the Indians, May 15, 1832, *CSE*, 1:344; J.B. Clark to George Gibson, May 5, 1831, reel 2, IRW ("It placed me").
11. Mark Walson, *Birthplace of Bureaus: The United States Treasury Department* (Washington, D.C.: Treasury Historical Society, 2013), 14- 16; John T. Sprague, *The Origin, Progress, and Conclusion of the Florida War* (New York, 1848), 103 ("rigid economy").
12. George Gibson to W.S. Colquhuon, Sept. 21, 1831, *CSE*, 1:44; George Gibson to J.P. Taylor, July 13, 1831, *CSE*, 1:24; George Gibson to S.V.R. Ryan, Nov. 9, 1831, *CSE*, 1:50; George Gibson to George S. Gaines, Mar. 31, 1832, *CSE*, 1:75- 77; George Gibson to Jacob Brown, Aug. 12, 1833, *CSE*, 1:287 ("The word *inclusive*"); George Gibson to John Page, July 15, 1834, CGLS, vol. 2, pp. 229- 38, NA ("from" and "to"); J. Brown to George Gibson, May 30, 1832, *CSE*, 3:450- 51 ("waste and extravagance"); George Gibson to Jacob Brown, July 11, 1834, CGLS, vol. 2, pp. 222- 24, NA ("It gives me").
13. George Gibson to J.R. Stephenson, Dec. 27, 1830, *CSE*, 1:5- 6 ("Too much"); George Gibson to Jacob Brown, Apr. 12, 1832, *CSE*, 1:77- 78 ("strictly economical" and "and lop it off"); George Gibson to John Page, July 15, 1834, CGLS, vol. 2, pp. 229- 38, NA ("I would impress"); J.H. Hook to A.C. Pepper, Aug. 12, 1834, CGLS, vol. 2, pp. 282- 84, NA ("You are urged"); George Gibson to Wiley Thompson, Feb. 28, 1835, CGLS, vol. 2, pp. 477- 83, NA ("Let nothing"); George Gibson to J.P. Simonton, May 5, 1835, CGLS, vol. 3, pp. 96- 97, NA ("Wherever

nature"); George Gibson to Lewis Cass, Jan. 30, 1835, CGLS, vol. 2, pp. 427- 28, NA ("of a multifarious").

5. Thomas L. McKenney to John H. Eaton, Mar. 18, 1829, LS, OIA, Miscellaneous Immigration, RG 75, entry 84, M21, book E, 353, NA ("unremitting"); John Bell to Lewis Cass, July 17, 1835, LR, OIA, reel 136, M- 234, NA ("in the best" and "A bungler"); John Kennedy and Thomas W. Wilson to C.A. Harris, Dec. 6, 1837, LR, OIA, reel 114, M-234, NA ("competent"); John C. Mullay to C.A. Harris, Apr. 19,1837, LR, OIA, reel 82, M- 234, NA ("great number" and "to an immense"); John C. Mullay to C.A. Harris, Nov. 6, 1837, LR, OIA, reel 114, M- 234, NA; Extract of a letter from M. Stokes, Apr. 3, 1838, LR, OIA, reel 82, frame 683, M- 234, NA.
6. Michael Zakim, "Paperwork," *Raritan* 33, no. 4 (Spring 2014): 52-53; Shelf list of Records Relating to Indian Removal, Records of the Commissary General of Subsistence, NA; George Gibson to J. Van Horne, Oct. 31, 1836, CGLS, vol. 4, p. 217, NA ("Finis").
7. 關於一八三〇年代的文件紀錄實際長度，我是粗估的，因為它們並沒有按照年代順序歸檔。Records of the Accounting Officers of the Department of the Treasury, Settled Indian Accounts, RG 217, entry 525, NA. 關於印地安事務局官僚制度的早期歷史，可參見：Stephen J. Rockwell, *Indian Affairs and the Administrative State in the Nineteenth Century* (Cambridge: Cambridge University Press, 2010).
8. J.H. Hook to William Armstrong, Oct. 1, 1832, *CSE*, 1:171 ("Where medical"); George Gibson to John Page, July 15, 1834, CGLS, vol. 2, pp. 229- 38, NA ("when actually required" and "must be"); J.T. Sprague, Dec. 3, 1836, Records of the Accounting Officers of the Department of the Treasury, Settled Indian Accounts, RG 217, entry 525, box 257, account 547, NA.
9. Papers Relating to Claims for Commutation Pay by Heirs of George Gibson, box 1, Gibson-Getty- McClure Papers, LC; Kurt Windisch, "A Thousand Slain: St. Clair's Defeat and the Evolution of the Constitutional Republic" (Ph.D. diss., University of Georgia, 2018), 16; Biography of George Gibson, 1818- 1854 and undated, box 1, Gibson-Getty-McClure Papers, LC; Thomas P. Roberts, *Memoirs of John Bannister Gibson* (Pittsburgh, 1890), 228; Erna Risch, *Quartermaster Support of the Army: A History of the Corps, 1775- 1939* (1962; reprint, Washington, D.C.: Center of Military History, U.S. Army, 1989), 178-

Collection, Beinecke Rare Book and Manuscript Library, Yale University ("There is a set").

52. Grant Foreman, *Indian Removal: The Emigration of the Five Civilized Tribes of Indians* (Norman: University of Oklahoma Press, 1932), 42; John W. Barriger, *Legislative History of the Subsistence Department of the United States Army* (Washington, D.C., 1877), 73 ("He will make"); Thomas P. Roberts, *Memoirs of John Bannister Gibson* (Pittsburgh, 1890), 229 ("was always in order").
53. Records of the Commissary General of Subsistence, General Correspondence, LR, Entry 10, RG 192, NA; Department of Defense, *Selected Manpower Statistics, Fiscal Year 1997* (Washington, D.C.: U.S. Government Printing Office, 1997), 47, table 2- 11.
54. *RDC* (1830), vol. 6, 2:1070 ("Whoever"); John Eaton to Greenwood LeFlore, May 7, 1831, reel 2, IRW ("We are preparing"); J.H. Hook to Greenwood LeFlore, June 23, 1831, *CSE*, 1:17 ("promptitude"); James R. Stephenson to George Gibson, Apr. 1, 1831, *CSE*, 1:852- 53.

## 第五章：行動計畫

1. "A poem composed by a Choctaw of P.P. Pitchlynn's party while emigrating last winter to the West," [1832], 4026.8176, PPP.
2. Robert Mills, *Guide to the National Executive Offices and the Capitol of the United States* (Washington, D.C., 1841), 20; *A Full Directory for Washington City, Georgetown, and Alexandria* (Washington, D.C., 1834); Harriet Martineau, *Retrospect of Western Travel* (London, 1838), 1:266("Its seven").
3. Stephanie L. Gamble, "Capital Negotiations: Native Diplomats in the American Capital" (Ph.D. diss., Johns Hopkins University, 2014), 1-2, 104- 7; "Letters from Washington," *New-York Observer* (New York, N.Y.), Feb. 12, 1831, 4 ("public tables").
4. Lewis Cass, Regulations Concerning the Removal of the Indians, May 15, 1832, *CSE*, 1:343- 49 ("systematic"); George Gibson to Lewis Cass, Nov. 12, 1835, CGLS, vol. 3, pp. 338- 50, NA ("complete accountability"); Return J. Meigs, extract from journal, Aug. 9, 1834, "Documents Relating to Frauds, &c., in the sale of Indian Reservations of Land," 24th Cong., 1st sess., S. Doc. 425, serial 445, p. 169 ("made all

*Settlers, and Slaves in the Age of Jackson* (New York: Oxford University Press, 2017), 131 ("good for nothing"); James Gould et al. to the Chiefs of the Wyandot Nation, Dec. 15, 1831, *CSE*, 3:165- 68 ("the most abandoned").

46. Reply of the Head Chief Hicks to the talk delivered by the Commissioner Col. White, May 5, 1827, LR, OIA, reel 806, frame 5, M- 234, NA ("Bad Indians"); Levi Colbert to Andrew Jackson, Feb. 23, 1832, LR, OIA, reel 136, M- 234, NA; Charles Dickens, *American Notes* (London, 1842), 2:95- 100; Snyder, *Great Crossings*, 131 ("long separated"); John Ross to James C. Martin, Nov. 5, 1837, *PCJR*, 1:536; David La Vere, *Contrary Neighbors: Southern Plains and Removed Indians in Indian Territory* (Norman: University of Oklahoma Press, 2000).
47. Nehah Micco et al. to John H. Eaton, Apr. 8, 1831, *CSE*, 2:424- 25; Western Creeks to Andrew Jackson, June 12, 1830, *PAJ* ("sorrows"); Richard M. Hannum to John Pope, Dec. 13, 1832, *CSE*, 3:551- 52 ("Young women"); John Dougherty to William Clark, Oct. 29, 1831, *CSE*, 2:718- 19 ("monstrous").
48. "Oto Cho" (Ishtehotopa) et al. to Andrew Jackson, May 28, 1831, *PAJ* ("Some of our people"); Levi Colbert to Andrew Jackson, Feb. 23, 1832, LR, OIA, reel 136, M- 234, NA; Guy B. Braden, "The Colberts and the Chickasaw Nation," *Tennessee Historical Quarterly* 17, no. 3 (Sept. 1958): 232- 33.
49. Memorial of the Chickasaw Chiefs to the President of the United States, Nov. 22, 1832, LR, OIA, reel 136, M- 234, NA.
50. 美國官員聲稱契卡索族的請願書背後有白人主導，有些歷史學家接受這個說法，但是並無證據支持。契卡索族派了由自己的族人和盟友組成的代表團親手把信送到華盛頓，但是傑克森政府拒絕跟他們協商。Memorial of the Chickasaw Chiefs to the President of the United States, Nov. 22, 1832, LR, OIA, reel 136, M- 234, NA; James R. Atkinson, *Splendid Land, Splendid People: The Chickasaw Indians to Removal* (Tuscaloosa: University of Alabama Press, 2003), 228- 30; Amanda L. Paige, Fuller L. Bumpers, and Daniel F. Littlefield, Jr., *Chickasaw Removal* (Ada, Okla.: Chickasaw Press, 2010), 44- 46.
51. B. Brown to Charles Fisher, May 30, 1830, box 1, folder 3, in the Fisher Family Papers #258, SHC; John Henry Eaton to Andrew Jackson, Sept. 1, 1830, *PAJ*; Henry Leavenworth to Samuel Preston, Feb. 21, 1830, Henry Leavenworth, Letters to Samuel Preston, Western Americana

38. M. Stokes to Lewis Cass, Aug. 5, 1833, *CSE*, 4:495 ("general and correct"); John H. Eaton to John Bell, Jan. 17, 1831, LS, OIA, reel 7, p. 126, M- 21, NA ("each tribe"); John H. Eaton to Isaac McCoy, Apr. 13, 1831, p. 179, LS, OIA, reel 7, M- 21, NA ("We have no satisfactory"); Lewis Cass to Andrew Jackson, Feb. 16, 1832, *CSE*, 2:768 ("imperfect"); Lewis Cass to M. Stokes, H.L. Ellsworth, and J.F. Schermerhorn, Mar. 18, 1833, *CSE*, 3:617 ("vague and unsatisfactory").
39. John H. Eaton to John Coffee, May 16, 1831, *CSE*, 2:291- 92.
40. John H. Eaton to John Bell, Jan. 17, 1831, LS, OIA, reel 7, p. 126, M- 21, NA; John H. Eaton to Isaac McCoy, Apr. 13, 1831, LS, OIA, reel 7, p. 179, M- 21, NA; Isaac McCoy to the Secretary of War, Aug. 18, 1831, *CSE*, 2:563; M. Stokes to Lewis Cass, Aug. 5, 1833, *CSE*, 4:495 ("greatly embarrassed").
41. Isaac McCoy to the Secretary of War, Aug. 18, 1831, *CSE*, 2:561- 66; Roley McIntosh et al. to Andrew Jackson, Oct. 21, 1831, *PAJ* ("ultimate ruin"); RG 77, Civil Works Map File, I.R. 50, NACP; RG 75, Central Map File, Indian Territory, no. 105, NACP.
42. M. Stokes to Lewis Cass, Aug. 5, 1833, *CSE*, 4:496 ("I am much mistaken" and "incorrect"); D. Kurtz to William Clark, Aug. 13, 1833, *CSE*, 3:748 ("Upon examining"); Elbert Herring to William Clark, Nov. 29, 1833, *CSE*, 4:736; Matthew Arbuckle to John H. Eaton, Dec. 11, 1830, LR, OIA, reel 136, M- 234, NA.
43. Lewis Cass to Andrew Jackson, Feb. 16, 1832, *CSE*, 2:781.
44. J. Montgomery to John H. Eaton, Mar. 27, 1831, *CSE*, 2:421- 22 ("perseverance"); "Letter from David Brown," *Essex Register* (Salem, Mass.), June 27, 1825, 2; "Journal of Isaac McCoy for the Exploring Expedition of 1828," *Kansas Historical Quarterly* 5, no. 3 (1936): 250; Opothle Yoholo et al. to the House and Senate, Jan. 24, 1832, COIA, HR22A- G8.2, NA.
45. Lewis Cass to the Chiefs of the Creek Tribe, Jan. 16, 1832, *CSE*, 2:742- 43 ("fine country"); John H. Eaton to the Red Men of the Muscogee nation, May 16, 1831, *CSE*, 2:290 ("altogether favorable"); Copy of a petition by the Principal Men of the Pottawatamis, Ottawas, and Chippewas to Andrew Jackson, Sept. 30, 1835, CGLR, box 2, Chicago, NA ("deceived"); Reply of the Head Chief Hicks to the talk delivered by the Commissioner Col. White, May 5, 1827, LR, OIA, reel 806, frame 5, M- 234, NA ("it is bad"); Christina Snyder, *Great Crossings: Indians,*

*Legal History* 12 (2004): 41- 72; Garrison, *Legal Ideology of Removal*, 122 ("a vast multitude").
30. Jill Norgren, *The Cherokee Cases: The Confrontation of Law and Politics* (New York: McGraw- Hill, 1996), 167.
31. John Berrien, "To the Public," *Savannah Georgian* (Savannah, Ga.), Aug. 2, 1831, 1-2; Royce Coggins McCrary, Jr., "John MacPherson Berrien of Georgia (1781- 1856)" (Ph.D. diss.: University of Georgia, 1971), 144n174.
32. 威廉・沃特在一八二八年擔任司法部長時也有提到監護關係，但他也堅稱原住民族是「獨立的」，「完全由他們自己的法律治理」。William Wirt to the President of the United States, July 28, 1828, and John MacPherson Berrien to the Secretary of War, Dec. 21, 1830, *Official Opinions of the Attorneys General of the United States* (Washington, D.C., 1852), 2:133, 402- 4; *Cherokee Nation* v. Georgia, 30 U.S. (5 Pet.), 22, 44 (1831)。
33. John Ross to the Cherokees, April 14, 1830, *PCJR*, 1:217; D.A. Reese to George Gilmer, June 8, 1831, LR, OIA, reel 74, M- 234, NA.
34. Jonathan Elliot, *Historical Sketches of the Ten Miles Square forming the District of Columbia* (Washington, D.C., 1830), 166- 67; Ronald N. Satz, *American Indian Policy in the Jacksonian Era* (Norman: University of Oklahoma Press, 1975), 165- 66; Viola, *Thomas L. McKenney*, 95.
35. Elliot, *Historical Sketches*, 165- 67 ("impressed"); Isaac McCoy to General Noble, [Feb. 2, 1828?], reel 6, frame 268, MP; *RDC* (1828), vol. 4, 2:1568- 69; "Speech of the Hon R.B. Rhett" *Charleston Mercury* (Charleston, S.C.), July 13, 1860, 4.
36. John A. Andrew III, *From Revivals to Removal: Jeremiah Evarts, the Cherokee Nation, and the Search for the Soul of America* (Athens: University of Georgia Press, 1992), 182; John H. Eaton to John Coffee, Oct. 12, 1830, John Coffee Papers, Beinecke Rare Book and Manuscript Library, Yale University ("Economy in expenditure"); John H. Eaton to Superintendents and Agents of Indian Affairs, Jan. 14, 1831, p. 126, LS, OIA, reel 7, M- 21, NA ("The Indian business"); John H. Eaton to Isaac McCoy, Apr. 13, 1830, *CSE*, 2:276.
37. Grant Foreman, "An Unpublished report by Captain Bonneville with Introduction and Footnotes," Chronicles of Oklahoma 10, no. 3 (Sept. 1932): 329- 30; saac McCoy to John H. Eaton, Apr. 1831, *CSE*, 2:432, 435.

Lewis Ross to John Ross, Feb. 23, 1834, LR, OIA, reel 76, M- 234, NA ("motley crew").

22. John L. Allen to John H. Eaton, Feb. 7, 1830, LR, OIA, reel 136, M-234, NA ("native freedom"); Tuskee- Neha- Haw et al. to John H. Eaton, Oct. 20, 1829, 21st Cong., 2nd sess., H.Rep. 109, p. 3 ("tied"); Opothle Yoholo et al. to the House and Senate, Jan. 24, 1832, COIA, HR22A-G8.2, NA ("We have never been").
23. *Commercial Advertiser* (New York, N.Y.), Jan. 12, 1831, 2.
24. John Ross, annual message, Oct. 11, 1830, *PCJR*, 1:201- 3 ("a stamp"); John Ross to Elias Boudinot, Feb. 4, 1831, *PCJR*, 1:212- 14 ("piercing cold").
25. Nehah Micco et al. to John H. Eaton, Apr. 8, 1831, *CSE*, 2:424- 25; "Oto Cho" (Ishtehotopa) et al. to Andrew Jackson, May 28, 1831, *PAJ*; Opothle Yoholo et al. to the House and Senate, Jan. 24, 1832, COIA, HR22A- G8.2, NA.
26. John H. Eaton to the Red Men of the Muscogee nation, May 16, 1831, *CSE*, 2:290; Return J. Meigs, extract from journal, Aug. 9, 1834, "Documents Relating to Frauds, &c., in the sale of Indian Reservations of Land," 24th Cong., 1st sess., S.Doc. 425, serial 445, p. 168 ("degraded"); Andrew Jackson to John Pitchlynn, Aug. 5, 1830 ("I feel conscious"), and Andrew Jackson to William Berkeley Lewis, Aug. 25, 1830 ("I have used"), *PAJ*.
27. *Commercial Advertiser*, Jan. 12, 1831, 2.
28. 克萊頓日後將對自己在這場審判中扮演的角色表達懊悔，但他的歉意對契羅基人而言來得太晚了。*Southern Recorder*, Nov. 13, 1830, 2; *Augusta Chronicle* (Augusta, Ga.), Nov. 17, 1830, 2; *The Constitutionalist* (Augusta, Ga.), Apr. 2, 1830, 2 ("wandering savages"); *Cherokee Phoenix* (New Echota, Cherokee Nation), Oct. 1, 1830, 1 ("intermeddling"); Tim Alan Garrison, *The Legal Ideology of Removal: The Southern Judiciary and the Sovereignty of Native American Nations* (Athens: University of Georgia Press, 2002), 111- 24; "An Act to authorize the survey and disposition of lands," Dec. 21, 1830, Prince, *A Digest of the Laws of the State of Georgia*, 561.
29. John Ross to Hugh Montgomery, July 20, 1830, *PCJR*, 1:194; *Commercial Advertiser*, Jan. 12, 1831, 2; *Vermont Gazette* (Bennington, Vt.), Jan. 25, 1831, 1; Robert S. Davis, "State v. George Tassel: States' Rights and the Cherokee Court Cases, 1827-1830," *Journal of Southern*

Protection of Indians, SEN21A-H3, NA; Petition of residents from Claridon, Geauga County, Ohio, Jan. 1831, COIA, Petitions, Feb. 14, 1831, HR21A- G8.2, NA ("it would be manifest"); Stockwell, *The Other Trail of Tears*, 199.

17. Laurence H. Hauptman, *Conspiracy of Interests: Iroquois Dispossession and the Rise of New York State* (Syracuse: Syracuse University Press, 1999), 101-90; Mary H. Conable, "A Steady Enemy: The Ogden Land Company and the Seneca Indians" (Ph.D. diss., University of Rochester, 1994), 1- 138; William G. Mayer, "The History of Transportation in the Mohawk Valley," *Proceedings of the New York State Historical Association* 14 (1915): 227; Big Kettle, Seneca White, and Thomson Harris to Andrew Jackson, Jan. 11, 1831, *PAJ*.
18. Big Kettle, Seneca White, and Thomson Harris to Andrew Jackson, Jan. 11, 1831, *PAJ*; James Kent, Commentaries on American Law (New York, 1826), 1:6.
19. 21st Cong., 1st sess., H.Rep. 319, p. 199; C.C. Clay, *A Digest of the Laws of the State of Alabama* (Tuskaloosa, Ala., 1843), 272, pp. 600-601; *RDC* (1830), 6:338- 39; *Georgia Journal* (Milledgeville, Ga.), June 19, 1830, 3 ("the dearest rights"); *Federal Union* (Milledgeville, Ga.), Sept. 22, 1831, 1 ("Indian testimony").
20. *Laws of the State of Mississippi Embracing All Acts of a Public Nature from January Session, 1824, to January Session 1838, Inclusive* (Jackson, Miss., 1838), 349; John G. Aikin, *A Digest of the Laws of the State of Alabama: Containing All the Statutes of a Public and General Nature, in Force at the Close of the Session of the General Assembly, in January 1833* (Tuskaloosa, Ala., 1833), 396; Oliver H. Prince, *A Digest of the Laws of the State of Georgia* (Athens, Ga., 1837), 800, 810; 21st Cong., 1st sess., H.Rep. 319, p. 197 ("strolling").
21. Southern Recorder (Milledgeville, Ga.), Apr. 9, 1827, 3 ("Abstractly"); 21st Cong., 1st sess., H.Rep. 319, p. 242 ("said persons"); Prince, A Digest of the Laws of the State of Georgia, 808, 811; D. A. Reese to Lewis Cass, Mar. 10, 1832, *CSE* 3:253- 56 ("real Indians"); Charles Caldwell, Thoughts on the Original Unity of the Human Race, (New York, 1830), 82 ("hybrid offspring"); The Athenian, Sept. 28, 1830, 2 ("aristocratical half breeds"); John Ridge and Stand Watie to John F. Schermerhorn, Feb. 28, 1836, enclosed in Schermerhorn to Lewis Cass, Feb. 27, 1836, LR, OIA, reel 80, M- 234, NA ("nearly a white man");

5. Andrew Jackson to William Berkeley Lewis, Aug. 25, 1830, and John Coffee to Andrew Jackson, July 10, 1830, *PAJ*.
6. Margaret Kinard, "Frontier Development of Williamson County," *Tennessee Historical Quarterly* 8, no. 2 (June 1949): 127- 53.
7. Andrew Jackson to the Chickasaw Indians, Aug. 23, 1830, *PAJ*.
8. Andrew Jackson to the Chickasaw Indians, Aug. 23, 1830, *PAJ*; Baltimore Patriot (Baltimore, Md.), Aug. 27, 1830, 2; Andrew Jackson to the Chickasaws, Aug. 23, 1830, and Levi Colbert et al. to John Eaton and John Coffee, Aug. 25, 1830, *CSE*, 2:240- 44 ("unparalleled").
9. John Eaton and John Coffee to the Chickasaws, Aug. 26, 1830, *CSE*, 2:246 ("Misery"); *Evening Post* (New York, N.Y.), Sept. 15, 1830, 1 ("earnest hope"); Andrew Jackson to James Knox Polk, Aug. 31, 1830, *PAJ*.
10. John Eaton and John Coffee to the Choctaws, Sept. 18, 1830, *CSE*, 2:256- 57; Andrew Jackson to the Choctaw Indians, Aug. 26, 1830, *PAJ*.
11. *The Athenian* (Athens, Ga.), Aug. 17, 1830, 2-3 ("Again and again"); George W. Harkins, "The Choctaw's Farewell," *New-York Observer* (New York, N.Y.), Dec. 31, 1831, 3.
12. John Eaton and John Coffee to the Choctaws, Sept. 18, 1830, *CSE*, 2:256.
13. "A poem composed by a Choctaw of P.P. Pitchlynn's party while emigrating last winter to the West," [1832], 4026.8176, PPP.
14. "Basis of a Treaty to be submitted to the Commissioners of the United States," Sept. 25, 1830, 4826.29a and b, PPP; Choctaw leaders [anon.] to John Eaton and John Coffee," Sept. 25, 1830, 4026.3191 ("truly distressing"), PPP.
15. Isaac McCoy to the Honorable Senate and House of Representatives, Dec. 15, 1829, reel 7, frame 255, MP; Comstick et al. to Andrew Jackson, Sept. 22, 1830, *PAJ*; John P. Bowes, *Land Too Good for Indians: Northern Indian Removal* (Norman: University of Oklahoma Press, 2016), 115- 37 ("the deposit" on 119).
16. Petition of citizens of county of Seneca, Ohio, Dec. 1829, COIA, Petitions, "Various Subjects," HR21A- G8.2, NA ("useless"); Memorial of the representatives of the Religious Society of Friends in the states of Indiana, Illinois, and the western parts of Ohio, Apr. 8, 1830, PM, Protection of Indians, SEN21A- H3, NA ("insatiable avarice"); Memorial of Inhabitants of New Petersburg, Ohio, Apr. 12, 1830, PM,

Law: The Judicial Defense of State Indian Legislation, 1790- 1880," *American Journal of Legal History* 46, no. 1 (Jan. 2004): 26-54.

49. *College for colored youth: an account of the New-Haven city meeting and resolutions, with recommendations of the college, and strictures upon the doings of New-Haven* (New York, 1831), 22.
50. William Apess, *Indian Nullification of the Unconstitutional Laws of Massachusetts Relative to the Marshpee Tribe* (Boston, 1835), 69; William Apess, "An Indian's Looking-Glass for the White Man," in Apess, *The Experiences of Five Christian Indians of the Pequod Tribe* (Boston, 1833), 60.
51. 提出修正案這個提議的人是威廉・拉姆賽，也就是代表賓州的關鍵選票之一。*U.S. Statutes at Large* 4 (1846): 411- 12; *Journal of the House of Representatives*, 21st Cong., 1st sess., 23:705; *New-York Morning Herald* (N.Y.), May 28, 1830, 2.
52. *RDC* (1830), vol. 6, 2:1076.

## 第四章：「欺瞞的嘴與膚淺的心」

1. "A poem composed by a Choctaw of P.P. Pitchlynn's party while emigrating last winter to the West," [1832], 4026.8176, PPP.
2. Isaac McCoy, "To Philanthropists in the United States, Generally, and to Christians in Particular, on the Condition and Prospects of the Indians," [Dec. 1, 1831?], reel 7, frame 861, MP; John Henry Eaton to Andrew Jackson, Sept. 1, 1830, *PAJ*; Gabriel L. Lowe, Jr., "The Early Public Career of John Henry Eaton" (M.A. thesis, Vanderbilt University, 1951), 31 ("It is hard to say").
3. Herman J. Viola, *Thomas L. McKenney: Architect of America's Early Indian Policy: 1816-1830* (Chicago: Swallow Press, 1974), 112 ("not well- informed"), 223- 36 ("It was my misfortune" on 235); Poem regarding the Treaty of Dancing Rabbit, [1843], 4026.3162, PPP ("good talker").
4. 21st Cong., 1st sess., H.Rep. 319, pp. 196 and 200; Deborah A. Rosen, "Colonization through Law: The Judicial Defense of State Indian Legislation, 1790- 1880," *American Journal of Legal History* 46, no. 1 (2004): 26- 54; Mary Stockwell, *The Other Trail of Tears: The Removal of the Ohio Indians* (Yardley, Pa: Westholme Publishing, 2014), 186.

Feb. 3, 1830, PM, Protection of Indians, SEN21A- H3, NA.

40. *RDC* (1830), vol. 6, 2:1061 ("are the very means"), 1110 ("with the horrors").
41. B. Brown to Charles Fisher, May 30, 1830, box 1, folder 3, in the Fisher Family Papers #258, SHC ("I have never witnessed"); John E. Owens, "The Proto-Partisan Speakership: Andrew Stevenson, Jacksonian Agent in the US House?" working paper, Annual Meeting of the Southern Political Science Association, New Orleans, 2014, 32- 33 ("Slaves of the Executive"). Available online at https://www.researchgate.net/profile/John_Owens7/publication/282150870_The_Proto-Partisan_Speakership_Andrew_Stevenson_Jacksonian_Agent_in_the_US_House/links/5605234e08ae8e08c08ae357/The-Proto-Partisan-Speakership-Andrew-Stevenson-Jacksonian-Agent-in-the-US-House.pdf?origin=publication detail (accessed Aug. 24, 2018).
42. Martin Van Buren, *Autobiography of Martin Van Buren* (Washington, D.C., 1920), 2:289.
43. *New-York Observer* (New York, N.Y.), Aug. 28, 1830, 2 ("threats and terrors"); *Pennsylvania Intelligencer* (Harrisburg, Pa.), June 8, 1830, 1 ("the *highest authority*"); David J. Russo, "The Major Political Issues of the Jacksonian Period and the Development of Party Loyalty in Congress, 1830-1840," *Transactions of the American Philosophical Society* 62, no. 5 (1972): 3- 51.
44. The *Journal of the House of Representatives* mistakenly lists James Ford as James Finch. *Journal of the House of Representatives of the United States*, 21st Cong., 1st sess. (Washington, D.C., 1829), 730; *RDC* (1830), vol. 6, 2:1135; John Ross, "Message to the General Council," July 1830, *PCJR*, 1:191.
45. *Pennsylvania Intelligencer*, June 8, 1830, 1 ("an *ignoramus*"); *Daily National Journal* (Washington, D.C.), Aug. 25, 1830, 3.
46. *Pennsylvania Intelligencer*, June 1, 1830, 3; *Pennsylvania Intelligencer*, June 15, 1830, 3.
47. 要計算五分之三條文的影響，不只一個方式：Leonard L. Richards, *The Slave Power: The Free North and Southern Domination, 1780- 1860* (Baton Rouge: Louisiana State University Press, 2000), 45, 89, 103n40, 125, 126- 27 ("southern measure"), 164.
48. *RDC* (1830), vol. 6, 2:1080 ("The Indians"), 1127 ("zealously"); Georgia Journal, July 10, 1830, 2; Deborah A. Rosen, "Colonization through

D11.2, NA; George Lowrey, Lewis Ross, William Hicks, R. Taylor, Joseph Vann, and W.S. Coodey to Andrew Jackson, Feb. 25, 1830, LR, OIA, reel 74, M- 234, NA ("It cannot be supposed"); James Williams to Hugh Montgomery, Mar. 4, 1830, LR, OIA, reel 74, M- 234, NA.

29. "Indian Depredations," *Southern Recorder*, Mar. 6, 1830, 2- 3 ("the first fruits"); "Removal of the Indians," *Georgia Journal*, Mar. 13, 1830, 3 ("rude and impudent,""Fanatics," "white savages"); *Georgia Journal*, Jan. 16, 1830, 2 ("local concerns").
30. Isaac McCoy to Rice McCoy, Dec. 21, 1829, reel 7, frame 270, MP ("I hope"); List of recipients of "Indian Report," [Feb. 24, 1829?], reel 7, frame 67, MP; Isaac McCoy to Rice McCoy, Dec. 21, 1829, reel 7, frame 270, MP ("of the spirit").
31. Talbot W. Chambers, *Memoir of the Life and Character of the Late Hon. Theo. Frelinghuysen* (New York, 1863).
32. 在某些例子中，弗雷林格森似乎借用了在他發表演說前幾個月送達國會的克里克族和契羅基族的請願書內容。*RDC* (1830), vol. 6, 1:311, 318; Memorial of Creeks, Feb. 3, 1830, PM, Protection of Indians, SEN21A- H3, NA; Memorial of the Cherokees, Dec. 1829, Committee of the Whole House, Petitions, "Various Subjects," HR21A- H1.1, NA.
33. 我是以總字數來推斷福賽斯演說的長度。*RDC* (1830), vol. 6, 1:326, 328, 329, 336.
34. Ambrose Spencer to William Buell Sprague, Mar. 9, 1830, William Buell Sprague Papers, DMR; *RDC* (1830), vol. 6, 2:1014。
35. Remarks submitted to the Hon. Mr. Bell, Jan. 19, 1830, reel 7, frame 358, MP; Jeremiah Evarts to David Greene, Mar. 20, 1829, no. 24, ABC 11.1, vol. 2, Letters from Officers of the Board, American Board of Commissioners for Foreign Missions, Houghton Library, Harvard College Library ("Our treatment"); William S. Coodey to John Ross, May 17, 1838, *PCJR*, 1:639-40.
36. *RDC* (1830), vol. 6, 2:1016, 1018, 1020, 1021, 1022.
37. 貝爾說的話並沒有被抄錄下來，但是其他議員曾多次引述「只是一個手法」這句話。*RDC* (1830), vol. 6, 2:998 ("It requires no skill"), 1050 ("its hired patrole"), 1108 ("a mere device").
38. *RDC* (1830), vol. 6, 2:1015 ("vindicate"), 1030 ("the eyes of the world"), 1103 ("indulge,""The Indians melt," and "bound in conscience").
39. Memorial of the Cherokees, Dec. 1829, Committee of the Whole House, Petitions, "Various Subjects," HR21A- H1.1, NA; Memorial of Creeks,

Pennsylvania, Mar. 3, 1830, PM, Protection of Indians, SEN21A- H3, NA ("lasting dishonor").

22. Petition of Inhabitants of Farmington, Jan. 6, 1830, COIA, Petitions, Feb. 1, 1830 to Jan. 18, 1831, folder 1, HR21A- G8.2, NA; Hershberger, "Mobilizing Women"; Miles, "'Circular Reasoning'"; Alisse Portnoy, Their Right to Speak: Women's Activism in the Indian and Slave Debates (Cambridge: Harvard University Press, 2005).
23. Memorial of Sundry Ladies of Hallowell, Maine, Jan. 8, 1830, PM, Indian Affairs, SEN21A- G8, NA ("domestic altar" and "endearments"); Petition of inhabitants of Lewis, New York, Jan. 24, 1831, COIA, Petitions, Jan. 24 to Feb. 8, 1831, folder 2, HR21A- G8.2, NA; Memorial of the Ladies of Burlington, New Jersey, Jan. 7, 1830, PM, Protection of Indians, SEN21A- H3, NA ("feebler sex"); Portnoy, Their Right to Speak, 67- 71.
24. "To the People of Georgia," *Southern Recorder* (Milledgeville, Ga.), Aug. 9, 1825, 1 ("meek"); *The Athenian* (Athens, Ga.), Aug. 17, 1830, 2 ("sickly"); *The Athenian*, Feb. 16, 1830, 3 ("morbid"); *Georgia Journal* (Milledgeville, Ga.), Mar. 24, 1831, 1-3 ("fearless, manly exercise"); "The Southern Indians— Again," *Southern Recorder*, Feb. 13, 1830, 3 ("FEMALE petitions," quoting the *Pittsburgh Mercury*); "Georgia Indians," *Southern Recorder*, Feb. 6, 1830, 3 ("The ladies," quoting the *New England Review*).
25. *RDC* (1830), vol. 6, 1:108- 9 ("no reliance"); Harriet Martineau, *Retrospect of Western Travel* (London, 1838), 1:300; *RDC* (1836), vol. 12, 4:4041 ("Anglo- Saxon").
26. Neha Micco et al. to the President, Jan. 21, 1830, LR, OIA, reel 222, frame 274, M- 234, NA; Tuskee- Neha- Haw et al. to John H. Eaton, Oct. 20, 1829, 21st Cong., 2nd sess., H.Rep. 109, p. 3.
27. George Lowrey, Lewis Ross, William Hicks, R. Taylor, Joseph Vann, and W.S. Coodey to John Eaton, Feb. 11, 1830, LR, OIA, reel 74, M- 234, NA ("emboldened"); George Lowrey, Lewis Ross, William Hicks, R. Taylor, Joseph Vann, and W.S. Coodey to Andrew Jackson, Mar. 26, 1830, LR, OIA, reel 74, M- 234, NA.
28. Phill Grierson vs. Sockahpautia, box 10, 1st series, no. 22, Creek Removal Records, entry 300, RG 75, NA; Phill Grierson vs. the Creek Nation, box 10, 1st series, no. 28, Creek Removal Records, entry 300, RG 75, NA; Cowemaltha et al. to John H. Eaton, Apr. 12, 1829, HR21A-

Evarts, *Cherokee Removal: The "William Penn" Essays and Other Writings*, ed. Francis Paul Prucha (Knoxville: University of Tennessee Press, 1981), 11, 74, 109, 177- 78.

19. Memorial of Inhabitants of Topsfield, Massachusetts, Apr. 17, 1830, PM, Protection of Indians, SEN21A- H3, NA; Petition of inhabitants of Windham County, Connecticut, Feb. 8, 1830, COIA, Petitions, Feb. 1, 1830 to Jan. 18, 1831, folder 1, HR21AG8.2, NA; Memorial from citizens of the City of New York, Apr. 3, 1830, Petitions, SEN21A- H3; Memorial of Citizens of Massachusetts, Feb. 8, 1830, PM, Protection of Indians, SEN 21A- H3, NA; Memorial of Inhabitants of Philipsburg, New Hampshire, Apr. 7, 1830, PM, Protection of Indians, SEN21A- H3, NA; Report of Senate Committee on Indian Affairs, Mar. 29, 1830, PM, Indian Affairs, SEN21AD7, NA (burdensome duty); *RDC* (1830), vol. 6, 2:1019 ("contented majorities"), 1080 ("were nothing").
20. Petition of citizens of New York, Dec. 28, 1829, PM, Indian Affairs, SEN21A- G8, NA; Memorial of inhabitants of Pennsylvania, Jan. 7, 1830, PM, Indian Affairs, SEN21A- G8, NA; Petition of the Inhabitants of Brunswick, Maine, Mar. 6, 1830, PM, Protection of Indians, SEN21A- H3, NA; Memorial of Inhabitants of North Yarmouth, Maine, Mar. 29, 1830, PM, Protection of Indians, SEN21A- H3, NA. 關於近代早期的殖民主義和新教福音主義，請見：Edward E. Andrews, *Native Apostles: Black and Indian Missionaries in the British Atlantic World* (Cambridge: Harvard University Press, 2013).
21. Petition of citizens of New York, Dec. 28, 1829, PM, Indian Affairs, SEN21A- G8, NA (dark stain); Petition of Inhabitants of Lexington, New York, Feb. 8, 1830, COIA, Petitions, Feb. 1, 1830 to Jan. 18, 1831, folder 1, HR21A- G8.2, NA; Petition of citizens of Pennsylvania, Feb. 15, 1830, COIA, Petitions, Feb. 1, 1830 to Jan. 18, 1831, folder 2, HR21A- G8.2, NA; Memorial of the Officers of Dartmouth College, May 3, 1830, COIA, Petitions, Feb. 1, 1830 to Jan. 18, 1831, folder 1, HR21A- G8.2, NA; Memorial of the Inhabitants of Lafayette, New York, Jan. 7, 1830, PM, Protection of Indians, SEN21A- H3, NA ("tyrannical and oppressive"); Memorial of Inhabitants of North Yarmouth, Maine, Mar. 29, 1830, PM, Protection of Indians, SEN21A- H3, NA ("unparalleled perfidy"); Memorial of Inhabitants of Farmington, Connecticut, Feb. 27, 1830, PM, Indian Affairs, SEN21A- G8, NA ("atrocious outrage"); Memorial of the Ladies, Inhabitants of

North Carolina Press, 2004); William Apess, *A Son of the Forest: The Experience of William Apes, A Native of the Forest* (New York, 1829), 14-15, 66("good people"), 140 ("exagerated account"); Drew Lopenzina, Through an Indian's Looking-Glass: A Cultural Biography of William Apess, Pequot (Amherst: University of Massachusetts Press, 2017), 227-42.

13. *Missionary Herald* 15, no. 4 (Apr. 1819): 75; Perdue, *Cherokee Women*, 156- 58; Miles, " 'Circular Reasoning' "; M. Amanda Moulder, "Cherokee Practice, Missionary Intentions: Literacy Learning among Early Nineteenth-Century Cherokee Women," *College Composition and Communication* 63, no. 1 (Sept. 2011): 75- 97.
14. Ronald N. Satz, *American Indian Policy in the Jacksonian Era* (1974; reprint, Norman: University of Oklahoma Press, 1975), 14-15("This sort of machinery"); Francis Paul Prucha, "Thomas L. McKenney and the New York Indian Board," *Mississippi Valley Historical Review* 48, no. 4 (Mar. 1962): 635- 55.
15. Isaac McCoy to Rice McCoy, Dec. 21, 1829, reel 7, frame 270, MP; Satz, *American Indian Policy*, 14- 15; [Lewis Cass,] "Removal of the Indians," *North American Review* 30, no. 66 (Jan. 1830): 67, 71, 73, 74, 83.
16. [Lewis Cass,] "Manners and Customs of Several Indian Tribes," *North American Review* 22, no. 50 (Jan. 1826): 116, 119.
17. *Bangor Register* (Maine), Apr. 13, 1830, 3; Joseph Griffin, ed., *History of the Press of Maine* (Brunswick, Maine, 1872), 129; Jason M. Dorr, "Changing Their Guardians: The Penobscot Indians and Maine Statehood, 1820-1849" (University of Maine: M.A. thesis, 1998).
18. Manisha Sinha, *The Slave's Cause: A History of Abolition* (New Haven: Yale University Press, 2016), 214- 17; John Stauffer, *The Black Hearts of Men: Radical Abolitionists and the Transformation of Race* (Cambridge: Harvard University Press, 2002), 97- 105; John A. Andrew III, *From Revivals to Removal: Jeremiah Evarts, the Cherokee Nation, and the Search for the Soul of America* (Athens: University of Georgia Press, 1992), 148-49; Mary Hershberger, "Mobilizing Women, Anticipating Abolition: The Struggle against Indian Removal in the 1830s," *Journal of American History* 86, no. 1 (June 1999): 15- 40; J. Orin Oliphant, *Through the South and the West with Jeremiah Evarts in 1826* (Lewisburg, Pa.: Bucknell University Press, 1956), 1- 62; Jeremiah

Cherokee Nation), Dec. 30, 1829, 3; Tiya Miles, " 'Circular Reasoning': Recentering Cherokee Women in the Antiremoval Campaigns," *American Quarterly* 61, no. 2 (2009): 221- 43; Theda Perdue, *Cherokee Women: Gender and Culture Change, 1700-1835* (Lincoln: University of Nebraska Press, 1998), 91- 108.

6. John Huss to [?], June 19, 1828, in *Cherokee Phoenix*, July 2, 1828, 2- 3 ("the land they love").
7. Memorial of Creeks, Feb. 3, 1830, PM, Protection of Indians, SEN21A-H3, NA.
8. *Journal of the House of Representatives of the United States* (Washington, D.C., 1829), 262, 265; Charles Caldwell, *Thoughts on the Original Unity of the Human Race* (New York, 1830), 136.
9. *Commercial Advertiser* (New York, N.Y.), Mar. 18, 1828, 2; *Augusta Chronicle* (Augusta, Ga.), Mar. 7, 1828, 1; *Cherokee Phoenix*, Feb. 11, 1829, 3; Thomas L. McKenney to Elias Boudinot, LS, OIA, Miscellaneous Immigration, RG 75, entry 84, M21, book D, 454, NA.
10. George M. Troup to John Forsyth, Apr. 6, 1825, *ASPIA*, 2:780; E. Merton Coulter, *Joseph Vallence Bevan: Georgia's First Official Historian* (Athens: University of Georgia Press, 1964), 53- 72; Hasan Crockett, "The Incendiary Pamphlet: David Walker's Appeal in Georgia," Journal of Negro History 86, no. 3 (Summer 2001): 309-10; Arthur Foster, *A Digest of the Laws of the State of Georgia* (Philadelphia, 1831), 314-17, 319; John MacPherson Berrien to Andrew Jackson, June 25, 1830, LR, OIA, reel 76, M- 234, NA.
11. John Demos, *The Heathen School: A Story of Hope and Betrayal in the Age of the Early Republic* (New York: Knopf, 2014), 165-71; "Address of Dewi [sic] Brown," *Proceedings of the Massachusetts Historical Society* 12 (1871-73): 32-33 ("had the natives"); Joel W. Martin, "Crisscrossing Projects of Sovereignty and Conversion: Cherokee Christians and New England Missionaries during the 1820s," in *Native Americans, Christianity, and the Reshaping of the American Religious Landscape*, ed. Joel W. Martin, Mark A. Nichols, and Michelene E. Pesantubbee (Chapel Hill: University of North Carolina Press, 2010), 67-92; "Letter from David Brown," *Essex Register* (Salem, Mass.), June 27, 1825, 3 ("How would the Georgians").
12. Maureen Konkle, *Writing Indian Nations: Native Intellectuals and the Politics of Historiography, 1827-1863* (Chapel Hill: University of

(Norman: University of Oklahoma Press, 2016), 67-68; Reply of the Head Chief Hicks to the talk delivered by the Commissioner Col. White, May 5, 1827,LR, OIA, reel 806, frame 5, M- 234, NA.

41. Isaac McCoy, *Remarks on the Practicability of Indian Reform, Embracing their Colonization* (Boston, 1827), 12.

42. Robert V. Remini, *Andrew Jackson and His Indian Wars* (New York: Viking, 2001), 62- 79 (quotation on 63- 64).

43. Robert V. Remini, *Andrew Jackson: The Course of American Freedom, 1822- 1832* (Baltimore: Johns Hopkins University Press, 1998), 147- 48.

44. Remini, *Andrew Jackson: The Course of American Freedom*, 172- 77 (quotation on 175); Jeremiah Evarts to Joseph Nourse, Mar. 9, 1829,no. 18, ABC 11.1, vol. 2, Letters from Officers of the Board, American Board of Commissioners for Foreign Missions, Houghton Library, Harvard College Library; "First Inaugural Address of Andrew Jackson," Mar. 4, 1829, http://avalon.law.yale.edu/19th_century/jackson1.asp, (accessed May 2, 2019). 就職演說有兩份草稿寫了第二句關於原住民族的話：「他們的從屬地位和我們的國家性格需要一個正義自由的政策。」"Inaugural Address," 1829, *PAJ*.

45. Martin Van Buren, *Autobiography of Martin Van Buren* (Washington, D.C., 1920), 2:295; Isaac McCoy, Journal (typescript), Feb. 27, 1829, p. 61, MP.

## 第三章：辯論

1. *Salem Gazette* (Salem, Mass.), Dec. 15, 1829, 2; *Delaware Gazette and State Journal* (Wilmington, Del.), Dec. 18, 1829, 2; *Savannah Georgian* (Savannah, Ga.), Jan. 11, 1830, 2; Anthony R. Fellow, *American Media History*, 3rd. ed. (Boston: Wadsworth, 2013), 83.

2. Ellen Cushman, *The Cherokee Syllabary: Writing the People's Perseverance* (Norman: University of Oklahoma Press, 2011), 39- 70, 89- 129; John Ross to George Gist, Jan. 12, 1832, *PCJR*, 1:234.

3. Memorial of the Cherokees, Dec. 1829, Committee of the Whole House, Petitions, "Various Subjects," HR21A- H1.1, NA.

4. Translations by Patrick Del Percio of the D'Arcy McNickle Center for American Indian and Indigenous Studies, Newberry Library.

5. "Memorial of the Cherokees," *Cherokee Phoenix* (New Echota,

Calvin Schermerhorn, *The Business of Slavery and the Rise of American Capitalism, 1815-1860* (New Haven: Yale University Press, 2015), 142-43, 150- 51; Robert H. Gudmestad, *A Troublesome Commerce: The Transformation of the Interstate Slave Trade* (Baton Rouge: Louisiana State University Press, 2003), 93; James Fenimore Cooper, *The Last of the Mohicans* (New York, 1859), 443.

32. Deyle, *Carry Me Back*, 99, 102- 4, 107, 113- 19.
33. Gudmestad, *A Troublesome Commerce*, 53; David L. Lightner, *Slavery and the Commerce Power: How the Struggle against the Interstate Slave Trade Led to the Civil War* (New Haven: Yale University Press, 2006), 16- 36, 46.
34. Harden, *Life of George M. Troup*, 458; *Southern Recorder*, Apr. 9, 1827, 2- 3.
35. *New Hampshire Observer* (Concord), June 20, 1825, 2 ("seditious"); *Essex Register* (Salem, Mass.), July 4, 1825, 1 ("imbecile menaces"); *Franklin Post and Christian Freeman* (Greenfield, Mass.), Aug. 16, 1825, 2 ("madness and folly"); *Rhode Island Republican* (Newport, R.I.), Feb. 15, 2017, 3 ("bold and decisive stand"); *Commercial Advertiser* (New York, N.Y.), Aug. 13, 1825, 2 ("righteous retribution"); Laurence M. Hauptman and George Hamell, "George Catlin: The Iroquois Origins of His Indian Portrait Gallery," *New York History* 84, no. 2 (Spring 2003): 130.
36. "Georgia and the Creeks," *The New-York Review, and Atheneum* 1 (1825-26): 174, 187, 188, 189, 190.
37. *Georgia Journal*, Aug. 9, 1825, 2 ("doggerel verse"); "To the People of Georgia," *Southern Recorder*, Aug. 9, 1825, 1("tender hearted"); Richard R. John, "Taking Sabbatarianism Seriously: The Postal System, the Sabbath, and the Transformation of American Political Culture," *Journal of the Early Republic* 10, no. 4 (1990): 517- 67.
38. Atticus, "To the People of Georgia," *Southern Recorder*, Aug. 9, 1825, 1; "The Late Treaty," *Georgia Journal*, Nov. 8, 1825, 2 ("were got rid of" and "sentimental trash"); *Charleston Courier* (Charleston, S.C.), Nov. 16, 1825, 2.
39. John Ross et al. to the U.S. Senate, Apr. 16, 1824, *ASPIA*, 2:502; "Address of the Creeks to the citizens of Alabama and Georgia," *Niles' Weekly Register* 37 (Aug. 29, 1829), 12.
40. John P. Bowes, *Land Too Good for Indians: Northern Indian Removal*

20. Press, 2016). John Martin, "John McKinley: Jacksonian Phase," *Alabama Historical Quarterly* 28, nos. 1- 2 (1966): 7- 31; *RDC* (1827), 71- 76 (Reed); *RDC* (1825), 1:648- 60 (Cobb).
21. *Southern Recorder*, Apr. 9, 1827, 2- 3.
22. William H. Crawford to John Gaillard, Mar. 13, 1816, *ASPIA*, 2:28 ("It is believed"); "Crawfordism," *Macon Telegraph* (Macon, Ga.), Apr. 30, 1827, 1; John Demos, *The Heathen School: A Story of Hope and Betrayal in the Age of the Early Republic* (New York: Knopf, 2014); *RDC* (1828), vol. 4, 2:1566 ("a mixture"); Harden, *Life of George M. Troup*, 206.
23. U.S. Constitution, Article 4, Section 4; Garry Wills, *"Negro President": Jefferson and the Slave Power* (Boston: Houghton Mifflin, 2003), 11.
24. *Southern Recorder*, Apr. 9, 1827, 2-3.
25. *Southern Recorder*, Apr. 9, 1827, 2-3. 關於聯邦政府對南方的箝制，請見：Leonard L. Richards, *The Slave Power: The Free North and Southern Domination, 1780-1860* (Baton Rouge: Louisiana State University Press, 2000).
26. William G. McLoughlin, *Cherokee Renascence in the New Republic* (Princeton: Princeton University Press, 1986), 396- 424.
27. *Southern Recorder*, Apr. 9, 1827, 2-3.
28. *Georgia Journal*, May 25, 1819, 3.
29. David Eltis, "Estimates of the Slave Trade," Voyages: The Trans-Atlantic Slave Trade Database, http://www.slavevoyages.org/estimates/ygVmZkq4 (accessed Feb. 8, 2018).
30. 現存的紀錄顯示，在抵達美國的奴隸之中，有超過三萬八千人是在奴隸貿易最後兩年由一百三十艘船（很多是被不同的投資者擁有）運送。David Eltis, "Slave Trade Database," *Voyages: The Trans-Atlantic Slave Trade Database*, http://www.slavevoyages.org/voyages/qWuTxkC5 (accessed Feb. 8, 2018), and http://www.slavevoyages.org/voyages/CakpCwJY (accessed Feb. 8, 2018); James McMillin, *The Final Victims: Foreign Slave Trade to North America, 1783-1810* (Columbia: University of South Carolina Press, 2004). 二十一世紀的人道活動常常在算可接受的死亡人數有多少。Eyal Weizman, *The Least of All Possible Evils: Humanitarian Violence from Arendt to Gaza* (New York: Verso, 2012).
31. Steven Deyle, *Carry Me Back: The Domestic Slave Trade in American Life* (New York: Oxford University Press, 2006), table 4.1, p. 140;

Feb. 1, 2018); Joseph Yannielli, "Student Origins," *Princeton and Slavery*, https://slavery.princeton.edu/stories/origins (accessed Feb. 1, 2018); *Chronicles of Erasmus Hall* (Brooklyn, N.Y., 1906), 47, 55.

12. Edward J. Harden, *The Life of George M. Troup* (Savannah, Ga., 1859), 194 ("great moral and political truths"), 197 ("positive obligations"), 204 ("simply *occupants*"), 205 ("breach of faith"), 217 ("birthright"), 230 ("indisputable"), 351 ("the Governor of this State"), Edmund P. Gaines as quoted on 390 ("little European despot"), 401 ("Chief Magistrate"), 531 ("Where principal");Articles of Agreement and Cession, Apr. 25, 1802, Governor's Subject Files, Executive Dept., Governor, RG 1- 1- 5, Georgia Archives.
13. Harden, *Life of George M. Troup*, 207 ("Of all the old States"), 405 ("civilizing plan"); John Ross et al. to the Senate and House of Representatives, Mar. 12, 1825, *PCJR*, 1:104- 5.
14. Michael D. Green, *The Politics of Indian Removal: Creek Government and Society in Crisis* (Lincoln: University of Nebraska Press, 1982), 69- 97; Report of special agent, June 28, 1825, enclosed in T.P. Andrews to James Barbour, July 4, 1825, LR, OIA, reel 219, frames 363- 71, M-234, NA.
15. Harden, *Life of George M. Troup*, 232 ("fomenting"), 289 ("the servant").
16. *The Constitutionalist* (Augusta, Ga.), Sept. 2, 1825, 3; Jennison, *Cultivating Race*, 194- 95.
17. "To Socrates," *Georgia Journal*, Aug. 9, 1825, 2 ("Troup and the Treaty"); *RDC* (1830), vol. 6, 2:1102 ("at the first prattle"); "To the People of the State of Georgia," *Savannah Republican*, as reprinted in the *Southern Recorder*, Sept. 27, 1825, 1- 2 ("A Native Georgian").
18. *RDC* (1826), 2:775; Harden, *Life of George M. Troup*, 467.
19. Green, *Politics of Indian Removal*, 123; General Humming Bird et al. to Generals William Clark, Thomas Hinds, and John Coffee, Nov. 14, 1826, *ASPIA*, 2:713 ("with great unanimity"); Levi Colbert et al. to Thomas Hinds and John Coffee, Oct. 24, 1826, *ASPIA*, 2:720 ("We have no lands"); 20th Cong., 2nd sess., H.Doc. 6, pp. 2- 7 (Cherokees); Harden, *Life of George M. Troup*, 175. "Southern empire" became a common phrase in the 1830s. See Matthew Karp, *This Vast Southern Empire: Slaveholders at the Helm of American Foreign Policy* (Cambridge: Harvard University

(Milledgeville, Ga.), May 15, 1830, 3 ("savages"); *Southern Recorder*, June 19, 1830, 3 ("tributaries"); *The Athenian* (Athens, Ga.), Nov. 10, 1829, 2 (small tax); Sven Beckert, *Empire of Cotton: A Global History* (New York: Knopf, 2015), 117-20.

3. *Georgia Journal*, Jan. 16, 1830, 2 ("negrophiles"), Feb. 10, 1831, 3 ("Indianites"), May 25, 1819, 3 ("waste public lands"), July 10, 1830, 2("Georgia may forgive"), Oct. 3, 1829, 2 ("to some distant point"), Aug. 30, 1825, 1-3 ("submit").
4. Daniel Immerwahr, *How to Hide an Empire: A History of the Greater United States* (New York: Farrar, Straus and Giroux, 2019), chaps. 1-2; Malcolm Rohrbough, *The Land Office Business: The Settlement and Administration of American Public Lands, 1789-1837* (New York: Oxford University Press, 1968), 174-75; and Paul Frymer, *Building an American Empire: The Era of Territorial and Political Expansion* (Princeton: Princeton University Press, 2017), 1-127.
5. Memorial of the Head Men and Warriors of the Creek Nation of Indians, Feb. 6, 1832, *The New American State Papers* (Wilmington, Del.: Scholarly Resources, 1972), 9:192-96.
6. 人口數據取自：*Handbook of North American Indians* (Washington, D.C.: Smithsonian Institution, 1978-2008), 20 vols.; Martin Van Buren, *Autobiography of Martin Van Buren* (Washington, D.C., 1920), 2:293.
7. Conference of John Ross, Edward Gunter, and John Mason, Jr., Nov. 6, 1837, *PCJR*, 1:537-40.
8. 造成南方耕種模式變遷、出現《奧古斯塔紀事報》所描述的那種荒蕪地貌的原因，至今仍是受到熱烈辯論的主題。*Augusta Chronicle* (Augusta, Ga.), Nov. 24, 1830; John Majewski and Viken Tchakerian, "The Environmental Origins of Shifting Cultivation: Climate, Soils, and Disease in the Nineteenth-Century U.S. South," *Agricultural History* 81, no. 4 (Fall 2007): 522-49.
9. *Federal Union* (Milledgeville, Ga.), Dec. 11, 1835, 2 ("by force"); *Southern Recorder*, Dec. 29, 1831, 2-3 ("mere *mockery*"). 喬治亞州的地方政治比尼斯貝特所暗示的還要複雜：Watson W. Jennison, *Cultivating Race: The Expansion of Slavery in Georgia, 1750-1860* (Lexington: University Press of Kentucky, 2012), 194-217.
10. *RDC* (1825), 1:639-40.
11. Trip Henningson, "Princetonians in Georgia," *Princeton and Slavery*, https://slavery.princeton.edu/stories/princetonians-in-georgia (accessed

A, 366, NA.

42. *RDC* (1825-26), vol. 2, appendix, 40-43("approaching catastrophe"); John Joseph Wallis, "Federal government employees, by government branch and location relative to the capital: 1816-1992," table Ea894-903 in *Historical Statistics of the United States, Earliest Times to the Present: Millennial Edition*, ed. Susan B. Carter, Scott Sigmund Gartner, Michael R. Haines, Alan L. Olmstead, Richard Sutch, Gavin Wright (New York: Cambridge University Press, 2006); Department of Defense, *Selected Manpower Statistics, Fiscal Year 1997* (Washington, D.C.: U.S. Government Printing Office, 1997), 46-47, table 2.
43. D.A. Reese to Lewis Cass, Mar. 10, 1832, *CSE* 3:255; *CSE* 3:255; Bustenay Oded, *Mass Deportations and Deportees in the Neo-Assyrian Empire* (Wiesbaden: Reichert, 1979); Mark Edward Lewis, *China Between Empires: The Northern and Southern Dynasties* (Cambridge: Harvard University Press, 2009), 78-79; David Abulafia, "The Last Muslims in Italy," *Dante Studies* 125 (2007): 271-87; John R. Perry, "Forced Migration in Iran during the Seventeenth and Eighteenth Centuries," *Iranian Studies: Bulletin of the Society for Iranian Cultural and Social Studies* 8, no. 4 (1975): 199-215.
44. Robert Walsh, *An Appeal from the Judgments of Great Britain Respecting the United States of America* (London, 1819), 92; David Ramsay, *The History of South-Carolina* (Charleston, 1809), 1:15.
45. "Indian Affairs," *Niles' Weekly Register*, Aug. 30, 1828, 13("in modern times"); "Examination of the Controversy between Georgia and the Creeks," *Vermont Gazette* (Bennington, Vt.), Aug. 23, 1825, 1-2("the partitioners").
46. *RDC* (1825-26), vol. 2, appendix, 40-43.
47. Duke of Saxe-Weimar Eisenach Bernhard, *Travels through North America during the Years 1825 and 1826* (Philadelphia, 1828), 1:170; William Faux, *Memorable Days in America: Being a Journal of a Tour to the United States* (London, 1823), 438.

## 第二章：喬治亞州的白人

1. Georgia Journal (Milledgeville, Ga.), Aug. 30, 1825, 1-3.
2. *RDC* (1825), 1:643 ("must be very valuable"); *Southern Recorder*

36. Herman J. Viola, *Exploring the West* (Washington, D.C.: Smithsonian Books, 1987), 29-30 ("American Sahara"); *Account of an Expedition from Pittsburgh to the Rocky Mountains Performed in the Years 1819 and '20 under the Command of Stephen H. Long* (Philadelphia, 1823), 2:361; G. Malcolm Lewis, "William Gilpin and the Concept of the Great Plains Region," *Annals of the Association of American Geographers* 56, no. 1 (Mar. 1966): 35-36; Isaac McCoy to P.B. Porter, Jan. 29, 1829, Report of Committee on Indian Affairs, 20th Cong., 2nd sess., H.Rep. 87, p. 17; J.B. Clark to George Gibson, Apr. 13, 1831, *CSE* 1:548 ("greatly exaggerated").
37. 「偉大制度」是印地安事務局局長湯瑪斯·麥肯尼所說的話：McKenney to Isaac McCoy, Oct. 13, 1826, LS, OIA, Miscellaneous Immigration, RG 75, entry 84, M21, book C, 188, NA。
38. Inventory of Articles, Oct. 8, 1824, reel 3, frame 901, MP; Isaac McCoy to Lucious Bolles, Sept. 27, 1826, reel 5, frame 234, MP ("We have none" and "They could not compete").
39. Thomas Jefferson to William Henry Harrison, Feb. 27, 1803, *Founders Online*, National Archives, http://founders.archives.gov/documents/Jefferson/01-39-02-0500；Thomas C. McKenney to Wyandott Chiefs, Mar. 24, 1825, LS, OIA, Miscellaneous Immigration, RG 75, entry 84, M21, book A, 424, NA ("He is your friend"). 有關「教化計畫」的文獻很多，但這一本是個不錯的入門書：Anthony F.C. Wallace, *Jefferson and the Indians: The Tragic Fate of the First Americans* (Cambridge: Belknap Press, 1999). 伯納德·希恩（Bernard Sheehan）主張，傑佛遜教化原住民族的政策跟讓原住民消失的欲望密切相關：Bernard Sheehan, *Seeds of Extinction: Jeffersonian Philanthropy and the American Indian* (Chapel Hill: University of North Carolina Press, 1973).
40. Thomas L. McKenney to Isaac Thomas, Dec. 14, 1816, Library of Congress Collection, RG 233, entry 756, box 57 of LC box 183, NA.
41. John C. Calhoun to James Monroe, Mar. 29, 1824, LS, OIA, Miscellaneous Immigration, RG 75, entry 84, M21, book A, 9, NA ("humane & benevolent"); John C. Calhoun to John Crowell, Aug. 12, 1824, LS, OIA, Miscellaneous Immigration, RG 75, entry 84, M21, book A, 177, NA ("in a short time"); "Civilization of the Indians," *ASPIA*, 2:458 ("It requires"); Thomas L. McKenney to James B. Finley, Feb. 22, 1825, LS, OIA, Miscellaneous Immigration, RG 75, entry 84, M21, book

Nicholas Guyatt, *Bind Us Apart: How Enlightened Americans Invented Racial Segregation* (New York: Basic Books, 2016), 281- 305.

28. Douglas R. Egerton, " 'Its Origin Is Not a Little Curious': A New Look at the American Colonization Society," *Journal of the Early Republic* 5, no. 4 (1985): 463-80.
29. William Miles, " 'Enamoured with Colonization': Isaac McCoy's Plan of Indian Reform," *Kansas Historical Quarterly* 38, no. 3 (1972): 269, 278-79; Thomas Jefferson, Autobiography, Jan. 6-July 29, 1821, Founders Online, National Archives, http://founders.archives.gov/documents/Jefferson/98-01-02-1756; U.S. Congress, *Journal of the House of Representatives of the United States*, 18th Cong., 2nd sess. (1825), 190, 215, 295, 309; H.N. Sherwood, "Early Negro Deportation Projects," *Mississippi Valley Historical Review* 2, no. 4 (Mar. 1916): 484-508.
30. Michael P. Johnson, "Denmark Vesey and His Co- Conspirators," *William and Mary Quarterly* 58, no. 4 (Oct. 2001): 915-76; Lacy Ford, "Reconfiguring the Old South: 'Solving' the Problem of Slavery, 1787-1838," *Journal of American History* 95, no. 1 (June 2008): 116; *Acts of the General Assembly of the State of Georgia* (Milledgeville, 1827), 199-201 ("wild, fanatical and destructive").
31. *RDC* (1825), 1:640. 南方莊園主的擴張主義野心大大超出了密西西比州、阿拉巴馬州和喬治亞州的原住民土地，馬修・卡普（Matthew Karp）在他的著作中便有對此加以探討：*This Vast Southern Empire: Slaveholders at the Helm of American Foreign Policy* (Cambridge: Harvard University Press, 2016).
32. 印地安貿易辦公室存在於一八〇六到一八二二年，比一八二四年創立的印地安事務局還早出現。Thomas L. McKenney to Isaac Thomas, Dec. 14, 1816, Library of Congress Collection, RG 233, entry 756, box 57, NA; John Ross et al. to Lewis Cass, Feb. 14, 1833, *CSE*, 4:98.
33. James Barbour to William McLean, Apr. 29, 1828, LS, OIA, Miscellaneous Immigration, RG 75, entry 84, M21, book D, 485, NA; *RDC* (1830), vol. 6, 2:1017 ("admirably adapted"); Lewis Cass to the Chiefs of the Creek Tribe, Jan. 16, 1832, *CSE*, 2:743; Removal of the Indians, Feb. 24, 1830, COIA, HR21A- D11.2, NA ("wrongs").
34. Thomas L. McKenney to John Cocke, Jan. 23, 1827, LS, OIA, Miscellaneous Immigration, RG 75, entry 84, M21, book C, 326, NA; Map no. 157, RG 75, Central Map File, Indian Territory, NACP.
35. *RDC* (1828), vol. 4, 2:1549.

National Archives, last modified November 26, 2017, http://founders.archives.gov/documents/Jefferson/03 -09 -02 -0091 ("a great pity"); *RDC* (1825), 1:639- 40 ("dispirited and degraded"); *RDC* (1828), vol. 4, 2:1564 (melting snow); *RDC* (1825- 26), vol. 2, appendix, 40 ("in despair"); Ruth Miller Elson, *Guardians of Tradition: American Schoolbooks of the Nineteenth Century* (Lincoln: University of Nebraska Press, 1964), 69, 79; Jill Lepore, *The Name of War: King Philip's War and the Origins of American Identity* (New York: Knopf, 1998), 191-226.

23. Thomas Jefferson, *Notes on the State of Virginia* (Philadelphia, 1788), 64-65; Alison Bashford and Joyce E. Chaplin, *The New Worlds of Thomas Robert Malthus: Rereading the Principle of Population* (Princeton: Princeton University Press, 2016), 116-45; Benjamin Rush, *Medical Inquiries and Observations* (Philadelphia, 1805), 1:48; Elbert Herring to Lewis Cass, Nov. 19, 1831, p. 475, LS, OIA, reel 7, M- 21, NA.
24. 我使用的是道格拉斯・厄比勒克（Douglas H. Ubelaker）的保守估計數字：Ubelaker, "North American Indian Population Size: Changing Perspectives," in *Disease and Demography in the Americas*, ed. John W. Verano and Douglas H. Ubelaker (Washington, D.C.: Smithsonian Institution Press, 1992), 173; Memorial of the Cherokees, Dec. 1829, Committee of the Whole House, Petitions, "Various Subjects," HR21A-H1.1, NA. Translation from the original Cherokee by Patrick Del Percio.
25. I am relying on the numbers compiled by Jon Muller, "Historic Southeastern Native American Population," available from the author. Perhaps the most detailed examination of health and reproduction in the early modern indigenous world is Seth Archer, *Sharks upon the Land: Colonialism, Indigenous Health, and Culture in Hawai'i, 1778-1855* (New York: Cambridge University Press, 2018); Judge Harper, "Memoir on Slavery, Part I," *Southern Literary Messenger* 4, no. 10 (Oct. 1838): 609-18; W. Williams to J.J. Abert, Feb. 8, 1838, Records of the Office of the Chief of Engineers, Map File, RG 77, U.S. 125- 6, NACP.
26. John Ross, annual message, Oct. 24, 1831, *PCJR*, 1:229 ("our population"); *Cherokee Phoenix*, July 21, 1828, 2 ("We repeat again"); Memorial of Creeks, Feb. 3, 1830, PM, Protection of Indians, SEN21A-H3, NA.
27. Isaac McCoy to the Commissioners West, Oct. 15, 1832, *CSE*, 3:493;

E. Gray, "Limits and Possibilities: White-Indian Relations in Western Michigan in the Era of Removal," *Michigan Historical Review* 20, no. 2 (Fall 1994): 79, 82-85, 88("We could not have done"); James M. McClurken, "Ottawa Adaptive Strategies to Indian Removal," *Michigan Historical Review* 12, no. 1 (Spring 1986): 38-39, 47-48, 51.

16. Peter C. Mancall, "Men, Women, and Alcohol in Indian Villages in the Great Lakes Region in the Early Republic," *Journal of the Early Republic* 15, no. 3 (Autumn 1995): 425-48; Bontrager, " 'From a Nation of Drunkards, We Have Become a Sober People,' " 627 ("maintain them")..
17. William Hicks and John Ross, annual message, Oct. 13, 1828, *PCJR*, 1:144 ("burlesque"); John Ross to William Wirt, Nov. 11, 1831, *PCJR*, 1:231 ("ere long"); George Colbert et al. to John Eaton and John Coffee, Aug. 25, 1830, LR, OIA, reel 136, M-234, NA ("as long as the grass grows"); Peter Pitchlynn[?] to David Folsom, May 19, 1830, 4026.3186, PPP ("If we go").
18. Mark F. Boyd, "Horatio S. Dexter and Events Leading to the Treaty of Moultrie Creek with the Seminole Indians," *Florida Anthropologist* 11, no. 3 (Sept. 1958): 89 ("I am satisfied"); Alan K. Craig and Christopher Peebles, "Ethnoecologic Change among the Seminoles, 1740- 1840," *Geoscience and Man* 5 (1974): 83- 96.
19. James Stuart, *Three Years in North America* (Edinburgh, 1833), 2:132 ("Europeans"); Tiya Miles, *The House on Diamond Hill: A Cherokee Plantation Story* (Chapel Hill: University of North Carolina Press, 2010), 29 ("aristocratic"), 143; Michael F. Doran, "Negro Slaves of the Five Civilized Tribes," *Annals of the Association of American Geographers* 68, no. 3 (Sept. 1978): table 2, p. 346.
20. Cherokee Account Book, 1823-1835, Box 5, William Holland Thomas Papers, DMR; Theda Perdue, *Cherokee Women: Gender and Culture Change* (Lincoln: University of Nebraska Press, 1998), 115-58.
21. John Clark to the Governor of Alabama, Sept. 29, 1821, John Clark Letter, Western Americana Collection, Beinecke Rare Book and Manuscript Library, Yale University ("suffered to intermix"); George Strother Gaines, *Reminiscences of George Strother Gaines: Pioneer and Statesman of Early Alabama and Mississippi*, ed. James P. Pate (Tuscaloosa: University of Alabama Press, 1998), 78 ("pretty good").
22. Thomas Jefferson to Caspar Wistar, Oct. 22, 1815, *Founders Online*,

Draft Amendment, on or before 9 July 1803," *Founders Online*, National Archives, http://founders.archives.gov/documents/Jefferson/01-40-02-0523-0002. Christian B. Keller attempts to bring some logic to Jefferson's thinking on expulsion in Keller, "Philanthropy Betrayed: Thomas Jefferson, the Louisiana Purchase, and the Origins of Federal Indian Removal Policy, "*Proceedings of the American Philosophical Society* 144, no. 1 (2000): 39- 66. See also Anthony F.C. Wallace, *Jefferson and the Indians: The Tragic Fate of the First Americans* (Cambridge: Harvard University Press, 1999), 224- 26, 256- 56; Treaty with the Cherokees, 1817, and Treaty with the Delawares, 1818, Charles J. Kappler, *Indian Affairs: Laws and Treaties* (Washington, D.C., 1904), 140- 44, 170- 71, 269- 70; S. Charles Bolton, "Jeffersonian Indian Removal and the Emergence of Arkansa Territory, "*Arkansas Historical Quarterly* 62, no. 3 (Autumn 2003): 253- 71.

11. Isaac McCoy to Lewis Cass, June 23, 1823, reel 2, frame 1071, MP.
12. Most native peoples in the Northwest were eventually expelled, a story recounted in John P. Bowes, *Land Too Good for Indians: Northern Indian Removal* (Norman: University of Oklahoma Press, 2016), Meehchikilita quotation on 68; Schultz, *Indian Canaan*, 181 ("other colour"); Potawattomies to A.C. Pepper, July 14, 1835, CGLR, box 13, NA ("We are poor").
13. John Metoxen to Isaac McCoy, July 20, 1821, reel 2, frame 39, MP ("farmers and macanics"); John McElvain to Thomas L. McKenney, May 27, 1830, *CSE*, 2:57 ("I . . . can truly say"); Shannon Bontrager, " 'From a Nation of Drunkards, We Have Become a Sober People': The Wyandot Experience in the Ohio Valley during the Early Republic," *Journal of the Early Republic* 32, no. 4 (Winter 2012): 628 ("*a cruelty*"); Elizabeth Neumeyer, "Michigan Indians Battle Against Removal," *Michigan History* 55, no. 4 (1971): 279 ("far better").
14. Henry C. Brish to S.S. Hamilton, Nov. 28, 1831, *CSE*, 2:691-92; Ben Secunda, "The Road to Ruin? 'Civilization' and the Origins of a 'Michigan Road Band' of Potawatomi," *Michigan Historical Review* 34, no. 1 (2008): 118-49; *White Pigeon Republican* (St. Joseph, Mich.), Aug. 28, 1839, reprinted in *Collections and Researches made by the Pioneer Society of the State of Michigan* (Lansing, 1908), 10:170-72("they hunt with us").
15. Bowes, *Land Too Good for Indians*, 141-42("terms of intimacy"); Susan

## 第一章：原住民國度

1. Isaac McCoy, Journal (typescript), Mar. 17, 1831, p. 138, MP; Randolph Orville Yaeger, "Indian Enterprises of Isaac McCoy— 1817-1846" (Ph. D. diss., University of Oklahoma, 1954), 414-15, 451-52, 556, 585.
2. Yaeger, "Indian Enterprises of Isaac McCoy," 13-15; Kurt William Windisch, "A Thousand Slain: St. Clair's Defeat and the Evolution of the Constitutional Republic" (Ph.D. diss., University of Georgia, 2018), 181-85; J. Stoddard Johnston, ed., *Memorial of Louisville* (Chicago: American Biographical Publishing, n.d.), 1:58; Sami Lakomäki, *Gathering Together: The Shawnee People through Diaspora and Nationhood, 1600-1870* (New Haven: Yale University Press, 2014), 102-26.
3. McCoy, Autobiography (typescript), 7, MP.
4. McCoy, Autobiography, 23 ("strange and wicked"), 28 (green flies), 35 ("not so difficult"); George A. Schultz, *An Indian Canaan: Isaac McCoy and the Vision of an Indian State* (Norman: University of Oklahoma Press, 1972), 8, 13- 14.
5. McCoy, Journal (typescript), Mar. 8, 1829, p. 56, MP.
6. McCoy, Journal, Nov. 12, 1831, p. 198("pious"), May 29, 1822, p. 302("How grossly"); May 29, 1822, p. 302("How grossly");Isaac McCoy, *Remarks on the Practicability of Indian Reform, Embracing their Colonization* (Boston, 1827), 14("the very filth").
7. Isaac McCoy to Luther Rice, July 10, 1823, reel 3, frame 51, MP ("civilized" and "barbarous countryment"); Isaac McCoy to John S. Mechan, Dec. 10, 1824, reel 3, frame 991, MP ("hunted"); Isaac McCoy to John S. Mechan, Dec. 29, 1824, reel 3, frame 1042, MP ("The great mass"); McCoy, *Remarks on the Practicability of Indian Reform*, 17- 18 ("total extermination").
8. Isaac McCoy to Luther Rice, July 10, 1823, reel 3, frame 51, MP ("scheme"); McCoy, *Remarks on the Practicability of Indian Reform, 25* ("the perishing tribes"), 30 ("morality").
9. Isaac McCoy to Lewis Cass, Mar. 6, 1832, *CSE*, 3:240 ("one body politic" and "I am not enthusiastic"); Isaac McCoy to the Commissioners West, Oct. 15, 1832, *CSE*, 3:492 ("uniting the radii").
10. The exact number of Cherokee individuals who moved to Arkansas Territory in the early nineteenth century is unknown. "I.

4:98 (“scheme”); George Colbert et al. to John Eaton and John Coffee, Aug. 25, 1830, LR, OIA, reel 136, M- 234, NA (“act of usurpation”); Petition of residents of Mendon, Monroe County, New York, Feb. 14, 1831, COIA, Petitions, Feb. 14, 1831, HR21A- G8.2, NA (“indelible”); Petition of inhabitants of Brumfield, Portage County, Ohio, Jan. 17, 1831, COIA, Petitions, Feb. 14, 1831, HR21A- G8.2, NA (“whether the future Historian”).

12. Jeremiah Evarts, “Draft of a Protest against the Principles and Policy of the Indian Bill of May, 1830,” in Evarts, *Cherokee Removal: The “William Penn” Essays and Other Writings*, ed. Francis Paul Prucha (Knoxville: University of Tennessee Press, 1981), 250- 51 (“the banishment”); William Howitt, *Colonization and Christianity* (London, 1838), 410.
13. A recent, provocative exploration of the frontier in American history is Greg Grandin, *The End of the Myth: From the Frontier to the Border Wall in the Mind of America* (New York: Henry Holt, 2019).
14. 歷史學家將殖民主義粗略區分為定居型和剝削型，有時候很有用。有關這個主題的文獻現在很多，但最開始是來自：Patrick Wolfe, “Settler Colonialism and the Elimination of the Native,” *Journal of Genocidal Research 8*, no. 4 (Dec. 2006): 387- 409.
15. Abraham Lincoln, “Second Inaugural Address,” Mar. 4, 1865, https://avalon.law.yale.edu/19th_century/lincoln2.asp (accessed June 8, 2019); John Quincy Adams, *Memoirs of John Quincy Adams* (Philadelphia, 1876), 10:492.
16. 我並沒有像一些學者那樣，將現代和前現代的大規模驅離活動進行類別上的劃分。相關文獻很多，但我發現以下這幾本著作最有用：Michael Mann, *The Dark Side of Democracy: Explaining Ethnic Cleansing* (Cambridge: Cambridge University Press, 2005); Naimark, *Fires of Hatred*; Daniel Kanstroom, *Deportation Nation: Outsiders in American History* (Cambridge: Harvard University Press, 2007); Donald Bloxham, *Genocide, the World Wars and the Unweaving of Europe* (London: Vallentine Mitchell, 2008); Bessel and Haake, eds., *Removing Peoples*; and Zahra, *The Great Departure*.

(Milledgeville, Ga.), Aug. 30, 1825, 1-3 ("Indians");; "Memorial," *Cherokee Phoenix*, Apr. 29, 1829, 1-4 ("exterminating").

8. Alexis de Tocqueville, *Democracy in America* (New York, 1838), 321; Jennifer Pitts, "Introduction," in *Alexis de Tocqueville, Alexis de Tocqueville: Writings on Empire and Slavery* (Baltimore: Johns Hopkins University Press, 2000), xv-xxviii; Benjamin C. Brower, *A Desert Named Peace: The Violence of France's Empire in the Algerian Sahara, 1844-1902* (New York: Columbia University Press, 2009), 19-20 ("indigènes"); *Procès- verbaux et rapports de la comission d'Afrique instituée par ordonnance du Roi du 12 Décembre 1833* (Paris, 1834), 67("talked about incessantly").
9. Stephen D. Shenfield, "The Circassians: A Forgotten Genocide?" in *The Massacre in History*, ed. Mark Levene and Penny Roberts (New York: Berghahn Books, 1999), 156 ("These Circassians"); Jens-Uwe Guettel, "From the Frontier to German South-West Africa: German Colonialism, Indians, and American Westward Expansion," *Modern Intellectual History 7*, no. 3 (Nov. 2010): 523-52; Jens-Uwe Guettel, *German Expansionism, Imperial Liberalism, and the United States, 1776-1945* (New York: Cambridge University Press, 2012), 13("indigenous inhabitants"); Edward B. Westermann, *Hitler's Ostkrieg and the Indian Wars* (Norman: University of Oklahoma Press, 2016); Sven Beckert, "American Danger: United States Empire, Eurafrica, and the Territorialization of Industrial Capitalism, 1870- 1950," *American Historical Review* 122, no. 4 (Oct. 2017): 1137-70.
10. On the long history of population engineering in the United States, see Paul Frymer, *Building an American Empire: The Era of Territorial and Political Expansion* (Princeton: Princeton University Press, 2017).
11. 雷納德・薩多斯基（Leonard Sadosky）寫到，一八三〇年代是美國成為「現代民族國家」的起點：Sadosky, *Revolutionary Negotiations: Indians, Empires, and Diplomats in the Founding of America* (Charlottesville: University of Virginia Press, 2009), 215. On "removal" as a turning point, see Christina Snyder, *Great Crossings: Indians, Settlers, and Slaves in the Age of Jackson* (New York: Oxford University Press, 2017). Ostler's *Surviving Genocide* arrived just as my own book was going to press, and I was unable to incorporate its findings. Nehah Micco et al. to John H. Eaton, Apr. 8, 1831, *CSE*, 2:424- 25 ("the worst evil"); John Ross et al. to Lewis Cass, Feb. 14, 1833, *CSE*,

genocide" that were committed at the time by "white genocidists." Raphael Lemkin Collection, P- 154, box 9, folder 14, American Jewish Historical Society, New York, N.Y. On terminology, see also Alf Ludtke, "Explaining Forced Migration," in *Removing Peoples: Forced Removal in the Modern World*, ed. Bessel and Haake (Oxford: Oxford University Press, 2009), 17- 18; Pavel Polian, *Against Their Will: The History of Geography and Forced Migrations in the USSR* (Budapest: Central European University Press, 2004), 1- 2; Norman M. Naimark, *Fires of Hatred: Ethnic Cleansing in Twentieth- Century Europe* (Cambridge: Harvard University Press, 2001), 2- 3.

5. Examples of the use of "expulsion" include Memorial of Creeks, Feb. 3, 1830, PM, Protection of Indians, SEN21A- H3, NA; Memorial of Inhabitants of Augusta, Maine, Feb. 2, 1832, PM, COIA, SEN22A-G7, NA. For "extermination," *see Lieutenant* (Charleston, 1836), 68, 115; James D. Elderkin, *Biographical Sketches and Anecdotes of a Soldier of Three Wars* (Detroit, 1899), 19; Jacob Rhett Motte, *Journey into Wilderness: An Army Surgeon's Account of Life in Camp and Field during the Creek and Seminole Wars, 1836- 1838*, ed. James F. Sunderman (Gainesville: University of Florida Press, 1953), 208; *Southern Banner*, Mar. 11, 1838, 2.

6. Naimark, *Fires of Hatred*, 97 (march of "civilization" against the Chechens and Ingush); Hans- Lukas Kieser, "Removal of American Indians, Destruction of Ottoman Armenians: American Missionaries and Demographic Engineering," *European Journal of Turkish Studies* 7 (2008): 3 ("necessity" of deporting Armenians from Turkey); Tara Zahra, *The Great Departure: Mass Migration from Eastern Europe and the Making of the Free World* (New York: W. W. Norton, 2016), 150 ("only with difficulty assimilate," referring to Jews in Poland in 1938); Nicolas Werth, *Cannibal Island: Death in a Siberian Gulag* (Princeton: Princeton University Press, 2007), 24 ("grandiose plan" to deport people to Siberia).

7. 「印地安問題」在一八二五年的喬治亞州州長選舉期間出現在美國人的語彙中，並在一八三〇年代變得普及。「猶太人問題」從一八四〇年代開始在英語中廣泛流通，但是俄羅斯行政官員在十八世紀晚期就發明了這個問題。John Klier, *Russia Gathers Her Jews: The Origins of the "Jewish Question" in Russia, 1772- 1825* (Dekalb, Ill.: Northern Illinois University Press, 1986); *Georgia Journal*

# 注釋

## 引言

1. James A. Folsom to Peter Pitchlynn, Oct. 31, 1831, 4026.3212, PPP.

## 導言：「文字會騙人」

1. *Southern Banner* (Athens, Ga.), July 16, 1836, 2-3.
2. *Southern Banner*, July 16, 1836, 2- 3; John Page to George Gibson, July 2, 1836, CGLR, box 9, Creek, NA; Benjamin Young to Thomas Jesup, July 6, 1836, box 12, The Office of the Adjutant General, Generals' Papers and Books, General Jesup, entry 159, RG 94, NA; Major Ridge and John Ridge to Andrew Jackson, June 30, 1836, LR, OIA, reel 80, M-234, NA; Josiah Shaw to Lewis Cass, June 28, 1836, LR, OIA, reel 80, M- 234, NA; Joseph W. Harris to Lewis Cass, July 25, 1836, LR, OIA, reel 290, frame 91, M- 234, NA.
3. 我所找到第一個使用「印地安人遷移」一詞的文獻出自：*Evening Post* (New York, N.Y.), Jan. 26, 1830。當然，肯定還有更早的出處，但是無論如何，可以確定的是這項政策的擁護者喜歡這個用法。*RDC*, 6:2, p. 1070 ("words are delusive").
4. Several scholars have fruitfully explored the genocide of Native Americans, including Jeffrey Ostler, *Surviving Genocide: Native Nations and the United States from the American Revolution to Bleeding Kansas* (New Haven: Yale University Press, 2019); Benjamin Madley, *An American Genocide: The United States and the California Indian Catastrophe, 1846- 1873* (New Haven: Yale University Press, 2016); and Andrew Woolford, Jeff Benvenuto, and Alexander Laban Hinton, eds., *Colonial Genocide in Indigenous North America* (Durham: Duke University Press, 2014). Raphael Lemkin, the Polish Jew who coined the term in the wake of World War II, kept extensive notes on "Indian Removal" and recorded instances of "physical" and "cultural

國家圖書館出版品預行編目（CIP）資料

不講理的共和國：國家暴力與帝國利益下的犧牲品，一部原住民族對抗美國西拓的血淚哀歌／克勞迪奧.桑特（Claudio Saunt）著；羅亞琪譯.
-- 初版. -- 新北市：臺灣商務印書館股份有限公司, 2022.04
496面；14.8×21公分（歷史・世界史）
譯自：Unworthy Republic : The Dispossession of Native Americans and the Road to Indian Territory

ISBN 978-957-05-3405-4（平裝）

1. CST: 美國史　2. CST: 印地安族　3. CST: 遷移

752.1　　111002395

歷史・世界史

# 不講理的共和國

## 國家暴力與帝國利益下的犧牲品，一部原住民族對抗美國西拓的血淚哀歌

*Unworthy Republic: The Dispossession of Native Americans and the Road to Indian Territory*


作　　者—克勞迪奧・桑特（Claudio Saunt）
譯　　者—羅亞琪
發 行 人—王春申
選書顧問—林桶法、陳建守
總 編 輯—張曉蕊
責任編輯—陳怡潔
校　　對—翁靜如
封面設計—張　嚴
內頁設計—黃淑華

營 業 部—蘇魯屏、張家舜、謝宜華、王建棠
出版發行—臺灣商務印書館股份有限公司
23141 新北市新店區民權路 108-3 號 5 樓（同門市地址）
電話：（02）8667-3712　傳真：（02）8667-3709
讀者服務專線：0800-056193
郵撥：0000165-1
E-mail：ecptw@cptw.com.tw
網路書店網址：www.cptw.com.tw
Facebook：facebook.com.tw/ecptw





局版北市業字第 993 號
初版一刷：2022 年 04 月
印刷廠：鴻霖印刷傳媒股份有限公司
定價：新台幣 620 元

法律顧問—何一芃律師事務所